全本全注全译丛书

中华经典名著

陆永胜◎译注

传习录

中华书局

图书在版编目(CIP)数据

传习录/陆永胜译注. —北京:中华书局,2021.11(2025.6
重印)
(中华经典名著全本全注全译丛书)
ISBN 978-7-101-15432-0

Ⅰ.传… Ⅱ.陆… Ⅲ.①心学-中国-明代②《传习录》-译
文③《传习录》-注释 Ⅳ.B248.2

中国版本图书馆 CIP 数据核字(2021)第 222720 号

书 名	传习录	
译 注 者	陆永胜	
丛 书 名	中华经典名著全本全注全译丛书	
责任编辑	刘胜利	
装帧设计	毛 淳	
责任印制	陈丽娜	
出版发行	中华书局	
	(北京市丰台区太平桥西里 38 号 100073)	
	http://www.zhbc.com.cn	
	E-mail:zhbc@zhbc.com.cn	
印 刷	北京中科印刷有限公司	
版 次	2021 年 11 月第 1 版	
	2025 年 6 月第 9 次印刷	
规 格	开本/880×1230 毫米 1/32	
	印张 19¾ 字数 360 千字	
印 数	300001-330000 册	
国际书号	ISBN 978-7-101-15432-0	
定 价	48.00 元	

目录

前言

一 王阳明其人其学

王阳明名守仁,字伯安,生于明成化八年(1472),卒于明嘉靖七年(1529),谥文成,浙江绍兴府余姚县(今浙江余姚)人。少年时期随父迁家至山阴(越城,今浙江绍兴),曾筑室于越城外之会稽山阳明洞天,自号阳明子,学者称阳明先生。王阳明是明代著名的思想家、哲学家、教育家、文学家和军事家,官至南京兵部尚书、都察院左都御史等。

王阳明是明代心学的集大成者,其核心思想可概括为四大命题:"心即理""知行合一""致良知"和"万物一体"。"心即理"是王阳明心学的本体论;"知行合一"是贯穿整个阳明心学的内在维度;"致良知"是阳明心学功夫论总纲,内蕴着本体之使然和呈显,以及境界之生成;"万物一体"是阳明心学的境界论,也是心学即本体即功夫义理进路的必然结果。阳明心学是中国心性儒学的高峰,黄宗羲在《明儒学案》中说:"有明之学,至白沙始入精微,……至阳明而后大。"(《明儒学案》卷五)可见,王阳明在明代学术思想,乃至中国哲学史上都占有重要地位。王阳明学术思想的核心正如他自己所说:"吾平生讲学,只是'致良知'三字。"(《王文成公全书》卷二十六《寄正宪男手墨二卷》)而他一生的学术生涯用"前三变"和"后三变"来概括则甚为简易直接。其高足钱德洪在

《刻文录叙说》中是这样概括其为学至道经历的："少之时驰骋于辞章，已而出入二氏，继乃居夷处困，豁然有得于圣贤之旨，是三变而至道也。"（《王文成公全书》序《刻文录叙说》）这就是王阳明的"学之三变"。而其成贤成圣的教法，钱德洪亦以"三变"概括之："居贵阳时，首与学者为'知行合一'之说；自滁阳后，多教学者静坐；江右以来，始单提'致良知'三字，直指本体，令学者言下有悟，是教亦三变也。"（《王文成公全书》序《刻文录叙说》）王阳明心学形成于明代中叶，作为时代的产物，它直指当时社会物欲横流，道德沦丧，"知而不行""知行不一"的颓败气息。王阳明立志于社会道德的重建，提出了"良知""致良知"说，意在把天理内化于人心，把"心"提到本体地位。同时阳明心学也是儒学自身演变的结果，阳明思想对道禅思想的吸收使原本讲道德义理的心学具有了更多灵活多变的特点，并使之自然地浸染了道佛思想。王阳明对"心"之主体性地位的确立，则潜藏着某种近代趋向，具有重要的思想史意义。

王阳明的一生是短暂、波澜壮阔而又富有传奇色彩的一生。在个人气质方面，王阳明具有"豪雄"式人格；在精神上，则充满着浪漫主义和神秘主义。这一切影响着王阳明的思想发展方向和学说构建，最终成就了他成为中国历史上在"立德""立功""立言"方面均有成就的少数几个"兼三不朽"人物之一。

王阳明的主要哲学著作为《传习录》和《大学问》，后人把他的思想材料汇编为《阳明全书》，共三十七卷。今版《王阳明全集》（吴光、钱明、董平、姚延福编校）是最为完整的。

二　《传习录》的成书过程

《传习录》是王阳明与弟子门人的交游问学的往来语录。目前的通行本《传习录》是由钱德洪最后定稿完成的，其成书也经历了一个漫长的过程。

正德十三年（1518）八月，薛侃（字尚谦，揭阳人）刻印《传习录》于赣州，即今通行本《传习录》上卷。本刻本语录包含"徐爱录"14则，"陆澄录"80则，"薛侃录"35则，共计129则。其中"徐爱录"载有徐爱与郑一初（字朝朔，揭阳人）、顾应祥（字惟贤，湖州长兴人）、黄绾（字宗贤，黄岩人）三人论阳明学和向王阳明问学的语录。"陆澄录"保存了孟源（字伯生，滁州人）、马明衡（字子莘，莆田人）、王嘉秀（字实夫，辰州人）、冀元亨（字惟乾，武陵人）、唐诩、徐爱、薛侃等同门问学王阳明的语录与情形。"薛侃录"载有蔡宗衮（字希渊，山阴人）、徐爱、杨骥（字士德，饶平或海阳人）、欧阳德（字崇一，泰和人）、袁庆麟（字德章，信丰人）、栾惠（字子仁，衢州人）、陈桀（字国英，莆田人）、黄宗明（字诚甫，鄞县人）、梁焯（字日孚，南海人）、冀元亨、郭持平（字守衡，万安人）、黄宏纲（字正之，雩都人）、林达（字志道，莆田人）、萧惠、刘观时（字易仲，沅陵人）、马明衡等十六人问学情形。

　　嘉靖三年（1524）十月，绍兴知府南大吉令其弟南逢吉增编王阳明与同门弟子论学书信，刊印于绍兴，共二册，即今通行本《传习录》上卷与中卷（简称"南大吉本""南本"）。此刻本上册内容为六年前薛侃于赣州印《传习录》本，南逢吉做了重新校对。下册为南大吉选编的王阳明论学书信，南逢吉校对。新版《传习录》收录了王阳明与徐守诚（字成之，余姚人）、罗钦顺（字允升，泰和人）、周冲（字道通，宜兴人）、陆澄、欧阳德、聂豹（字文蔚，永丰人）等人的论良知学书信，涉及陈九川、邹守益等弟子。

　　围绕南大吉刻本，阳明弟子在之后的三十年中通过不断的重刻与增减内容，又出现了多个版本，主要者如下：

　　1.嘉靖七年（1528），阳明弟子聂豹与陈九川刊刻于福州养正书院的《传习录》六卷精纂本。时任福建监察御史的聂豹与另一阳明亲炙弟子陈九川认为阳明语录时有重复，故与阳明弟子明水"往来商订"，对之"重加校正，删复纂要"，总为六卷，或上为三卷语录，下为三卷书信。此为对南大吉本的最早修订本，惜已散轶，流传不广。

　　2.嘉靖二十三年（1544），湖北德安府据南大吉本的《传习录》重刻本（简称"德安府本"）。此刻本共二册八卷。上册四卷，书前有南大吉嘉靖三年（1524）冬十月十八日《刻传习录序》、徐爱《传习录序》、南逢吉按语。《传习录上卷一》有徐爱录，末有薛侃正德十三年（1518）识语。《传习录上卷二》为陆澄录。《传习录上卷三》为薛侃录。《传习录上卷四》为书四通，即答欧阳崇一书一通，答聂豹（聂文蔚）书三通。《答聂文蔚书》书三通，第一通即今通行本《答聂文蔚（一）》，第二、第三通合并为一封书信，即今通行本《答聂文蔚（二）》。下册四卷。《传习录下卷一》书六通，依次为《答徐成之书》两通、《答储柴墟书》两通、《答何子元书》一通（语录体）、《答罗整庵少宰书》一通，分别为理道（理心之辩）、友道、师道、臣道、学道（朱王之辩），分类有当。《传习录下卷二》书一通，即《答人论学书》。《传习录下卷三》书三通，依次为《答周道通书》（语录体）一通、《答陆原静书》（语录体）二通（无钱德洪按语）。《传习录下卷四》文三篇，分别为《示弟立志说》《训蒙大意示教读刘伯颂等》《教约》。下册四卷，总计书、文十三则，与七人书总计十通，文三则。德安府本《传习录》除与徐守诚、储罐（号柴墟，泰州人）、何孟春（字子元，郴州人）三人五通书信外其他书信均在今通行本中。

　　3.嘉靖二十六年（1547），苏州知府范庆重刻本。《阳明先生文录》，附录南大吉版《传习录》前三卷，命名为《阳明先生语录》，即今通行本上卷。

　　4.嘉靖二十九年（1550），阳明弟子王畿重新编校，绍兴州判萧彦捐资重刻本（简称"萧本"）。王畿与萧彦认为南大吉本经过二十余年的流传，多有漫毁和缺失，于是进行了增补和重刻。此刻本共二册八卷。在内容上，上册书前有南大吉序、王畿《重刻传习录序》两篇。王畿序替换了南本徐爱《传习录序》、南逢吉按语。全书卷末，有萧彦短跋。萧本《传习录上卷一》前有徐爱书、徐爱记语录，后有薛侃正德十三年（1518）识语。《传习录上卷二》为陆澄录。《传习录上卷三》为薛侃录。萧本上册三卷内容均与德安府本相同。下册五卷，答七人书共九通，说、文三篇。下卷一为《答徐成之书》（二篇，后有记载南逢吉向王阳明请问二书意较长按语,比德安府本多出"尝见一友问道问学与尊德性事"数十字)、《答罗整庵少宰书》二人三书。下卷二为《答人论学书》一人一书,语录体。下卷三为《答周道通书》《答陆原静书》(二篇)二人三书,均为语录体。下卷四为《答欧阳崇一》《答聂文蔚》二人二书。下卷五有《示弟立志说》《训蒙大意示教读刘伯颂等》《教约》三篇。

5.嘉靖三十年(1551),孙应奎、蔡汝楠于衡阳石鼓书院重刻王阳明手授南大吉本《传习录》。

6.嘉靖三十年(1551),福建监察御史、宣城后学沈宠刊印《传习录》本。此刻本由福建提学朱衡作序,增刊附录《大学问》《朱子晚年定论》,属于增刻本,底本源出王畿所赠萧本。

7.嘉靖三十三年(1554),江阴知县钱錞重刻本,共二册八卷(简称"江阴本")。钱錞本上册前有薛甲序、徐爱序、南逢吉跋,缺刻南大吉嘉靖三年(1524)序,下册书末有门人管州跋。江阴本与德安府本、萧本相比,增刻了《修道说》与《亲民说》两篇。在结构上,为平衡上下两册刻印规模,德安府本与江阴本都将一卷书信挪到上册,与语录共成一册,其中德安府本将欧阳崇一书信与聂豹书信二人四通放到上册卷四,而江阴本则将答徐守诚、罗钦顺二人三通书信放到上册卷四。

南大吉首刻本出现之后,阳明后学对之在结构、内容上进行了多次调整、增删,一方面使其版本更趋完善,另一方面也遮蔽了其原貌。同时,对于阳明学说而言,一方面扩大了其流播的范围和影响,另一方面也带来阳明后学以己意"阐明"师说的问题。因此,为了防止师说"异化",就必须使文献版本归一。这个工作就历史性地落在了钱德洪的肩上。但《传习录》的定稿并非一蹴而就,钱德洪亦是在不断调整各版本的过程中使之趋于定型,大致经历了三个阶段:

1.嘉靖三十三年(1554),钱德洪与刘起宗、丘时雍在安徽宁国水西精舍刊印《传习录》(称"水西精舍本"),其中增刻《传习续录》二卷,钱德洪作序,标志着今通行本《传习录》下卷雏形初定。《传习录续录》源自陈九川、黄直、黄省曾、王修易、王畿、钱德洪等人所录语录,增订《传习续录》二卷,收录何廷仁(字性之,雩都人)、黄宏纲、李珙(字侯璧,金华永康人)、王畿、朱得之(字本思,靖江人)、柴鸣治、欧阳德、薛侃、邹守益、马明衡、王艮、董沄(字复宗,海盐人)、张元冲(字叔谦,绍兴人)、蔡宗衮等十五人问学语录。今所存《传习录三卷·续录二卷》各传本均未收南大吉所刻书信部分,为全语录本;且《续录二卷》相当于今通行本下卷篇幅内容的六分之五,尚缺通行本《传习录下·以后黄以方录》最后一节约二十七条语录。

2.嘉靖三十五年(1556),钱德洪吸收曾才汉《遗言录》所收语录,辑录并作序,由沈宠于湖北蕲州崇正书院刻印《传习录》(简称"崇正书院本"),其中增刻《遗言录》部分语录,标志着今通行本《传习录》(上、中、下)祖本刻成。本刻本除了增收《遗言录》中部分精彩语录外,同时也增收了钱德洪与王畿等人语录,总计27条,题为《黄以方录》,并作后序交代增订缘由。

3.嘉靖三十七年(1558),由钱德洪、王畿编撰,胡宗宪捐资,唐尧臣、桂轼校订,于杭州天真书院重刻《传习录》全本(简称"胡宗宪本"),标志着今通行本《传习录》基本定本完成。本刻本分上、中、下三大卷十一小卷,上卷三小卷,中卷五小卷,下卷三小卷。其中,卷中前有"钱德洪序",详细记录了书信的增删、调整及标准;《传习录下卷》分《传习录下卷之一》《传习录下卷之二》《传习录下卷之三·续录》三部分,之一、之二就是水西精舍本新增语录;而《传习录下卷之三·续录》,前有崇正书院本钱德洪序,通行本《传习录》移到语录末,新《续录》是崇正书院本再次增刻,也是水西精舍本《续录》的再次续录。

隆庆六年(1572),明朝廷决定刊刻"阳明全书",江西谢廷杰任主事,将胡宗宪本《传习录》汇入"全书",在内容上移出《示弟立志说》,编入文录,增收《朱子晚年定论》,为《王文成公全书》前三卷,即今学术界使用最广泛的通行本《传习录》之由来。

三 《传习录》的传刻与历史价值

近年来,学界关于《传习录》的成书和传刻之研究成果颇多,其中以宁波大学邹建锋博士的考订最为系统和全面,此处取益之。目前的古籍整理和出版热潮一方面和学术思想研究的"阳明学热"相呼应,另一方面也体现了《传习录》的版本学和思想史价值。

隆庆谢廷杰刻本之后,《传习录》的传刻又出现了多种刻本和钞本,如明代的万历三十七年(1609)李贽的《阳明先生道学钞》本、崇祯八年(1635)施邦曜《阳明先生集要》本、崇祯八年(1635)陈龙正《阳明先生要书》本等,清代有清顺治三年(1646)王应昌、唐九经辑《传习录论》、康熙十二年(1673)是政堂俞嶙的《王阳明先生全集》本、康熙二十四年(1685)王贻乐《王阳明先生全集》本、康熙二十八年(1689)张问达刻致和堂本、嘉庆三年(1798)李中孚与刘永宦各有《王文成公集要》本、道光六年(1826)王文德《王文成公全集》本、同治九年(1870)陶春田《王阳明先生全集》本、光绪五年(1879)林肇元《阳明先生集要三编》本、光绪三十一年(1905)魏允恭的《王阳明传习录》石印本、宣统二年(1910)国学研究会刻本等,民国时期则有民国四年(1915)上海新学会社所刻《王阳明先生传习录集评》,以及民国十三年(1924)和十六年(1927)上海扫叶山房刻本二种等。同时,《传习录》在日本和朝鲜也得到了广泛的传播。其中日本自《传习录》传入至昭和四十八年(1973),计有钞本、刊印本等35种之多。朝鲜朝基于自身的政治文化,《传习录》没能得到刊刻,但一直作为被诠释的对象(郑霞谷之前主要作为批判对象,郑霞谷确立了其研究对象)而存在,阳明心学作为"潜地的暗流"始终参与了朝鲜朝的儒学思想的建构。

通过《传习录》的刊刻和传播,我们可以看到,《传习录》作为中国心学史上最重要的经典,其不仅对中晚明以后中国的学术思想产生了重要影响,同时也对东亚儒学的发展产生了重要影响。

四　《传习录》的主要思想内容

《传习录》集中而全面地体现了王阳明的哲学思想,概而言之,其主要内容和思想是围绕阳明心学的四大命题展开的。

第一,"心即理"的命题论述与思想

王阳明之"心即理"的提出在某种意义上是对朱熹"心具理"的突破,但同时也带来了理解上的困难。因为在宋明理学的理解脉络中,"心"通常包含有本体之心和知觉之心,而"理"包含有当然之道德法则和必然之自然法则。"心"和"理"的四个不同向度的意义如何在"心即理"的逻辑构架内得以合理阐释,这是王阳明要解决的问题,也是他对陆象山心学体系发展的体现。

首先,王阳明对心的界定是从不同的两个层面先否定后肯定的。第一,王阳明否定心是生理学意义上的"一团血肉"(《传习录上·薛侃录》),因此心不是具有思维功能的心脏器官。第二,从本体的意义上肯定心"便是性,便是天理"(《传习录上·薛侃录》),是能使耳听、目视、口言、四肢动的根据。耳、目、口、鼻、四肢作为身体感官,是具有各自的生理功能的,但王阳明认为,这些功能的实现要由心来支配。心作为一种意识活动是对于客体世界的呈现,也是对耳、目、口、鼻、四肢的感觉器官所以视、听、言、动的呈现。王阳明认为心的作用可以扩大到全身,主宰着全身。王阳明对心之作用的扩大,意在强调它的主体性地位。这个主体性的心就是性、天理,就是仁,是一个具有认知能力的精神实体。

心作为精神实体,具有伦理道德的观念,是先验的纯粹道德主体,这是心的一个重要的规定性。在王阳明看来,亲、君、民作为一个独立的个体本来只是一般意义上的存在,本身并不具有伦理、政治的意蕴,然而,当具有伦理、政治意识的心体指向这些对象时,它们才作为具有伦理、政治意义的亲、君、民而呈现于主体。同样,事亲、事君、仁民爱物这些"事"也只有在道德主体意识之光的照射下才有道德实践的意义。同时,心体蕴含着发为事事物物的功能。心体原自不动,意是心之所发,意的指向便是物,物者,事也。事事物物都是意中之物。这样,王阳明的心就具有了"寂然不动"和"感而遂通"的功能,而无须心外求。

其次,对于理的心学化论述是在"龙场悟道"后开始的,王阳明发现理不在心外,而在心中。心中之理自然不可能是事物的自然法则。但我们不能由此断定王阳明否定了事物的客观规律性。作为伟大的哲学家,王阳明对事物的客观规律性没有视而不见,只是在他的哲学逻辑结构中,他认为人的心中之理可以显发并支配自然法则,正体现了心对物、理的含摄,与心体蕴含着发为事事物物的功能相照应。

心对理的统摄体现为心与理的关系。在王阳明看来,理是心之条理,理为心之所发,亦是心的呈现。理所发的对象不同,则呈现出不同的道德原则,千变万化其实都发之于心。王阳明视理为心之条理,就巧妙地避免了心与理之间的冲突,从而避免了陆象山哲学中未能彻底克服朱熹的"理"的客体实在性所带来的矛盾,进而完全、彻底地贯彻了"心即理"的观点。

王阳明以理为心之条理,理便是一观念理性。这一观念理性之理便是当然之伦理道德之"理"。理的这一规定性是阳明心学体系中的重要方面。王阳明曾对"理"和"礼"的关系进行了论述,他认为,礼作为"天理之条理",它是源发于心的。礼是社会生活中伦理道德的规范,礼有"显""微","显"则表现为"五常百行","微"则是"五常百行"中的潜在规范原则。礼作为天理的具体落实,一方面,它使伦理道德原则具体化,呈现出理之文的具体形态。另一方面,它也使生活中的礼仪具有伦理准则的意义,体现出其微而难见的一面。礼在这里起到重要的中介作用,其价值意义就在于通过自身的"显"与"微"指示出理的伦理道德意义。

再次,王阳明对心与理的规定,完全解决了心与理为二的矛盾,使心即理成为可能。王阳明主张心即理,就是要把理安置在心中。理不在心外,外心求理,则无理。理在心中,遗理求心,则无心。可见,心就是理,理就是心。心与理合二为一，不分内外。心理不二，心内在地蕴含着理。但同时，理也是心的安顿之处。程颐云"在物为理"（《二程集·遗书》卷十八），认为心即理是不可能的。王阳明与程颐的观点明显是相左的。王阳明强调"此心在物则为理"（《传习录下·黄以方录》），即是要指明"理"是"心"的落脚点，"物"不过是心显发为理的中介，其价值意义就在于指明"理"为何种"理"而已。"心"作为一个精神实体，它指向某种物，"理"便显现在某物上面，如"心"在事亲上，"理"便为孝。这里明显有一个潜在的前提：万理具在心中，"心"是完满自足、毫无欠缺的终极范畴。万物之理源发于心，最后还要回归于心。

"心即理"学说不仅是王阳明对朱熹"心理为二"的理论突破，也是针对时弊而发，意在对不合伦理道德之弊病进行严厉的摒除。无论就义理或实践言，王阳明都非常重视"心即理"的学说，他曾直言"心即理"是其"立言宗旨"，可见"心即理"在王阳明的哲学逻辑构架中具有重要的地位。

第二，"知行合一"的命题论述与思想

在阳明哲学中，"知"主要指本体——主体形态的"知"，不包含宋儒常使用的求知之义，而"行"一方面指人的实践行为，同时也包含宋儒不常使用的心理行为之义。"知""行"范畴的区别，决定了王阳明对"知""行"关系及其内涵的认识有独到之见。

首先，"知"与"行"直接同一。知即是行，行即是知，知行原为一，这也就是知行本体。王阳明曾在《传习录》中谈到"孝悌"的问题。他认为，一个人如果只知道"孝悌"的道德原则，却不去行"孝悌"，就不是真正的"孝悌"。真正的"孝悌"是在"孝悌"的行为中得以认知的。王阳明认为，意之所在必着事物，离开行，知就是空的，就是未知，心之孝悌之理必然要在孝悌的行为中体现。当然，没有"知"的"行"，也不是真行。"若只是那些仪节求得是当，便谓至善，即如今扮戏子，扮得许多温清奉养的仪节是当，亦可谓之至善矣。"（《传习录上·徐爱录》）戏子做了很多温清奉养的仪节，但只是给人看，并不是从心所发。所以"知""行"仍然为两件。王阳明强调"知行原是两个字说一个工夫"（《王文成公全书》卷六《答友人问》），二者从本体上就是同一的。从社会实践行为的角度言，王阳明更多强调的是"行为的合法性"与"意向的道德性"的统一。另外，从行的心理行为角度言，王阳明强调知了就是行了，行了就是知了，如好好色、恶恶臭，一念发动即是行，二者是同一行为之两面，"知""行"不离。这样，王阳明把知行关系放在意识领域之内来谈，保证了"知行合一"的绝对性。可见，王阳明是取消了"知""行"差别的前提下判断"知行合一"的。

其次，真知必能行。王阳明多次强调真知的重要性，矛头直指当时王公贵戚口头大讲仁义道德，实则不忠不孝，男盗女娼的社会弊病。王阳明说"真知即所以为行，不行不足谓之知"（《传习录中·答顾东桥书》），强调了真知必然要行，表现在两个方面：一是真知具有推动行的内在驱动力，且以行为直接目的；二是"行"是检验"知"是否为真的标准。就道德认识而言，行孝悌是判断某个人是否真知孝悌的前提，一个人真知孝悌，那就意味着他已经行了孝悌。所以真知是必然联系着、包含着行的。从一般认识活动而言，真知本身就包含着切身感受与体验，没有切身感受与体验的"知"，仅是闻见之"知"，得来终觉浅的。故王阳明强调真知指导行、来源于行，并以行为检验标准，是有一定合理性的。

再次，"知"与"行"相互渗透。从"知"和"行"的品质、功能上看，王阳明认为"知""行"应是合一的，相互渗透的。王阳明认为，行之所以能做到"明觉精察"，就是因为有"知"在，而知之所以做到"真切笃实"就是因为有"行"在。只有能让"知""真切笃实"的"行"，和能让"行""明觉精察"的"知"，才是合一的。这样，王阳明通过对"知行合一"的提倡，也对"知"和"行"提出了高要求。知行合一，不只是事实的合一，更是价值的合一，二者互相渗透。

第三，"致良知"的命题论述与思想

"致良知"是王阳明晚年学说成熟期提出的一个重要命题。什么是良知呢？孟子以"良能"最早对"良知"做了道德性界定，充分体现其扩充人的德性的"尽心"宗旨。宋儒所论"良知"，不出孟子之意，然而到了王阳明其内涵已被大大丰富。

首先，良知具有多样性品格。第一，良知的先验性。王阳明继承了孟子先验良知说，认为良知是先验地植于人心的。王阳明说："良知不由见闻而有，而见闻莫非良知之用，故良知不滞于见闻，而亦不离于见闻。"（《传习录中·答欧阳崇一》）这里首先说明，良知是先验的；在这个基础上，讨论到良知与感性认识的关系。根据这段话可以看出，王阳明认为感性认识是良知的发用，也就是说，"良知"与"见闻"是体用的关系。良知不会因为见闻受到滞碍，但又离不开见闻。不过，这里所讨论的是道德范畴内的感性和良知问题。第二，良知的本体性。良知在阳明心学中，具有本体意义，即良知与"心"与"理"是一。所以"良知"当有本体涵意。王阳明说"性无不善，故知无不良"（《传习录中·答陆原静书》），良知"不能有加损于毫末"（《传习录中·答陆原静书》），显然肯定了良知的先验道德性。而"人人所同具"（《传习录中·答陆原静书》）则肯定了良知作为人人具有的圣性的永恒不变和普遍性。由此王阳明才说"个个人心有仲尼"（《王文成公全书》卷二十《咏良知四首示诸生》），"满街都是圣人"（《传习录下·钱德洪录》）。这种提法肯定了良知是每个人成圣的内在根据，同时也突出了人的道德的主体性和道德主体的内在完满性。第三，良知的认知性。王阳明的"良知"有一新的特点，就是具有认知能力。王阳明说："尔那一点良知，是尔自家底准则，尔意念着处，他是便知是，非便知非，更瞒他一些不得。尔只不要欺他，实实落落依着他做去，善便存，恶便去。"（《传习录下·陈九川录》）在王阳明这里，良知也是一种判断准则和能力，就是一种道德理性。这种理性是先天的，即每个人内在于心的，想欺瞒都欺瞒不了的。比如，王阳明有诗《咏良知四首示诸生》云："个个人心有仲尼，自将闻见苦遮迷。而今指与真头面，只是良知更莫疑。"（《王文成公全书》卷二十）每个人心中有杆良知秤,对自身及他人行为的道德性质自有判断。

其次,"致良知"的功夫总纲。为什么要"致"良知? 在王阳明看来,"良知"是一种本体,也是一种先验的善,但"心之本体"易为欲、习所害而被遮蔽。"致"即"至""行""正",具有至极良知之义。那么如何"致良知"呢? 王阳明认为致良知不能悬空无实,一定要"实有其事",着实去格物。物者,事也。王阳明的格物即是以心格物,其指向性则由"意"来完成。而"意"接触事时有正和不正,因此,"致良知"就是"正其不正以归于正"(《传习录中·答顾东桥书》)。而如此"致良知"达到的目标便是:"今焉于其良知所知之善者,即其意之所在之物而实为之,无有乎不尽;于其良知所知之恶者,即其意之所在之物而实去之,无有乎不尽。然后物无不格,而吾良知之所知者,无有亏缺障蔽,而得以极其至矣。"(《王文成公全书》卷二十六《大学问》)所以王阳明很自豪地说:"吾教人'致良知',在'格物'上用功,却是有根本的学问。"(《传习录下·黄修易录》)"致良知"本质上是一种按照良知格物以恢复本心的修养方法,而不是读书扩充知识的方法。

"致良知"的具体功夫则有诚意、致知、格物等。其实在阳明思想中,三者是同一的:"盖身、心、意、知、物者,是其工夫所用之条理,虽亦各有其所,而其实只是一物。格、致、诚、正、修者,是其条理所用之工夫,虽亦皆有其名,而其实只是一事。"(《王文成公全书》卷二十六《大学问》)所谓"只是一事"是指它们都是"为善去恶"。王阳明的这一道德实践功夫,可以概括为依此良知随事随物实落为善去恶,这里的为善去恶兼指心、事,因为事之为善去恶根于心之为善去恶,所以应以心为主。格物、诚意、致知在完善道德上的一致,使我们看到从格其非心、诚其恶念的消极对治到致极良知的积极充拓。

第四,"万物一体"的命题论述和思想

"万物一体"是儒家思想的基本观念之一。如孟子"万物皆备于我,反身而诚,乐莫大焉"(《孟子·尽心上》),程颢"仁者浑然与天地万物为一体也"(《二程集·遗书》卷二),象山"宇宙即是吾心,吾心便是宇宙"(《陆九渊集》卷三十六),等等。王阳明继承了这些思想,并有自己的发挥。

首先,以"气""仁"为基础。王阳明认为人与禽兽、草木,山川、土石等天地万物都由"气"构成,构成的同类性是万物一体的基础。所以万物"故能相通耳"(《传习录下·钱德洪录》)。王阳明以"气"贯通人与万物,意在将宇宙万物有机化、生命化,从而揭示人与天地万物在生命意义上的内在关联性,为人与万物上下一体同流做了理论基础。正因为人与万物本为一体,所以圣人安全教养昆弟赤子,不过是遂了与"天地万物为一体之念"(《传习录中·答顾东桥书》),但天下人不同于圣人在于他们不能与天地万物为一体,因为他们被"我私""物欲"等所隔离。因此,王阳明认为,大人之所以为大人,就在于他们能"天下一家、中国一人"(朱熹《西铭论》),小人之所以为小人,就在于他们为形骸所隔。那么,大人"能以天地万物为一体"的原因是什么呢?王阳明认为,是因为大人的心之仁体如此。他说:"大人之能以天地万物为一体也,非意之也,其心之仁本若是。其与天地万物为一也,岂唯大人,虽小人之心亦莫不然,彼顾自小之耳。"(《王文成公全书》卷二十六《大学问》)大人、小人心同、仁同,唯不同者,在于大人能贯彻一体之仁,从而与万物有生生、贯通、一体之意,其中暗示着人与自然良性互动的意识。

其次,爱有差等。"气"保证了人与万物属性上的一致性,"仁"担保了仁心的普遍性,但不能保证仁爱的平等性。王阳明的万物一体之仁也是有厚薄之别的。王阳明曾举"把手足捍头目""把草木去养禽兽""宰禽兽以养亲""宁救至亲,不救路人"(《传习录下·钱德洪录》)等几组关系,由物及人及己,逐层递进,解读仁之差等。王阳明强调仁爱的差等是"道理合该如此"(《传习录下·钱德洪录》),显然具有先验性,这和良知(心)的先验精神实体的性质是吻合一致的,表明良知仁爱的发动是自然如此的,不须外面强加的。这种有级次、差别的爱在某种意义和程度上克服了"仁"的泛化所带来的消极作用。同时,王阳明认为万物一体之仁可以转化为义、礼、智、信,这样就把"五常"所代表的社会道德的关怀和仁爱与天地万物人一体之生生之意相联系,具有一种人文关怀的积极意义和创生意义。

五　本书整理方式与特点

本书在整理过程中依据的底本为隆庆六年(1572)谢廷杰本,同时参校了胡宗宪刻《传习录》全本、施邦曜《阳明先生集要》本,同时也参考了现代学者的部分整理本。在对原文的校对整理中按照无据从古的原则,对部分现代整理本的校改取其精华或部分扬弃。在对原文中的古今字、通假字、异体字、避讳字的处理方面,考虑当代人的阅读习惯及本书的普及性,皆采用现代简体字,并作注释说明。同时在注释方面,侧重关注对所涉及人物、地点和对文意翻译和诠释起关键影响因素的典故、经典引文等的考据注释。在翻译中基本遵循直译的原则,对于个别经典引文、典故和范畴如直译不能直接呈现其内涵、外延与价值意义,则在题解中适当做补充诠释。在题解中,重在从阳明心学的视角发挥其微言大义,而不在于纯粹的文意解析,重在突出阳明心学的致思维度、理论特质、思想意义以及对当代人在为人、为学、为事上的启示。基于上述考虑,在原文的分条上,并不泥于原文的条目分段,而是把少部分相邻且主旨一致的条目合而论之。此依题解分类条目方法虽造成与原文的不一致,但并不影响文意表达,此在《传习录》的不同版本中时有类似情况出现。

总之,呈现于您面前的这本书凝聚着编著者研读《传习录》的感受与心得,或有不足之处,敬请方家指教!

陆永胜

二〇二一年十月

传习录序

【题解】

"传习"一词,语自《论语·学而》:"曾子曰:'吾日三省吾身,为人谋而不忠乎? 与朋友交而不信乎? 传不习乎?'"传,是老师向学生传授知识;习,不仅仅是指学生对老师所传授的知识进行学习、温习,更是践习和实习。"为往圣继绝学",全书采用师生问答的方式传承与学习,以此为书名,体现了《传习录》一书的编纂指归。

此篇是阳明弟子徐爱为《传习录》所撰写的序,刻于嘉靖二十三年(1544)湖北德安府据南大吉本的重刻本,嘉靖二十九年(1550)王畿重编、萧彦重刻本换掉了徐爱《传习录序》。现通行本无此序文,本书因其方法论上的价值意义增录之。

此"徐爱序"之核心内容在于阐明如何正确看待阳明语录,其要点有二:第一,阳明语录为因时而语,特点在于随处点化,故不可执于文字,索意于文字间,更不能将其视为一成不变的教规成训。对于语录文本应具有"抛梯"之思,存醪去糟;第二,对于阳明语录的学习要体之于身,默识于心,以求自得,重在身心之学,力戒口耳之学。"徐爱序"为我们现代人阅读《传习录》指出了学习方法,在普遍意义上亦可谓为学之要。

门人有私录阳明先生之言者。先生闻之,谓之曰:"圣人教人,如医用药,皆因病立方,酌其虚实温凉阴阳内外而时时加减之。要在去病,初无定说,若拘执一方,鲜不杀人矣①。今某与诸君不过各就偏蔽,箴切砥砺②,但能改化,即吾言已为赘疣③。若遂守为成训,他日误己误人,某之罪过,可复追赎乎!"

【注释】

①鲜(xiǎn):少。

②箴(zhēn)切:规劝,告诫。砥砺(dǐ lì):勉励。

③赘疣(yóu):原指身体上长的肉瘤,比喻多余无用之物。

【译文】

门人弟子中有人私下记录与先生问学的言论。先生听说这件事后,对他们说:"圣贤教诲人们,就像医生用药,都是根据病情来开方子,考虑病人体质的虚实温凉、病理的阴阳内外来适时增减药量。关键在于药到病除,而无一定之成规。如果不考虑病情变化,拘泥于某种药方,很少不陷人于死地的。现在我与大家的论学都是针对为学中的弊病,相互规诫,相互砥砺,只要你们因之而改错提升,那么我说的话已是多余的了。如果你们把我的话当作教条,以后误己误人,那我的罪过,还可能有办法弥补吗!"

爱既备录先生之教①,同门之友有以是相规者。爱因谓之曰:"如子之言,即又拘执一方,复失先生之意矣。孔子谓子贡②,尝曰:'予欲无言③。'他日,则曰:'吾与回言终日④。'又何言之不一邪?盖子贡专求圣人于言语之间,故孔子以无言警之,使之实体诸心,以求自得。颜子于孔子之言,默识心通⑤,无不在己,故与之言终日,若决江河而之海也。故孔子于子贡之无言不为少,于颜子之终日言不为多,各当其可而已。今备录先生之语,固非先生之所欲。使吾侪常在先生之门⑥,亦何事于此?惟或有时而去侧,同门之友又皆离群索居,当是之时,仪刑既远⑦,而规切无闻,如爱之驽劣,非得先生之言时时对越警发之,其不摧堕靡废者几希矣!吾侪于先生之言,苟徒入耳出口⑧,不体诸身,则爱之录此,实先生之罪人矣。使能得之言意之表,而诚诸践履之实,则斯录也,固先生终日言之之心也,可少乎哉!”

录成,因复识此于首篇,以告同志。

门人徐爱序。

【注释】

①爱:指徐爱(1488—1518),字曰仁,号横山,余姚马堰(今属浙江余姚)人。正德二年(1507),徐爱北面及门,游学于王阳明,是王阳明的首位入室弟子。性警敏,疏通辨析,能畅其旨要,颇得王阳明的器重和赏识,王阳明将自己的妹妹嫁给了他。然而早卒,死时年三十一岁。王阳明谓之“吾之颜渊也”。既:已经,之后。

②子贡:端木赐(约前520—前450),字子贡,春秋时卫国人。孔子学生。比孔子约小三十一岁。利口巧辞,以言语见称。贮货致富,家累千金。曾相鲁、卫。孔子死后,为其庐墓六年。

③予欲无言:语自《论语·阳货》:“子曰:‘予欲无言。’子贡曰:‘子如不言,则小子何述焉?’子曰:‘天何言哉?四时行焉,百物生焉,天何言哉?’”

④吾与回言终日:语自《论语·为政》:“子曰:‘吾与回言终日,不违如愚。退而省其私,亦足以发。回也不愚。’”回,颜回(前521—前490),字子渊,一作“颜渊”。春秋时鲁国人。孔子学生。好

学,虽箪食瓢饮,贫居陋巷,却不改其志,以贤为孔子称道。死时三十二岁。

⑤识(zhì):记住。

⑥侪(chái):辈。

⑦仪刑:原指典范、楷模,此指老师王阳明。

⑧徒:白白地。

【译文】

我详细记录了先生的教诲之后,同门诸友中就有人用先生的这些话来规劝我。于是我对他说:"如果像你理解得这样,就又是拘泥于某种成训了,这又违背了先生的用意了。孔子对子贡说:'我没什么可说的了。'有一天,他却又说:'我与颜回谈论了一整天。'孔子的说法为何前后不一样呢?大概是因为子贡喜欢在言语上求圣人之意,所以孔子以无言诲示他,让他为学要在自家身心上求自得。而颜回会把孔子的话默记在心,融会贯通,化为自己的学问,所以孔子能和颜回谈上一整天,就像决堤江河奔向大海般滔滔不绝。所以孔子对于子贡,即便不说话也不算少,对于颜回,即便谈论一整天也不嫌多,针对不同的情况罢了。如今我详细记录了先生的言论,这固然不是先生所希望的。假如我们能一直待在先生身边求学,我又何须这样做呢?只是因为有时会不在先生身边,同门又都住在不同的地方,在这种情况下,远离先生而无法听其教诲,像我这样愚钝的人,如果没有先生之言时时警示鞭策,很难不颓废堕落的!我们对于先生的言论,如果只是耳朵进嘴上出,不体之以身心,那么我做这些记录,实在成了先生的罪人。如果我们能把握这些言论所表达的意思,并认真地去付诸实践,那么我做的这些记录,固然就是先生平日论学的良苦用心了,如此一来,我的记录就是不可缺少的了!"

先生语录整理完毕,我又在篇首写了这篇序言,周告志同道合者。

弟子徐爱序。

传习录上

徐爱录 凡十四则

【题解】

徐爱，其简介见前注。"徐爱录"是阳明弟子徐爱关于其向王阳明问学的语录记载。《年谱》载曰：正德七年（1512）十二月，王阳明"升南京太仆寺少卿，便道归省。与徐爱论学。爱是年以祁州知州考满进京，升南京工部员外郎。与先生同舟归越，论《大学》宗旨。闻之踊跃痛快，如狂如醒者数日，胸中混沌复开。仰思尧、舜、三王、孔、孟千圣立言，人各不同，其旨则一。今之《传习录》所载首卷是也"。由此可知，"徐爱录"发生于王阳明正德三年（1508）春龙场悟道后不久，其心学尚受到普遍的质疑，由徐爱所问常与朱子学对举便可见一斑。同时，心学初立，为跻身儒学正统，被官学认可，其最关键问题便是解决和论证经典依据问题。《大学》古本是阳明心学的重要经典依据，而《大学》改本是朱子学的重要经典依据，王阳明与徐爱问学围绕《大学》展开便是自然之事。概而言之，"徐爱录"主要内容如下：第一，阐释了朱、王关于《大学》中部分内容解释之不同，如"三纲"及其关系，此中关涉本体与功夫关系；第二，对"心即理""知行合一""格物""致知""四句理"等心学命题进行阐释；第三，诠释了王阳明以心释经的经学观和对经、史关系的认知。

本部分为阳明弟子徐爱对所录语录做的引言，说明了备录阳明语录的目的。此引言可注意者三：第一，《大学》是探究、理解朱子学与王学之歧异的入手处,因此,学习阳明学不可不关注古本《大学》和朱熹的改本,以及二人的相关注释;第二,徐爱对阳明学说的认识、体悟和同情理解是很到位的,阳明学说看似精微玄妙,实则是从百死千难中而来。因此,知人论世,同情体悟,是学习阳明学很重要的方法;第三,世人对阳明学说的种种误解及其原因,间接地交代了阳明学说产生的明代学术、思想语境,为理解阳明学说及语录中的各种争论提供了帮助。徐爱之引言,简短精练,极富概括性,信息量很大,不可轻忽。另,"世之君子"至"见其牝牡骊黄而弃其所谓千里者"可谓我辈为学之警句。

先生于《大学》"格物"诸说,悉以旧本为正,盖先儒所谓误本者也①。爱始闻而骇②,既而疑,已而殚精竭思③,参互错纵,以质于先生④,然后知先生之说若水之寒,若火之热,断断乎百世以俟圣人而不惑者也⑤。先生明睿天授,然和乐坦易,不事边幅。人见其少时豪迈不羁,又尝泛滥于词章,出入二氏之学⑥,骤闻是说,皆目以为立异好奇,漫不省究。不知先生居夷三载,处困养静⑦,"精一"之功固已超入圣域⑧,粹然大中至正之归矣⑨。

【注释】

① "先生"三句:《大学》,《礼记》第四十二篇,相传为孔子之言,曾子述之,亦有以为子思所作。后世注疏颇多,其中以郑玄注、孔颖达疏的《礼记·大学》本为特出,即此处所谓"旧本""误本"。北宋时,《大学》与《中庸》《论语》《孟子》并称"四书",居"四书"之首。程颐谓之"孔氏之遗书,而初学入德之门也"。朱熹谓之"修身治人的规模","定世立教之大典"。故《大学》受到宋儒明儒的高度重视。朱熹以旧本有错简、漏简之误,重编为经一章,

传十章，补传一章以释"格物""致知"之义，并详为之注，名为《大学章句》，即后世所谓"改本"。旧本与改本成为王阳明、朱熹思想歧异分别所据之重要典籍，《大学》之版本也因此成为明代以来学界梳厘朱、王思想不可避免，而又争论不休的公案话题。格物，即《大学》"三纲""八目"之一。"三纲"即明明德、亲民、止于至善；"八目"即格物、致知、诚意、正心、修身、齐家、治国、平天下。先儒，指二程（程颢、程颐）、朱熹。程颢（1032—1085），字伯淳，世称明道先生，洛阳（今属河南）人。北宋理学家。程颐（1033—1107），字正叔，世称伊川先生，洛阳（今属河南）人。北宋理学家。程颢、程颐为两兄弟，后人曾将二人文集合编为《河南程氏文集》。朱熹（1130—1200），字元晦，一字仲晦，号晦庵、晦翁、云谷老人，徽州婺源（今江西婺源）人。继承和发展了二程、周敦颐等人的学说，融通佛、道，是宋代理学的集大成者。卒谥文，有《晦庵先生文集》等传世。

②爱：指徐爱。

③殚（dān）精竭思：谓竭尽心力。殚，尽。

④质：询问。

⑤百世以俟（sì）圣人而不惑：语自《中庸》第二十九章："故君子之道，本诸身，征诸庶民，考诸三王而不谬，建诸天地而不悖，质诸鬼神而无疑，百世以俟圣人而不惑。"俟，等待。

⑥二氏：指佛与道。按阳明弟子钱德洪等编《年谱》，王阳明年少时，"豪迈不羁"；年二十七，"自念辞章艺能不足以通至道"；年三十一，"渐悟仙、释二氏之非"。

⑦居夷三载，处困养静：明武宗（1506—1521）初，太监刘瑾专权。正德元年（1506）二月，南京科道戴铣、薄彦徽上疏请求罢斥刘瑾，挽留致仕大夫刘健等，被刘瑾矫旨除名为民。王阳明上疏抗辩，亦下诏狱，廷杖四十，贬谪贵州贵阳修文龙场驿驿丞。据

《年谱》记载，正德三年（1508）春，王阳明到达龙场；正德五年（1510）春，升任江西庐陵知县，离开贵州，合计三年，故曰"三载"。王阳明居黔间，由"龙场悟道"而入，悟得"心即理"，并提出"知行合一"。施邦曜评曰："动心忍性以入道，千古圣贤皆然。"

⑧精一：语自《尚书·大禹谟》："人心惟危，道心惟微。惟精惟一，允执厥中。"后人称"十六字心诀"。王阳明以为"惟精是惟一的工夫"。

⑨粹（cuì）然：纯正貌。大中：《周易·大有卦》："大有，柔得尊位大中，而上下应之，曰《大有》。"王弼注："处尊以柔，居中以大。"高亨注："象大臣处于尊贵之位，守大正之道。"后指大正之道。

【译文】

先生对《大学》中"格物"等学说，都以旧本为依据，也就是程、朱所说的错误的版本。我刚开始听说时感到十分吃惊，继而有些怀疑，后来竭力思考，相互比对，并向先生请教，然后才明白先生的学说，如水清寒，如火热烈，绝对是百代之后等圣人出现也不会怀疑的。先生天生聪明睿智，又和气乐观，坦荡平易，不拘小节。人们见他年少时豪迈不羁，又曾经沉溺于诗文辞赋，出入于佛、道两家之学，突然听闻他的学说，都视为标新立异，涉猎奇说，散漫而不加深究。他们不知道先生在偏远的贵州居住了三年，在困苦中修养静思，"精一"的功夫已经超然进入圣域，回归纯然至正的大中正道。

　　爱朝夕炙门下①，但见先生之道，即之若易②，而仰之愈高；见之若粗，而探之愈精；就之若近，而造之愈益无穷。十余年来竟未能窥其藩篱③。世之君子，或与先生仅交一面，或犹未闻其謦欬④，或先怀忽易愤激之心，而遽欲于立谈之间⑤，传闻之说，臆断悬度，如之何其可得也？从游之士，闻先生之教，往往得一而遗二，见其牝牡骊黄而弃其所谓千里者⑥。故爱备录平日之所闻，私以示夫同志，相与考而正之，庶无负先生之教云。

门人徐爱书。

【注释】

①炙：受到熏陶或教诲，受教。

②即：靠近。

③十余年来：正德二年（1507），徐爱纳贽北面，拜王阳明为师，至正德十三年（1518）徐爱卒，前后十二年。藩篱：篱笆，比喻界限、界域。

④謦欬（qǐng kài）：指谈吐。謦欬之声，轻曰"謦"，重曰"欬"。后世常用以指学生得到老师的当面指教。

⑤遽（jù）：仓促，急迫。

⑥见其牝（pìn）牡骊黄而弃其所谓千里者：典出《淮南子·道应训》，又见《列子·说符篇》。昔秦穆公（前659—前619）由伯乐介绍，使九方皋相马。三个月后，九方皋说找到了一匹黄色公马，但将马带来时却是一匹黑色母马。秦穆公不悦。伯乐说："若皋之所观者，天机也。得其精而忘其粗，在内而忘其外。见其所见而不见其所不见，视其所视而遗其所不视。"最后证明九方皋所相之马为千里马。牝牡，鸟兽雌性为"牝"，雄性为"牡"。骊，黑色。

【译文】

我终日在先生门下熏习，只见先生的学说，刚开始接触时似乎很容易，研究一番后发现很高深；表面上看似乎很粗浅，认真探究发现更精妙；接触时似乎很浅近，深入学习则发现更加没有止境。十多年来，我竟然未能入门。今世的学者君子，有的与先生仅有一面之交，有的还从未听过先生的言谈，有的事先怀有轻视、愤激的情绪，便仓促地想要根据三言两语,传闻流言,来臆断揣度,这样怎么能领会先生的学说呢?门生们聆听先生的教诲,往往领会的少而遗失的多,如同相马时,只关注马的性别和颜色,而忽视了马驰骋千里的特性。因此我详细记录了平日的所闻,私下给志同道合的学者看,一起考据订正,希望不辜负先生的教诲。

弟子徐爱书。

一

【题解】

本条的核心内容为王阳明对古本《大学》"三纲"中"在亲民"之"亲"的论证与坚持,而不取朱熹改本《大学》的"作新民"之"新"意。《大学》古本与改本分别是阳明学与朱子学理论建构的重要经典依据,故《大学》古本是阳明心学在朱子学语境中建构起来的最重要的经典依据,历来受到王阳明及其后学的重视。今之学者辨明朱、王之别,也会特别关注《大学》。王阳明对《大学》古本的坚持,一方面为其学说奠定牢固的经典依据,同时有溯古和承继学术正统之意;另一方面在学理上也为其"万物一体"思想确立了经典依据。对于《大学》之"亲""新"之辩,历来学者有不同见解。施邦曜对王阳明此处之解说有同情的理解,他曾说:"自知讲解,即服膺朱子'新民'之训为再无二义,今领先生之说,觉万物一体之意更脉然有动。明伦之教不能行于平成。播种之先养民正是裁成辅相之道,当先下手,莫看得粗浅了。"但衡今则持折中之说:"二说正可相资也。徒亲民而昧于新民,此鲁之所以寝衰。当时宋仁宗之政近之。徒新民而昧于亲民,此齐之所以多故。当时宋神宗之政近之。"但氏从治国理政出发,依据历史经验,主张"亲民""新民"相资为用,自有其合理之处,但与此处阳明之辩的角度和目的自不相同。

爱问:"'在亲民',朱子谓当作'新民'。后章'作新民'之文，似亦有据①。先生以为宜从旧本作'亲民'，亦有所据否？"

　　先生曰："'作新民'之'新'是自新之民，与'在新民'之'新'不同，此岂足为据？'作'字却与'亲'字相对，然非'新'字义②。下面'治国平天下'处，皆于'新'字无发明③，如云'君子贤其贤而亲其亲，小人乐其乐而利其利''如保赤子''民之所好好之，民之所恶恶之，此之谓民之父母'之类④，皆是'亲'字意。'亲民'犹《孟子》'亲亲仁民'之谓⑤，'亲之'即'仁之'也。百姓不亲，舜使契为司徒，敬敷五教⑥，所以亲之也。《尧典》'克明峻德'⑦，便是'明明德'⑧；'以亲九族'至'平章''协和'⑨，便是'亲民'，便是'明明德于天下'。又如孔子言'修己以安百姓'⑩，'修己'便是'明明德'，'安百姓'便是'亲民'。说'亲民'便是兼教养意，说'新民'便觉偏了。"

【注释】

①"在亲民"四句：《大学》篇首云："大学之道，在明明德，在亲民，在止于至善。"古本作"在亲民"，程颢改正《大学》（《程氏经说》卷五），不改"亲民"。程颐改正《大学》（《程氏经说》卷五），则于"亲"字下注"当做'新'"。朱熹《集注》据程颐曰"亲，当作'新'"，云："新者，革其旧之谓也。言既自明其明德，又当推以及人，使之亦有以去其旧染之污也。""作新民"为《大学》引《康诰》语，朱熹意以此为改本依据。

②然非"新"字义：邓艾民先生认为《王文成公全书》本中"新"讹作"亲"，据闾东本改之。从文义言，"亲"为"新"之误，故从之。

③发明：阐发，印证。

④"如云"之后所引三句分别出自《大学章句》第三、九、十章。

⑤亲亲仁民：语自《孟子·尽心上》："君子之于物也，爱之而弗仁；于民也，仁之而弗亲。亲亲而仁民，仁民而爱物。"意即热爱亲人，进而施仁德于百姓。

⑥"舜使契"二句：语自《尚书·舜典》："帝（舜）曰：'契，百姓不亲，五品不逊。汝作司徒，敬敷五教，在宽。'"《孟子·滕文公上》："使契为司徒，教以人伦。父子有亲，君臣有义，夫妇有别，长幼有序，朋友有信。"舜，传说中的"五帝"之一。契，传说中商代的始祖，舜命契做司徒，推行五教。敷，布。五教，五常之教，即父义、母慈、兄友、弟恭、子孝五种伦理道德。

⑦克明峻德：语自《尚书·尧典》。意为能弘扬崇高的品德。峻，大。

⑧明明德：语自《大学》。意即弘扬光明正大的品德。

⑨以亲九族、平章、协和：均语自《尚书·尧典》："克明俊德，以亲九族。九族既睦，平章百姓。百姓昭明，协和万邦。黎民于变时雍。"九族，有两说，一指异姓亲族，父族四、母族三、妻族二。一指以自己为本位，上推四代（父、祖、曾祖、高祖），下推四代（子、孙、曾孙、玄孙），合称"九族"。此后封建社会以此立宗法、定丧服。平章，辨别、章明。

⑩修己以安百姓：语自《论语·宪问》："修己以安百姓，尧舜其犹病诸！"意即自我修身而使百姓安乐，尧、舜大概也觉得不容易做得到。

【译文】

徐爱问："所谓'在亲民'，朱子说应当是'新民'。后面章节'作新民'的文句中，似乎也有依据。先生认为应该依从旧本作'亲民'，是否也有所依据呢？"

先生说："'作新民'的'新'，是自新之民的意思，与'在新民'的

'新'不同,这难道能作为依据吗?'作'字和'亲'字相对,但不是'新'字的意思。下面'治国平天下'之处,对'新'字都并无发明。比如说'君子能以前代的贤人为榜样,尊重贤人,亲近亲人,一般平民百姓也都享受安乐,蒙受恩泽''保护百姓像母亲养护婴儿一样''人们喜爱的也喜爱,人们憎恶的也憎恶,这样的君主可称得上人们的父母'之类,都是'亲'字意思。'亲民'犹如《孟子》里说的'亲亲仁民','亲之'就是'仁爱'。百姓不仁爱,舜于是任命契为司徒,让他推行'五教',从而使百姓相互仁爱。《尧典》中的'克明峻德',就是'明明德';从'以亲九族'到'平章''协和',就是'亲民',就是'明明德于天下'。又比如孔子说过的'修己以安百姓','修己'就是'明明德','安百姓'就是'亲民'。说到'亲民'就兼有了教诲和养化的意义,说'新民'便觉偏了。"

二

【题解】

本条讨论了朱熹与王阳明对"知止而后有定"的不同理解,但问题的关键在于朱、王之功夫向度的差异,朱熹认为求至善于事事物物,王阳明则认为求至善要内求心体。不过王阳明肯定了二者在"至善"的终极境界上的一致性。本体、功夫不同,境界一致,这是历来朱、王之辩的论域,也保证了二者同属于"圣学"范畴。其实,这一问题也体现为朱、王对"心"与"物"关系问题的认识。朱熹认为事事物物皆有定理,即理在心外、物亦在心外。王阳明否定于事事物物上求至善(心体),即是心与理一,心外无物,但王阳明不否定求心功夫"未尝离却事物"。值得注意的是,朱熹的物上求理与王阳明的事上磨炼具有本质的不同。所以,孙奇逢曾点评于此说:"不专在事物上,却亦不离却事物,便活。"

爱问:"'知止而后有定'①,朱子以为'事事物物皆有定理'②，似与先生之说相戾③。"

先生曰："于事事物物上求至善④，却是义外也⑤。至善是心之本体，只是'明明德'到'至精至一'处便是⑥。然亦未尝离却事物，本注所谓'尽夫天理之极，而无一毫人欲之私'者得之⑦。"

【注释】

①知止而后有定：语自《大学》首章："知止而后有定，定而后能静，静而后能安，安而后能虑，虑而后能得。"意即知道应达到的目的，就能志向坚定。

②朱子以为"事事物物皆有定理"：朱熹在《大学或问》中云："能知所止，则方寸之间，事事物物皆有定理。"《大学章句集注》注云："止者，所当止之地，即至善之所在也。知之，则志有定向。"《朱子语类》卷十四中，子升问《章句》《或问》："语似不同。何也？"曰："也只一般。"

③相戾（lì）：前后矛盾，相违背。

④至善：语自《大学》首章："大学之道，在明明德，在亲民，在止于至善。"

⑤义外：语自《孟子·告子上》："告子曰：'食、色，性也。仁，内也，非外也。义，外也，非内也。'"而孟子主张仁和义皆在内，反对告子的"义外说"。

⑥至精至一：达到"精一"。

⑦"本注"句：朱熹《大学章句集注》注解"大学之道，在明明德，在亲民，在止于至善"曰："言明明德、新民，皆当至于至善之地而不迁。盖必其有以尽夫天理之极，而无一毫人欲之私也。"

【译文】

徐爱问："'知止而后有定'，朱子认为这句话讲的是'事事物物都有定理’的意思，这似乎和先生的学说相悖。”

先生说：“在事事物物上求至善，就是把义看做人心之外的东西了。至善是心的本体，只要‘明明德’功夫到‘至精至一’的地步就是了。然而至善也未曾脱离客观事物，朱子在《大学章句》注解中所谓的‘穷尽天理的极限而没有一丝一毫的人欲私心’的人，才能达到至善的境界。”

三

【题解】

本条的中心主旨在于论证“心即理”，其中又涉及一些具体的功夫节目。王阳明认为心外无理，外心求理则无理矣。心体自足，孝、忠、信、仁等都只在此心，都是心的条理。故刘宗周曰：“至善本在吾心，首赖先生恢复。”王阳明认为求理于心便是要做“去人欲，存天理”的功夫。在对待“天理”“人欲”的态度与手段上，朱、王是一致的，如刘宗周曰：“‘天理人欲’四字，是朱、王印合处，何必晚年定论。”陶浔霍云：“除去人欲存天理，便无用功处。”可见，同作为儒学形态的朱子学、王学在终极意义上的一致性。

在具体的功夫节目方面，王阳明强调心的“头脑”“根”的意义，求得此心至诚处，便是真知必能行。故施邦曜云：“人苟无真实，孝亲、忠君、信友、爱民之心，终日讲求，亦是虚话，必实实有此心后，讲求俱是天理发见流行处，只是说讲求者不可不知头脑，非谓尽孝忠信爱者不必讲求也。”陶浔霍亦云：“读此知王学本无弊。”

本条涉及阳明心学“心即理”“知行合一”“致良知（此时并未明确提出）”等重要命题，言简意赅，值得重视。

爱问：“至善只求诸心，恐于天下事理有不能尽。”

先生曰：“心即理也。天下又有心外之事、心外之理乎①？”

【注释】

①"心即理也"二句："心即理"是王阳明哲学思想的核心观点之一，此二句在《传习录》中多有论述。日本学者三轮执斋认为此二句皆为陆象山语，日本学者多沿此说；然陈荣捷先生考之，后一句不见于《象山全集》。

【译文】

徐爱问："如果至善只在心中探求，恐怕对于天下的事理，不能穷尽吧。"

先生说："心即是理。天下还有心外的事和理吗？"

爱曰："如事父之孝，事君之忠，交友之信，治民之仁，其间有许多理在，恐亦不可不察。"

先生叹曰："此说之蔽久矣，岂一语所能悟？今姑就所问者言之：且如事父，不成去父上求个孝的理；事君，不成去君上求个忠的理；交友、治民，不成去友上、民上求个信与仁的理；都只在此心，心即理也。此心无私欲之蔽，即是天理，不须外面添一分。以此纯乎天理之心，发之事父便是孝，发之事君便是忠，发之交友、治民便是信与仁。只在此心去人欲、存天理上用功便是。"

【译文】

徐爱说："譬如说侍奉父亲的孝道，侍奉君主的忠诚，结交朋友的诚信，治理臣民的仁慈，这中间就有许多道理，恐怕不能不去细究吧。"

先生感叹说："这种说法蒙蔽世人已经很久了，怎能一句话就讲明白呢？现在姑且就你所问的解释一下：比如侍奉父亲，不能从父亲身上探求个孝的道理；侍奉君主，不能在君主身上探求个忠的道理；结交朋友、治理臣民，不能从朋友、臣民身上探求个诚信、仁慈的道理；这些道理都在心中，心即是理。如果这个心没有被私欲遮蔽，就是天理，不需要从外面添加分毫。凭借这种纯粹是天理的心，表现在侍奉父亲上便是孝，表现在辅佐君主上便是忠，表现在结交朋友、治理臣民上便是诚信和仁慈。只要心中在摒除私欲、存养天理上用功就可以了。"

爱曰："闻先生如此说，爱已觉有省悟处。但旧说缠于胸中，尚有未脱然者①。如事父一事，其间温凊定省之类②，有许多节目，不知亦须讲求否？"

先生曰："如何不讲求？只是有个头脑，只是就此心去人欲、存天理上讲求。就如讲求冬温，也只是要尽此心之孝，恐怕有一毫人欲间杂；讲求夏凊，也只是要尽此心之孝，恐怕有一毫人欲间杂。只是讲求得此心。此心若无人欲，纯是天理，是个诚于孝亲的心，冬时自然思量父母的寒，便自要去求个温的道理；夏时自然思量父母的热，便自要去求个凊的道理。这都是那诚孝的心发出来的条件。却是须有这诚孝的心，然后有这条件发出来。譬之树木，这诚孝的心便是根，许多条件便是枝叶，须先有根，然后有枝叶，不是先寻了枝叶，然后去种根。《礼记》言：'孝子之有深爱者，必有和气；有和气者，必有愉色；有愉色者，必有婉容。'③须是有个深爱做根，便自然如此。"

【注释】

①脱然：恍然醒悟、完全明白的样子。

②温凊（qìng）定省（xǐng）：语自《礼记·曲礼上》："凡为人子之礼，

冬温而夏凊,昏定而晨省。"指古代子女关心问候父母冷暖睡眠等
生活细节。温凊,指冬天问暖,夏天纳凉。凊,凉。定省,昏定、朝
省。昏定,指晚间为父母铺好被褥;朝省,指早上向父母问候请安。
③"《礼记》言"及以下六句:语自《礼记·祭义》。意谓孝敬长辈,
发自内心的深爱是其根本,然后才会有和悦的气色和态度。

【译文】

徐爱问:"听先生这么说,我已经有所醒悟。但以前的观点萦绕心
中,还没能完全醒悟。比如侍奉父亲的事,其间冬温夏凉、昏定晨省之
类,有许多细节,不知是否也需要讲求?"

先生说:"怎么能不讲求呢?就是要有个宗旨,就是要在内心摒除私
欲、存养天理上讲求。就比如讲求冬天保暖,也只是要尽此孝心,唯恐有
丝毫人欲夹杂其中;讲求夏天纳凉,也仅仅是要尽此孝心,唯恐有丝毫人
欲夹杂其间。仅仅是讲求这个心而已。这个心若是没有人欲,纯粹都是
天理,是一颗诚敬于孝亲的心,那么冬天自然就会考虑到父母的寒冷,便
自然会去寻求保暖的事;夏天自然会考虑到父母的暑热,便自然会去寻
求纳凉的事。这些都是那颗诚敬于孝亲的心自然生发出来的具体行为。
但却必须先有这颗诚敬于孝亲的心,然后才有这些行为表现出来。用树
木比喻的话,这诚敬于孝亲的心便是树根,许多具体的行为便是枝叶,必
须先有这个根,然后才会有枝叶,不是先去寻求枝叶,然后再去种这个
根。《礼记》说道:'孝子之有深爱者,必有和气;有和气者,必有愉色;有
愉色者,必有婉容。'而所有这些,必须有颗深爱的心做根,然后自然而
然才能如此。"

四

【题解】

本条中,王阳明强调至善是此心纯粹为天理的境界,抑或可以说,至

善是心的一种状态，求至善即是要使心达到应为至善的状态，而不能于事事物物上求。王阳明此说应有两点可注意：第一，王阳明并没有否定心体本然之至善性，但实然中心并不总是处于至善的状态，需要做"纯乎天理"的功夫，即学、问、思、辨的功夫，才能达到应然之至善。王阳明此处所言"此心"是从现象经验层面而言，并非本心；第二，物者，事也。王阳明言"事物"，多侧重于"事"。王阳明对"事本身"和"事的意义"有明确的区分。王阳明认为求至善不能求于事物，其强调的是求至善不能于"事本身"，"事本身"即是"行"。但王阳明又不否定"事的意义"，所以王阳明一直强调致良知不离于事物。"事的意义"并不是"事本身"所具有的，而是心对"事本身（行）"的赋予。当"心"（心之条理和心之所向）与"行"相一致，即产生肯定的道德意义，便达到了知行合一，这也是许多学者诠释本节的意义之所在。

郑朝朔问①："至善亦须有从事物上求者？"

先生曰："至善只是此心纯乎天理之极便是。更于事物上怎生求？且试说几件看。"

朝朔曰："且如事亲，如何而为温清之节，如何而为奉养之宜，须求个是当②，方是至善，所以有学、问、思、辨之功③。"

先生曰："若只是温清之节、奉养之宜，可一日二日讲之而尽，用得甚学、问、思、辨？惟于温清时，也只要此心纯乎天理之极；奉养时，也只要此心纯乎天理之极。此则非有学、问、思、辨之功，将不免于毫厘千里之缪④，所以虽在圣人，犹加'精一'之训。若只是那些仪节求得是当，便谓至善，即如今扮戏子，扮得许多温清奉养的仪节是当，亦可谓之至善矣？"

【注释】

① 郑朝朔：郑一初，字朝朔，潮州府揭阳（今广东揭阳）人。弘治十八年（1505）进士。正德六年（1511），王阳明任吏部验封清吏司主事，郑朝朔任御史，因陈世杰请受学。《王文成公全书·外集》卷二十五收有《祭郑朝朔文》。

② "且如"四句：此为郑朝朔引用朱熹在《大学或问》中引用程颐的话："程子曰：'如欲为孝，则当知所以为孝之道，如何而为奉养之宜，如何而为温清之节？ 莫不穷究，然后能之。 非独守孝之一字而可得也。'"（《二程集·遗书》卷十八）是当，确当，切当。

③ 学、问、思、辨：语自《中庸》第二十章："博学之，审问之，慎思之，明辨之，笃行之。"

④ 毫厘千里之缪（miù）：语自《礼记·经解》："差若毫厘，缪以千里。"又见《大戴礼记·礼察》和《史记·太史公自序》。 缪，谬误，错误。

【译文】

郑朝朔问："至善也必须从具体事务上寻求吗？"

先生说："至善只是让人心达到纯粹都是天理的境地便是了。 在具体的事物上怎么寻求呢？ 你且举几个例子看看。"

郑朝朔说："比如侍奉双亲，怎样才算做到冬温夏清的礼节，怎样才算做到奉养父母的合宜，必须寻求一个切当的尺度，才是至善，所以才有了学、问、思、辨的功夫。"

先生说："如果只是谈冬温夏清的礼节、奉养合宜这类事，一天两天便可以讲得很透彻，用得上什么学、问、思、辨的功夫？ 在帮助父母取暖纳凉时，只要让自己的心达到纯粹都是天理的境地；奉养父母时，也只要让自己的心达到纯粹都是天理的境地就够了。 而如果缺少了学、问、思、辨的功夫，则不免会造成毫厘千里的谬误，所以即使是圣人，仍旧要听从'精一'的训诫。 如果只是在那些礼仪细节上追求切当就是至善，那么现在的戏子表演的许多冬温夏清、奉养的礼仪切当,也可以称之为至善了?"

　　爱于是日又有省。

【译文】

徐爱在这天又有所省悟。

五

【题解】

　　王阳明在本条中重点阐明了其"知行合一"思想的内涵,要点有三:一、依良知行,而非以良知行;二、真知与真行;三、知行本体原如此,以理性制约偶然性。具体论证途径有二:一、驳斥现实中知行不一的现象,托言圣人,立知行合一之旨;二、为古人"知行做两个"说辩护,立知行合一之旨。论证亦古亦今,破中有立,主旨鲜明。施邦曜曾点评此说:"说得痛快,知行合一之旨了然。"值得注意的是,梁启超认为王阳明此处关于"知""行"关系的辩证在某种意义上与此后王畿和钱德洪关于"天泉四句教"的争辩有关,"后此天泉四句之争辩,先生所谓只是闲话也",于此,当深体之。

　　爱因未会先生"知行合一"之训,与宗贤、惟贤往复辩论①,未能决,以问于先生。
　　先生曰:"试举看。"
　　爱曰:"如今人尽有知得父当孝、兄当弟者②,却不能孝,不能弟,便是'知'与'行'分明是两件。"

先生曰:"此已被私欲隔断,不是'知''行'的本体了。未有知而不行者,知而不行,只是未知。圣贤教人知行,正是要复那本体,不是着你只恁的便罢③。故《大学》指个真知行与人看,说'如好好色,如恶恶臭'④。见好色属知,好好色属行。只见那好色时已自好了,不是见了后又立个心去好。闻恶臭属知,恶恶臭属行。只闻那恶臭时已自恶了,不是闻了后别立个心去恶。如鼻塞人虽见恶臭在前,鼻中不曾闻得,便亦不甚恶,亦只是不曾知臭。就如称某人知孝、某人知弟,必是其人已曾行孝行弟,方可称他知孝知弟,不成只是晓得说些孝弟的话,便可称为知孝弟。又如知痛,必已自痛了,方知痛;知寒,必已自寒了;知饥,必已自饥了。'知''行'如何分得开?此便是知行的本体,不曾有私意隔断的。圣人教人,必要是如此,方可谓之'知',不然,只是不曾'知'。此却是何等紧切着实的功夫!如今苦苦定要说'知''行'做两个,是甚么意?某要说做一个,是甚么意?若不知立言宗旨,只管说一个两个,亦有甚用?"

【注释】

①宗贤:黄绾(1480—1544),字宗贤,又字叔贤,号久庵,台州府黄岩(今浙江台州黄岩区)人。初师谢文肃,及官都事,闻王阳明讲学,请见。王阳明归越,闻致良知之教。曰:"先生真吾师也,尚可自处于友乎?"乃称门弟子。事见《明史》卷一百九十七、《明儒学案》卷十三。惟贤:顾应祥(1483—1565),字惟贤,号箬溪,湖州府长兴(今浙江长兴)人。少受业于王阳明。王阳明死后,作《〈传习录〉疑》。黄宗羲曰"其视知行终判两样,皆非师门之旨"

（《明儒学案》卷十四）。

②弟：通"悌"，顺从和敬爱兄长。

③恁（rèn）的：如此，这样。

④如好好色，如恶恶臭：语自《大学》第六章："所谓诚其意者，毋自欺也。如恶恶臭，如好好色，此之谓自谦。"意即就像喜好美色和厌恶臭气一样。

【译文】

徐爱因为没有领会先生"知行合一"的训示，与黄宗贤、顾惟贤反复辩论，没能得出结论，于是向先生请教。

先生说："试着举个例子来看。"

徐爱说："现在的人都知道有父亲就该孝顺，有兄长就该尊敬，但却不能做到孝顺父亲，敬服兄长，这就是'知'与'行'分明，是两件事。"

先生说："这已经被私欲隔断，不是'知''行'的本体了。没有认知到了却不去践行的，认知到了而不去践行，就还是没有认知到。圣贤教人认知、践行，正是要恢复知行合一之本然，不是让你只如此认知了就行。因此《大学》中指出真正的知行给人看，说'如好好色，如恶恶臭'。看到美色属于知，喜欢美色属于行。只要看到那美色的时候就自然而然地喜欢上了，不是看见美色之后又单独立个念头去喜欢。闻到臭气属于知，厌恶臭气属于行。只要闻到那臭气的时候就自然而然地厌恶上了，不是闻见恶臭之后又单独立个念头去厌恶。正如鼻塞的人，虽然看到有恶臭的东西在前，但他鼻子中没有闻到，也就不觉得十分厌恶，这也只是因为不曾知道它的臭气。就像说某人知道孝顺父亲、尊敬兄长，一定是这个人曾经做过顺敬父兄的事，才能称知道孝顺父亲、尊敬兄长，并不是只知道说些孝顺尊敬的话，就可以称其为知道顺敬父兄。又比如说知道痛楚，一定是自己已经痛了，才能知道痛楚；知道寒冷，一定是自己已经寒冷了；知道饥饿，一定是自己已经饥饿了。'知'和'行'怎么能分得开呢？这就是知行的本体，不曾有私欲在其中隔断的。圣人教诲世人，都必定要如此，才可以称作是'知'，否则的话，就是还没有真正的'知'。

这都是多么紧要实在的功夫！现在竭力非要把'知'和'行'说成两件事，是什么意思？而我要把'知'和'行'说成一件事，又是什么意思？如果不知道我如此立言的宗旨，只管辨说'知'和'行'是一件事，还是两件事，又有什么用呢？"

爱曰："古人说'知''行'做两个，亦是要人见个分晓。一行做知的功夫，一行做行的功夫，即功夫始有下落。"

先生曰："此却失了古人宗旨也。某尝说知是行的主意，行是知的功夫。知是行之始，行是知之成。若会得时，只说一个知，已自有行在，只说一个行，已自有知在。古人所以既说一个知，又说一个行者，只为世间有一种人，懵懵懂懂的，任意去做，全不解思惟省察，也只是个冥行妄作[①]，所以必说个知，方才行得是；又有一种人，茫茫荡荡，悬空去思索，全不肯着实躬行，也只是个揣摸影响，所以必说一个行，方才知得真。此是古人不得已补偏救弊的说话。若见得这个意时，即一言而足。今人却就将知行分作两件去做，以为必先知了然后能行。我如今且去讲习讨论做知的工夫，待知得真了，方去做行的工夫，故遂终身不行，亦遂终身不知。此不是小病痛，其来已非一日矣。某今说个'知行合一'，正是对病的药，又不是某凿空杜撰，知行本体原是如此。今若知得宗旨时，即说两个亦不妨，亦只是一个；若不会宗旨，便说一个，亦济得甚事？只是闲说话。"

【注释】

①冥行：夜间行路，比喻不识门径，盲目行事。妄作：无知而任意

乱为。

【译文】

徐爱说:"古人把'知'和'行'说成是两件事,也是要世人分辨明白。一边做知的功夫,一边做行的功夫,这样所做的功夫才能落实。"

先生说:"你这样的理解却失掉了古人的宗旨。我曾经说过认知是践行的主旨,践行是认知的功夫。认知是践行的开始,践行是认知的成果。如果领会这些话,只说一个认知,就自然已经有践行在里面了,只说一个践行,也自然已经有认知在里面了。古人之所以既说认知,又说践行,只是因为世间有一种人,糊里糊涂的,随性而为,完全不知道要思维省察,只是盲目妄为,所以一定要提出认知,方才能让这些人践行得正确;还有一种人,模模糊糊的,凭空思索,完全不愿意亲身实践,也只是揣度空想,所以一定要提出践行,方才能让这些人认知得真切。这是古人不得已,为了补偏救弊而提出的言论。若是领会其中要义,一句话就足够说清楚了。现在的人却就将认知和践行分作两件事去做,以为一定要先认知了,然后才能践行。如果我现在先来讲习讨论如何认知的功夫,等到认知得真切了,才继续做践行的功夫,这样就会终身得不着践行,也就终身得不着认知。这不是小毛病,由来已久了。我现在提出'知行合一',正是对症的良药,又不是我凭空杜撰的,认知与践行的本体,原本就是如此。如今如果明白其中宗旨,就算把它们说成两件事也没有关系,本质上也只是同一回事;如果没有领会知行的宗旨,即便把它们说成一回事,又有什么用呢? 只不过是说些闲话罢了。"

六

【题解】

本条以《大学》为中心,王阳明阐述了其"格物"与朱熹的不同:第一,格物非格外在对象之物,而是求内在之至善,二者在功夫方向上已然不同；第二，在功夫次序上，王阳明不同意朱熹"以大学之序言之，知性则格物之谓，尽心则知至之谓也"的"格物"之训，认为其"格物"作为初学功夫，与事相关，尚与天为二。相反，王阳明强调功夫先立心，格物之功便是"反求"而"得之于心"，"性是心之体，天是性之原，尽心即是尽性"，由此，格物便是格心，便是尽心，便是知性，便是知天。朱、王"格物"之别在于出发点一者为"物（事）"，一者为"心"。第三，从"立心"出发，王阳明释"物"为"事"，在根本上是将"物"内在化，统摄于心（意识）之内，这是其与朱熹的重要区别。正是在此意义上，施邦曜评曰："人看得'物'字是死的，先生看得'物'字是活的。"王阳明对"物"的解释是我们理解其心学功夫立场与进路的关键。另外，本条中阳明心学"四句理"的提出，即"身之主宰便是心，心之所发便是意，意之本体便是知，意之所在便是物"，也是理解阳明心学功夫和心学意义世界建构的入手处。

　　爱问："昨闻先生'止至善'之教①，已觉功夫有用力处。但与朱子'格物'之训②，思之终不能合。"

　　先生曰："格物是'止至善'之功，既知'至善'，即知'格物'矣。"

【注释】

①止至善：语自《大学》首章："大学之道，在明明德，在亲民，在止于至善。"止至善，即使人的道德达到最完善的境界。

②朱子"格物"之训：朱熹补注《大学》第五《知本章》云："是以《大学》始教，必使学者即凡天下之物，莫不因其已知之理，而益穷之，以求至乎其极。至于用力之久，而一旦豁然贯通焉，则众物之表里精粗无不到，而吾心之全体大用无不明矣。此谓物格，此谓知之至也。"

【译文】

徐爱问："昨天听了先生'止至善'的教诲，已经觉得功夫有着力的地方了。只是想想，觉得与朱子关于'格物'的训导始终无法吻合。"

先生说："格物是'止至善'的功夫，既然明白了'至善'，也就明白'格物'了。"

爱曰："昨以先生之教推之'格物'之说，似亦见得大略。但朱子之训，其于《书》之'精一'，《论语》之'博约'①，《孟子》之'尽心''知性'②，皆有所证据③，以是未能释然④。"

先生曰："子夏笃信圣人⑤，曾子反求诸己⑥。笃信固亦是，然不如反求之切。今既不得于心，安可狃于旧闻⑦，不求是当？就如朱子，亦尊信程子，至其不得于心处，亦何尝苟从⑧？'精一''博约''尽心'本自与吾说吻合，但未之思耳。朱子'格物'之训，未免牵合附会，非其本旨。精是一之功，博是约之功。曰仁既明'知行合一'之说，此可一言而喻。尽心、知性、知天，是'生知安行'事；存心、养性、事天，是'学知利行'事；夭寿不贰，修身以俟，是'困知勉行'事。朱子错训'格物'，只为倒看了此意，以'尽心''知性'为'物格知至'，要初学便去做'生知安行'事，如何做得⑨？"

【注释】

①博约：语自《论语·雍也》："子曰：'君子博学于文，约之以礼，亦可以弗畔矣夫。'"又《论语·子罕》："颜渊曰：'……夫子循循然

善诱人,博我以文,约我以礼。'"即博文、约礼,广泛地学习文献典籍,并以礼约束自己。

②尽心、知性:语自《孟子·尽心上》:"尽其心者,知其性也。知其性,则知天矣。"意即充分发挥人善良的本性,就能知晓人的本性。知晓人的本性,就能知晓天命了。

③皆有所证据:按,朱熹从格物穷理的观点解释"人心惟危,道心惟微,惟精惟一,允执厥中":"程子曰:'人心,人欲,故危殆。道心,天理,故精微。惟精以致之,惟一以守之,如此方能执中。'此言尽之矣。惟精者,精审之而勿杂也。惟一者,有首有尾,专一也。"(《朱子语类》卷七十八)朱熹引侯仲良的《论语说》从格物的观点注解"博约"说:"博我以文,致知格物也。约我以礼,克己复礼也。"(《论语集注·子罕》)朱熹从格物的观点注解"尽心知性"曰:"以大学之序言之,知性则物格之谓,尽心则知至之谓也。"(《孟子集注·尽心上》)

④释然:疑虑消除貌。

⑤子夏:卜(bǔ)商(前507—?),字子夏,尊称"卜子"或"卜子夏",春秋末年晋国温(今河南温县)人,一说卫国人。"孔门十哲"之一,七十二贤之一。提出过"君子有三变""仕而优则学,学而优则仕"等,均反映孔子思想,故谓"笃信圣人"。

⑥曾子:曾参(shēn,前505—前435),字子舆,春秋末年鲁国南武城(在今山东平邑南)人。与其父曾点同师事孔子,是儒家学派的重要代表人物。反求诸己:曾子有"吾日三省吾身"(《论语·学而》)语。

⑦狃(niǔ):习惯,拘泥于。

⑧苟从:《朱子语类》卷六十九云:"程子曰:'天,专言之则道也。天且弗违是也。'程子此语,某亦未敢以为然。天且弗违,此只是上天。"此程颐语见《伊川易传》卷一。

⑨"尽心、知性、知天"数句:《孟子·尽心上》:"尽其心者,知其性也。知其性,则知天矣。存其心,养其性,所以事天也。殀寿不贰,修身以俟之,所以立命也。"又《中庸》第二十章云:"或生而知之,或学而知之,或困而知之,及其知之,一也。或安而行之,或利而行之,或勉强而行之,及其成功,一也。"朱熹注解《孟子》上述"尽其心者,……所以立命也"曰:"尽心知性而知天,所以造其理也;存心养性以事天,所以履其事也。不知其理,固不能履其事,然徒造其理而不履其事,则亦无以有诸己矣。知天而不以殀寿贰其心,智之尽也;事天而能修身以俟死,仁之至也。智有不尽,故不知所以为仁,然智而不仁,则亦将流荡不法,而不足以为智矣。"王阳明从其心学出发,并不同意朱熹此注解,故谓之"错训"。生知安行,即"生而知之""安而行之"的省语。学知利行,即"学而知之""利而行之"的省语。困知勉行,即"困而知之""勉强而行之"的省语。

【译文】

徐爱说:"昨天我将先生的教诲推论到'格物'的学说,似乎也能明白个大概了。只是朱子的训导,在《尚书》中的'精一'论、《论语》中的'博约'论和《孟子》中的'尽心''知性'里都有所依据,因此还没能完全领悟。"

先生说:"子夏深信圣人,曾子从自身上反省探寻。笃信圣人固然是正确的,然而比不上反躬自省深切。你现在既然不能完全领悟,又怎么能承袭于旧说,不探求切当的答案呢?就比如说朱子也尊敬相信程子和他们的学说,但对于不符合他自己想法的,又什么时候盲从过呢?'精一''博约''尽心'这些学说,本来与我的学说吻合,只是你没有深入地思考罢了。朱子关于'格物'的理解,未免牵强附会了,并不是'格物'原本的要旨。追求精粹是达到纯极的功夫,广求学问是恪守礼法的功夫。你既然明白了'知行合一'的学说,这就可以用一句话说明白了。尽

心、知性、知天,是'生知安行'能够达到的事。存心、养性、事天,是'学
知利行'能够达到的事,夭寿不贰,修身以俟,是'困知勉行'能够达到的
事。朱子解错'格物'的学说,只是因为颠倒了这含义,认为'尽心知性'
就是'物格知至',要初学的人去达到'生知安行'的事,如何做得到?"

爱问:"'尽心''知性',何以为'生知安行'?"

先生曰:"性是心之体,天是性之原,尽心即是尽性。
'惟天下至诚为能尽其性,知天地之化育'①。存心者,心有
未尽也。知天,如知州、知县之'知',是自己分上事,已与
天为一。事天,如子之事父、臣之事君,须是恭敬奉承,然后
能无失,尚与天为二,此便是圣贤之别。至于'夭寿不贰'
其心②,乃是教学者一心为善,不可以穷通夭寿之故,便把为
善的心变动了,只去修身以俟命;见得穷通寿夭有个命在,
我亦不必以此动心。事天,虽与天为二,已自见得个天在面
前;俟命,便是未曾见面在此等候相似:此便是初学立心之
始,有个困勉的意在。今却倒做了,所以使学者无下手处。"

【注释】

①"惟天下"二句:语自《中庸》第二十二章:"唯天下至诚,为能尽
其性;能尽其性,则能尽人之性;能尽人之性,则能尽物之性;能尽
物之性,则可以赞天地之化育;可以赞天地之化育,则可以与天地
参矣。"

②夭寿不贰:语自《孟子·尽心上》:"夭寿不贰,修身以俟之,所以
立命也。"贰,三心二意,意即怀疑、动摇。

【译文】

徐爱问:"'尽心''知性',怎么会是'生知安行'能达到的事呢?"

先生说:"人的本性是本心的主体,天理则是本性的根源,因此尽心就是彻底发挥本性。'只有天下至为真诚的人,才能充分发挥自己的本性,才能认知天地化育生命'。存心,也就是说善心并没有得到彻底发挥。知天,犹如知州、知县的'知',是自己分内的事,已经与天合二为一。侍奉天,就像儿子侍奉父亲、臣子侍奉君主,必须恭敬奉承,然后才能没有闪失,还是与天没有合二为一,这就是圣人和贤人的区别。至于'夭寿不贰'这种本心,是教导为学者一心行善,不能因为困厄显达和寿命长短,就动摇了行善的心,却只去修身以待天命;至于困厄显达和寿命长短,尽管是命中注定,我也不必为此动摇心志。侍奉天,虽然与天未能合二为一,已经认知到天理的存在;等待天命,就与从未见面却在此等候类似:这就是初学者建立本心时,有刻苦勤奋的意思在。如今朱子却颠倒顺序了,所以使得学者无从着手。"

爱曰:"昨闻先生之教,亦影影见得功夫须是如此。今闻此说,益无可疑。爱昨晚思'格物'的'物'字即是'事'字,皆从心上说。"

先生曰:"然。身之主宰便是心,心之所发便是意,意之本体便是知,意之所在便是物。如意在于事亲,即事亲便是一物;意在于事君,即事君便是一物;意在于仁民爱物,即仁民爱物便是一物;意在于视听言动,即视听言动便是一物。所以某说无心外之理,无心外之物。《中庸》言'不诚无物'①,《大学》'明明德'之功,只是个诚意。诚意之功,只是个格物。"

【注释】

①不诚无物:语自《中庸》第二十五章:"诚者自成也,而道自道也。

诚者物之终始，不诚无物。是故君子诚之为贵。诚者非自成己而
已也，所以成物也。”意即没有诚敬之心就没有万事万物。诚，指
诚敬之心。

【译文】

徐爱说：“昨天听闻了先生的教诲，我也隐约感到功夫应该这样用。
现在又听到先生这样训诫，更没有可疑惑的了。我昨晚思考，‘格物’的
‘物’字，就是‘事’字，都是从本心上来说的。”

先生说：“是。身体的主宰便是本心，本心的生发便是意念，意念的
本体便是知，意念的所在便是事物。如果意念在于侍奉亲人上，那么侍
奉亲人就是一件事物；意念在于侍奉君主上，那么侍奉君主就是一件事
物；意念在于仁治百姓、爱护万物上，那么仁治百姓、爱护万物就是一件
事物；意念在于视听言动上，那么视听言动就是一件事物。所以我说没
有本心之外的天理，没有本心之外的事物。《中庸》说‘不诚无物’，大学
‘明明德’的功夫，讲的都是诚意。诚意的功夫，就是格物。”

七

【题解】

本条重在解“格物”，也是承续上节对“物”的解释。王阳明借孟子
“惟大人为能格君心之非”，将“格物”转化为“格心”，训为正心。心体
本正，不正处在于意，所以正心就是要去意之不正处，摒除遮蔽，回复心
体大中至正，即是存天理。那么，如何正心（格物）？刘宗周说：“以心之
所发言意，意之所在言物，则心有未发之时，却如何格物耶？请以前好恶
之说参之。”“好好色”“恶恶臭”之说强调了正心功夫中，心的主体自觉
自为性和诚恶意、存善意的内涵。

先生又曰：“‘格物’如孟子‘大人格君心’之‘格’[①]，

是去其心之不正，以全其本体之正。但意念所在，即要去其不正以全其正，即无时无处不是存天理，即是穷理。'天理'即是'明德'，'穷理'即是'明明德'。"

【注释】

①大人格君心：语自《孟子·离娄上》："惟大人为能格君心之非。君仁，莫不仁；君义，莫不义；君正，莫不正。一正君，而国定矣。"朱熹引赵氏注曰："格，正也。"

【译文】

先生又说："'格物'就像《孟子》中的'大人格君心'的'格'。是消除本心中不正之念，来保全本体的正善的意思。只是意念所在之处，就要消除其中不正之念，来保全纯正为善的念头，就是无时无处不存有天理，也就是穷尽天理。'天理'就是'光明正大的品德'，'穷尽天理'就是'弘扬光明正大的品德'。"

八

【题解】

本条言"致知"。良知即心体，本是至善，又知善知恶，此心圣人与常人同。然良知常被私意障碍遮蔽，故需要做去私存心的功夫，使良知无障碍。做得知致，便意味着意诚，二者是一贯的。

又曰："知是心之本体，心自然会知：见父自然知孝，见兄自然知弟，见孺子入井自然知恻隐①，此便是良知②，不假外求。若良知之发，更无私意障碍，即所谓'充其恻隐之心，而仁不可胜用矣'③。然在常人不能无私意障碍，所以须用致知格物之功,胜私复理。即心之良知更无障碍,得以充塞流行④,便是致其知。知致则意诚。"

【注释】

①见孺子入井自然知恻隐:语自《孟子·公孙丑上》:"今人乍见孺子将入于井,皆有怵惕恻隐之心。"孺子,幼儿,小孩子。恻隐,同情,怜悯。

②良知:语自《孟子·尽心上》:"人之所不学而能者,其良能也;所不虑而知者,其良知也。"本书此处第一次出现王明阳的"良知"概念。《年谱》记载,王阳明正德十六年(1521)提出"致良知"于江右。而徐爱于正德十三年(1518)去世,《年谱》与"徐爱录"记载有冲突。对此,黄宗羲在《明儒学案》卷十一《浙中王门学案一》中曰:"先生(徐爱)记《传习》,初卷皆是南中所闻,其于'致良知'之说,固未之知也。然《录》中有云:'知是心之本体,心自然为知,见父自然知孝,见兄自然知弟,见孺子入井自然知恻隐,此便是良知。使此心之良知充塞流行,便是致其知。'则三字之提,不始于江右,明矣。但江右以后,以此为宗旨尔。是故阳明之学,先生为得其真。"

③充其恻隐之心,而仁不可胜用矣:语自《孟子·尽心下》:"人能充无欲害人之心,而仁不可胜用也;人能充无穿窬之心,而义不可胜用也。"

④充塞:"塞"字语自张载《西铭》:"天地之塞,吾其体。"

【译文】

先生又说:"知是心的本体,心自然会去知:见到父亲自然知道尽孝,见到兄长自然知道顺敬,见到小孩掉进井里,自然知道同情不忍。这就是良知,不必凭借外部去寻求。如果良知生发出来,还没有私欲的障碍,也就是所谓的'充分发生同情不忍的心思,仁慈之心就没有用尽的时候'。然而在常人来说，不能做到完全摒除私欲的障碍，所以必须要用致知、格物的功夫，克除私欲，复归天理。这样本心中的良知也就再没有障碍，得以充斥心中，流动开来，这就是致良知。良知得以恢复，那么意念就能诚挚专一了。"

九

【题解】

　　本条讲功夫之用力处在于"事"，从逻辑上分析，可见三个方面：第一，由"用"到"体"的反求功夫。"理"之用为"文"，由"文"可见"理"；第二，由"行"到"知"的一贯功夫。"理"发用之对象为"事"，在"事"上存"理"即是"行"，其中蕴含"事上磨炼"的功夫，也体现了王阳明一贯的"知行合一"思想；第三，不离见闻的功夫实践。王阳明强调良知不是见闻，但又不离见闻，体现了德性之"知"和闻见之"知"的辩证关系。

　　爱问："先生以'博文'为'约礼'功夫，深思之未能得，略请开示。"

　　先生曰："'礼'字即是'理'字。'理'之发见，可见者谓之'文'。'文'之隐微不可见者谓之'理'：只是一物。'约礼'只是要此心纯是一个天理。要此心纯是天理，须就'理'之发见处用功。如发见于事亲时，就在事亲上学存此天理；发见于事君时，就在事君上学存此天理；发见于处富贵贫贱时，就在处富贵贫贱上学存此天理；发见于处患难夷狄时，就在处患难夷狄上学存此天理①。至于作止语默，无处不然，随他发见处，即就那上面学个存天理。这便是'博学之于文'，便是'约礼'的功夫。'博文'即是'惟精'，'约礼'即是'惟一'。"

【注释】

①"发见于处富贵"四句：语自《中庸》第十四章："君子素其位而
　　行，不愿乎其外，素富贵行乎富贵，素贫贱行乎贫贱，素夷狄行乎
　　夷狄，素患难行乎患难。君子无入而不自得焉。"夷狄，泛称华夏
　　族以外的各族。

【译文】

徐爱问："先生认为'博文'是'约礼'的功夫，我深刻思考之后，还
是没能弄明白，请您略加开导解释。"

先生说："'礼'字就是'理'字。'理'表现出来，被人识见，就是
'文'。'文'的隐微不得见的内涵就是'理'：这二者本是同一件东西。
'约礼'是要使本心纯粹成为天理。要使本心纯粹为天理，必须从天理
表现的地方用功。例如表现在侍奉亲人时，就要在侍奉亲人上学习存养
天理；表现在侍奉君主时，就要在侍奉君主上学习存养天理；表现在身处
富贵贫贱时，就要在身处富贵贫贱上学习存养天理；表现在身处患难或
外邦时，就要在身处患难或外邦上学习存养天理。至于是践行还是不践
行，开口还是沉默，无处不是如此，随时随地表现在行动上，就要在那上
面学习存养天理。这就是'博学之于文'，就是'约礼'的功夫。广泛学
习存养天理，就是为了求得至精的境界；恪守礼仪，就是为了求得天理的
纯粹。"

十

【题解】

本条阐述王阳明"心一"的观点。上条"精一"之训表明"心"有
"用（现象）"和"体（理）"两个层面，但其实是一个心，由此出发，道心

与人心只是一心。而朱熹的"道心为主,而人心听命"则视二者为主从关系,实为二心。这是王阳明所反对的。对此,施邦曜极力赞成:"此即孔子道二,仁与不仁之说,出此入彼,只有一个,更无两个,可不慎哉?"而心学殿军刘宗周则认为王阳明之说和程、朱无别,他认为:"人心本只是人之心,如何说他是伪心欲心?敢以质之先生。"可见,即便是在心学内部,心一心二的问题一直是后人纠结的问题。

爱问:"'道心常为一身之主,而人心每听命①。'以先生'精一'之训推之,此语似有弊。"

先生曰:"然。心一也,未杂于人谓之'道心',杂以人伪谓之'人心'。人心之得其正者即道心,道心之失其正者即人心:初非有二心也。程子谓'人心即人欲,道心即天理'②,语若分析而意实得之。今曰'道心为主,而人心听命',是二心也。天理、人欲不并立,安有天理为主,人欲又从而听命者?"

【注释】

①"道心"二句:语见朱熹《中庸章句序》:"从事于斯,无少间断,必使道心常为一身之主,而人心每听命焉,则危者安,微者著,而动静云为,自无过不及之差矣。"道心、人心,语自《尚书·大禹谟》:"人心惟危,道心惟微。"

②程子谓"人心即人欲,道心即天理":《二程集·遗书》卷十九程颐语:"人心,私欲也。道心,正心也。"

【译文】

徐爱问:"'道心常为一身之主,而人心每听命。'根据先生'精一'的解释来推论,这句话似乎有弊端。"

先生说:"是。本心只有一个,没有掺杂人的私欲时叫做'道心',掺杂了人的私欲时叫做'人心'。人心能够达到纯正的就是道心,道心失去纯正的就是人心:最开始并没有两颗心的分别。程子说'人心就是私欲,道心就是天',这句话似乎是把心分为两颗心,但实际上是领悟到了人只有一个本心的意思。现在朱子说'道心为主,而人心听命于道心',这就是有两颗心了。天理和人欲不能并立共存,怎么能说天理为主宰,人欲听命于天理呢?"

<h1 style="text-align:center">十一</h1>

【题解】

本条可见王阳明经学观之一面,即修经以明道。经之价值意义在于指向道,存天理。故孙奇逢说:"'六经'总要正人心,正人心只是存天理。"施邦曜评曰:"得是旨而存之,即'六经'亦糟粕矣。"在"经"与"理(心)"之间,"经"的地位是低于"理(心)"的。圣人能由经见道,而常人则只见到事,所以为了不让常人迷惑于其中,圣人删去经中不见道者,亦不主张添加不含道者。同时,王阳明以"道"为标准,就弥合了"经"与"史"的区别。王阳明的经学观凸显了"心"的本体性和以"心"解经的方法。

爱问文中子、韩退之[①]。

先生曰:"退之,文人之雄耳;文中子,贤儒也。后人徒以文词之故推尊退之,其实退之去文中子远甚。"

【注释】

① 文中子:即隋代王通(584—617),字仲淹,降州龙门(今山西河津)人。仿孔子删述"六经"作"王氏六经"。韩退之:韩愈

（768—824），字退之，昌黎（今河北三河）人。唐代著名文人。反对佛、道，为宋明理学的先驱。朱熹于《朱子语类》卷一百三十七云："孟子后，荀（子）扬（雄）浅，不济得事，只有个王通、韩愈好，又不全。"

【译文】

徐爱向先生请教王通、韩愈两人的言行。

先生说："韩愈是文人中的英雄，王通是大贤的儒者。后人只是因为文词的原因，推崇尊敬韩愈，实际上韩愈比王通要差得远了。"

爱问："何以有拟经之失①？"

先生曰："拟经恐未可尽非。且说后世儒者著述之意，与拟经如何？"

爱曰："世儒著述，近名之意不无，然期以明道。拟经纯若为名。"

先生曰："著述以明道，亦何所效法？"

曰："孔子删述'六经'，以明道也。"

先生曰："然则拟经独非效法孔子乎？"

爱曰："著述即于道有所发明，拟经似徒拟其迹，恐于道无补。"

先生曰："子以明道者，使其反朴还淳而见诸行事之实乎？抑将美其言辞而徒以诳诳于世也②？天下之大乱，由虚文胜而实行衰也。使道明于天下，则'六经'不必述。删述'六经'，孔子不得已也③。自伏羲画卦，至于文王、周公④，其间言《易》，如《连山》《归藏》之属⑤，纷纷籍籍，不知其几，《易》道大乱。孔子以天下好文之风日盛，知其说之将无纪极⑥，于是取文王、周公之说而赞之⑦，以为惟此为得其宗。于是纷纷之说尽废，而天下之言《易》者始一。《书》《诗》《礼》《乐》《春秋》皆然。《书》自《典》《谟》以后⑧，《诗》自《二南》以降⑨，如《九丘》《八索》⑩，一切淫哇逸荡之词⑪，盖不知其几千百篇；《礼》《乐》之名物度数，至是亦不可胜穷。孔子皆删削而述正之⑫，然后其说始废。如《书》《诗》《礼》《乐》中，孔子何尝加一语？今之《礼记》诸说，皆后儒附会而成，已非孔子之旧。至于《春秋》，虽称孔子作之⑬，其实皆鲁史旧文。所谓'笔'者，笔其旧；所谓'削'者，削其繁⑭，是有减无增。孔子述'六经'，惧繁文之乱天下，惟简之而不得，使天下务去其文以求其实，非以文教之也。《春秋》以后，繁文益盛，天下益乱。始皇焚书得罪⑮，是出于私意，又不合焚'六经'。若当时志在明道，其诸反经叛理之说⑯，悉取而焚之，亦正暗合删述之意。自秦汉以降，文又日盛，若欲尽去之，断不能去。只宜取法孔子，录其近是者而表章之，则其诸怪悖之说，亦宜渐渐自废。不知文中子当时拟经之意如何，某窃深有取于其事，以为圣人复起，不能易也。天下所以不治，只因文盛实衰。人出己见，新奇相高，以眩俗取誉，徒以乱天下之聪明，涂天下之耳目，使天下靡然争务修饰文词，以求知于世，而不复知有敦本尚实、反朴还淳之行：是皆著述者有以启之。"

【注释】

①拟经：指王通"王氏六经"。王通据《春秋》而成《元经》，据《尚书》而成《续书》，据《诗经》而成《续诗》，据《礼》而成《礼论》，

据《易》而成《赞易》，据《乐》而成《乐论》。又仿孔子《论语》而作《中说》。朱彝尊《经义考》引司马光《补传》曰："《礼论》二十五篇、《乐论》二十篇、《续书》百有五十篇、《续诗》三百六十篇、《元经》五十篇、《赞易》七十篇，谓之'王氏六经'。"今皆佚。《中说》尚存，可略见其规模。论者多讥其好名自大。《朱子文集》卷六十七《王氏续经说》云："不胜其好名欲速之心，……依仿六经。"

②说说（náo）：喧闹嘈杂。

③"删述"二句：据《史记·孔子世家》记载，孔子返回鲁国后，鲁终不能用孔子，孔子亦不求仕，乃叙《书》、传《礼》、删《诗》、正《乐》、序《易》（《彖》《系辞》《说卦》《文言》）。又"鲁西狩获麟，孔子作《春秋》"。

④"自伏羲"二句：传说伏羲画八卦。文王叠八卦而成六十四卦，又系象辞，周公系系辞。

⑤《连山》《归藏》：《周礼·春官·宗伯》第三云：太卜"掌三易之法，一曰《连山》，二曰《归藏》，三曰《周易》。其经卦皆八，其别皆六十有四"。郑玄注云：《连山》，夏《易》。"其卦以纯《艮》为首，艮为山，山上山下，是名'连山'。云气出内于山，故名《易》为《连山》"；《归藏》，殷《易》。"以纯《坤》为首，坤为地，故万物莫不归而藏于中，故名为《归藏》"；《周易》始乾。文王衍《易》于羑里。题周以别商。而《连山》《归藏》，即有其书，亦已佚矣。

⑥纪极：限度，止境。

⑦赞：明。孔子赞《易》，作《彖传》上下、《象传》上下、《系辞传》上下、《文言传》《说卦传》《序卦传》《杂卦传》，共称"十翼"。

⑧《典》《谟》：《尚书》之《尧典》《舜典》《大禹谟》《皋陶谟》，或加《益稷》，作"二典三谟"。

⑨《二南》：指《诗经》的《周南》《召南》。

⑩《九丘》《八索》：传说的古书名。《左传·昭公十二年》云："楚左史倚相能读《三坟》《五典》《八索》《九丘》。"孔安国《古文尚书序》云："八卦之说，谓之《八索》，求其义也。九州之志，谓之《九丘》，丘，聚也。言九州所有，土地所生，风气所宜，皆聚此书也。"

⑪淫哇：淫邪。逸荡：放荡。

⑫孔子皆删削而述正之：《古文尚书序》云："先君孔子生于周末，睹史籍之烦文，惧览之者不一，遂乃定《礼》《乐》，明旧章，删《诗》为三百篇。约史记而修《春秋》，赞《易》道以黜《八索》，述职方以除《九丘》。"

⑬虽称孔子作之：《孟子·滕文公下》云："世衰道微。邪说暴行有作。臣弑其君者有之，子弑其父者有之。孔子惧，作《春秋》。《春秋》，天子之事也。"

⑭笔、削：《史记·孔子世家》云："笔则笔，削则削，子夏之徒不能赞（助）一辞。"

⑮始皇焚书：《史记·秦始皇本纪》载："史官非秦记皆烧之。非博士官所职，天下敢有藏《诗》《书》、百家语者，悉诣守、尉杂烧之。有敢偶语《诗》《书》者弃市。"

⑯反经：违背常道。

【译文】

徐爱又向先生请教："王通为什么会有仿作经书的过失？"

先生说："仿作经书恐怕也不能说都不对。你先说说后世儒者编著经书的用意，跟仿作经书相比怎么样呢？"

徐爱说："现在儒者的著述，不是没有追求名誉的想法，然而也期望能明道。仿作经书就似乎纯粹是为了名利了。"

先生说："著述经书进而明道，又是效法的谁呢？"

徐爱说："孔子删述'六经'，是为了明道。"

先生说："既然如此，那么仿作经书难道不是效法孔子吗？"

　　徐爱说："著述经书是对其中的经道有所阐释,仿作经书似乎只是仿照经书的形式,恐怕对于经道没什么补益。"

　　先生说:"你认为明道是让道返璞归真,在实际做事当中表现呢? 还是讲求美润辞藻只是借此哗众取宠于世呢? 天下大乱,是因为重视空虚的文论而轻视实际。倘若天下道明,那么也就不必解释'六经'了。删述'六经',孔子是不得已而为之。从伏羲画卦,到文王、周公,这期间有论述《易经》的著述,像《连山》《归藏》这些,纷纭众多,不知有多少,使得《易经》的经道乱作一团。孔子因为天下爱好虚文的风气一天天盛行,知道这种言论将会发展得没有限度,所以借助推崇文王、周公的论述加以阐明,认为只有这样才阐发出了《易经》的宗旨。于是纷纭众多的学说都被废弃,天下论述《易经》的言论这才统一了。《尚书》《诗经》《仪礼》《乐经》《春秋》都是这样。《尚书》自从《尧典》《舜典》《大禹谟》《皋陶谟》之后,《诗经》自从《周南》《召南》之后,像《九丘》《八索》,大量淫逸邪荡的诗词,大体有成百上千篇;《仪礼》《乐经》的名称、实物、仪则、数目多到也是无法数清。孔子对它们都做出了删削述正,然后这些说法才被终止。至于《尚书》《诗经》《仪礼》《乐经》本文中,孔子何曾增添过一句话? 现在《礼记》的解说,都是后世的儒者附会而成,已经不是孔子的旧作了。至于《春秋》,虽然号称是孔子之作,其实都是鲁国史书中的旧文笔削而成。所谓'笔',就是照抄旧文;所谓'削',就是删减繁复,是有减无增的。孔子传述'六经',是担忧繁文扰乱天下,想要精简到不能再精简,他要让人们务必忽略'六经'的表面文句,而应当追求其中的实际意义,而不是要用文句辞藻来教化天下。《春秋》之后,繁文越来越盛行,天下越来越混乱。秦始皇焚书而开罪天下,是出于他的私心,更不应该焚毁'六经'。如果当时他志在明道,把所有那些反经叛理的学说,全部拿来烧掉,也正暗与孔子删述的本意相合。自秦汉以后,繁文又越来越盛行,若要想彻底废止,完全不可能了。只适宜效仿孔子的做法,收录那些与经道最接近的并加以表彰,其他各种荒诞悖论的学说,也应当渐渐自行消失。虽然不知道王通当时仿作经书的本意是什么,但我私下里对这件事深切赞同,认为圣人即便重生,也无法改变这种看法。天下之所以混乱不治,就是因为繁文盛行,而践行实事衰落。人们各抒己见,以新奇观点相互竞争,以花哨俗丽博取虚誉,这样只会混乱天下人的聪智,蒙蔽天下人的耳目,使得天下人颓靡地争相修饰表面文辞,借以闻名于世,而不再知道还有敦于本分、崇尚实践、返璞归真的行为:这些都是著述经书的人所导致的吧。”

爱曰:“著述亦有不可缺者,如《春秋》一经,若无《左传》,恐亦难晓。”

先生曰:“《春秋》必待《传》而后明①,是歇后谜语矣②。圣人何苦为此艰深隐晦之词?《左传》多是鲁史旧文,若《春秋》须此而后明,孔子何必削之?”

爱曰:“伊川亦云③:‘传是案,经是断④。’如书弑某君、伐某国,若不明其事,恐亦难断。”

先生曰:“伊川此言,恐亦是相沿世儒之说,未得圣人作经之意。如书弑君,即弑君便是罪,何必更问其弑君之详?征伐当自天子出⑤,书伐国,即伐国便是罪,何必更问其伐国之详? 圣人述‘六经’,只是要正人心,只是要存天理、去人欲。于存天理、去人欲之事,则尝言之;或因人请问,各随分量而说,亦不肯多道,恐人专求之言语,故曰‘予欲无言’⑥。若是一切纵人欲、灭天理的事,又安肯详以示人? 是长乱导奸也。故孟子云:‘仲尼之门无道桓、文之事者,是以后世无传焉⑦。’此便是孔门家法。世儒只讲得一个伯者的学问⑧,所以要知得许多阴谋诡计,纯是一片功利的心,与圣人作经的意思正相反，如何思量得通？”

　　因叹曰："此非达天德者，未易与言此也⑨！"

【注释】

①《春秋》必待《传》而后明：《传》，此指《春秋左氏传》。《春秋》有
　《公羊传》《穀梁传》《左传》三传，所传事实有所不同。《左传》相
　传为孔子同时代的鲁国史官左丘明所作，述事甚详，故说。

②歇后谜语：即指叙述中删去整句话的最末文字。

③伊川：指程颐。因为伊川（今河南栾川、嵩县、伊川）一带人，世称
　"伊川先生"。

④传是案，经是断：语自《二程集·遗书》卷十五。

⑤征伐当自天子出：语自《论语·季氏》："孔子曰：'天下有道，则礼
　乐征伐，自天子出。'"

⑥予欲无言：语自《论语·阳货》。

⑦"仲尼"二句：语自《孟子·梁惠王上》。桓、文，指春秋五霸中的
　齐桓公（？—前643）、晋文公（前697—前628）。

⑧伯：通"霸"。下文"五伯""伯术"，义同。

⑨"此非达"二句：语自《中庸》第三十二章："苟不固聪明圣知达天
　德者，其孰能知之。"

【译文】

　　徐爱说："著述经书也是不可或缺的，比如《春秋》这部经书，如果没
有《左传》，恐怕也难看懂。"

　　先生说："《春秋》必须等到《左传》出现才能看懂，那就是歇后谜语
了。圣人何苦写这些艰深隐晦的词章呢？《左传》大多是鲁国史书的旧
文，如果《春秋》需要《左传》才能看懂，那孔子何必要删削它呢？"

　　徐爱说："伊川先生也说过：'《左传》是案件，《春秋经》是判断。'比
如，《春秋》记载杀死了某位君王，征伐了某个国家，如果不知道这件事

情的原委，恐怕也难以做出确切的判断。"

　　先生说："伊川先生这话，恐怕也是沿袭往世儒者的说法，而没能理解圣人作经的本意。比如记载了杀死君王的事，那么杀死君王就是罪过，何必要去追究杀死君王的详细过程呢？征伐的命令应当由天子下达，记载讨伐别国的事，那么讨伐别国就是罪过，何必再去追究讨伐别国的详细过程呢？圣人著述'六经'，只是要端正人心，只是要留存天理、除去私欲。孔子对于留存天理、除去私欲的事，曾经说过；有时根据人们的问题，依各自的程度作答，也不肯多说，唯恐人一心在言语上钻牛角，所以说'我不想多谈'。如果是一切纵容私欲、吞灭天理的事，又怎肯详细给人解说呢？这就成了长乱导奸了。因此孟子说：'孔子的弟子们没有记载齐桓公、晋文公的事的，因此后世也就没有流传。'这就是孔门的家法。当世儒者只讲求称霸者的学问，所以要知道许多阴谋诡计，这纯粹是一片功利的私心，与圣人著经的本意正相反，怎么能思量明白呢？"

　　因此先生感叹地说："如果不是通达天德的人，与他讨论这个很难啊！"

　　又曰："孔子云'吾犹及史之阙文也'①，孟子云'尽信书，不如无书。吾于《武成》，取二三策而已'②。孔子删《书》，于唐、虞、夏四五百年间，不过数篇。岂更无一事？而所述止此，圣人之意可知矣。圣人只是要删去繁文，后儒却只要添上。"

【注释】

①吾犹及史之阙（quē）文也：语自《论语·卫灵公》。意即我还见过史书存疑疏漏的地方。阙，缺失。

②"孟子云"及以下四句：语自《孟子·尽心下》。《武成》，为《尚

书·周书》篇名,记武王伐纣凯旋而归。

【译文】

先生又说:"孔子说'我还见过史书存疑疏漏的地方',孟子说'完全相信书,就不如无书。我认为《武成》这一篇就只有两三页可取罢了'。孔子删述《尚书》,即便是在唐、虞、夏的四五百年间,也不过只留下几篇。删述到这个地步,难道就再没有值得称道的事吗? 叙述到这里,圣人的本意可以了解了。圣人只是要删去繁复的文饰,后世儒者却还要添上。"

爱曰:"圣人作经,只是要去人欲、存天理。如五伯以下事①,圣人不欲详以示人,则诚然矣。至如尧、舜以前事,如何略不少见?"

先生曰:"羲、黄之世②,其事阔疏③,传之者鲜矣④,此亦可以想见。其时全是淳庞朴素、略无文采的气象。此便是太古之治,非后世可及。"

【注释】

①五伯:春秋五霸,即齐桓公(?—前643)、晋文公(前697—前628)、秦穆公(?—前621)、楚庄王(?—前591)、宋襄公(前650—前635)。

②羲、黄:伏羲与黄帝。伏羲,古代传说中的"三皇"之一。风姓。相传其始画八卦,又教民渔猎,取牺牲以供庖厨,因称"庖牺",亦作"伏戏""伏牺""宓羲"等。黄帝,黄帝为少典之子,姓公孙,居轩辕之丘,故号轩辕氏。又居姬水,因改姓姬。国于有熊,亦称有熊氏。以土德王,土色黄,故曰黄帝。相传曾战胜炎帝于阪泉,战胜蚩尤于涿鹿。

③阔疏：远。

④鲜（xiǎn）：少。

【译文】

徐爱问："圣人著述经书，只是要去除私欲，留存天理。至如春秋五霸以下的事，圣人不打算详细地告知世人，确实如此。但至于尧、舜之前的事，为什么被省略，无法得见呢？"

先生说："伏羲、黄帝的时代，事迹已经遥远，流传下来的很少，这也能想象得到的。当时都是淳朴素淡，重视辞藻的气象一毫也没有。这就是太古的治世，不是后世能比得上的。"

爱曰："如'三坟'之类①，亦有传者，孔子何以删之？"

先生曰："纵有传者，亦于世变渐非所宜。风气益开，文采日胜，至于周末，虽欲变以夏、商之俗，已不可挽，况唐、虞乎？又况羲、黄之世乎？然其治不同，其道则一。孔子于尧、舜则祖述之，于文、武则宪章之②。文、武之法，即是尧、舜之道。但因时致治，其设施政令已自不同。即夏、商事业，施之于周，已有不合。故周公思兼三王，其有不合，仰而思之，夜以继日③。况太古之治，岂复能行？斯固圣人之所可略也。"

【注释】

①三坟：传说中记录古史的书。《古文尚书序》云："伏羲、神农、黄帝之书，谓之'三坟'，言大道也。"

②于文、武则宪章之：语自《中庸》第三十章："仲尼祖述尧、舜，宪章文、武。"朱熹注云："祖述者，远宗其道。宪章者，近守其法。"祖述，效法、遵循前人的行为或学说。宪章，效法，遵从。

③"故周公"四句：语自《孟子·离娄下》："周公思兼三王，以施四事。其有不合者，仰而思之，夜以继日。幸而得之，坐以待旦。"三王，指夏禹、商汤、周文王、周武王。

【译文】

徐爱问："像'三坟'这类的书，也有流传下来的，为什么孔子要删除它？"

先生说："纵使有流传下来的，也于现在世道的变化渐渐不相适宜了。风气日渐开放，雕饰日渐流行，到了周朝末期，即使想要以夏、商时的风俗改革风气，也已经无可挽回，何况唐尧、虞舜时，又何况伏羲、黄帝的时代呢？然而各代虽治世不同，遵循的道却是相同的。孔子遵循尧帝、舜帝，效法文王、武王。文王、武王的治世之法，就是尧帝、舜帝的治世之道。只是他们根据不同时期的情况治世，那些推行的政令制度，已经各自不同。即使是夏、商的政策在周代推行，已经并不合适了。因此周公思考三王的治策，兼收并蓄，发现不合时宜的地方，就反复思考，夜以继日。更何况远古的治世方法，怎么能再次施行呢？这正是圣人删略前事的原因。"

又曰："专事无为，不能如三王之因时致治，而必欲行以太古之俗，即是佛、老的学术。因时致治，不能如三王之一本于道，而以功利之心行之，即是伯者以下事业。后世儒者许多讲来讲去，只是讲得个伯术。"

【译文】

先生又说："专心施行无为而治，不能像三王那样根据时代的实情来治世，而一定要推行上古的政治，这是佛教、老子的学问。根据时代的实情治世，不能像三王那样都以道为根本，而是根据功利之心来推行，这是

春秋五霸以后的治世。后世的很多儒者讲来讲去,都只讲得一个霸术
而已。"

十二

【题解】

本条以治世论道。三代之治之可行在于其以道为本,效仿三代在于
取其道而不在仿其事。这与上条具有论说意义的一贯性。

又曰:"唐、虞以上之治,后世不可复也,略之可也;三代
以下之治①,后世不可法也,削之可也;惟三代之治可行。然
而世之论三代者,不明其本,而徒事其末,则亦不可复矣!"

【注释】

①三代:即夏、商、周。

【译文】

先生又说:"唐尧、虞舜以前的治世经略,后世无法再重复,可以忽略
它了;夏、商、周以后的治世经略,后世无法再效仿,可以删削它了;只有
夏、商、周三代的治世经略,还可以实行。然而,世上论说三代的人,却
不了解当时治世的根本,而只效仿细枝末节,也就无法恢复三代治世的
方略了!"

十三

【题解】

本条谈经、史之异同。从文体而言,史言事,经言道,但王阳明认为
事即道,道即事,确定了"道"的评价标准,从而弥合了经、史之别。王阳

明的这一立场与其以心释经、以心观物（事）的观点是一致的，也在某种程度上体现了其今文经学的思想。

爱曰："先儒论'六经'，以《春秋》为史，史专记事，恐与'五经'事体终或稍异。"

先生曰："以事言谓之史，以道言谓之经。事即道，道即事。《春秋》亦经，'五经'亦史。《易》是包牺氏之史①，《书》是尧、舜以下史，《礼》《乐》是三代史。其事同，其道同，安有所谓异？"

【注释】

①包牺氏：即伏羲。见前注。

【译文】

徐爱说："先儒论述'六经'，认为《春秋》是史书，史书是专门记载事件的，恐怕与其他'五经'的内容和体裁都稍有不同。"

先生说："讲求事件就叫史书，讲求道义就叫经书。事件就是道义，道义就是事件。《春秋》也是经书，'五经'也是史书。《周易》是伏羲时的史书，《尚书》是尧、舜以后的史书，《仪礼》《乐经》是夏、商、周时的史书。它们记载的事件相同，阐发的道义也相同，怎么会有所谓的差别呢？"

十四

【题解】

本条承上条而言，经、史以明道，何故史中有善恶？王阳明以"示法""杜奸"的目的论分别释之，最终仍指向明道。这种解释进路与王阳明"致良知"功夫的逻辑思路是一致的。至于王阳明解释孔子于《诗》不删《郑》《卫》，显然并无考据，但却肯定了孔子的一贯家法，也就是肯定了经、史明道的主旨，体现了阳明心学"立其大"的为学头脑和解经方法。

又曰："'五经'亦只是史。史以明善恶，示训戒。善可为训者，时存其迹以示法①；恶可为戒者，存其戒而削其事以杜奸。"

爱曰："存其迹以示法，亦是存天理之本然；削其事以杜奸，亦是遏人欲于将萌否？"

先生曰："圣人作经，固无非是此意。然又不必泥着文句。"

【注释】

①时：通"是"。

【译文】

先生又说："'五经'也只是史书。史书的目的是用来辨明善恶，明示劝诫的。善可以被用作训诫的，这是保存善事来教导世人，让他们效法；恶可以被用作鉴戒的，这是保存这种告诫而删削恶事本身，以杜绝类似邪恶之事发生。"

徐爱说："保存善事来教导世人让他们效法，也是存养天理的本源；删削恶事本身杜绝邪恶发生，也是为了将人的私欲遏制在将要萌发的状态吗？"

先生说："圣人著述经书，无非就是这种意图。但也不必拘泥于文句。"

爱又问：“恶可为戒者，存其戒而削其事以杜奸，何独于《诗》而不删《郑》《卫》[①]？先儒谓‘恶者可以惩创人之逸志’[②]，然否？”

先生曰：“《诗》非孔门之旧本矣。孔子云：‘放郑声，郑声淫[③]。’又曰：‘恶郑声之乱雅乐也[④]。’‘郑、卫之音，亡国之音也[⑤]。’此是孔门家法。孔子所定三百篇，皆所谓雅乐，皆可奏之郊庙，奏之乡党[⑥]，皆所以宣畅和平，涵泳德性[⑦]，移风易俗，安得有此？是长淫导奸矣。此必秦火之后，世儒附会，以足三百篇之数。盖淫泆之词，世俗多所喜传，如今闾巷皆然。‘恶者可以惩创人之逸志’，是求其说而不得，从而为之辞。”

【注释】

①《郑》《卫》：《诗经》之《郑风》与《卫风》。

②先儒谓“恶者可以惩创人之逸志”：朱熹在《论语集注·为政》中说：“凡诗之言，善者可以感发人之善心，恶者可以惩创人之逸志，其用归于使人得其情性之正而已。”志，心志。

③放郑声，郑声淫：语自《论语·卫灵公》：“颜渊问为邦。子曰：‘行夏之时，乘殷之辂，服周之冕，乐则《韶舞》。放郑声，远佞人。郑声淫，佞人殆。’”

④恶郑声之乱雅乐也：语自《论语·阳货》：“恶紫之夺朱也，恶郑声之乱雅乐也，恶利口之覆邦家者。”雅乐，纯正典雅的音乐。

⑤“郑、卫之音”二句：语自《礼记·乐记》：“郑、卫之音，乱世之音也。比于慢矣。桑间、濮上之音，亡国之音也。”

⑥乡党：同乡，乡亲。

⑦涵泳：浸润，沉浸。

【译文】

徐爱又问："恶可以被用作鉴戒的，保存这种告诫而删削恶事本身，以杜绝邪恶发生，为什么唯独不删削《诗经》中的《郑风》和《卫风》？先儒所说的'恶事可以惩戒人的纵欲放荡之志'，是这样吗？"

先生说："《诗经》已经不是孔门原来的版本了。孔子说：'要禁绝郑声，郑声是靡靡之音。'又说：'厌恶郑声扰乱雅乐。''郑、卫的音乐，是亡国之音。'这是孔门家法。孔子修订的《诗经》三百篇，都是所谓的雅乐，既可以在祭祀天地祖先时演奏，也可以在乡党群民之间演奏，都是宣讲平和，涵养德行，移风易俗，怎么会有这些诗在其中呢？这就是助长淫乱导致奸恶了。这些诗必定是秦始皇焚书之后，当世的儒者附会而成，以补足三百篇的数量。而淫靡之词，世间俗人大多喜欢传诵，如今街巷皆知了。'恶事可以惩戒人的纵欲放荡之志'，是欲求解释而无法解释，不得已才这么说的。"

徐爱跋

【题解】

本条为徐爱为所记语录作的跋，主旨在于总结阳明心学功夫。综合前文可知，徐爱认为虽然"格物"与"诚意"语出《大学》，"明善"与"诚身"语出《中庸》，"穷理"与"尽性"语出《周易·说卦》，"道问学"与"尊德性"语出《中庸》，"博文"与"约礼"语出《论语》，"惟精"与"惟一"语出《尚书》，但王阳明的"心与理一""知行合一"的格物新说，可以将这些思想通贯起来。

爱因旧说汩没[①]，始闻先生之教，实是骇愕不定，无入头处。其后闻之既久，渐知反身实践，然后始信先生之学为孔门嫡传，舍是皆傍蹊小径、断港绝河矣！如说"格物"是

"诚意"的工夫②，"明善"是"诚身"的工夫③，"穷理"是"尽性"的工夫，"道问学"是"尊德性"的工夫④，"博文"是"约礼"的工夫，"惟精"是"惟一"的工夫：诸如此类，始皆落落难合，其后思之既久，不觉手舞足蹈。

【注释】

①旧说汩（gǔ）没：沉没于旧说，或指程朱之学。

②格物、诚意：语自《大学》首章："格物、致知、诚意、正心、修身、齐家、治国、平天下。"

③明善、诚身：语自《中庸》第二十章："诚身有道，不明乎善，不诚乎身矣。"

④道问学、尊德性：语自《中庸》第二十七章："故君子尊德性而道问学，致广大而尽精微。"朱熹注云："尊德性，所以存心而极乎道体之大也。道问学，所以致知而尽乎道体之细也。二者修德凝道之大端也。"意谓既虚心学习探究事理，又恪守道德规范。

【译文】

我因为受旧的学说的影响较深，刚刚听闻先生教诲的时候，着实惊骇不定，茫然没有头绪。后来受教先生时间长了，渐渐知道要自己亲身践行，然后才相信先生的学问，是孔门嫡传的学说，其他都是旁门左道，断港绝河！例如先生说"格物"是"诚意"的功夫，"明善"是"诚身"的功夫，"穷理"是"尽性"的功夫，"道问学"是"尊德性"的功夫，"博文"是"约礼"的功夫，"惟精"是"惟一"的功夫。诸如此类论说，开始觉得都过分邈远很难实现，后来思考得久了，不知不觉领会学旨，手舞足蹈起来。

右曰仁所录①。

【注释】

①右曰仁所录：南本作"门人徐爱曰仁录"，此后有小段文如下："曰仁所纪凡三卷，侃近得此数条，并两小序，其余俟求其家附录之。正德戊寅春，薛侃识。"

【译文】

以上是徐爱所录。

陆澄录 凡七十三则

【题解】

陆澄，字原静，又作"元静"，一字清伯，湖州府归安（今浙江湖州）人。正德九年（1514）从学于王阳明，十二年（1517）进士，授刑部主事。嘉靖时，议大礼不合，罢归。后悔前议之非，上疏自讼。上恶其反复，斥之不用。时有议王阳明之学者，陆澄欲上疏抗辩，王阳明闻而止之。黄宗羲《明儒学案》卷十四云："《传习录》自曰仁发端，其次即为先生所记。朋友见之，因此多有省悟。盖数条皆切问，非先生莫肯如此吐露，就吐露亦莫能如此曲折详尽也。故阳明谓：'曰仁殁，吾道益孤，致望原静者不浅。'""先生初锢于世论，已而理明障落，其视前议犹粪土也。阳明知永嘉之为小人，不当言责，故不涉论为高。先生已经论列，知非改过，使人皆仰，岂不知嫌疑之当避哉？"

"陆澄录"是《传习录》中较为集中论述"致良知"功夫的部分，其主旨在于阐释阳明心学功夫是实学功夫，内容非常丰富，可概括为十个方面：第一，强调功夫要先立头脑，如对"主一""立志""集义"等的论述；第二，强调功夫之根本在于在心上用功，如王阳明认为为学要有本源，要在本源上用功；第三，强调本体与功夫的统一，如王阳明认为心学功夫上下一贯、体用一源，道要在功夫中求；第四，强调功夫不离日用行常。如王阳明从辩证的角度对事上磨炼、下学上达、惟精惟一等的阐述；

第五,论述了一些具体的功夫条目,如省察、存养、谨独、克己、格物等;第六,对心体本然的论述,如对"定""诚""中"的论述,并主张以心体之状态判功夫之真伪;第七,对"知行合一"功夫的论述,其中也涉及对心即理、性等心学范畴的论述;第八,强调心学功夫之自然,反对意必,反对执着,进而在为学之道上反对有违良知的行为,如为仕而仕等;第九,在心物关系层面阐发恶之产生,指出为学要存天理、去人欲;第十,从为学出发,王阳明阐述了自己的心学经学观,并对经史关系、《大学》与《中庸》的关系等进行了阐述。特别是在论述日常功夫时,言简意赅,不啻为箴言。

一

【题解】

本条释"主一"。"逐物"即是见逐外物,为物所牵扰,不能安于心。与此相反,"主一"为主于内者,不为外物所动,只是一个天理。故施邦曜说:"'主一'之学,动如是,静亦如是也。""逐物"与"主一"体现了两种不同的功夫向度。王阳明之"主一"与下文"立志""思诚"等立意相同,专在一个天理上。

陆澄问:"'主一'之功①,如读书则一心在读书上,接客则一心在接客上,可以为'主一'乎?"

先生曰:"好色则一心在好色上,好货则一心在好货上②,可以为'主一'乎?是所谓逐物,非'主一'也。'主一'是专主一个天理。"③

【注释】

①"主一"之功:语自《二程集·遗书》卷十五:"所谓敬者,主一之

谓敬；所谓一者，无适之谓一。且欲涵泳主一之义，一则无二三矣。"主一，即专一，无杂念意。

②好色、好货：语自《孟子·梁惠王下》。

③据南本、施本，此条之前有"持志如心痛，一心在痛上，岂有工夫说闲话，管闲事"一条，《王文成公全书》本载此条于第二十四条与第二十五条之间。

【译文】

陆澄问道："关于'主一'的功夫，比如读书，就一心在读书上用功，接客，就一心在接客上用功，这样可以算是'主一'的功夫吗？"

先生说："贪图美色就一心在贪图美色上用功，喜爱财物就一心在喜爱财物上用功，可以算是'主一'的功夫吗？这只是所谓的追逐事物，而不是'主一'，'主一'就是将心神专注在天理上。"

二

【题解】

本条释"立志"。所谓立志，就是念念不忘存天理，与上条"主一"异曲同工。值得注意的是，立志有两个向度，即凝聚和扩充。前者侧重内省、察识，后者侧重发用、涵养，这与致良知的内向功夫和外向功夫的两个向度是一致的。

问立志。

先生曰："只念念要存天理，即是立志。能不忘乎此，久则自然心中凝聚，犹道家所谓'结圣胎'也①。此天理之念常存，驯至于美、大、圣、神②，亦只从此一念存养扩充去耳。"

【注释】

①结圣胎：道教炼内丹，以母体结胎比喻凝聚精、气、神三者炼成之丹，故名"结圣胎"。

②驯：循序渐进。美、大、圣、神：语自《孟子·尽心下》："可欲之谓善，有诸己之谓信，充实之谓美，充实而有光辉之谓大，大而化之之谓圣，圣而不可知之之谓神。"

【译文】

陆澄向先生请教立志的方法。

先生说："只要念念不忘存养天理，就是立志了。能不忘存养天理，久而久之则心中自然凝聚天理，就像道家所谓的'结圣胎'。天理的念头常存，渐渐达到美、大、圣、神的地步，也只是从这一个念头存养、扩充开去。"

三

【题解】

本条讲致知功夫要即物而致，即物而知，精神纷扰，就要静坐，在精神纷扰上致，收摄精神；懒看书在某种意义上也是精神纷扰的表现，就要在看书上致知，通过看书收敛精神。因此，功夫不是玄虚，而是实求，体现了王阳明功夫不离日用行常的实学特征。

"日间工夫，觉纷扰则静坐，觉懒看书则且看书，是亦因病而药。"

【译文】

"白天求学致知功夫，觉得烦躁混乱就静坐，觉得懒得看书就要去看书，这也是对症下药。"

四

【题解】

　　本条讲与朋友处，也是讲与良知（自我）处，谦虚相待即是以诚心相待，即可在处朋友中致得良知；相互攀比，就会强意间隔，良知被遮蔽，不能依良知而处，这就是"损"。此条简洁如箴言。

　　"处朋友，务相下，则得益，相上则损。"

【译文】

　　"与朋友相处，务必要谦恭相待，那么就会彼此得益；如果互相竞争比较，则会遭到贬损。"

五

【题解】

　　本条以树喻好名之病。树根结于心中，良知之善念难以立身，树冠遮蔽心体，良知难以发用，所以私欲杂念要时时克除，方能存养扩充良知。

　　孟源有自是好名之病①，先生屡责之。一日，警责方已，一友自陈日来工夫，请正。源从傍曰："此方是寻着源旧时家当。"

　　先生曰："尔病又发。"

　　源色变，议拟欲有所辩。

　　先生曰："尔病又发。"

　　因喻之曰："此是汝一生大病根。譬如方丈地内，种此一大树,雨露之滋,土脉之力,只滋养得这个大根。四傍纵要种些嘉谷,上面被此树叶遮覆,下面被此树根盘结,如何生长得成?须用伐去此树,纤根勿留,方可种植嘉种。不然,任汝耕耘培壅,只是滋养得此根。"

【注释】

①孟源:字伯生,滁州(治今安徽滁州)人。《明儒学案》无传,余不详。

【译文】

孟源有自以为是、爱好虚名的毛病,先生多次批评他。一天,先生责备他刚结束,有一友人自述最近的功夫,请先生指正。孟源在旁边说:"这才刚刚达到我以前修行的水平。"

先生说:"你的老毛病又犯了。"

孟源的脸色变了,想要辩解。

先生说:"你的老毛病又犯了。"

于是开导他说:"这是你人生中最大的毛病。就像方丈大小的土地上,种植这么一棵大树,雨露滋润,土壤肥沃,都只是在滋养这个树根。纵使要在四周种植一些五谷,上面被这棵大树的叶子遮蔽着,下面被这棵大树的根系盘结着,怎么能生长苗壮呢?必须要砍掉这棵树,纤细的根须不能留下,才可以种植五谷。否则的话,任凭你耕耘培植,也只是在滋养这个树根。"

六

【题解】

本条表面上在写经、传之别,实际表达的是王阳明一贯的经学观,如"五经"乃吾心之记籍也,"五经"原只是阶梯等,心与经之别乃如鱼与笙、醪与糟粕之别,得心而忘经,经的作用是指示人对心的认知,所以后世之传注不能太繁杂,否则让人难以把握。而后世著述正有此弊。

问:"后世著述之多①,恐亦有乱正学?"

先生曰:"人心天理浑然,圣贤笔之书,如写真传神②,不过示人以形状大略,使之因此而讨求其真耳;其精神意气、言笑动止,固有所不能传也。后世著述,是又将圣人所画,摹仿誊写,而妄自分析加增,以逞其技,其失真愈远矣③。"

【注释】

①后世:指孔、孟以后之世。

②写真:摹画人像。

③失:违背,离开。

【译文】

陆澄问:"后世著述经书众多,恐怕也会扰乱儒家正统吧?"

先生说:"人心与天理浑然一体,圣贤著书,就像如实地描画肖像,不过是向人们展示一个大致的轮廓,使得大家依据这个轮廓来探求人心天理之本原。正如画人肖像,其人的精神意气,言笑举止,都有无法流传之处。而后世的著述,是又将圣人所画的,描摹誊写了一遍,再擅自加以分析和增添细节,用以炫耀才学,偏离圣人所要表达的本意愈来愈远了。"

七

【题解】

本条讲圣人功夫在心上做,而不是在物上做。王阳明以明镜喻圣人之心,明镜之能否照物,在于镜(心)是否明净。因此功夫的重点在于使镜"明",而不在于如何"照"物。圣人处事应变亦是如此,先在心上做功夫,自能应付万事万变,而不是在学习如何处事应变上做功夫。

问:"圣人应变不穷,莫亦是预先讲求否?"

先生曰:"如何讲求得许多? 圣人之心如明镜,只是一个明,则随感而应,无物不照。未有已往之形尚在,未照之形先具者。若后世所讲,却是如此①,是以与圣人之学大背。周公制礼作乐以文天下②,皆圣人所能为,尧、舜何不尽为之而待于周公? 孔子删述'六经'以诏万世③,亦圣人所能为,周公何不先为之而有待于孔子? 是知圣人遇此时,方有此事。只怕镜不明,不怕物来不能照。讲求事变,亦是照时事,然学者却须先有个'明'的工夫。学者惟患此心之未能明,不患事变之不能尽。"

【注释】

①却:确实。

②周公制礼作乐:语自《礼记·明堂位》:"周公践天子之位,以治天下。六年,朝诸侯于明堂,制礼作乐,颁度量,而天下大服。"

③诏:教导,警戒。

【译文】

陆澄问:"圣人能应变无穷,莫不是事先修习研究过了?"

先生说:"怎么能修习研究这么多呢? 圣人的心如同明镜,只是一个明,随感随应,万物能照。没有已经投映过的轮廓还在,尚未照出的物影在镜子里先出现的道理。如果像后世所讲的确实如此,这就完全违背圣人之学了。周公制礼作乐,以修饰天下,这都是圣人能做到的,尧、舜为什么不全部做了这些事,而要等周公来做呢? 孔子删述'六经'教导万世，这也是圣人能做到的，周公为什么不先做了这些事，而要等孔子来做呢？因此能够看出，圣人遇到这样的时机，才会做这些事。只怕镜子不够明亮，不怕事物到来无法照映得出。修习研究事物的变化，也是镜照时事，然而学者却必须先有个'明'的功夫。学者只怕内心不能明照，却不担心无法穷尽事物的变化。"

曰："然则所谓'冲漠无朕，而万象森然已具'者①，其言何如？"

曰："是说本自好，只不善看，亦便有病痛。"

【注释】

① 冲漠无朕，而万象森然已具：《二程集·遗书》卷十五程颐之语："冲漠无朕，万象森然已具，未应不是先，已应不是后。"汉代学者扬雄《太玄》中有"玄也者，窈冥冲漠之府也"一句，是"冲漠"首次以原意出现，但并没有"冲漠无朕"一句。至于"无朕"，在《庄子》和《淮南子》中都曾出现，如《庄子·应帝王》："体尽无穷，而游无朕，尽其所受于天，而无见得，亦虚而已。"《淮南子·兵略训》："凡物有朕，唯道无朕。所以无朕者，以其无常形势也。""万象森然"最早出自南朝齐梁隐士陶弘景《茅山长沙馆碑》"夫万象森罗，不离两仪所育"，有学者认为程颐此句是就《易》而发，而其意当与《伊川易传序》"至微者，理也，至著者，象也，体用一源，显微无间"相通。综上文所考论，"冲漠无朕"描述的是修道者心灵虚静，不存在主观欲望遮蔽时，能够感受到宇宙生发万物的创造力及其森严有条理的秩序。另，关于此二句的出处，日本学者多数认为来自佛教，但鲜有指出其出处者，如山崎暗斋；也有认为出自道家，如太田锦成；而《大汉和辞典》认为语自程颐。冲漠无朕（zhèn），犹言空寂无形。森然，严整貌。

【译文】

陆澄说："既然这样,那么所谓'天地间万事万物的道理,在其最原始的状态下就已经具备了'的说法,又怎么样呢?"

先生说："这个说法本来很好,只是太难懂,也就有了问题。"

八

【题解】

本条讲道要在功夫中求。道无穷尽,正如善、恶之无穷尽,不可一蹴而就,因此为善去恶的明道功夫就要时时为之,即便圣人也是如此。可见,王阳明之功夫并不会因道之无穷而显得玄虚,而是强调要实地用功的。

"义理无定在,无穷尽。吾与子言,不可以少有所得,而遂谓止此也。再言之十年、二十年、五十年,未有止也。"

【译文】

"义理没有一定的标准,也没有穷尽。我与你的交流,不能因为稍微有些收获,于是就以为只有如此而已。即使再与你谈论十年、二十年、五十年,也没有止境。"

他日又曰:"圣如尧、舜,然尧、舜之上,善无尽;恶如桀、纣①,然桀、纣之下,恶无尽。使桀、纣未死,恶宁止此乎?使善有尽时,文王何以'望道而未之见'②?"

【注释】

①桀、纣:夏桀、商纣,皆为暴君。

②文王何以"望道而未之见":《孟子·离娄下》:"文王视民如伤,望

道而未之见。"意谓周文王追求道却像未曾见过。而,如同。

【译文】

有一天,先生又说:"做圣人就做到像尧和舜一样,然而尧、舜之上,善没有止境;做恶人像桀、纣一样,然而桀、纣之下,恶也没有尽头。如果桀、纣没有死去,恶事会就此而止吗? 如果善有尽头,周文王为什么会'不懈地追求道却像没有看见'呢?"

九

【题解】

本条讲功夫要实地用功,事上磨炼,切实克己。只有心定,才能不随外物所移。其中所含两方面:第一,为学功夫要知行合一;第二,功夫内容在于存理去欲,而不在养静。对此,王阳明在《传习录》中多处有阐发。

问:"静时亦觉意思好,才遇事便不同,如何?"

先生曰:"是徒知静养而不用克己工夫也①。如此,临事便要倾倒。人须在事上磨,方立得住,方能'静亦定,动亦定'②。"

【注释】

①克己:语自《论语·颜渊》:"克己复礼为仁。"意即克制私欲,严以律己。

②静亦定,动亦定:语自《二程集·文集》卷二《答横渠张子厚先生书》:"所谓定者,动亦定,静亦定。无将迎,无内外。"

【译文】

陆澄问:"平静时我也觉得自己想得很好,一旦遇到事情就不同了,为什么会这样?"

先生说："这是由于你只知道在平静中修养，却没有在克己功夫上用心的缘故。像这样，遇到事情就会倒仆。人必须在事情上磨炼自己，才能够立得住，才能做到'静亦定，动亦定'。"

十

【题解】

本条王阳明从功夫的角度辨析"下学"与"上达"的关系，认为二者本是一个功夫。为学做功夫不能只追求极高远一截，而是要做具体的日常功夫，久久为功，自然就臻于"上达"功夫境界。故施邦曜说："盖人见物自物，圣人见此物即是吾心。活活泼泼之理，绝无精粗内外之隔。"此条中王阳明以"木之栽培灌溉"论功夫，极为精切，同时也表明阳明心学功夫的务实、切实的特点，而非玄虚之学。

问上达工夫。

先生曰："后儒教人，才涉精微，便谓上达未当学，且说下学^①。是分下学、上达为二也。夫目可得见，耳可得闻，口可得言，心可得思者，皆下学也；目不可得见，耳不可得闻，口不可得言，心不可得思者，上达也。如木之栽培灌溉，是下学也；至于日夜之所息，条达畅茂，乃是上达。人安能预其力哉？故凡可用功、可告语者，皆下学，上达只在下学里。凡圣人所说，虽极精微，俱是下学。学者只从下学里用功，自然上达去，不必别寻个上达的工夫。"^②

【注释】

①上达、下学：语自《论语·宪问》："子曰：'莫我知也夫。'子贡曰：

'何为其莫知子也?'子曰:'不怨天,不尤人,下学而上达,知我者其天乎!'"上达,指通达天道。下学,谓学习人情事理的基本知识。

②此条后原有"持志如心痛,一心在痛上,岂有工夫说闲话,管闲事"一条,因重出,故删去。

【译文】

陆澄向先生请教"上达"的功夫。

先生说:"后世儒者教导人时,刚刚涉及精深微妙之处,就说是涉及'上达'的学问,还不到学习的时候,而去讲习'下学'的知识。这是将'下学'和'上达'一分为二了。凡是眼睛能看到的,耳朵能听到的,嘴巴能说出的,心中能思考的,都是'下学';凡是眼睛不能看到的,耳朵无法听到的,嘴巴不能说出的,心中无法思考的,就是'上达'。比如说栽种一棵树,栽培、灌溉就是'下学',而树木日夜生长,枝叶繁茂,就是'上达'。人怎么能预先求'上达'而不做'下学'的功夫呢? 因此凡是可以用功、可以述说的,都是'下学','上达'只在'下学'中。凡是圣人所说的,虽然已经极尽精深微妙了,也都是'下学'。学者只要从'下学'当中用功,自然能'上达',不必另外寻求'上达'的功夫。"

十一

【题解】

本条论功夫的一贯性,但与上条从功夫之进阶角度讲不同,本条侧重从功夫的目的讲。"惟一"即是要以求纯然天理为目的,"惟精"即是求天理的具体功夫。只要念念不忘存天理,就是"惟精惟一"的功夫。二者关系之理解可以在阳明心学功夫中找到不同的向度:第一,"惟一"即是立存天理之心,所有具体功夫皆以此为头脑,统摄于此;第二,"一"是主意,是统领,贯穿于"二",乃至"三"之中,故所有功夫都是"一"的功夫,也就是一个功夫了。王阳明对"惟精惟一"的解释与心学功夫讲求先立志、先立其大的原则是一致的。

　　问:"'惟精''惟一'是如何用功?"

　　先生曰:"'惟一'是'惟精'主意,'惟精'是'惟一'功夫,非'惟精'之外复有'惟一'也[①]。'精'字从'米',姑以米譬之:要得此米纯然洁白,便是'惟一'意;然非加舂簸筛拣'惟精'之功,则不能纯然洁白也。舂簸筛拣是'惟精'之功,然亦不过要此米到纯然洁白而已。博学、审问、慎思、明辨、笃行者[②],皆所以为'惟精'而求'惟一'也。他如'博文'者,即'约礼'之功;'格物''致知'者,即'诚意'之功;'道问学'即'尊德性'之功;'明善'即'诚身'之功;无二说也。"

【注释】

①"惟一"三句:作为功夫的惟精、惟一,王阳明在《重修山阴县学记》中讲到:"惟一者,一于道心也;惟精者,虑道心之不一,而或二之以人心也。"

②博学、审问、慎思、明辨、笃行:语自《中庸》第二十章。

【译文】

陆澄问:"做到'惟精''惟一'是要怎样的功夫?"

先生说:"'惟一'是'惟精'的主意,'惟精'是'惟一'的功夫,不是在'惟精'之外另有一个'惟一'。'精'字的部首是'米',姑且以米来作比喻:要使得这米纯净洁白,便是'惟一'的意思;然而如果没有舂簸筛拣这些'惟精'的功夫的话,也就不能使得米纯净洁白了。舂米、簸米、筛米、拣米是'惟精'的功夫,然而也不过是为了让这米达到纯净洁白而已。博学、审问、慎思、明辨、笃行，这些都是'惟精'的功夫，进而求得'惟一'。其他的比如'博文'是'约礼'的功夫，'格物''致知'是'诚意'的功夫，'道问学'是'尊德性'的功夫，'明善'是'诚身'的功夫，此外没有另外的解释。"

十二

【题解】

本条论"知行合一"。知、行为始、终，这是一个方便的说法。"知"为"始"，贯穿于"行"；"行"贯彻"知"，落实为"知"的结果。"知""行"相互内含，辩证统一，这是王阳明所要强调的。

"知者，行之始；行者，知之成。圣学只一个功夫，'知''行'不可分作两事。"

【译文】

"知，是行的开始；行，是知的结果。圣人之学只有一个功夫，'知'和'行'不能分成两件事。"

十三

【题解】

本条以出仕之道谈为学之道。孔子并不反对出仕，但反对为仕而仕。在王阳明看来，明明德而亲民，为学和为仕是可以贯通的，但为亲民而亲民，为仕而仕则有违致良知的原则。在根本上，王阳明强调的是圣人之学，内圣和外王要打通为一。

"漆雕开曰①：'吾斯之未能信②。'夫子说之③。子路使子羔为费宰④，子曰：'贼夫人之子⑤。'曾点言志，夫子许之⑥。圣人之意可见矣。"

【注释】

①漆雕开：即漆雕启（前540—?），姓漆雕，名开，避汉景帝讳改"启"为"开"，字子开，又作"子若"，春秋时鲁国人，一说蔡人。孔子弟子。

②吾斯之未能信：语自《论语·公冶长》："子使漆雕开仕。对曰：'吾斯之未能信。'子说。"未能信，指没有信心。

③说（yuè）：同"悦"，高兴。

④子路：即仲由（约前542—前480），字子路，一字季路，又称"季子"。孔子弟子。子羔：即高柴（约前521生），字子羔。孔子弟子。孔子于《论语·先进》曰："柴也愚。"费：鲁国邑名。在今山东鱼台西南。宰：古代对官吏的称谓。

⑤贼夫（fú）人之子：语自《论语·先进》。贼，害。夫人，那人。

⑥"曾点"二句：语自《论语·先进》："子路、曾晳、冉有、公西华侍坐。……点对曰：'莫春者，春服既成。冠者五六人，童子六七人，浴乎沂，风乎舞雩，咏而归。'夫子喟然叹曰：'吾与点也！'"曾点，字晳，鲁国人。孔子学生，曾参的父亲。

【译文】

"漆雕开说：'我对做官还没有信心。'孔子听了很高兴。子路让子羔去做费邑的地方官，孔子说：'这是害别人家的孩子。'曾点谈论自己的志向，孔子赞许他。圣人的意思可以想见了。"

十四

【题解】

本条以心体之状态谈功夫之真伪。心之宁静分为两种：一种为存养来的宁静；一种为心体自中和的自然宁静。前者有强意为静的意念，故是为静而静的功夫，不但有私意间隔心体，而且功夫方向也偏离天理。故施邦曜说："以宁静为主，便是靠着宁静一边，心已弛于宁静矣，安得谓中。"后者只是存养心体，念念不忘去人欲、存天理，当欲除理存，粹然至善，不被外物所牵绊，心体自然宁静，此即程子所谓"静亦定，动亦定"。刘宗周对此点评曰："此所谓'念'是'无念'之'念'，莫错会，不然才起一念，已是欲也。"

问："宁静存心时，可为'未发之中'否①？"

先生曰："今人存心，只定得气。当其宁静时，亦只是气宁静，不可以为未发之中。"

【注释】

①未发之中：《中庸》首章："喜怒哀乐之未发，谓之中。发而皆中节，谓之和。"未发，没有表现出来。中，中和，指不偏不倚的状态。

【译文】

陆澄问："在宁静之中存养心性，可否称为'未发之中'呢？"

先生说："现在的人存养心性，只能使气安定。当他宁静的时候，也只是气得到宁静，不可以称为'未发之中'。"

曰："未便是中，莫亦是求中功夫？"

曰："只要去人欲、存天理，方是功夫。静时念念去人欲、存天理，动时念念去人欲、存天理，不管宁静不宁静。若靠那宁静，不惟渐有喜静厌动之弊，中间许多病痛只是潜伏在，终不能绝去，遇事依旧滋长。以循理为主，何尝不宁静？以宁静为主，未必能循理。"

【译文】

陆澄问："未表现出来就是中，莫不也就是求中的功夫吗？"

先生说："只要摒弃私欲，存养天理，才是功夫。静时念念不忘摒弃私欲，存养天理，动时也念念不忘摒弃私欲，存养天理，不管宁静不宁静。如果依靠宁静，不仅会逐渐有喜静厌动的弊病，而且其中许多问题只是潜伏下来，最终不能绝除，遇到事情依旧会滋长出来。以遵循天理为主，何尝不宁静呢？以宁静为重，却不一定能做到遵循天理。"

十五

【题解】

本条借"言志"释良知功夫之体段。王阳明一向主张事上磨炼，所以从根本上讲，他不会反对出仕从政。王阳明说"三子是有意必"，不是着意于事，而是从为学先立志讲。"三子"如果未立志于圣学，为政即是为功利，自然就有了"意必"。曾子看似耍的，反而说明他"无意必"，更切合圣学功夫。是否有"意必"，可看出功夫之纯粹和境界之高明。

问："孔门言志①，由、求任政事②，公西赤任礼乐③，多少实用。及曾皙说来，却似耍的事，圣人却许他，是意何如？"

曰："三子是有意必④，有意必便偏着一边，能此未必能彼；曾点这意思却无意必，便是'素其位而行，不愿乎其外。

素夷狄行乎夷狄，素患难行乎患难，无入而不自得'矣⑤。三子所谓'汝器也'⑥，曾点便有不器意⑦。然三子之才各卓然成章，非若世之空言无实者，故夫子亦皆许之。"

【注释】

①孔门言志：指孔子与弟子子路、曾皙、冉有、公西华各言其志事，见《论语·先进》。

②由：子由。求：冉求，字有。皆孔子学生。

③公西赤：公西华的名。孔子学生。

④意必：语自《论语·子罕》："子绝四：毋意，毋必，毋固，毋我。"意，指主观臆断。必，指绝对化。

⑤"素其位"五句：语自《中庸》第十四章。素其位，安于现在的位置。素，现在。朱熹注云："素，犹见在也。言君子但因见在所居之位，而为其所当为，无慕乎其外之心也。"

⑥汝器也：语自《论语·公冶长》："子贡问曰：'赐也何如？'子曰：'女，器也。'曰：'何器也？'曰：'瑚琏也。'"

⑦不器：语自《论语·为政》："君子不器。"器皿都有各自专门的用途，"不器"则比喻说不能像器皿一样才识狭隘不博通。

【译文】

陆澄问："孔子门下讨论志向，子路、冉有希望出任政事，公西赤希望出任掌管礼乐的小官，多少有点儿实际用处。到了曾点所说的志向，却像是玩耍的事，孔子却赞许他，这是什么意思？"

先生说："子路、冉有、公西赤三人是有主观臆想和绝对肯定的意思。有这两种意思，便会向一边偏斜，能做这件事，未必能做那件事；曾点的说法却没有主观臆想，也没有绝对的肯定，便是'君子安于现在所处的地位，来做他应该做的事，不希望去做本分以外的事。处在夷狄的地位，就做夷狄所应该做的事，处在患难当中，就做患难时所应该做的事。君子安心在道，乐天知命、知足守分，因此无论在什么地方，都能悠然自得'。三位先生是所谓'有某种才能的人'，而曾点便是有做明达通才的想法。但是三位先生的才华卓然自成格局，并不像世上空谈不实的人那样，因此孔子也都赞许了他们。"

十六

【题解】

本条讲为学之方。王阳明认为为学首先要有本原，有本原才能存养发展，这是从本体上说；其次，为学要立志用功，立定志向，无思无虑，只是做切实功夫，方可实现，这是从功夫上说。通识认为，王阳明的良知是即本体即功夫的，王阳明这里强调本原为功夫入手处，经由功夫方达境界，境界是心体在功夫过程中的已发呈显，所以本原（心体）又是即本体即功夫即境界的。故施邦曜曰："盖人自堕胎后无息不与物接，此物物之，则在吾心。即此是未发之中，乃所谓天理也。君子只是戒慎恐惧，一心在天理上，任他耳听目视手持足行，定盘星一毫不走，方是有本原之学。"孙奇逢说："功深力到，当有自得之时，要在勿忘勿助。"语甚契之。

问："知识不长进，如何？"

先生曰："为学须有本原，须从本原上用力，渐渐'盈科而进'①。仙家说婴儿②，亦善譬。婴儿在母腹时，只是纯气，有何知识？出胎后方始能啼，既而后能笑，又既而后能识认其父母兄弟，又既而后能立、能行、能持、能负，卒乃天下之事无不可能。皆是精气日足，则筋力日强，聪明日开，不是出胎日便讲求推寻得来，故须有个本原。圣人到位天地、育万物③，也只从喜怒哀乐未发之中上养来。后儒不明

'格物'之说,见圣人无不知、无不能,便欲于初下手时讲求得尽,岂有此理?"

【注释】

①盈科而进:完整说法是"盈科而后进",出自《孟子·离娄下》:"原泉混混,不舍昼夜。盈科而后进,放乎四海。有本者如是,是之取尔。"朱熹注云:"盈,满也。科,坎也。言其进以渐也。"渐渐有所进步。

②仙家说婴儿:《老子》中言"专气致柔,能婴儿乎"。

③位天地、育万物:语自《中庸》首章:"致中和,天地位焉,万物育焉。"位,指天地各居其位。育,使万物生长发育。

【译文】

陆澄问:"知识不见长进,怎么办?"

先生说:"为学必须有个本原,必须从本原上下功夫,渐渐'盈科而进'。道家关于婴儿的论述,也是一个精辟的比喻。婴儿在母亲腹中时,只是一团纯气,有什么知识?降生后,才开始能啼哭,然后会笑,又然后能认识他的父母兄弟,又然后能站立,能行走,能持物,能背负,最后天下的事无所不能。这都是他的精神气息日益充足,于是筋骨力量日益强健,聪明智慧日益开发,不是从出生的那一天就能推究得到的,因此必须有个本原。圣人到了让天地居其位、孕育万物的境界,也只是从喜怒哀乐未发之中修养得来的。后世儒者不明白'格物'的学说,见到圣人无所不知,无所不会,就想从一切开始时修习研究明白,哪有这样的道理呢?"

又曰:"立志用功,如种树然。方其根芽,犹未有干;及其有干,尚未有枝。枝而后叶,叶而后花、实。初种根时,只管栽培灌溉,勿作枝想,勿作叶想,勿作花想,勿作实想。悬想何益? 但不忘栽培之功,怕没有枝叶花实?"

【译文】

先生又说:"立志用功,就像种树一样。开始生根发芽,还没有树干;等到有了树干,还没有枝条。有了枝条然后有树叶,有了树叶然后有花朵果实。起初种下根时,只要顾着栽培灌溉,不要想枝、叶、花、果。空想又有什么用处呢? 只要不忘记栽培的功夫,还担心没有枝、叶、花、果吗?"

十七

【题解】

本条以为学之方,明功夫之道。王阳明认为看书如果只是穿凿敷义,这是向外求,看得愈多,理愈不明。因此功夫要内求,书经只是讲明心体,能于'四书''五经'上体验、明了心体,即是明道。这里同样也可体现王阳明的经学观。

问:"看书不能明,如何?"

先生曰:"此只是在文义上穿求,故不明。如此,又不如为旧时学问。他到看得多[①],解得去。只是他为学虽极解得明晓,亦终身无得。须于心体上用功。凡明不得,行不去,须反在自心上体当,即可通。盖'四书''五经'不过说这心体,这心体即所谓道,心体明即是道明,更无二:此是为学头脑处。"

【注释】

①到：通"倒"。

【译文】

陆澄问："读书却没能读明白，怎么办？"

先生说："这只是在文义末节上穿凿求知，因此无法读得明白。如此，就不如究求程朱的学问。他们倒是看得比较多，也解释得通透。只是他们为学虽然解释得极为明白晓透，也仍然终身无所得。必须要在心体上用功，凡是不明白，不知道怎么做的，都必须在自己心中体会，这样就能想通。'四书''五经'说的不过就是这些心体，这心体就是所谓的道，心体明就是道明，没有其他的：这是为学的关键之处。"

十八

【题解】

本条从心与理、心与物的关系解"心"。"心"本是虚灵不昧的，故心中万理具存，万物具感，离开心，则理无、物无。因此从本体角度言，心与理一，心与物一，从方法角度言，以心释理，以心观物。

"虚灵不昧，众理具而万事出①。心外无理，心外无事。"

【注释】

①"虚灵"二句：语自朱熹《大学章句集注》"明明德"注："明德者，人之所得乎天，而虚灵不昧，以具众理而应万事者也。"

【译文】

"保持心空灵而不愚昧无知，众多道理存具心中，万事万物就都能够显现出来了。心外没有道理，心外也没有事物。"

十九

【题解】

　　本条讲"心"与"理"的关系。朱熹的"心"与"理"确有气内、气外之分，二者是不同层面的概念。王阳明化理于心中，无形上、形下之别，心理合一。故王阳明反对分"心"与"理"为二。

　　或问："晦庵先生曰：'人之所以为学者，心与理而已。'①此语如何？"

　　曰："心即性，性即理，下一'与'字，恐未免为二。此在学者善观之。"

【注释】

　　①"晦庵先生曰"及以下二句：语自朱熹《大学或问》。晦庵，朱熹的号。

【译文】

　　有人问："朱子说：'人之所以为学，不过是心和理而已。'这句话怎么理解？"

　　先生说："心就是性，性就是理，加了一个'与'字，恐怕未免将它们一分为二了。这就在于学者要善于观察了。"

二十

【题解】

　　本条讲恶之产生。在王阳明看来，心即理，心是本体，至善无恶。但在经验世界中，心体易被遮蔽，恶由此而生。遮蔽产生恶，一方面肯定了心的至善无恶性质和心体对经验世界中有对待的善与恶的超越，另一方面表明阳明学之恶并非是道德意义上的"坏",而是相对于大中至正的心体的"不正",故王阳明释"格物"之"格"为"正"。

或曰:"人皆有是心,心即理,何以有为善,有为不善?"
先生曰:"恶人之心,失其本体。"

【译文】

有人问:"人都有这颗心,既然心就是理,为什么有人行善,有人行不善的事呢?"

先生说:"恶人之所以为恶人,是因为他的心失去了本然状态。"

二十一

【题解】

本条解"理",但朱、王进路有不同。朱熹强调"理"之可析,是指物之理,侧重天理与物理的关系。王阳明强调"理"之不可析,是从功夫与本体的角度出发,强调本体之理。相对而言,朱熹讲分殊,王阳明讲惟一。

问:"'析之有以极其精而不乱,然后合之有以尽其大而无余'①,此言如何?"

先生曰:"恐亦未尽。此理岂容分析,又何须凑合得?圣人说'精一',自是尽。"

【注释】

①"析之"二句:语自朱熹《大学或问》:"析之极精不乱,说条目功夫;然后合之尽大无余,说明明德于天下。"

【译文】

陆澄问："朱子说'条分缕析可以使得天理极其精确而不混乱，然后综合这些事物的理就可以让天理最大化而包罗万象没有遗漏'，这句话怎么样？"

先生说："恐怕这话也没有说透彻。天理怎么能条分缕析，又怎么能够综合呢？圣人说的'精一'，已经都说得很准确、到位了。"

二十二

【题解】

本条讲致良知功夫的具体条目。省察是内向致良知的功夫，存养是扩充发用良知的功夫，二者是致良知功夫的不同面向或条目。王阳明讲事上磨炼，即是要在"有事"上做"无事"的功夫，做功夫要"专一"而不"逐物"。在王阳明以致良知为功夫总纲的功夫体系中，所有功夫条目都是一贯的。

"省察是有事时存养①，存养是无事时省察②。"

【注释】

①省（xǐng）察：语自《论语·学而》："曾子曰：'吾日三省吾身，为人谋而不忠乎？与朋友交而不信乎？传不习乎？'"存养：语自《孟子·尽心上》："存其心，养其性，所以事天也。"

②存养是无事时省察：语自《中庸章句》首章《集注》云："右第一章，子思述所传之意以立言。首明道之本原出于天而不可易。其实体备于己而不可离。次言存养省察之要，终言圣神功化之极。"

【译文】

"反省体察是有事时的存心养性，存心养性是无事时的反省体察。"

二十三

【题解】

　　本条王阳明论心学功夫，题眼在"谨独"二字。王阳明一向主张功夫不离日常，但又不能执着于日常，否则便是逐物，其关键在于应物而不累于物。这样，就由功夫指向了心体，正所谓"未发谓之中，发而皆中节谓之和"。由心体看功夫，便是要"致中和"，便是"谨独"功夫。正如陶浔霍所言："谨独只在不分动静，念念去人欲以存天理。"是也。

　　澄尝问象山在人情事变上做工夫之说①。

　　先生曰："除了人情事变，则无事矣。喜怒哀乐非人情乎？自视、听、言、动，以至富贵、贫贱、患难、死生，皆事变也。事变亦只在人情里，其要只在'致中和'②，'致中和'只在'谨独'③。"

【注释】

①象山在人情事变上做工夫之说：即指《象山全集》卷三十四："复斋家兄一日见问云：'吾弟今在何处做工夫？'某答云：'在人情、事势、物理上做些工夫。'"象山，即陆九渊（1139—1193），字子静，号存斋，世称象山先生，抚州府金溪（今江西金溪）人。南宋心学的代表人物，与朱熹同时代，二人之间常展开辩论，无论当时还是后世，皆影响深远。著有《象山文集》等。

②致中和：语自《中庸》首章："致中和，天地位焉，万物育焉。"

③谨独：即慎独。语自《大学》第六章："所谓诚其意者，毋自欺也。如恶恶臭，如好好色，此之谓自谦，故君子必慎其独也。"《大学》第六章："此谓诚于中，形于外，故君子必慎其独。"《中庸》首章：

　　"是故君子戒慎乎其所不睹,恐惧乎其所不闻。莫见乎隐,莫显乎
　　微,故君子慎其独也。"

【译文】

　　陆澄曾经向先生请教陆象山在人情事变上下功夫的论点。

　　先生说:"除了人情事变,就没有其他的事情了。喜怒哀乐难道不是
人情吗?从视、听、言、动一直到富贵、贫贱、患难、死生,都是事变。事变
也只包含在人情当中,其中的要义就是'致中和','致中和'的重点在于
'谨独'。"

二十四

【题解】

　　本条解"性一"。在阳明心学,心即性,性即理。性一即是肯定心
一,心一即是肯定理一。从心本体出发,由四德而四端,皆是心之发用,
因所指不同而异,理一万殊,故孙奇逢评曰:"一性字分明,万理灿然。"
从性一出发,功夫便是尽心尽性。本条是王阳明论性的重要语录之一,
所涉理学范畴亦多,或可深体之。

　　澄问:"仁、义、礼、智之名,因已发而有?"

　　曰:"然。"

　　他日,澄曰:"恻隐、羞恶、辞让、是非①,是性之表德
邪②?"

　　曰:"仁、义、礼、智也是表德。性一而已,自其形体也,
谓之天,主宰也,谓之帝,流行也,谓之命,赋于人也,谓之
性,主于身也,谓之心。心之发也,遇父便谓之孝,遇君便谓
之忠。自此以往,名至于无穷,只一性而已。犹人一而已,

对父谓之子,对子谓之父。自此以往,至于无穷,只一人而已。人只要在性上用功,看得一性字分明,即万理灿然③。"

【注释】

①恻隐、羞恶、辞让、是非:语自《孟子·公孙丑上》:"恻隐之心,仁之端也;羞恶之心,义之端也;辞让之心,礼之端也;是非之心,智之端也。"即孟子"四端"。

②表德:语自《颜氏家训·风操》:"古者,名以正体,字以表德。"后用以指人的表字或别号。

③灿然:明白,显豁。

【译文】

陆澄问:"仁、义、礼、智的名称,是不是从已表达的情感中得来的?"

先生说:"是的。"

有一天,陆澄又问:"恻隐、羞恶、辞让、是非,是性的表字吗?"

先生说:"仁、义、礼、智也是性的表字。性只有一个,从形体而言就称为天,从主宰而言就称为帝,从流行而言就称为命,赋予人就称为性,主宰身体就称为心。心的发用,遇父便称为孝,遇君便称为忠。以此类推,名称可以无穷无尽,但只一个性而已。就像人就是这么一个人,对于父亲就称为儿子,对于儿子就称为父亲。以此类推,名称可以无穷无尽,但只一个人而已。人只要在性上用功,看得这个'性'字明白清楚,那么天下万理也就了然。"

二十五

【题解】

本条论为学功夫要旨即在于去人欲、复天理。然功夫过程,最是吃紧费力,日间功夫,最见实功。首先,人心不定,故需静坐,但又不能为静而静，过犹不及；其次，人欲常生，故需克除务尽；再次，克念功夫在显微之间，因此要如猫之扑鼠，果毅坚决。从功夫过程与目标来看，这就是"何思何虑"的功夫。本条中克私去欲的功夫最是令人警觉和深思。所谓己私难克，一方面在于"私"念念不断，如陶浔霍说"恐到做鬼时，此根仍在也"；一方面在于人的意志力，如施邦曜说"非有大勇者不能"。

一日，论为学工夫。

先生曰："教人为学，不可执一偏。初学时心猿意马①，拴缚不定，其所思虑，多是人欲一边，故且教之静坐，息思虑。久之，俟其心意稍定。只悬空静守，如槁木死灰②，亦无用，须教他省察克治。省察克治之功，则无时而可间③，如去盗贼，须有个扫除廓清之意④。无事时，将好色、好货、好名等私欲逐一追究搜寻出来，定要拔去病根，永不复起，方始为快。常如猫之捕鼠⑤，一眼看着，一耳听着，才有一念萌动，即与克去，斩钉截铁⑥，不可姑容，与他方便，不可窝藏，不可放他出路，方是真实用功，方能扫除廓清。到得无私可克，自有端拱时在⑦。虽曰'何思何虑'⑧，非初学时事。初学必须思，省察克治，即是思诚，只思一个天理，到得天理纯全，便是'何思何虑'矣。"

【注释】

①心猿意马：佛教语。《御制秘藏诠》卷二十一："心猿意马：心识缘虑，狂若树猿，意识奔驰，甚于逸马。故《楞严经》云：'是故，当知意法为缘生意识界。'"意即心思散乱，如猿马一样难以控制。另《圆悟佛果禅师语录》卷十二、《乐邦文类》卷五、《圆觉经类解》

卷四、《销释金刚经科仪会要注解》卷七等均有出处。

② 槁木死灰：语自《庄子·齐物论》："南郭子綦隐机而坐，仰天而嘘，荅焉似丧其耦。颜成子游立侍乎前，曰：'何居乎？形固可使如槁木，而心固可使如死灰乎？'"意即毫无生气。

③ 间（jiàn）：间断。

④ 廓清：澄清，肃清。

⑤ 猫之捕鼠：语自袾宏《禅关策进·蒙山异禅师示众》："后参皖山长老，教看'无'字，十二时中，要惺惺如猫捕鼠，如鸡抱卵，无令间断。"（《大正大藏经》卷四十八）又见《朱子大全》卷七十一《偶读漫记》："释氏有清草堂者（宋代善清禅师），有名丛林间。其始学时，若无所入。有（黄龙禅师）告之曰：'子不见猫之捕鼠乎？四足据地，首尾一直，目睛不瞬，心无他念。惟其不动，动则鼠无逃矣。'清用其言，乃有所入。"朱熹此语化用自《五灯会元》卷十七《黄龙心禅师发嗣》章之《续藏经》，黄龙祖心语其弟子善清云："子见猫儿捕鼠乎？目睛不瞬，四足据地，诸根顺向，首尾一直。拟无不中。子能如是，心无异缘。六根自根，默然而究。万无一失也。"

⑥ 斩钉截铁：语自《景德传灯录》卷十七。唐末洪州云居道膺禅师谓众曰："学佛法底人，如斩钉截铁始得。"

⑦ 端拱：正身拱手。

⑧ 何思何虑：语自《周易·系辞下》："《易》曰：'憧憧往来，朋从尔思。'子曰：'天下何思何虑？天下同归而殊途，一致而百虑。天下何思何虑？日往则月来，月往则日来，日月相推而明生焉。寒往则暑来，暑往则寒来，寒暑相推而岁成焉。往者屈也，来者信也，屈信相感而利生焉。尺蠖之屈，以求信也；龙蛇之蛰，以存身也。精义入神，以致用也；利用安身，以崇德也。过此以往，未之或知也；穷神知化，德之盛也。'"

【译文】

一天，谈论为学的功夫。

先生说："教人做学问，不可偏执一边。刚开始学习的时候心猿意马，心神拘缚不定，所思所想大多是私欲方面的事，因此应该先教他静坐，让他停止思虑。久而久之，等他心意稍微安定。但只是空想静守，如同槁木死灰，也没有用，必须教他省察克治的功夫。做省察克治的功夫，就没有间断的时候了，就像是驱除盗贼，必须有一个彻底根除的决心。无事时，把好色、贪财、慕名等私欲逐个追究搜寻出来，一定要拔去病根，令它永远不能复发，才算痛快。常像猫捕老鼠，眼睛看着，耳朵听着，刚刚有一点儿私欲萌生，就立刻克戒掉，斩钉截铁，不可以姑且宽容，给他方便，不可以窝藏，不可以放他逃走，才是真正实在用功，才能彻底除去私欲。等到没有私欲去克治，自然能做到端坐拱手。虽然所谓'何思何虑'，这并不是初学时的事，但初学时必须要思考，省察克治的功夫，也就是思诚，只思考一个天理，等到天理完全纯正了，就是'何思何虑'了。"

二十六

【题解】

本条以鬼事言"集义"。所谓"集义"，即是要凡事不悖天理，皆合于义。凡有鬼，即是集义功夫有欠缺，有不合于义者，故心怕。孔子说"敬鬼神而远之"，心存敬者，即是心怀戒惧，唯恐理有所乖，义有所失。如怕鬼，说明对理（义）无敬畏，则不合集义功夫。

澄问："有人夜怕鬼者，奈何？"

先生曰："只是平日不能集义①，而心有所慊②，故怕。若素行合于神明，何怕之有？"

【注释】

①集义：语自《孟子·公孙丑上》："其为气也，配义与道；无是，馁
　　也。是集义所生者，非义袭而取之也。行有不慊于心，则馁矣。
　　我故曰告子未尝知义，以其外之也。"朱熹注云："集义，犹言积
　　善，盖欲事事皆合于义也。"

②慊（xián）：疑惑。

【译文】

陆澄问："有人晚上害怕鬼，怎么办？"

先生说："这只是平日里不能做到积德行善，内心有所疑惑，因此害
怕。如果平素行为与神明相合，又有什么可害怕的呢？"

　　子莘曰①："正直之鬼，不须怕，恐邪鬼不管人善恶，故
未免怕。"

　　先生曰："岂有邪鬼能迷正人乎？只此一怕，即是心邪，
故有迷之者，非鬼迷也，心自迷耳。如人好色，即是色鬼迷；
好货，即是货鬼迷；怒所不当怒，是怒鬼迷；惧所不当惧，是
惧鬼迷也。"

【注释】

①子莘：马明衡，字子莘，号师山，兴化府莆田（今属福建）人。正德
　　十二年（1517）进士，官至御史。王阳明早期的学生。著有《尚
　　书疑义》。

【译文】

　　马子莘说："正直的鬼不必害怕，担心邪恶的鬼不管人的善恶，因此
未免害怕。"

　　先生说："难道有邪恶的鬼能迷惑正直的人吗？只是有这种害怕，

就是心地不正了,所以有被迷惑的,并不是鬼迷惑他,而是心被自己迷惑了。例如人好色,就是被色鬼迷惑;贪财,就是被财鬼迷惑;不该生气而生气,就是被怒鬼迷惑;不应害怕而害怕,就是被惧鬼迷惑。"

二十七

【题解】

日本阳明学者佐藤一斋在《传习录栏外书》中说:"此条诠《定性书》之旨。时有动静,理无动静。故睹闻思为,常一于理,则所遇动静,亦常定也。"从"心""物"关系出发,理(心)作为本体,是超越时空的,无关乎气之动静,都是一个定,一个安。

"定者,心之本体,天理也。动静,所遇之时也。"

【译文】

"心的本然状态即是安定平和,也就是天理。心有动有静,是在不同的境遇下的不同表现罢了。"

二十八

【题解】

本条从心学的角度解释《大学》与《中庸》的关系。佐藤一斋于《传习录栏外书》谓:"天命之性,即明德也。率性修道,即明德亲民之止于至善也。戒慎恐惧,即格、致、诚、正、修也。天地位,万物育,即治国、平天下也。"此语已将《大学》首句与《中庸》首章关系言之甚明。

澄问《学》《庸》同异。

先生曰:"子思括《大学》一书之义①,为《中庸》首章。"

【注释】

①子思:名伋(约前483—前402),孔鲤之子,孔子之孙。相传子思作《中庸》,即《礼记》第三十一篇。《史记·孔子世家》云:"子思年六十二。尝困于宋。子思作《中庸》。"

【译文】

陆澄问《大学》《中庸》两本书的异同。

先生说:"子思将《大学》的主旨概括为《中庸》的第一章。"

二十九

【题解】

本条以史言道。在王阳明的经学观中,史亦可言道,即所谓以道言之,经、史一致。正名在根本上是以道赋名,名合于道义,才能名正言顺。此条以处人伦之变言理的优先性,在根本上肯定了心的本体地位,这正是阳明心学的本意。

问:"孔子正名①,先儒说'上告天子,下告方伯,废辄立郢'②,此意如何?"

先生曰:"恐难如此。岂有一人致敬尽礼,待我而为政,我就先去废他,岂人情天理?孔子既肯与辄为政,必已是他能倾心委国而听③。圣人盛德至诚,必已感化卫辄,使知无父之不可以为人。必将痛哭奔走,往迎其父。父子之爱,本于天性。辄能悔痛真切如此,蒯聩岂不感动底豫④?蒯聩既还,辄乃致国请戮。聩已见化于子,又有夫子至诚调和其间,当亦决不肯受,仍以命辄。群臣百姓又必欲得辄为君,辄乃自暴其罪恶,请于天子,告于方伯诸侯,而必欲致国于父。蒯与群臣百姓,亦皆表辄悔悟仁孝之美,请于天子,告于方伯诸侯,必欲得辄而为之君。于是集命于辄,使之复君卫国。辄不得已,乃如后世上皇故事⑤,率群臣百姓尊蒯为太公,备物致养,而始退复其位焉。则君君、臣臣、父父、子子⑥,名正言顺,一举而可为政于天下矣。孔子正名,或是如此。"

【注释】

①孔子正名:《论语·子路》云:"子路曰:'卫君待子而为政,子将奚先?'子曰:'必也正名乎!'……'名不正,则言不顺;言不顺,则事不成;事不成,则礼乐不兴;礼乐不兴,则刑罚不中;刑罚不中,则民无所措手足。'"正名,意指辨正名分,使名实相符。

②先儒说"上告天子,下告方伯,废辄(zhé)立郢(yǐng)":先儒,指胡瑗和朱熹。朱熹在《论语集注·子路》中注引胡瑗云:"卫世子蒯聩耻其母南子之淫乱,欲杀之不果而出奔。灵公欲立公子郢,郢辞。公卒,夫人立之,又辞。乃立蒯聩之子辄以拒蒯聩。夫蒯聩欲杀母,得罪于父,而辄据国以拒父,皆无父之人也,其不可有国也明矣。夫子为政,而以正名为先,必将具其事之本末,告诸天王,请于方伯,命公子郢而立之:则人伦正,天理得,名正言顺而事成矣。夫子告之之详如此,而子路终不喻也。故事辄不去,卒死其难。徒知食焉不避其难之为义,而不知食辄之食为非义也。"方伯,古时在天子千里之外,设方伯,为一方之主,掌征伐大权。如周文王称西伯。辄,指卫出公蒯辄,卫灵公的孙子,太子蒯聩的儿子。蒯聩因得罪灵公的夫人南子逃往晋国。灵公死后,立蒯辄为君,晋国把蒯聩送回卫国,想借此侵略卫国,因而卫国拒绝蒯聩回国。后蒯聩在孔悝等支持下立为君,是为卫武公。卫辄出奔

　　鲁。郢,公子郢,卫灵公庶子。有贤名。蒯聩逃亡,灵公欲立他为
　　嗣,他没有接受。灵公死后,南子欲立他为君,他以太子辄尚在位
　　为由,坚决拒绝。

③听:治理。

④厎(zhǐ)豫:语自《孟子·离娄上》:"舜尽事亲之道而瞽瞍厎豫。"
　　意即得到欢乐。厎,致也。豫,悦乐也。

⑤上皇故事:语自《史记·高祖本纪》:高祖六年(前201年)"尊太
　　公为太上皇"。故事,旧例。

⑥君君、臣臣、父父、子子:语自《论语·颜渊》:"齐景公问政于孔
　　子。孔子对曰:'君君,臣臣,父父,子子。'"

【译文】

　　陆澄问:"孔子辨正名分,先儒认为这是'向上告知天子,向下告知
诸侯,废除公子辄而拥立公子郢',这种看法怎么样?"

　　先生说:"恐怕很难这样看。怎么会有一个人在位时待我恭敬尽礼,
希望我帮他治理国家,而我却要去废黜他,这哪里符合人情天理呢? 孔
子既然愿意辅佐卫辄治理国政,一定已是卫辄能够做到诚心诚意,将国
家托付给孔子治理。圣人盛德至诚,一定已经感化了卫辄,使他知道没
有父亲就不能做人。他必然痛哭奔走,前去迎接他的父亲归国。父子之
爱本是出于人的天性。卫辄能够如此真切地悔悟痛哭,蒯聩怎么会不感
动而得到欢乐呢? 蒯聩归国之后,卫辄将国家归还给他,自己以死请罪。
蒯聩已经被儿子感动,又有孔子在中间以至诚之心调解,当然也坚决不
肯接受,仍旧命令卫辄为国君。群臣百姓也一定要卫辄出任国君,卫辄
于是披露自己的罪过,请示天子,告知方伯诸侯,一定要将国家交给父亲
治理。蒯聩与群臣百姓也都表彰卫辄悔悟仁孝的美德,请示天子,告知
方伯诸侯,一定要让卫辄出任国君。于是大家要求卫辄重新出任卫国的
国君。卫辄不得已,于是就效仿后世尊立上皇的例子那样,率领群臣百
姓推尊蒯聩为太公,使他资物齐备,得到供养,这才恢复自己的君位。于

是君是君，臣是臣，父是父，子是子，各得其位，名正言顺，这一举动就可以使天下归正了。孔子辨正名分，也许就是如此。"

三十

【题解】

　　本条释事上磨炼功夫，功夫之要在于致天理之中和。王阳明主张在事事物物上致良知，然人之"七情"，常常过犹不及，此即为私欲，从而遮蔽心体之中和，故曰"道心惟微，人心惟危"。人于日间功夫，重在循良知而行，大喜或大悲如为心之所发，皆为至情，性之所在，无情之情而已。此条体现了王阳明的"知行合一"思想，实则体现了其"重行"的功夫向度。

　　澄在鸿胪寺仓居①，忽家信至，言儿病危，澄心甚忧闷，不能堪。

　　先生曰："此时正宜用功。若此时放过，闲时讲学何用？人正要在此等时磨炼。父之爱子，自是至情，然天理亦自有个中和处，过即是私意。人于此处多认做天理当忧，则一向忧苦，不知已是'有所忧患，不得其正'②。大抵'七情'所感③，多只是过，少不及者，才过便非心之本体，必须调停适中始得。就如父母之丧，人子岂不欲一哭便死，方快于心？然却曰'毁不灭性'④，非圣人强制之也，天理本体自有分限，不可过也。人但要识得心体，自然增减分毫不得。"

【注释】

　　①鸿胪寺仓居：正德九年（1514），王阳明升南京鸿胪寺卿，陆澄从

学于此,于衙舍暂住。鸿胪寺,为七寺之一,掌宾客、凶仪之事。

②有所忧患,不得其正:语自《大学》第七章:"所谓修身在正其心者。身有所忿懥,则不得其正;……有所忧患,则不得其正。"意即心有忧患,不得纯正。

③七情:语自《礼记·礼运》:"何谓人情?喜、怒、哀、惧、爱、恶、欲,七者弗学而能。"

④毁不灭性:语自《礼记·丧服四制》:"毁不灭性,不以死伤生也。"又见《孝经·丧亲章》:"三日而食,教民无以死伤生,毁不灭性,此圣人之政也。"意即孝子不能过度伤心而伤害性命。

【译文】

陆澄在鸿胪寺小住,突然收到家信,说儿子病危,陆澄心里非常忧闷,难以承受。

先生说:"这时正应当用功。如果错过这个机会,平时讲学有什么用呢?人正是要在这种时候磨炼自己。父亲爱儿子,自然感情至深,然而天理也有它自己中和的地方,越过了就是私心。人们在此时大多认为按照天理应该忧伤,于是一味忧伤困苦,不知已经陷入了'有所忧患,不得其正'的地步。一般'七情'的感受,过分的多,不够的少,稍有过分,就不再是心的本体,必须要调整适中才可以。比如父母去世,他们的儿女哪有不想一哭就跟着死去,心里才痛快的呢?然而圣人却说'毁不灭性',并不是圣人强制要求人们的情感如此,天理、本体自有它的分寸界限,不能超过。人只要明了心体,自然就不会增减一分一毫了。"

三十一

【题解】

本条在已发状态下由功夫论本体。从体用一源出发,由用致体,功夫未到,即是心体未全。但此不是本体层面的心,而是被遮蔽后未能纯然显现之心。王阳明此处所讲,似有悖于其心即理说,但实际上并无违背,只是论说的层面不同而已。故施邦曜说:"此是就后来养成功夫论。若论天命赋予,常人都是有的。"

"不可谓'未发'之'中'常人俱有。盖'体用一源'[①],有是体即有是用。有'未发'之'中',即有'发而皆中节'之'和'。今人未能有'发而皆中节'之'和',须知是他'未发'之'中'亦未能全得。"

【注释】

①体用一源:语自《二程集·文集》卷八《易传序》程颐语:"至微者理也,至著者象也。体用一源,显微无间。"关于"体用一源"的最早出处,历有不同说法。如日本具原益轩在《大疑录》中认为其出自澄观的《华严经注》。但太田绵城认为澄观著作中均无此语,只有类似用语。唐顺之在《中庸辑略序》中主张无必要深辨到底为何人言,"儒者曰体用一源,佛者曰体用一源,儒者曰显微无间,佛者曰显微无间,孰从而辨之"。

【译文】

"不能说平常人都具有'未发'之'中'。大概因为'本体与作用是统一的',有这个本体,就有这个作用。有'未发'之'中',就有'发而皆中节'的'和'。现在的人不能有'发而皆中节'的'和',必须知道是他的'未发'之'中'还没有完全实现。"

三十二

【题解】

阳明心学的起源与《周易》关系颇大,有明确记载的即是《五经臆说十三条》。王阳明的经学观坚持的诠释原则是以心释经,本条四句均是对《周易》的化用,应是以心释《易》的诠释进路的结果,但诠释目的指向的心学向度并不明确。

　　"《易》之辞是'初九,潜龙勿用'六字①,《易》之象是初画,《易》之变是值其画,《易》之占是用其辞②。"

【注释】

①《易》之辞是"初九,潜龙勿用"六字:《周易》易卦由六爻组成。卦画由下往上数,最下面的第一爻称为"初爻",第六爻称为"上爻",中间的用二、三、四、五为名。阳爻称九、阴爻称六,故初爻叫"初九"或"初六",上爻称"上九"或"上六"。其余的类推,每爻有爻辞。"初九,潜龙勿用",为《周易·乾卦》初九爻辞之语。

②"《易》之象"三句:语自《周易·系辞上》:"易有圣人之道四焉:以言者尚其辞,以动者尚其变,以制器者尚其象,以卜筮者尚其占。"如《周易·乾卦》由阳爻组成,初画即初九之阳爻。爻画遇动则变,变为阴爻。故曰值其画,占用其辞。今占未应动,故用其"勿用"之辞。

【译文】

　　"《周易·乾卦》的初九爻辞是'初九,潜龙勿用'六字,卦象是初九爻,变化是出现阴爻,占卜是利用卦辞和爻辞。"

三十三

【题解】

　　本条讲"夜气",实质上是讲圣、凡功夫之别,或者说圣、凡之别在于功夫,而不在本体。所谓"夜气"在根本上指的是天理之昼"失"和夜

"复",但这是就一般人而言的,这即是孟子所言之"夜气"。从圣人的角度而言,天理之存,无时无刻不在,无关于昼夜,故圣人之气无所谓失与复。因此,常人之"夜气"是不可以指圣人的,但作为天地之气的"夜气"则是人人具有的。这显然是符合阳明学的一贯原则的。

　　"'夜气'①,是就常人说。学者能用功,则日间有事无事,皆是此气翕聚发生处②。圣人则不消说'夜气'。"

【注释】

①夜气:语自《孟子·告子上》:"牛山之木尝美矣,以其郊于大国也,斧斤伐之,可以为美乎? 是其日夜之所息,雨露之所润,非无萌蘖之生焉,牛羊又从而牧之,是以若彼濯濯也。人见其濯濯也,以为未尝有材焉,此岂山之性也哉? 虽存乎人者,岂无仁义之心哉? 其所以放其良心者,亦犹斧斤之于木也,旦旦而伐之,可以为美乎? 其日夜之所息,平旦之气,其好恶与人相近也者几希;则其旦昼之所为,有梏亡之矣。梏之反复,则其夜气不足以存;夜气不足以存,则其违禽兽不远矣。"意指晚上静思之后产生的良知善念。

②翕(xī)聚:会聚,聚合。

【译文】

　　"存养'夜气',是对平常人而言的。学者如果能够用功,那么白天无论有事无事,都是夜气聚合发用之处。圣人则不必讲求'夜气'。"

三十四

【题解】

　　本条讲心体的本然状态无关出入、动静。王阳明论心体常常不离功夫,不离日常事为,不避常人,所以现象层面的出入、动静并不代表心的本然状态。从天理出发，心有体用，心之体如明镜，物来自照，一过而不留；心之用，随物而动，但都不出心之条理。施邦曜评曰："即此便可识养之工夫，不专在守着一腔子。"可见，功夫不离本体，本体不碍发用。

澄问"操存舍亡"章①。

曰："'出入无时，莫知其乡'②，此虽就常人心说，学者亦须是知得心之本体亦元是如此③，则操存工夫始没病痛。不可便谓出为亡，入为存。若论本体，元是无出无入的。若论出入，则其思虑运用是出。然主宰常昭昭在此，何'出'之有？既无所出，何入之有？程子所谓'腔子'④，亦只是天理而已。虽终日应酬而不出天理，即是在腔子里。若出天理，斯谓之放，斯谓之亡。"

【注释】

①"操存舍亡"章：指《孟子·告子上》："梏之反复，则其夜气不足以存。夜气不足以存，则其违禽兽不远矣。人见其禽兽也，而以为未尝有才焉者，是岂人之情也哉？故苟得其养，无物不长；苟失其养，无物不消。孔子曰：'操则存，舍则亡；出入无时，莫知其乡。'惟心之谓与！"操，抓住，把握住。舍，放弃。

②"出入"二句：语自《孟子·告子上》。意谓人的良知善念出入没有确定的时间，没人能知道它的去向。乡，通"向"。

③元：原来。

④程子所谓"腔子"：《二程集·遗书》卷七："心要在腔子里。"未指明为程明道或程伊川语，采《近思录》卷四，按伊川语。腔子，指躯体或胸腹。

【译文】

陆澄以《孟子》"操存舍亡"一章向先生请教。

先生说:"'出入无时,莫知其乡',这虽然是就平常人的心来说的,学者也需要知道心的本体也原本是这样,这样,操守存养的功夫才没有缺点。不可以轻率地认定'出'不存在,'入'应当存在。如果论到本体,原本是无出无入的。如果论到出入,那么人的思维活动是'出'。然而人的主宰昭然在此,哪里有个'出'呢?既然没有'出',哪里有个'入'呢?程子所谓的'心要在腔子里',也只是天理而已。即使整天应酬,但不出天理的范畴,就是在腔子当中。如果越出天理,就是所谓的'放',就是所谓的'亡'。"

又曰:"出入亦只是动静,动静无端①,岂有乡邪②?"

【注释】

①无端:语自《伊川经说》卷一:"动静无端,阴阳无始。"

②乡:通"向"。

【译文】

先生又说:"心的出入也只是动静,动静变化无端,哪里又有归所呢?"

三十五

【题解】

本条以儒、佛、道比较的视角,揭示圣学功夫体用一源、上下一贯的特征。阳明心学以心为体,抛却了朱子学道心、人心之别,更易走入空疏,故王阳明不断强调知行合一、事上磨炼等功夫,以区别于佛道。同时,王阳明对功夫需先立心体的强调,也使其学说不可否定"高明"一路,故从功夫角度看,王阳明并不否定"穷其极至"。王阳明肯定圣学功夫上下一贯正体现了儒学的特征。另外,需要特别注意的是,王阳明对佛、道之理解采取了心学立场,故不可避免存在一定的误读。但以儒判教的立场是宋明儒家的基本立场，也是时代学术与政治关系特征的体现。

王嘉秀问①："佛以出离生死诱人入道，仙以长生久视诱人入道②，其心亦不是要人做不好，究其极至，亦是见得圣人上一截，然非入道正路。如今仕者，有由科，有由贡，有由传奉③，一般做到大官，毕竟非入仕正路，君子不由也。仙、佛到极处，与儒者略同，但有了上一截，遗了下一截④，终不似圣人之全；然其上一截同者，不可诬也⑤。后世儒者，又只得圣人下一截，分裂失真，流而为记诵、词章、功利、训诂，亦卒不免为异端⑥。是四家者，终身劳苦，于身心无分毫益。视彼仙、佛之徒，清心寡欲，超然于世累之外者，反若有所不及矣。今学者不必先排仙、佛，且当笃志为圣人之学。圣人之学明，则仙、佛自泯⑦。不然，则此之所学，恐彼或有不屑⑧，而反欲其俯就，不亦难乎？鄙见如此，先生以为何如？"

先生曰："所论大略亦是。但谓上一截、下一截，亦是人见偏了如此。若论圣人大中至正之道，彻上彻下，只是一贯，更有甚上一截、下一截？'一阴一阳之谓道'⑨，但仁者见之便谓之仁，智者见之便谓之智，百姓又日用而不知，故君子之道鲜矣⑩。仁、智岂可不谓之道？但见得偏了，便有弊病。"

"蓍固是《易》，龟亦是《易》⑪。"

【注释】

①王嘉秀：字实夫，辰州（治今湖南沅陵）人。王阳明自龙场归来后受学，好谈仙、佛。

②长生久视：语自《道德经》第五十九章："有国之母，可以长久。是谓深根固柢、长生久视之道。"视，活，生存。

③"有由科"三句：科，指分科考试取士。贡，荐举优良生员入仕。传奉，不经吏部铨选，由官廷以谕旨直接安排做官。

④上一截：指上达。下一截：指下学。《论语·宪问》云："下学而上达。"指由切近而至高远也。

⑤诬：歪曲。

⑥异端：语自《论语·为政》："子曰：'攻乎异端，斯害也已。'"意指正统之外的其他学说、学派。

⑦泯：灭，消亡。

⑧不屑：轻视，瞧不起。

⑨一阴一阳之谓道：语自《周易·系辞上》。意谓阴阳交替变化就叫做道。

⑩道鲜（xiǎn）：语自《周易·系辞上》："一阴一阳之谓道，继之者善也，成之者性也。仁者见之谓之仁，知者见之谓之知，百姓日用而不知，故君子之道鲜矣。"鲜，少。

⑪蓍（shī）、龟：蓍草和龟甲。古时用以卜筮预测吉凶，用蓍草称"筮"，用龟甲称"卜"。

【译文】

王嘉秀问："佛教凭借超脱生死来诱导人入道，道教以长生不老来诱导人入道，他们的本意也不是要人做不好的事情，追根究底，也是看到了圣人的上面一部分，但这并不是求道的正路。如今做官的人，有通过科举的，有通过荐举的，有通过传奉的，同样可以做到大官，但终归不是做官正道，君子是不会去做的。道教、佛教到了极处，与儒者大体相同，只是有了上面一部分，却遗失了下面一部分，终究不能得到圣人全部的本意；然而儒、佛、道三者上一部分是相同的，这是不可歪曲的。后世儒者又只注意到了圣人的下面一部分，因而上下分裂失真，使儒学流于记诵、词章、功利、训诂，也最终不免成为异端。研究这四家的人，终生身心劳碌困顿，对自身却没有一点儿益处。相比那些道教、佛教的信徒，清心寡欲，超脱于世俗烦累之外，这些人反而有所不及了。如今的学者不必上来就排斥道教、佛教，而应当笃志研习圣人之学。圣人之学阐明发扬，那么道教、佛教自然会消亡。否则的话，儒者所学的东西，恐怕道教、佛教的信奉者或会轻视，反想让佛、道两家拜服儒学，不是很难吗？这是我的鄙陋的看法，先生认为怎样？"

先生说："你所论说的大体上正确。只是所谓的上面一部分、下面一部分，也是人们见解偏颇才会出现的。如果论及圣人大中至正的道义，则上下通达，都是相通的，又有什么上面一部分，下面一部分？'一阴一阳之谓道'，只是仁者把它叫做仁，智者把它叫做智，平民百姓每天接触阴阳之道却不懂得，因此君子所遵循的大道就很少有人知道了。仁、智怎么能不称为道呢？只是见解偏颇了，就有弊病出现。"

"用蓍草占卜固然是《周易》，用龟背占卜也是《周易》。"

三十六

【题解】

本条的题眼在"尽善"二字。王阳明于此可谓以心释《论语》，并有以经解史之意。在王阳明看来，文王和武王的根本区别在于是否"尽善"。从知行合一出发，"行"在某种意义上是检验"善"的标准，武王伐商，表明其未"尽善"，文王未伐纣，表明其"尽善"，故二者之别不在于"行"，而在于"心"。"尽善"即是"尽心"，"尽心"才能"知性""知天"，即顺理而为。显然，王阳明这里有以"知"统"行"、以"行"验"知"之意，这也正是王阳明"知行合一"的内涵与价值所在。

问："孔子谓武王未尽善[1]，恐亦有不满意？"

先生曰："在武王自合如此。"

曰："使文王未殁,毕竟如何?"

曰："文王在时,天下三分已有其二^②。若到武王伐商之时,文王若在,或者不致兴兵,必然这一分亦来归了。文王只善处纣,使不得纵恶而已。"

【注释】

①孔子谓武王未尽善:《论语·八佾》:"子谓《韶》,尽美矣,又尽善也。谓《武》,尽美矣,未尽善也。"《韶》,帝舜之乐。《武》,武王之乐。

②"文王"二句:《论语·泰伯》:"三分天下有其二,以服事殷。周之德,其可谓至德也已矣。"殁(mò),死。

【译文】

陆澄问:"孔子认为周武王的音乐没有尽善,恐怕对周武王也有不满意的地方吧?"

先生说:"对武王来说,自然应当得到这样的评价。"

陆澄问:"假若周文王没有去世,终归怎么样呢?"

先生说:"文王在世时,已经掌管了天下的三分之二了。武王伐商时,文王如果在世,也许不会兴兵,这余下的三分之一必然也会归于文王治下。文王只是善于与纣王相处,让他无法肆意作恶罢了。"

三十七

【题解】

王阳明一向反对"意""必""固""我",反对执着,此所执者,是不变易的"一"。但"执中"之不同在于:"中"并不是一个僵化的格式,而是变化的,"中"即是天理,亦是良知。王阳明说"良知即是易",即肯定了良知的太虚万化之本质。因此，执中就是依良知行，而非把捉良知、行良知。王阳明于此条兼谈了本体和功夫的关系，同时也为我们反思阳明后学归寂派的现成良知说提供了理据。

　　问孟子言"执中无权犹执一"①。
　　先生曰："中只是天理，只是易。随时变易，如何执得？须是因时制宜，难预先定一个规矩在。如后世儒者要将道理一一说得无罅漏②，立定个格式，此正是执一。"

【注释】
①孟子言"执中无权犹执一"：《孟子·尽心上》："子莫执中，执中为近之，执中无权，犹执一也。所恶执一者，为其贼道也，举一而废百也。"执，持守。中，指中道。权，权变、变通。关于此问，施本、俞本在"问"上有"惟乾"二字。惟乾，即冀元亨，字惟乾，号暗斋，常德府武陵（今湖南常德）人。王阳明弟子。1522年卒。
②罅（xià）漏：疏漏，遗漏。

【译文】
　　有人问孟子所说的"持守中道不通权变，也还是执着在一点上"怎么理解呢。
　　先生说："中道只是天理，只是变易。随时变易，怎么能持守呢？必须要因时制宜，预先规定好一个规矩是很难的。就像后世儒者要将道理逐一解说得没有疏漏一样，立定一个规则法度，这正是执一。"

三十八

【题解】
　　王阳明说："只念念要存天理，即是立志。"立志不是立个当下之志而已，而是要立志且行志（依志而行）。故立志常存善念，即包含着存善和行善（依善念而行）两个方面。从儒家功夫的角度言，立志兼有省察与涵养之意。志到成熟处，即是知行合一，从心所欲不逾矩。

　　唐诩问[①]："立志是常存个善念，要为善去恶否？"

　　曰："善念存时，即是天理。此念即善，更思何善？此念非恶，更去何恶？此念如树之根芽。立志者，长立此善念而已。'从心所欲，不逾矩'[②]，只是志到熟处。"

【注释】

①唐诩：字号不详，临江府新淦（今江西新干）人。

②"从心"二句：语自《论语·为政》："七十而从心所欲，不逾矩。"
　意即随心行事，不逾越规矩。从，同"纵"。

【译文】

唐诩问："立志就是要常存一个善念，要做为善去恶的功夫吗？"

先生说："善念存守的时候，就是天理。这种念头就是善的，还去思考什么善呢？这种念头不是恶的，还去摒除什么恶呢？这种念头就像树的根芽，立志的人要恒久确立这个善念而已。'从心所欲，不逾矩'，这只是志向达到了纯熟的地步。"

三十九

【题解】

　　阳明心学主于内在本心，致良知功夫以逆觉体证为特色，故"收敛"是对其功夫特征的形象表述。同时王阳明也肯定了功夫"发散"的一面，这是致良知功夫在心与物层面的必然展开。从心—物关系出发，天地人物皆在功夫论视域内，故王阳明强调"事上磨炼"，其中即含有心—

理关系层面的内向向度和心—物关系层面的外向向度。

"精神、道德、言动，大率收敛为主，发散是不得已。天地人物皆然。"

【译文】

"精神，道德，言行，大体上以收敛为主，向外发散是不得已的事。天地人物都是如此。"

四十

【题解】

理解本条之关键在于王阳明对于经史关系的认识。王通以两汉、六代史事诗文写作"续六经"，陈亮、叶适从"事功"出发，推崇汉唐，故赞誉之；而宋明理学家从"天道"出发，理想化"三代"之治，批评汉唐，故批判之。王阳明从"明道"出发，认为经亦史，史亦经，赞许王通续经具有存道之功，正如其释《春秋》以明心一样，其中包含着自身创立新说之艰辛，与王通心有戚戚焉。施邦曜云："要晓得诚自形外，只是不着意表暴。"此之谓也。

问："文中子是如何人？"
先生曰："文中子庶几具体而微①，惜其蚤死②。"

【注释】

①具体而微：语自《孟子·公孙丑上》："昔者窃闻之，子夏、子游、子张皆有圣人之一体，冉牛、闵子、颜渊则具体而微，敢问所安？"
②蚤死：指文中子三十四岁死。蚤，通"早"。

【译文】

陆澄问:"王通是什么样的人?"

先生说:"王通差不多是一位各方面都已具备圣人的才智,但又稍有所逊的人,可惜他去世太早了。"

问:"如何却有续经之非?"

曰:"续经亦未可尽非。"

请问。

良久曰:"更觉'良工心独苦'①。"

【注释】

①良工心独苦:语自《杜工部诗集》卷四《题李尊师松树樟子歌》,意思是其苦自知,难为他人言。

【译文】

陆澄问:"他怎么又有续仿经书的过错呢?"

先生说:"续仿经书也不能完全说是过错。"

陆澄继续请教是怎么回事。

过了很久,先生说:"通过王通这件事,我更能体会到'良工心独苦'这句诗的含义了。"

四十一

【题解】

本条之理解要联系上条。王阳明认为王通辞官乡隐,续"六经"以复兴王道,显然是以道为重,以利为轻,这与许衡所说的"儒者以治生为先"是不同的。王阳明此说与其作为传统理学家的身份相符,也与其心学思想关于心物关系的理念相关,即义重于利、心主于物,以心为本。于清远认为："阳明以其（许衡）不主力学，故罪之。"然究其本，王阳明是在特定语境下才有此说，或是错怪了许衡。据《许文正公遗书》云："为学者，治生最为先务。苟生理不足，则于为学之道有所妨。……果处之不失义理，或以姑济一时，亦无不可。"可见，许衡未尝不重道义，只是因其处于元初经济凋敝之时，自身亦以务农为生，故更重生计之实在。

"许鲁斋谓'儒者以治生为先'之说亦误人①。"

【注释】

①许鲁斋：许衡（1209—1281），字仲平，号鲁斋，怀州河内（今河南沁阳）人。官至国子祭酒，倡导程朱之学，为一代大儒。卒谥文正。

【译文】

"许鲁斋认为'儒者要以谋生为先'的说法，贻误了很多人。"

四十二

【题解】

此条可谓王阳明以心释老的语录之一。王阳明以良知解释道家"三元"，认为元气、元神、元精是良知的三种状态而已，这和王阳明曾强调良知只是太虚的思想有相通之处。此条语意在《答陆原静书》中有类似的表达。

问仙家元气、元神、元精①。

先生曰："只是一件：流行为气，凝聚为精，妙用为神。"

【注释】

①元气、元神、元精：道教炼丹术认为此三者先于身而存在，谓之

"三元",亦称"三华"。并元性、元情,谓之"五元"。

【译文】

陆澄向先生请教道家的元气、元神、元精。

先生说:"这三个是同一件事:流行就是气,凝聚就是精,妙用就是神。"

四十三

【题解】

本条讲心体之发用,实亦兼及心体之未发。喜怒哀乐是心体之发用,发而中节谓之和,无有偏倚。王阳明之致良知功夫,勿忘勿助,依良知而行,无有病疼间隔,是为率性。

"喜怒哀乐,本体自是中和的。才自家着些意思,便过不及,便是私。"

【译文】

"喜怒哀乐之情,本体原是中和的。只要加入一点儿自己的意思,便会过度或不及,就是私欲了。"

四十四

【题解】

本条讲心体本然,当哭则哭,当歌则歌,顺心而为,无情之情。王阳明此处从本体角度强调心体的自然发用。

问"哭则不歌"①。

先生曰:"圣人心体自然如此。"

【注释】

①哭则不歌：语自《论语·述而》："子于是日哭则不歌。"

【译文】

陆澄问："'哭过后就不再歌唱'，要怎么理解呢？'"

先生说："圣人的心体，自然而然就是如此。"

四十五

【题解】

克己即是要克念头，私念摒除，心体始明。人有杂念，即遮蔽心体，众恶生焉。王阳明此处从功夫的角度强调心体的无执性。

"克己须要扫除廓清，一毫不存，方是。有一毫在，则众恶相引而来。"

【译文】

"克制自己的私欲务必要彻底摒除，一丝一毫都不存留才可以。只要有一毫私欲存在，那么众多的恶念就会相携而至。"

四十六

【题解】

本条中王阳明表达了对朱熹、蔡元定的《律吕新书》中"用管以候气"之法的不同看法。二者的根本区别在于：朱、蔡以外在之物的无常之"行"来定"乐之本"，在客观上是对"知"的否定；而王阳明强调先知"礼乐之本"，而后方可践之于"行"。二者在"知"与"行"的先后、轻重上各有不同，凸显了阳明心学的主"心"立场。除了心物关系的角度，本条亦可从声乐之辩的角度做适当的解读,亦可契理学与心学之辩。对于此条所论,后世学者评价不一,非朱是王者有之,如陶滓霍说:"尽守此说,或恐废学之病。然照《新书》用心,真是逐物,可以耽误一生。如天文历法皆然。"是朱非王者亦有之,如许舜屏云:"此说似乎不确,盖心中如能晓得冬至之刻,何必再用管以候气? 正惟其不晓得,故须用管来实验耳。殆亦徒成为上艺成而下。不欲以术数之学误其学问耶?"然陈荣捷先生从理学与科学的关系出发,认为:"我国科学足以其他文化比美者千数百年,然明后落后,论者归咎理学。理学重格物,正合科学精神。今以《律吕新书》为逐物,则诚科学落后之一因也。"此凸显了文化反思和其时代意识,但与朱、王所论已不在一个层面上了。

　　问《律吕新书》①。

　　先生曰:"学者当务为急,算得此数熟,亦恐未有用,必须心中先具礼乐之本方可。且如其书说多用管以候气,然至冬至那一刻时,管灰之飞,或有先后②,须臾之间,焉知那管正值冬至之刻? 须自心中先晓得冬至之刻始得。此便有不通处。学者须先从礼乐本原上用功。"

【注释】

①《律吕新书》:朱熹弟子蔡元定著。此书分析了乐律与候气,朱熹赞许备至。《四库全书总目提要》卷三十八据朱熹的序文,推测此书为朱、蔡合著。律吕,律有十二,阳六为律,阴六为吕。

②"且如"四句:古代用芦草薄膜之灰置于律管,以占气候。如冬至节,律中黄钟之宫,则黄钟管之芦灰飞动。

【译文】

陆澄向先生请教《律吕新书》。

先生说:"学者以确立礼乐的根本为当务之急,否则将乐律算得再熟也恐怕没有用处,心中必须首先具备礼乐的根本才可以。就像这书中说的,常用乐管来观察节气,然而到了冬至那一刻的时候,乐管中芦灰的飞散,又有先后短暂的差别,顷刻之间,怎么能知道哪个乐管正值冬至时刻呢? 必须自己心中先明晓冬至的时刻才可以。这就有不通的地方。学者必须要先从礼乐根本上用功。"

四十七

【题解】

本条借徐爱之口,辨明了程朱学派与阳明心学在"格物"功夫上的不同:程朱学派之格物功夫指向在"物",阳明心学之格物功夫指向在"心",一为外向性功夫,一为内向性功夫。施邦曜对此评曰:"磨上亦要许多工夫,废不得学问、思辨、笃行,然只向里面用。无精无粗,方是能格物。"意即此也。可见徐爱深得阳明心学之精粹。

曰仁云①:"心犹镜也。圣人心如明镜,常人心如昏镜。近世格物之说②,如以镜照物,照上用功,不知镜尚昏在,何能照! 先生之格物,如磨镜而使之明,磨上用功,明了后亦未尝废照。"

【注释】

①曰仁:即徐爱。见前注。
②近世格物之说:指程朱理学之"格物"说。

【译文】

徐爱说:"心就像镜子。圣人的心如同明亮的镜子,常人的心如同昏暗的镜子。近代格物的学说,如同用镜子照物,在照映上用功,却不知道镜子昏暗不清,怎么能照出呢! 先生的格物学说,就如同打磨镜子使它明亮,在打磨上用功,镜子明亮之后也未尝不能照物。"

四十八

【题解】

本条从功夫体验之深浅出发,从反面论证"道无精粗"。在王阳明看来,道之为粗,在于功夫体验之浅,道之为精,在于功夫体验之深。道之精粗是基于功夫的不同认知,非道本有精粗之别。由此,我们可想象王阳明对心体至善的强调及其谓陆象山"粗些"的内涵所指。

问道之精粗。

先生曰:"道无精粗,人之所见有精粗。如这一间房,人初进来,只见一个大规模如此;处久,便柱壁之类,一一看得明白;再久,如柱上有些文藻,细细都看出来,然只是一间房。"

【译文】

陆澄向先生请教道的精粗问题。

先生说:"道没有精粗,人们对道的见解有精粗之别。比如这间房子,人刚进来的时候,只看得到一个如此大致规模;待得久了,房柱、墙壁之类,便逐一都能看得清楚。再久一些,房柱上篆刻的纹饰,都能细细地看得出来。然而仍旧只是这一间房子而已。"

四十九

【题解】

本条兼言本体与功夫。从功夫的角度言,致良知的功夫无一日可止。故施邦曜说:"学所以要时习。"从本体的角度言,道之精纯无一日可穷。故邓艾民说"此处言道的无穷性"。由此亦可见,阳明心学之即本体即功夫的理论特质。

先生曰:"诸公近见时少疑问,何也? 人不用功,莫不自以为已知,为学只循而行之是矣。殊不知私欲日生,如地上尘,一日不扫,便又有一层。着实用功,便见道无终穷,愈探愈深,必使精白无一毫不彻方可①。"

【注释】

①精白:如米之磨至最纯洁处。彻:通,明白。

【译文】

先生说:"诸位最近相见时疑问变少了,为什么呢? 人不用功,无不自以为已经明白了,认为做学问只要跟着前人实行就可以。竟然不知道私欲逐日萌生,就像地上的尘土,一天不扫,就又多一层。踏实用功,就可以明白道的无穷无尽,越探究越深入,一定要达到精细纯洁没有一丝一毫不透彻的地步才可以。"

五十

【题解】

本条讲本体与功夫的辩证统一关系。功夫日行,天理日见,不是明得天理再去做功夫,而是在功夫中见得天理。故梁启超云:"此正是发挥知行合一,语语直抉学病言。"陶行知也说:"此条是王学宗旨。"王阳明言本体和功夫从不割裂、对立二者,讲求着实用功,实有于知。

问:"知至然后可以言诚意①。今天理、人欲知之未尽,如何用得克己工夫？"

先生曰："人若真实切己用功不已，则于此心天理之精微日见一日，私欲之细微亦日见一日。若不用克己工夫，终日只是说话而已，天理终不自见，私欲亦终不自见。如人走路一般，走得一段，方认得一段；走到岐路处^②，有疑便问，问了又走，方渐能到得欲到之处。今人于已知之天理不肯存，已知之人欲不肯去，且只管愁不能尽知，只管闲讲，何益之有？且待克得自己无私可克，方愁不能尽知，亦未迟在。"

【注释】

①知至然后可以言诚意：语自《大学》首章："物格而后知至，知至而后意诚，意诚而后心正，心正而后身修，身修而后家齐，家齐而后国治，国治而后天下平。"

②岐（qí）路：岔路口。岐，通"歧"。

【译文】

陆澄问："致知的功夫实现了然后才可以谈诚意。现在天理和私欲还不能完全明白，怎么才能在克制私欲上用功呢？"

先生说："人如果真的切实不断地做功夫，那么对于心中天理的体会认识必然精深微妙，能够逐日增进认识，对私欲的细小隐微，也能够逐日增进认识。如果不在克己上下功夫，整天也就是说些空话而已，终究无法看到天理，也终究无法看清私欲。这就像人们走路，走一段路，方才认得一段路，走到岔路口，有疑惑就询问，问了再走，这样才能逐渐到达想要去的地方。现在的人不肯存养已知的天理，不肯摒除已知的私欲，却只是发愁不能完全弄明白，只管说空话，有什么好处呢？等到克得自己没有私欲可以克除，再发愁不能完全弄明白，也为时不晚。"

五十一

【题解】

本条论求道功夫。王阳明从心物关系出发,认为道既不滞于物,亦不离于物。直求于心或格物求理,或陆或朱,都有偏颇,故应采取的态度是致吾心之良知于事事物物,这就彻底贯彻了心即理的心外无理、心外无物两个向度。王应昌评此条云:"故惟致吾良知于物,而天下之物,无一不与我良知相符。才是先生囊括朱、陆之平。"

问:"道一而已①。古人论道往往不同,求之亦有要乎?"

先生曰:"道无方体②,不可执着。却拘滞于文义上求道,远矣。如今人只说天,其实何尝见天?谓日、月、风、雷即天,不可;谓人、物、草、木不是天,亦不可。道即是天,若识得时,何莫而非道?人但各以其一隅之见认定③,以为道止如此,所以不同。若解向里寻求,见得自己心体,即无时无处不是此道。亘古亘今,无终无始,更有甚同异?心即道,道即天,知心则知道、知天。"

【注释】

①道一而已:语自《孟子·滕文公上》:"夫道,一而已矣。"

②方体:语自《周易·系辞上》:"故神无方而易无体。"

③隅(yú):指事物的一个侧面。

【译文】

陆澄问:"道就是一。古人谈论道,见解往往不同,求道是否有要领呢?"

先生说:"道没有具体的形体,变幻莫测,不可执着。如果拘泥于文字意义上探求道,离道的本意就远了。现在的人只说天,其实哪里见过天呢?认为日、月、风、雷是天,是不对的;认为人、物、草、木不是天,也是不对的。道就是天。如果能认识到这一点,还有什么不是道呢?人仅凭借自己的片面见解,认定道只是这样,所以道才有所不同。如果不断向深处探求,明白自己心体,那么就无时无处不是这个道。古今交错,不分始终,又有什么异同? 心就是道,道就是天,明白了心也就知道、知天了。"

又曰:"诸君要实见此道,须从自己心上体认,不假外求始得。"

【译文】

先生又说:"各位要想实际看到这个道,必须要在自己心上体会认识,不向外去寻求,才能有所得。"

五十二

【题解】

本条阐发阳明心学的心物关系。在王阳明看来,心与物是体用关系,物是心的发用,体用合一。致得心体中和,名物度数自在其中,无须别处一个心去讲求,如此才能达到"不器"的境界,不离于物而又超然于物。在根本上,王阳明所强调的是以心为体,以心为标准,以及以心摄物,与心相涉。

问:"名物度数^①,亦须先讲求否?"

先生曰:"人只要成就自家心体,则用在其中。如养得心体果有未发之中,自然有发而中节之和,自然无施不可。

苟无是心，虽预先讲得世上许多名物度数，与己原不相干，只是装缀，临时自行不去。亦不是将名物度数全然不理，只要'知所先后，则近道'②。"

【注释】

①名物度数：鸟兽草木之物皆有名，礼乐刑政之度皆有数。

②知所先后，则近道：语自《大学》首章："物有本末，事有终始，知所先后，则近道矣。"

【译文】

陆澄问："名称、实物、度量、数目，也需要先修习研究吗？"

先生说："人只要能成就自己的心体，那么具体的作用就自然在心体之中了。倘若心体已经存养得果真有了未发之中，自然也就有发而中节之和，自然是什么都可以做。如果没有这样的心，即使事先能够研究世上许多的名称、实物、度量、数目，与自己原本并不相关，只是临时的点缀装饰，自行不去。这也不是完全不管名称、实物、度量、数目，只要'知道所做事情的先后顺序，就接近道了'。"

又曰："人要随才成就，才是其所能为。如夔之乐、稷之种①，是他资性合下便如此②。成就之者，亦只是要他心体纯乎天理。其运用处，皆从天理上发来，然后谓之'才'。到得纯乎天理处，亦能'不器'③。使夔、稷易艺而为，当亦能之。"

【注释】

①夔（kuí）之乐、稷之种：《尚书·舜典》云："夔，命汝典乐，教胄子。"又云："帝曰：'汝后稷播时百谷。'"

②合下：当下，现在。

③不器：语自《论语·为政》："子曰：'君子不器。'"此处意为不偏、
　不执着。

【译文】

先生又说："人要根据自己的天赋造就自己，才是他所能做的事。比
如乐官夔擅长音乐，后稷擅长种植，这是他们的资质天性如此而造成的。
造就一个人，也只是要他的心体天理纯粹，运用事物的时候，都从天理上
生发出来，然后才可以称为'才赋'。等到达于天理纯粹的境界，也能不
局限于一面的才能，让夔和稷交换才能，应当也是能够做到的。"

又曰："如'素富贵行乎富贵，素患难行乎患难'①，皆
是'不器'。此惟养得心体正者能之。"

【注释】

①素富贵行乎富贵，素患难行乎患难：语自《中庸》第十四章："君子
　素其位而行，不愿乎其外，素富贵行乎富贵，素贫贱行乎贫贱，素
　夷狄行乎夷狄，素患难行乎患难。君子无入而不自得焉。"参见
　"徐爱录"第九条。

【译文】

先生又说："例如'平素富贵就做富贵时该做的事，平素患难就做患
难时该做的事'，都是不局限于一面的才能，这只有心体存养得纯正的人
才能做到。"

五十三

【题解】

陈荣捷于此条认为："孟子之本、朱子之活水、阳明之生意，其实一

也。"此是就一般的为学而言。王阳明有诗云："天机动处即生意,世事到头还俗尘。"王阳明强调井水之有源,方生意不息,喻指为学当主于心,一如其树之有根之喻。

　　"与其为数顷无源之塘水,不若为数尺有源之井水,生意不穷。"时先生在塘边坐,傍有井,故以之喻学云。

【译文】

　　"为学与其像一个数顷大但没有源头的池塘水,不如像数尺大但有水源的井水,这样就会生机无限。"当时先生在水塘边坐着,旁边有井,于是就用它们来比喻学问。

五十四

【题解】

　　本条以心论圣、凡。在王阳明看来,古之圣人与今之凡人在心体清明上都是一致的,正所谓愚夫愚妇与圣人同,所不同者在于能否做致良知的功夫。人只要致得良知,便是圣人境界,便见圣人气象。

　　问:"世道日降,太古时气象如何复见得①?"

　　先生曰:"一日便是一元②。人平旦时起坐③,未与物接,此心清明景象,便如在伏羲时游一般。"

【注释】

①太古:指神话伏羲以前的时代。

②一元:据邵雍《皇极经世书》,一个宇宙周期称为"元",又分为元、
　　会、运、世。一元为十二会,一会为三十运,一运为十二世,一世为

三十年,故一元为十二万九千六百年。

③平旦:指日出之时,清晨。

【译文】

陆澄问:"现在世风日下,远古时期的气象怎么能再看到呢?"

先生说:"每一日就是一元,循环往复。人平常日出时起身坐定,还没有与事物接触,这时心中呈现出清明平和景象,就像是在伏羲氏时期悠游一样。"

五十五

【题解】

本条讲为学之道,实乃论立心之要。人只有主一,立定心体,才能明理一分殊,才能不逐于外物。

问:"心要逐物,如何则可?"

先生曰:"人君端拱清穆①,六卿分职②,天下乃治。心统五官③,亦要如此。今眼要视时,心便逐在色上;耳要听时,心便逐在声上。如人君要选官时,便自去坐在吏部;要调军时,便自去坐在兵部。如此,岂惟失却君体?六卿亦皆不得其职。"

【注释】

①清穆:清和。

②六卿:原指周代六军之将,隋唐以后立吏、户、礼、兵、刑、工六部尚书,明代亦设六部,部设尚书。

③五官:《荀子·天论》云:"耳目鼻口形,能各有接而不相能也,夫是之谓天官。心居中虚,以治五官,夫是之谓天君。"

【译文】

陆澄问："心要追求外物，应该怎么办？"

先生说："君主端庄肃穆垂手朝堂上，六卿分掌职责，天下才能得到治理。人心统领五官，也要这样。如今眼睛要看时，心就追逐在颜色上；耳朵要听时，心就追逐在声音上。就如君主要选拔官吏的时候，就亲自到吏部去；要调动军队的时候，就亲自去坐在兵部。这样，岂不是有失君主的身份吗？六卿也都无法尽到他们的职责了。"

五十六

【题解】

本条讲"立志"。王阳明认为"只念念要存天理，即是立志"，"立志者，长立此善念而已"，可见，充拓善念，即是存天理，立善念；摒除恶念，即是为存天理，为立善念。致良知功夫即是如此，圣、凡皆同。

"善念发而知之，而充之。恶念发而知之，而遏之。知与充与遏者，志也，天聪明也。圣人只有此，学者当存此。"

【译文】

"善念萌发，要有所了解，有所扩充。恶念萌发，要有所了解，有所遏制。知道念之善恶扩充善念，都是立志所为，是天赋予的智慧。圣人只有这些，学者应该存养这些。"

五十七

【题解】

本条讲"念"之发。王阳明说"身之主宰便是心，心之所发便是意，意之本体便是知，意之所在便是物"，意与物相接，便有善恶。但王阳明所谓意之恶，不一定是指道德上的恶，而更强调意之不合于良知。正如"闲思杂虑"不一定具有道德上的恶，但因其不合于良知，便是私。

澄曰："好色、好利、好名等心，固是私欲，如闲思杂虑，如何亦谓之私欲？"

先生曰："毕竟从好色、好利、好名等根上起，自寻其根便见。如汝心中决知是无有做劫盗的思虑，何也？以汝元无是心也。汝若于货、色、名、利等心，一切皆如不做劫盗之心一般，都消灭了，光光只是心之本体，看有甚闲思虑？此便是'寂然不动'①，便是'未发之中'，便是'廓然大公'②。自然'感而遂通'，自然'发而中节'，自然'物来顺应'。"

【注释】

①寂然不动：与下文"感而遂通"，语自《周易·系辞上》："寂然不动，感而遂通天下之故，非天下之至神，其孰能与于此。"

②廓然大公：与下文"物来顺应"，语自程颢《二程集·粹言》卷二："故君子之学，莫若廓然而大公，物来而顺应。"廓然，阻滞尽除貌。大公，意指极其公正。

【译文】

陆澄问："好色、贪财、求名等心，固然是私欲，但这些闲思杂念，为什么也称为私欲呢？"

先生说："这些毕竟还是从好色、贪财、求名等的根源上生发的，你去探寻这些闲思杂念的根源就明白了。比如你心中一定知道自己没有做盗贼的念头，为什么呢？因为你原本就没有这种念头。你如果对财、色、名、利等等的心思，全都像不做盗贼的念头一样，消灭干净，彻彻底底只是心的本体,试看还有什么闲杂思虑呢? 这就是'寂然不动',就是'未发之中',就是'廓然大公',自然也就'感而遂通',自然能够'发而中节',自然可以'物来顺应'。"

五十八

【题解】

本条讲"志"与"气",分三层:一为孟子所言,二为朱熹所注,三为王阳明所辩。王阳明主张志、气一源,实是对朱熹严分志、气的反对。二者之分歧的本质在于对心物关系的认识,王阳明主张心与物一,朱熹主张心物为二。

问"志至气次"①。

先生曰:"'志之所至,气亦至焉'之谓,非极至、次贰之谓②。'持其志',则养气在其中。'无暴其气',则亦持其志矣。孟子救告子之偏,故如此夹持说。"

【注释】

①志至气次:语自《孟子·公孙丑上》:"夫志,气之帅也;气,体之充也。夫志,至焉;气,次焉,故曰:'持其志,无暴其气。'"

②"志之"二句:此为王阳明针对朱熹所言。朱熹《孟子集注》曰:"若论其极,则志固心之所之,而为气之将帅;然气亦人之所以充满于身而为志之卒徒者也。故志固为至极,而气即次之。"王阳明不同意朱熹以志为极至而气为次贰。

【译文】

陆澄向先生请教"志至气次"的问题。

先生说:"这是说'心志所到达的地方,气也跟着到达'的意思,而不是心志是极致,气节次之的意思。'坚持自己的心志',则存养气节就在其中了。'不要滥用自己的气节',也就是坚持自己的心志了。孟子为了补救告子的偏见,所以才兼顾两边而立说。"

五十九

【题解】

本条讲圣贤之道之"诚"。程颐所言"降而自卑""引而自高"是从弘道和卫道的角度而言;王阳明则是从良知之本然的角度而言,良知之诚,不假人伪。这体现了王阳明在道的层面对圣、凡之别的坚持,体现了心学在教化标准方面鲜明的圣人立场。

问:"先儒曰:'圣人之道,必降而自卑。贤人之言,则引而自高①。'如何?"

先生曰:"不然,如此却乃伪也。圣人如天,无往而非天。三光之上②,天也;九地之下,亦天也。天何尝有降而自卑?此所谓大而化之也。贤人如山岳,守其高而已。然百仞者不能引而为千仞③,千仞者不能引而为万仞,是贤人未尝引而自高也。引而自高则伪矣。"

【注释】

①"圣人"四句:语自《二程集•外书》卷三:"圣人之教人,俯就之若此,犹恐众人以为高远而不亲也。圣人之言,必降而自卑,不如此则人不亲。贤人之言,必引而自高,不如此则道不尊。"

②三光:即日、月、星。

③仞(rèn):古代长度单位。以八尺为一仞,或以七尺为一仞。

【译文】

陆澄问:"先儒说:'圣人的道行,一定是自我减损而谦卑的。贤人的道行,则是自我推举而抬高的。'这句话怎么样?"

先生说:"不对,如果这样就是虚假的了。圣人就如同天,无论何时何地都是天。日月星辰之上,是天;三界九泉之下,也是天。天什么时候自我减损而谦卑了呢? 这就是所谓的大而化之。贤人就如同山岳,保持着它的高度而已。但是百仞高的山岳不能自我抬高而变成千仞高的山岳,千仞高的山岳不能自我抬高而变成万仞高的山岳,这就是贤人从未自我推举而抬高自己。自我推举而抬高自己就是虚假的了。"

六十

【题解】

本条释阳明心学功夫。"未发谓之中,发而皆中节谓之和",于已发求中,易执于物,于未发求中,易流于玄虚。王阳明主张良知不是见闻,但又不离于见闻,其功夫不离于物,但又不执于物。于阳明心学而言,"未发""已发"皆为良知之本来性状。王阳明肯定伊川和延平不过是从具体的功夫入手方便而言的。正如孙奇逢所云:"古人不得已诱人之言,原各有是处。执之又成聚讼矣。"

问:"伊川谓'不当于喜怒哀乐未发之前求中'①,延平却教学者看未发之前气象②,何如?"

先生曰:"皆是也。伊川恐人于未发前讨个'中',把'中'做一物看,如吾向所谓认气定时做'中',故令只于涵养省察上用功。延平恐人未便有下手处,故令人时时刻刻求未发前气象,使人正目而视惟此,倾耳而听惟此,即是'戒慎不睹，恐惧不闻'的工夫③。皆古人不得已诱人之言也。"

【注释】

①伊川谓"不当于喜怒哀乐未发之前求中"：指《二程集·遗书》卷
十八程颐语："或（指苏季明）曰：'喜怒哀乐未发之前求中，可
否？'曰：不可。既思于喜怒哀乐未发之前求之，又却是思也。既
思即是已发，才发便谓之和，不可谓之中也。"

②延平：李侗（1093—1163），字愿中，世称延平先生，南剑州剑浦
（今福建南平）人。为程颐再传弟子罗从彦的门人，朱熹的老师。
罗从彦教导李侗"令静中看喜怒哀乐未发之谓中，未发时作何气
象"。李侗亦以此教朱熹说："此意不惟于进学有力，兼亦是养心
之要。"

③戒慎不睹，恐惧不闻：语自《中庸》首章："道也者，不可须臾离也，
可离，非道也。是故君子戒慎乎其所不睹，恐惧乎其所不闻。莫
见乎隐，莫显乎微，故君子慎其独也。"

【译文】

陆澄问："伊川先生说'不应在喜怒哀乐没有表现出来之前追求中
和'，而延平先生却教导学者注意没有表现出来之前的气象，这两种观点
怎么样呢？"

先生说："二者都是对的。伊川先生担心人们在没有表现出来之前
追求中和，把中和当成一件事物来看待，就像我曾经说过的把气定时当
作中和，因此教导大家只在涵养省察上用功。延平先生担心人们没有下
手之处，因此教导大家时时刻刻追求没有表现出来之前的气象，让人正
眼相看、侧耳而听的都只是这种气象，就是'戒慎不睹，恐惧不闻'的功
夫。这都是古人不得已诱导众人的话。"

六十一

【题解】

本条释心体之"中"。在王阳明看来,心体即是天理,无所偏倚,即是"中"。从心体出发,当喜则喜,当怒则怒,即是"和",因物而喜,因物而怒,则是偏倚,便不是"和"。只有摒除名、利、色的遮蔽,方可喜怒哀乐无不中和,才能大本达道。刘宗周认为王阳明此说是继承了朱熹"至静之中,无少偏倚"之说。

澄问:"喜、怒、哀、乐之中和,其全体常人固不能有。如一件小事当喜怒者,平时无有喜怒之心,至其临时,亦能中节,亦可谓之中和乎?"

先生曰:"在一时一事,固亦可谓之中和,然未可谓之大本达道。人性皆善,中和是人人原有的,岂可谓无?但常人之心既有所昏蔽,则其本体虽亦时时发见,终是暂明暂灭,非其全体大用矣。无所不中,然后谓之大本;无所不和,然后谓之达道;惟天下之至诚,然后能立天下之大本①。"

【注释】

①大本:语自《中庸》首章:"中也者,天下之大本也;和也者,天下之达道也。"

【译文】

陆澄问:"喜、怒、哀、乐的中和,就全体来讲常人肯定无法具有。譬如遇到一件小事应当喜怒的,平时没有喜怒之心,到事情来临时,也能达到中和之节,这也能称为中和吗?"

先生说:"就一时一事而言,固然也可以称之为中和,然而不能真正实现中道的根本和中和的大道境界。人性生来都是善的，中和是人人原本就有的，怎么能说没有呢？但常人之心既有所蒙蔽，其心之本体也时时生发出现，但终究还是明明灭灭，不是心的全体大用。无时无事不中和，然后才能称之为中道的根本，无时无事不中和，然后才能称之为中和的境界。唯有天下的至诚，才能确立中道的根本。"

曰："澄于'中'字之义尚未明。"

曰："此须自心体认出来，非言语所能喻。'中'只是天理。"

曰："何者为天理？"

曰："去得人欲，便识天理。"

曰："天理何以谓之'中'？"

曰："无所偏倚。"

【译文】

陆澄说："我还没有明白'中'字的含义。"

先生说："这必须要从自己心来体察认知，不是言语能够表达的。'中'就是天理。"

陆澄问："什么是天理？"

先生说："摒除私欲，就能识得天理。"

陆澄问："天理为什么称'中'？"

先生说："因为天理无所偏倚。"

曰："无所偏倚是何等气象？"

曰："如明镜然，全体莹彻，略无纤尘染着。"

曰："偏倚是有所染着，如着在好色、好利、好名等项上，方见得偏倚；若未发时，美色、名、利皆未相着，何以便知其有所偏倚？”

曰：“虽未相着，然平日好色、好利、好名之心原未尝无。既未尝无，即谓之有，既谓之有，则亦不可谓无偏倚。譬之病疟之人，虽有时不发，而病根原不曾除，则亦不得谓之无病之人矣。须是平日好色、好利、好名等项一应私心扫除荡涤，无复纤毫留滞，而此心全体廓然，纯是天理，方可谓之喜、怒、哀、乐未发之中，方是天下之大本。”

【译文】

陆澄问：“无所偏倚，是什么样的气象？”

先生说：“像明镜一样，通体晶莹剔透，没有一点儿尘埃沾染。”

陆澄问：“偏倚是有所染着才能看出来，例如染着在好色、好利、好名等事上，方才能够看出偏倚；若是心体处于未发之时，美色、名、利都还没有染着，何以能知道心体所偏倚呢？”

先生说：“虽然没有显现，但平日里好色、好利、好名的心原本并不是没有。既然并不是没有，也就是有。既然是有，也就不能称之为无所偏倚。例如得了疟疾的人，虽然有时并不发病，但病根没有祛除，那么也就不能称之为无病的人。必须是平时好色、好利、好名等等一切私欲全部扫除清理干净，没有一丝一毫存留，而心中完全空寂，纯粹是天理，才能称之为喜怒哀乐未发之中，才是天地间中道的根本。”

六十二

【题解】

本条讲如何明道。在王阳明看来，道之体难以捉摸，需体道者自修自悟,这就像致良知,需要自家体贴的功夫。颜回所言的"博文约礼"只是一种方便的功夫,但不是根本的功夫。王阳明于此所要强调的正是良知本体及致良知功夫的心学特征。

　　问:"'颜子殁而圣学亡'①,此语不能无疑。"
　　先生曰:"见圣道之全者惟颜子,观喟然一叹可见②。其谓'夫子循循然善诱人,博我以文,约我以礼'③,是见破后如此说。博文约礼,如何是善诱人?学者须思之。道之全体,圣人亦难以语人,须是学者自修自悟。颜子'虽欲从之,末由也已'④,即文王'望道未见'意。望道未见,乃是真见。颜子没而圣学之正派遂不尽传矣。"

【注释】

①颜子殁(mò)而圣学亡:语自《王文成公全书》卷七《别湛甘泉序》:"颜子殁而圣人之学亡。"颜子,即颜回。

②喟(kuì)然一叹:语自《论语·子罕》:"颜渊喟然叹曰:'仰之弥高,钻之弥坚,瞻之在前,忽焉在后。夫子循循然善诱人,博我以文,约我以礼,欲罢不能。既竭吾才,如有所立卓尔。虽欲从之,末由也已。'"喟然,感叹声。

③"夫子"三句:语自《论语·子罕》。

④"虽欲"二句:语自《论语·子罕》。

【译文】

　　陆澄问:"'颜回死后,孔子的圣学就灭亡了',我无法摒除对这句话的疑惑。"
　　先生说:"见圣人之学最全面的,只有颜回,从颜回的'喟然一叹'中可以看出。颜回说'夫子善于循序渐进地教育弟子,用文教让弟子的知识变得渊博,用礼仪约束弟子的行为规范',是勘破了之后才这样说的。文识渊博、礼仪约束,怎么是善于教导别人呢? 学者必须要思考这个问题。道行的全体,即使圣人也难以对人说明,必须由学者自己修行,自己体悟。颜回说的'虽然想要跟从学习,却无章可循',也就是文王'望见了道却像没有看见'的意思。望见了道却像没有看见,才是真正的识见。颜回死后,孔子圣学的正宗也就无法完全流传下来了。"

六十三

【题解】

本条是对王阳明"四句理"的另一种表述,"身之主宰便是心,心之所发便是意,意之本体便是知,意之所在便是物",言不同而意同。

问:"身之主为心,心之灵明是知,知之发动是意,意之所着为物,是如此否?"

先生曰:"亦是。"

【译文】

陆澄问:"身体的主宰是心,心的灵明是知,知的发动处是意,意指涉的对象是物,是这样吗?"

先生说:"也对。"

六十四

【题解】

本条讲为学之方。王阳明认为为学须立志,立志即是长立此善念之心,并念念要存天理而已,本体与功夫一起俱透,此便是学。日本阳明学者东正纯云:"过去亦此心之过去,未来亦此心之未来。一齐贯串了。此意在言外,学者须体会之。"亦可谓之一解。

"只存得此心常见在,便是学。过去未来事,思之何益?徒放心耳!"

【译文】

"只要时常存养本心就是学。过去和未来的事,思考它们又有什么益处呢?只是迷失本心而已!"

六十五

【题解】

本条讲"知行合一"。言为心声。心无定,言无序。以言可观心。

"言语无序,亦足以见心之不存。"

【译文】

"言语的混乱,也足以看出本心没有得到存养。"

六十六

【题解】

本条释致良知功夫。在王阳明看来,集义就是致良知,要凡事不悖天理,皆合于义,在根本上就是"依良知而行"。告子为不动心而作不动心的功夫,是"为良知而行",其间就有了强意作为,就有了病痛间隔。

尚谦问孟子之"不动心"与告子异①。

先生曰:"告子是硬把捉着此心,要他不动;孟子却是集义到自然不动。"

【注释】

① 尚谦:薛侃(? —1545),字尚谦,号中离,潮州府揭阳(今广东揭阳)人。正德九年(1514)从学王阳明于江西,正德十二年(1517)举进士,上疏获罪入狱,后归田,讲学于广东,从游者百余人。为阳明之教,辩护甚力。孟子之"不动心"与告子异:《孟子·公孙丑上》:"公孙丑问曰:'夫子加齐之卿相,得行道焉,虽由此霸王不异矣。如此,则动心否?'孟子曰:'否。我四十不动心。'曰:'若是,则夫子过孟贲远矣。'曰:'是不难。告子先我不动心。'曰:'不动心有道乎?'曰:'有。'"

【译文】

薛侃向先生请教孟子与告子的"不动心"的区别。

先生说:"告子是硬抓着这颗心,强迫它不动;孟子却是通过修养德性使心自然不动。"

又曰:"心之本体原自不动。心之本体即是性,性即是理,性元不动,理元不动,集义是复其心之本体。"

【译文】

先生又说:"心之本体原本是不动的。心之本体就是性,性就是天理,性原本不动,天理原本不动,修养德性就是恢复心之本体。"

六十七

【题解】

本条再释"精一"之训。"一"即是良知（即心即理），"精"即是用，亦是功夫，亦是事。"精一"体现了体与用、本体与功夫、心与物合一的辩证关系。

"万象森然时，亦冲漠无朕；冲漠无朕，即万象森然。冲漠无朕者，一之父；万象森然者，精之母。'一'中有'精'，'精'中有'一'。"

【译文】

"万事万物都了然于心，就达到了寂然无我的境界；而达到了寂然无我的境界，那么万事万物就可以了然于心了。寂然无我的境界，即是统摄万物的'一'；了然于心的状态，即是孕育万物的'精'。'一'之中有'精'，'精'之中有'一'。"

六十八

【题解】

本条从"心""物"关系层面释"心即理"。孝亲为物，而一念孝亲为心之条理。物之为所是之物，乃在于心（理）之所指。故"心与物一（心外无物）"与"心与理一（心外无理）"是"心即理"的两面，二者辩证统一。

"心外无物。如吾心发一念孝亲，即孝亲便是物。"

【译文】

"心外无物。例如说,我心中生发一个孝敬父母的念头,那么孝敬父母就是物。"

六十九

【题解】

本条以"口耳之学"之弊从反面解释"知行合一"功夫。在王阳明看来,口耳之学不能反切于身心,不是真知,导致"知""行"二分。非真知故不能行,导致知而不行。不能知行合一,"格物致知"之学便不真切。施邦曜云:"数语俗学病根,尽数拈出。"直陈口耳之学之弊端。

先生曰:"今为吾所谓'格物'之学者,尚多流于口耳。况为口耳之学者,能反于此乎?天理人欲,其精微必时时用力省察克治,方日渐有见。如今一说话之间,虽只讲天理,不知心中倏忽之间,已有多少私欲。盖有窃发而不知者,虽用力察之,尚不易见,况徒口讲而可得尽知乎?今只管讲天理来顿放着不循,讲人欲来顿放着不去,岂'格物致知'之学?后世之学,其极至,只做得个'义袭而取'的工夫①。"

【注释】

①义袭而取:语自《孟子·公孙丑上》:"是集义所生者,非义袭而取之也。"朱熹注云:"非由只行一事偶合于义,便可掩袭于外而得之。"义袭,指义偶然从外进入内心。

【译文】

先生说:"现在学习我所谓的'格物'之学的人,大多还停留在口授耳闻的阶段上。更何况专习口耳之学的人，能不这样吗？天理、私欲，其精妙细微之处必须时刻用力省察克治，方能逐渐有所发现。现在在说话的时候，虽然只是在讲求天理，不知道心里倏忽之间，已经产生了多少私欲。何况还有偷偷萌发而无法查知的私欲，即使用力省察，尚且不容易发现，何况只是空谈阔论，怎么能全部察知呢？如今只管讲求天理，却放在一边不遵循着做，讲求私欲，却放在一边不摒除，怎么会是'格物致知'之学呢？后世的学问，即使到了极致，也只能做一个'偶然的行为合乎义'的功夫而已。"

七十

【题解】

本条从"格物"入手，重在讲《大学》"三纲"的关系，其中存在着王阳明以儒学经典解读佛教的诠释方法和基于这一方法对佛教之道的误读。王阳明对"三纲"内在逻辑关系的认识是基于心学建构起来的。在王阳明看来，"明明德"是体，"亲民"是用，体用不二。同时，王阳明认为"明明德""亲民"的最高目标是"止于至善"。"三纲"之间的逻辑关系表明，在王阳明的哲学体系内，"明明德"的内圣之学和"亲民"的外王之学是一体达用的，言"明明德"，同时内涵着"亲民"，言"亲民"同时包含着"明明德"，所以良知本身包含着德性和德行两个互相交融的方面。因此，大人之学是上学下学、上达下达一体圆融的学问。心学的上一截（逻辑上姑且如此讲，实际是上下一贯的）即是不离亲民的"明明德"，"明明德"即是明心见仁，它贯穿、涵摄"八目"，"八目"即是"明德"的发用，故"明明德"便可与天地万物为一体。那么真实的佛教之道（上一截）是什么呢？佛教的核心理论即"缘起论"，指一切事物皆须依因缘而生起。它同时又演化为两层意涵：一是"缘起性空"，事物因缘和合才能生起，无真实自体故本性为空，因其强调事物之真实本性，所以称之为

"真谛"。二是"性空缘起",正因为事物本性皆空,所以才能和合生起,因其强调事物之世间相状,所以谓之为"俗谛"。真谛是形上的,俗谛是形下的,因此,佛教之道即是真谛。那么,真谛和俗谛是什么关系呢?在佛教教义中,缘起不碍性空,性空不碍缘起,或者说,缘起即是性空,性空即是缘起。因为真谛随缘而起,随缘而灭,本自空性,因为空性,所以不碍事物的缘起。真谛有异于俗谛,但又不离俗谛。在这一点上,真、俗二谛有似于"明明德"和"亲民"。但关键的一点是,因为佛教的缘起论立场,真谛和俗谛其实都是空。所谓色就是空,空就是色,色色空空,空空色色是也。因此俗谛不是真谛的发用,真谛也不是俗谛的本体。真、俗二谛和"明明德"与"亲民"的关系有着内在的巨大差异。如此看来,王阳明把佛教之道释为"明明德"显然是不恰当的。

　　问格物。
　　先生曰:"格者,正也。正其不正,以归于正也。"

【译文】

　　陆澄向先生请教格物。
　　先生说:"格,就是正。纠正那些不正的念头,让它们归于正道。"

　　问:"知止者,知至善只在吾心,元不在外也,而后志定?"
　　曰:"然。"

【译文】

　　陆澄问:"知止,就是知道至善只在我的心中,原本不在心外,而后志向安定。"
　　先生说:"对。"

问:"格物于动处用功否?"

先生曰:"格物无间动静,静亦物也。孟子谓'必有事焉'①,是动静皆有事。"

【注释】

①必有事焉:语自《孟子·公孙丑上》:"必有事焉而勿正。心勿忘,勿助长也。"朱熹注云:"正,预期也。《春秋传》曰'战不正胜',是也。"

【译文】

陆澄问:"格物是要在动处用功吗?"

先生说:"格物不分动静,静也是物。孟子所说的'必有事焉',意思是无论动静都要做集义的事。"

"工夫难处,全在格物致知上,此即诚意之事。意既诚,大段心亦自正,身亦自修。但正心、修身工夫亦各有用力处。修身是已发边,正心是未发边。心正则中,身修则和。"

【译文】

"功夫的难处,全都在格物致知上,这就是诚意的事。意诚之后,大体上心也就自然中正,身也就自然得以修养。只是正心、修养的功夫,也各自有用力的地方。修身是已发之功夫,正心是未发之功夫。心正则是中,身修则是和。"

"自'格物致知'至'平天下'①,只是一个'明明德',虽'亲民'亦'明德'事也。'明德'是此心之德,即是仁。'仁者以天地万物为一体'②,使有一物失所,便是吾仁有未尽处。”

【注释】

①“格物致知”至“平天下”：语自《大学》首章，即所谓格、致、正、诚、修、齐、治、平八个条目。

②仁者以天地万物为一体：语自《二程集·遗书》卷二程颢语：“学者须先识仁。仁者，浑然与物同体。”

【译文】

“从‘格物致知’到‘平天下’，只是一个‘明明德’，即使‘亲民’也是‘明德’的事。‘明德’是此心中的德，也就是仁。‘仁者以天地万物为一体’，假使有一事一物不得其所，便是我的仁还有未尽之处。”

“只说‘明明德’而不说‘亲民’，便似老、佛。”

【译文】

“只说‘明明德’而不说‘亲民’，这就像道教、佛教的学说一样了。”

“至善者，性也。性元无一毫之恶，故曰至善。止之，是复其本然而已。”

【译文】

“至善，就是性。性原本没有一丝一毫的恶，所以称为至善。止于至善，这是恢复性的本来面目而已。”

七十一

【题解】

本条释心之本然。从阳明心学言,止、定、静、安、虑即是心体之本然,也是心体之使然。本体内蕴着功夫,功夫是本体的发用。

问:"知至善即吾性,吾性具吾心,吾心乃至善所止之地,则不为向时之纷然外求①,而志定矣。定则不扰扰而静,静而不妄动则安,安则一心一意只在此处。千思万想,务求必得此至善,是能虑而得矣②。如此说是否?"

先生曰:"大略亦是。"

【注释】

①向时:以前,从前。

②定、静、安、虑、得:语自《大学》首章:"知止而后有定,定而后能静,静而后能安,安而后能虑,虑而后能得。"

【译文】

陆澄问:"明白至善就是我的性,我的性在我的本心中,我的本心是至善所止的地方,明白这个道理,那么就不会像从前那样纷纷向外寻求,则心志也就能够安定了。心志安定就可以不受干扰而内心安静,内心安静就不会心念妄动而感到心安,心安就能一心一意只在至善上。千思万想,务必要寻求得这种至善,这就能思考而得到至善了。这样讲正确吗?"

先生说:"大体上是这样。"

七十二

【题解】

　　本条以仁之"生生"区分儒墨之仁之别。儒家之仁如木之发芽，有体有用，故生生不息。墨家之仁只讲兼爱众人，不言仁之发端处，有用而无体，故不能长久。常识认为，儒家之仁为有差等者，墨家之仁为无差等者，即此也。施邦曜于此亦有深见，云："要识墨氏，亦是毅然以仁为己任者。但是他只看得仁之大规模，不曾晓得仁之真本体。据其万物一体之念看途人，当无异于父子兄弟，全不顾父子兄弟不可并途人。总是不能学问、思辨、笃行，晰理未精故也。"

　　问："程子云'仁者以天地万物为一体'，何墨氏'兼爱'反不得谓之仁①？"

　　先生曰："此亦甚难言，须是诸君自体认出来始得。仁是造化生生不息之理，虽弥漫周遍，无处不是，然其流行发生，亦只有个渐，所以生生不息。如冬至一阳生，必自一阳生，而后渐渐至于六阳②，若无一阳之生，岂有六阳？阴亦然。惟其渐，所以便有个发端处；惟其有个发端处，所以生；惟其生，所以不息。譬之木，其始抽芽，便是木之生意发端处；抽芽然后发干，发干然后生枝生叶，然后是生生不息。若无芽，何以有干，有枝叶？能抽芽，必是下面有个根在。有根方生，无根便死。无根何从抽芽？父子兄弟之爱，便是人心生意发端处，如木之抽芽。自此而仁民，而爱物，便是发干、生枝、生叶。墨氏'兼爱'无差等，将自家父子、兄弟与途人一般看，便自没了发端处。不抽芽，便知得他无根，便不是生生不息，安得谓之仁？孝弟为仁之本[3]，却是仁理从里面发生出来。"

【注释】

①墨氏"兼爱"反不得谓之仁：墨子主张"兼以易别"（《墨子·兼爱下》）。孟子攻击墨子说："天下之言不归杨则归墨。杨氏为我，是无君也；墨氏兼爱，是无父也。无父无君，是禽兽也。……杨、墨之道不熄，孔子之道不著，是邪说诬民，充塞仁义也。"（《孟子·滕文公下》）墨氏，即墨翟（约前468—前376），鲁国人，一说宋国人。春秋战国时期墨家学派创始人。主张兼爱、非攻、节用、节葬、非乐、尚贤、尚同等。

②六阳：《礼记·月令》载："（孟春之月）天气下降，地气上腾，天地和同，草木萌动。"孔颖达疏云："天地之气谓之阴阳，一年之中或升或降。圣人作象，各分为六爻，以象十二月。阳气之升，从十一月为始，阳气渐升，阴气渐下；至四月，六阳皆升，六阴皆伏。至五月，一阴初升，阴气渐升，阳气渐伏；至十月，六阴尽升，六阳尽伏。"

③孝弟为仁之本：语自《论语·学而》："孝弟也者，其为仁之本与。"

【译文】

陆澄问："明道先生说'仁者以天地万物为一体'，为何墨子的'兼爱'，反而不能称之为仁呢？"

先生说："这也很难讲明，必须由各位自己体会出来才能明白。仁是万物造化生生不息的天理，虽然遍布周边，无处不在，然而它的流动萌生，也只是逐渐出现的，所以说是生生不息。譬如从冬至时，一阳开始产生，必定是一阳先产生，然后逐步到六阳的出现，如果没有一阳的产生，怎么有六阳呢？阴也是一样的。正由于有这种渐次的步骤，所以就有个开端的地方；正由于有这个开端的地方，所以能够生发；正由于有了生发，所以才有生生不息。譬如说树木，开始抽出嫩芽，就是树的生生之意的发端处；抽芽然后长出树干，长出树干然后长出枝叶，然后是生生不息。如果没有抽芽，怎么会有树干和枝叶呢？能够抽出嫩芽，毕竟是由于下面有树根在。有根才能生长，没有根就死了。没有根又怎么能抽芽呢？父子兄弟的爱，就是人心生生之意的发端处，就像树木抽芽。从这里开始仁民、爱物，就如树之生长出树干、树枝和叶子。墨子的'兼爱'没有区别，将自己家的父子兄弟与路人一样看待，就失去了发端处。不能抽芽，便知道它没有根本，也就不能生生不息，怎么能称之为仁？孝悌之心是仁的根本，仁理是从孝悌之心里面生发出来的。"

七十三

【题解】

本条释心理关系。就阳明心学言，心即理，本无另有一个私心；就理学（延平）言，心理有别，当理者即是道心，不当理者为人心（私心）；就佛教言，心与理都是空，弃绝人论之"无私心"和"未当理"都是以儒家之心、理为评判标准的，其在根本上则是逃避儒家伦理责任，是一个"私己之心"。

问："延平云：'当理而无私心①。''当理'与'无私心'如何分别？"

先生曰："心即理也，无私心即是当理，未当理便是私心。若析心与理言之，恐亦未善。"

【注释】

①当理而无私心：语自《李延平集》卷二。

【译文】

陆澄问:"延平先生说:'合乎天理而没有私心。''合乎天理'和'没有私心'怎么区别?"

先生说:"心就是天理,没有私心就是合乎天理,没能合乎天理,就是私心。如果将心和天理分开来讲,恐怕也不恰当。"

又问:"释氏于世间一切情欲之私都不染着,似无私心。但外弃人伦,却似未当理。"

曰:"亦只是一统事,都只是成就他一个私己的心。"

【译文】

陆澄又问:"佛教对于世间一切情欲私心都不染着,似乎没有私心。但是抛弃了外在的人伦,却似乎是不合乎天理。"

先生说:"佛家和世人都是同一回事,都只是成就自己的一己私心而已。"

右门人陆澄录。

【译文】

以上由门人陆澄记录。

薛侃录 凡三十五则

【题解】

薛侃，其简介见前注。"薛侃录"是薛侃向王阳明问学的语录记载，其内容主要有四个方面：第一，阐明朱、王之别。这主要集中在对一些儒学经典、范畴和命题的阐释方面，如"格物""孔颜为邦之问""为学之方""体用关系""功夫次第"等。另外，在论述差异、凸显己学的同时，王阳明对"调和朱、王"的思想也时有表述。第二，论为学之方。王阳明论为学之方特别突出对"立志"的强调，如其对"立志于圣学""为学先立志""为学立志贵专一""为学须有主宰""持志""主一"等的阐释和重视。第三，对心学功夫特征的论述。这主要体现在三个方面：首先，强调功夫只是一个，凸显致良知的心学功夫总纲；其次，强调功夫的内向性特征，主张功夫在于内求心体，不可执于外物，好恶循于心，动静皆功夫，凸显功夫的内在切己性；再次，对一些具体功夫条目做了心学化阐释，如慎独、为己、克己、诚意等；第四，以功夫为中心，对儒佛道三教关系、圣凡之别等做了阐释。

一

【题解】

本条释"持志"功夫。在王阳明看来，持志是念念不忘存天理，但又不能作"助""忘"之功,死死把捉一个心不放。但王阳明又同时认为初学者可以把"持志"作为进学功夫,为初学者提供便宜途径。

侃问:"持志如心痛,一心在痛上,安有工夫说闲话、管闲事?"

先生曰:"初学工夫如此用亦好,但要使知'出入无时,莫知其乡'。心之神明原是如此,工夫方有着落。若只死死守着,恐于工夫上又发病。"

【译文】

薛侃问:"持守志向犹如心痛,一心都在感受这个痛上,哪里还有时间说闲话、管闲事呢?"

先生说:"初学时这样下功夫也很好,只要明白'出入无时,莫知其乡'。心的神妙灵明本来就是如此,功夫才能够有所着落。假若只是死守志向,恐怕在功夫上又会出现问题。"

二

【题解】

"涵养"与"讲求"的关系类似于"涵养"与"穷理"的关系。朱熹认为二者关系相互依赖、相互促进:"涵养中自有穷理功夫,穷其所养之理;穷理中自有涵养功夫,养其所穷之理。"(《朱子语类》卷九)王阳明不同意朱熹的观点,认为二者只是一个功夫。

侃问:"专涵养而不务讲求,将认欲作理,则如之何?"

先生曰:"人须是知学,讲求亦只是涵养,不讲求只是涵养之志不切。"

曰:"何谓知学?"

曰:"且道为何而学?学个甚?"

曰:"尝闻先生教,学是学存天理。心之本体即是天理,体认天理,只要自心地无私意。"

曰:"如此则只须克去私意便是,又愁甚理欲不明?"

曰:"正恐这些私意认不真。"

曰:"总是志未切。志切,目视耳听皆在此,安有认不真的道理?'是非之心,人皆有之'①,不假外求。讲求亦只是体当自心所见,不成去心外别有个见。"

【注释】

①"是非"二句:语自《孟子·告子上》。意即分辨是非的能力,人人都有。

【译文】

薛侃问:"专注于涵养而不致力于讲求,把私欲认作天理,那怎么办呢?"

先生说:"人必须是知道学,讲求功夫也只是涵养,不讲求只是涵养的心志不真切。"

薛侃问:"什么是知道学?"

先生说:"你且说说为什么要学?学些什么?"

薛侃说:"曾经听闻先生教诲,学就是学习存养天理。心的本体就是天理,体会认知天理,只要自己心底里没有私念。"

先生说:"既然这样,只需要克除私心杂念就可以了,又愁什么天理私欲分辨不清?"

薛侃说:"正是担心对这些私念认不真切。"

先生说：“终究还是志向不够真切。志向真切了，目视耳听都在这里，哪有认不真切的道理呢？‘是非之心，人皆有之’，不需要向外寻求。讲求也只是体会自己心中所感，并非去心外寻求其他的见识。”

三

【题解】

本条讲功夫之“真”。王阳明认为为学之功要真切，为善之心真切则自然能行，功夫之真切则天理日明。求光景、说效验乃是在功夫之外了。陶浔霍评曰：“不见光景，亦不计效验，真无上妙谛。”

先生问在坐之友：“比来工夫何似？”

一友举虚明意思。

先生曰：“此是说光景。”

一友叙今昔异同。

先生曰：“此是说效验。”

二友惘然，请是。

先生曰：“吾辈今日用功，只是要为善之心真切。此心真切，见善即迁，有过即改①，方是真切工夫。如此，则人欲日消，天理日明。若只管求光景，说效验，却是助长外驰病痛，不是工夫。”

【注释】

①“见善”二句：语自《周易·益卦》：“君子以见善则迁，有过则改。”

【译文】

先生问在座的学友：“近来为学功夫怎么样？”

一位学友以内心清虚明亮比喻。

先生说："这是说表面景象。"

一位学友讲述现在和从前的异同。

先生说："这是说效果。"

两位学友感到惘然，向先生请教。

先生说："我等现在用功，就是要使为善的心真切。此善心真切，见到善就自然会贴近，有了过错就立即改正，这才是真切的功夫。只有这样，人的私欲就日渐消除，天理就日渐明朗。如果只管寻求表面景象，说效果经验，这却是助长向外寻求的毛病了，不是为学的真功夫。"

四

【题解】

王阳明推重朱熹的评论，但王阳明也说："濂溪、明道之后，还是象山，只是粗些。"似乎又推重陆象山。其实，王阳明评议朱熹，一则表明理学与心学在极高明之处的同，一则也体现了其调和理学与心学的良苦用心。于此，可以想见王阳明作《朱子晚年定论》之用意。

朋友观书，多有摘议晦庵者。

先生曰："是有心求异即不是。吾说与晦庵时有不同者，为入门下手处有毫厘千里之分，不得不辩。然吾之心与晦庵之心未尝异也。若其余文义解得明当处，如何动得一字？"

【译文】

朋友们看书，常常节选朱子的学说进行议论。

先生说："这种存心求异是不对的。我的学说与朱子的学说时常有不同，是因为二者在学习入门下手的地方有毫厘千里的区别，不得不分辨清楚。然而我的心和朱子的心，未尝有什么不同。假若朱子在文义上解释得明晰妥当的地方，我又怎会改动一字呢？"

<h1 style="text-align:center">五</h1>

【题解】

本条以金之足色喻天理之纯，以金之分量喻知识才力之增，以炼金喻为圣功夫。炼金即是要去除渣滓，以复金之纯，为圣功夫即是要在纯乎天理上做功夫，而不是追逐于外物（知识、名物），徒增支离。王阳明于此坚持了心学的内向性功夫的立场，也是对朱子"格物"之学的批评。故施邦曜说："舍内务外，俗学之病信然，总只是无真为圣人之心。"

希渊问①："圣人可学而至，然伯夷、伊尹于孔子才力终不同，其同谓之圣者安在②？"

先生曰："圣人之所以为圣，只是其心纯乎天理而无人欲之杂。犹精金之所以为精，但以其成色足而无铜铅之杂也。人到纯乎天理方是圣，金到足色方是精。然圣人之才力，亦有大小不同，犹金之分两有轻重。尧、舜犹万镒③，文王、孔子犹九千镒，禹、汤、武王犹七八千镒，伯夷、伊尹犹四五千镒。才力不同，而纯乎天理则同，皆可谓之圣人；犹分两虽不同，而足色则同，皆可谓之精金。以五千镒者而入于万镒之中，其足色同也；以夷、尹而厕之尧、孔之间④，其纯乎天理同也。盖所以为精金者，在足色，而不在分两；所以为圣者，在纯乎天理，而不在才力也。故虽凡人，而肯为学，使此心纯乎天理，则亦可为圣人。犹一两之金，比之万镒，分两虽悬绝，而其到足色处，可以无愧。故曰'人皆可以为尧、舜'者以此⑤。学者学圣人，不过是去人欲而存天理耳。犹炼金而求其足色，金之成色所争不多，则煅炼之工省⑥，而功易成；成色愈下，则煅炼愈难。人之气质清浊粹驳，有中人以上，中人以下。其于道，有生知安行，学知利行，其下者必须人一己百、人十己千⑦，及其成功则一。后世不知作圣之本是纯乎天理，却专去知识才能上求圣人。以为圣人无所不知，无所不能，我须是将圣人许多知识才能逐一理会始得。故不务去天理上着工夫，徒弊精竭力，从册子上钻研，名物上考索，形迹上比拟。知识愈广而人欲愈滋，才力愈多而天理愈蔽，正如见人有万镒精金，不务煅炼成色，求无愧于彼之精纯，而乃妄希分两，务同彼之万镒，锡、铅、铜、铁杂然而投，分两愈增而成色愈下，既其梢末，无复有金矣。"

【注释】

①希渊：蔡宗兖，字希渊，号我斋，绍兴府山阴（今浙江绍兴）人。正德七年（1512）授业于王阳明，仅晚于徐爱。正德十二年（1517）进士，历任至四川督学佥事。

②"圣人"三句：《孟子·万章下》："伯夷，圣之清者也；伊尹，圣之任者也；柳下惠，圣之和者也；孔子，圣之时者也。"伯夷，同叔齐为孤竹君之二子。传说商灭，耻食周粟，饿死于首阳山。伊尹，名挚，商之贤相，助汤伐桀，遂王天下。汤之孙太甲无道，伊尹放之。

③镒（yì）：一镒为二十两，或云二十四两。

④厕：参与，混杂。

⑤人皆可以为尧、舜：语自《孟子·告子下》："曹交问曰：'人皆可以为尧、舜，有诸？'孟子曰：'然。'"

⑥煅（duàn）炼：锻炼，烧制。

⑦人一己百、人十己千：语自《中庸》第二十章："人一能之己百之，
　　人十能之己千之。"

【译文】

蔡希渊问："圣人可以通过学习而达到，然而伯夷、伊尹与孔子相比，
他们的才学与能力终究有所不同，但孟子却同样称他们为圣人，这是为
什么呢？"

先生说："圣人之所以为圣人，就是因为他们的心纯粹是天理，而没
有私欲掺杂。就像精金之所以是精金，只是因为它的成色足，且没有铜
铅掺杂其间。人到了纯粹天理的境界才会成为圣人，金子到了成色足够
才是精金。然而圣人的才学与能力，也有大小不同，就像金子的分量有
轻有重。尧、舜如同万镒重的金，文王、孔子如同九千镒重的金，夏禹、商
汤、周武王如同七八千镒重的金，伯夷、伊尹如同四五千镒重的金。才学
与能力不同，然而他们的心皆纯乎天理，都可以称为圣人；就像金的分量
虽然不同，然而成色足是相同的，都可以称为精金。将五千镒金放入万
镒金中，它们的足色程度相同；将伯夷、伊尹和尧帝、孔子放在一起，他
们的心纯粹天理是相同的。因此之所以是精金，在于它们的成色足，而
不在分量多少；之所以是圣人，在于他们的心纯粹天理，而不在才学、能
力的大小。因此即使是一个凡人，只要愿意为学，使得内心纯粹天理，那
么也可以成为圣人。如同一两重的金子，与万镒之金相比，分量虽然相
差悬殊，然而就足色程度来看，则可以无愧了。因此说'人人都可以成
为尧、舜'，就是如此。学者学习圣人，不过是去除私欲而存养天理而已。
如同炼金追求足够的成色，金子的成色区别不大，那么锤锻炼金的功夫
可以节省，而功效容易达成；成色越差，锤锻炼金越难。人的气质，清澈
浑浊纯粹驳杂不一，有常人之上、常人之下的区别。对于为道来说，有生
知安行、学知利行的区别，天资在常人之下的人，必须是别人一分努力自
己百分努力，别人十分努力自己千分努力，最后取得的成功是同样的。

后世的人不知道成就圣人的根本在于纯粹天理,却专在知识才能上寻求成为圣人的途径。以为圣人就是无所不知,无所不能,自己必须要将圣人的许多知识、才能逐一学会才行。因此不着手在存养天理上下功夫,而只是费尽心思,从书册上钻研,在名物上考究,在行为上模仿。知识越广博,而人的私欲越发滋生增长,才学、能力越增进,天理越被蒙蔽,正如同看见别人拥有万镒精金,不去着手锻炼成色,以求不比对方金子的精纯度差,而只是妄想在分量上比肩,务必与对方的万镒之重相同,于是将锡、铅、铜、铁混杂在一起投入冶炼,分量越增长,成色越低下,等炼到最后,就不再有金子了。"

时曰仁在傍,曰:"先生此喻,足以破世儒支离之惑,大有功于后学。"

先生又曰:"吾辈用功,只求日减,不求日增。减得一分人欲,便是复得一分天理,何等轻快脱洒,何等简易!"

【译文】

王阳明说此话时,徐爱在一旁,说道:"先生作这个比喻,足以打破现在儒者为学支离的疑惑,对于后来学者大有功用。"

先生又说:"我们为学用功,只追求日渐减少,不追求日渐增加。减少一分私欲,就是又获得了一分天理,多么的轻快洒脱,多么简单便易啊!"

六

【题解】

本条以"格物"为话头,论述核心在于朱熹"晚年之悔",主旨在于调和朱子学与阳明学的矛盾。此条之本意与《朱子晚年定论》同,亦可谓之导言。

士德问曰①:"'格物'之说,如先生所教,明白简易,人人见得。文公聪明绝世②,于此反有未审,何也?"

先生曰:"文公精神气魄大,是他蚤年合下便要继往开来,故一向只就考索著述上用功。若先切己自修,自然不暇及此。到得德盛后,果忧道之不明,如孔子退修六籍,删繁就简,开示来学,亦大段不费甚考索。文公蚤岁便著许多书,晚年方悔,是倒做了。"

士德曰:"晚年之悔③,如谓'向来定本之误'④,又谓'虽读得书,何益于吾事'⑤,又谓'此与守书籍、泥言语全无交涉'⑥,是他到此方悔从前用功之错,方去切己自修矣。"

曰:"然。此是文公不可及处。他力量大,一悔便转。可惜不久即去世,平日许多错处,皆不及改正。"

【注释】

①士德:杨骥,字士德,潮州府饶平(今广东饶平)人,一说潮州府海阳(今广东潮州)人。初师事湛若水,后从学王阳明。王阳明出征横水,谓之曰:"破山中贼易,破心中贼难。"

②文公:指朱熹。朱熹谥文,故称。

③晚年之悔:《传习录》卷下附录《朱子晚年定论》,为王阳明采录朱熹书信,表明其晚年方悔之意。王阳明因此大受明、清儒之攻击。

④向来定本之误:语自《朱子晚年定论》采录第一书《答黄直卿》。

⑤虽读得书,何益于吾事:语自《朱子晚年定论》采录第六书《与吕子约书》。

⑥此与守书籍、泥言语全无交涉:语自《朱子晚年定论》采录第三书《答何叔京》。

【译文】

杨士德问道:"'格物'的学说,像先生所教诲的,明白简易,人人都能理解。朱子聪明绝世,对于'格物'反而有不清楚的地方,为什么呢?"

先生说:"朱子的精神气魄宏大,他早年原本就计划要继往开来,因此一向只在考证著述上用功。如果他先切合自身进行修养,自然没有时间顾及这些。待到德行鼎盛后,如果忧虑大道晦暗不明,就会像孔子退而修订'六经',删繁就简,以开导启示后来学者,也大概不需要费精力去考证了。朱子早年就著述了许多书,到晚年时才后悔将功夫做颠倒了。"

杨士德说:"朱子晚年悔悟,例如他说'向来定本之误',又说'虽读得书,何益于吾事',又说'此与守书籍、泥言语全无交涉',这是他到了此时才后悔从前用功的错误,才去切合自己进行修养。"

先生说:"是的。这是朱子过人的地方。他的才能高,一旦悔悟便转变过来。可惜不久之后就去世了,平日里许多错处都没来得及改正。"

七

【题解】

本条以"除花间草"释"好恶",以"好恶"讲心学功夫。在王阳明看来,好恶一循于理,善者自好,恶者自恶,不着意思,圣人即是无有作好,无有作恶。但人若不循理,专去作一个好恶,便是有私,便是恶。本条还可特别注意之处在于其中关涉的儒、佛关系的辨析:王阳明用"体用一源"的原则对佛教进行检视时发现,佛教的无善无恶的形上虚寂本体和有善有恶的形下现实无法达到贯通。王阳明把佛、道并举,认为佛、道之无善无恶仅仅是强调了自性上的无善无恶,而不能"一循天理""遵王之道""治天下"。在王阳明看来,佛之无善无恶是一个死寂的存在,不能发用,可以"一切都不管"。因此对于草之去除这样的事,佛教在本体层面也是没有办法找到合理依据的。

侃去花间草,因曰:"天地间何善难培,恶难去?"

先生曰:"未培未去耳。"少间,曰:"此等看善恶,皆从躯壳起念,便会错。"

侃未达。

曰:"天地生意,花草一般,何曾有善恶之分? 子欲观花,则以花为善,以草为恶。 如欲用草时,复以草为善矣。 此等善恶,皆由汝心好恶所生,故知是错。"

【译文】

薛侃在清除花间杂草的时候,问道:"天地之间为什么善难以培养,恶难以铲除呢?"

先生说:"是没有培养也没有铲除而已。"一会儿,先生又说:"这样看待善恶,都是从外表上兴发念头,便会错的。"

薛侃没能理解。

先生说:"天地生物,像花草一样,何曾有善恶区别呢? 你想要赏花,那么就认为花是善的,草是恶的。如果要用到草的时候,又认为草是善的了。这样的善恶,都是从你心中的喜好和厌恶生发出来的,因此知道是错的。"

曰:"然则无善无恶乎?"

曰:"无善无恶者理之静,有善有恶者气之动。不动于气,即无善无恶,是谓至善。"

【译文】

薛侃问:"既然这样,那么就是没有善也没有恶了?"

先生说:"无善无恶是天理宁静,有善有恶是气之变动。气不动,就是无善无恶，就可以称为至善了。"

曰："佛氏亦无善无恶，何以异？"

曰："佛氏着在无善无恶上，便一切都不管，不可以治天下。圣人无善无恶，只是'无有作好'，'无有作恶'，不动于气。然'遵王之道'，会其有极①，便自一循天理，便有个裁成辅相②。"

【注释】

① "遵王之道"，会其有极：语自《尚书·洪范》："无有作好，遵王之道；无有作恶，遵王之路。无偏无党，王道荡荡；无党无偏，王道平平；无反无侧，王道正直。会其有极，归其有极。"

② 裁成辅相：语自《周易·泰卦》："天地交，泰。后以财（裁）成天地之道，辅相天地之宜；以左右民。"裁成，成就。辅相，辅助。

【译文】

薛侃问："佛教也推崇无善无恶，有什么区别？"

先生说："佛教执着于无善无恶上，就一切都不管，不能治理天下。圣人无善无恶，只是'不刻意喜好'，'不刻意为恶'，不为气所动。然而'遵从王道'，待到达极致，就自然遵循天理，就能筹谋成就，辅佐帮助。"

曰："草既非恶，即草不宜去矣。"

曰："如此却是佛、老意见。草若有碍，何妨汝去？"

【译文】

薛侃说："既然草不是恶的，那么就不应该除去草。"

先生说："这样又是佛教、道教的意见了。如果草有所妨碍，为什么不除去呢？"

曰："如此又是作好作恶？"

曰："不作好恶，非是全无好恶，却是无知觉的人。谓之不作者，只是好恶一循于理，不去又着一分意思。如此，即是不曾好恶一般。"

【译文】

薛侃问："这样做就又是刻意地为善为恶吗？"

先生说："不刻意为善为恶，并不是完全没有好恶之心，如果这样，就是没有知觉的人了。所谓的不刻意，只是说好恶都要遵循天理，不夹杂一点儿私意。做到这样，就好像自己没有了好恶一样了。"

曰："去草如何是一循于理，不着意思？"

曰："草有妨碍，理亦宜去，去之而已。偶未即去，亦不累心。若着了一分意思，即心体便有贻累，便有许多动气处。"

【译文】

薛侃问："除草怎样才算是遵循天理，不夹杂一点儿私意呢？"

先生说："草有所妨碍，就天理来讲也应该除去，那除去就是了。虽然偶尔没有立即全部除去，也不能成为心中的拖累。如果有一分的个体之意，心体就会被拖累，就会有许多可能为气所动。"

曰："然则善恶全不在物？"

曰："只在汝心。循理便是善，动气便是恶。"

【译文】

薛侃问："如此说来，善恶完全不在于物了？"

先生说："只在于你的心。遵循天理就是善，动于气就是恶。"

曰："毕竟物无善恶？"

曰："在心如此，在物亦然。世儒惟不知此，舍心逐物，将'格物'之学错看了，终日驰求于外，只做得个'义袭而取'，终身行不著，习不察①。"

【注释】

①行不著，习不察：语自《孟子·尽心上》："行之而不著焉，习矣而不察焉，终身由之而不知其道者，众也。"意即做了却不知道为什么做，习以为常却不知道其所以然。

【译文】

薛侃问："究竟物本身有善恶吗？"

先生说："对于心而言是如此，对事物而言也是这样。现今的读书人不知道这个道理，舍弃本心去追逐外物，将'格物'的意思理解错了，整天追逐外物，最后只做到个'义袭而取'，终身只是行而不明，习而不察。"

曰："'如好好色，如恶恶臭'，则如何？"

曰："此正是一循于理；是天理合如此，本无私意作好作恶。"

【译文】

薛侃问："'如好好色，如恶恶臭'，怎样理解呢？"

先生说："这正是完全遵循天理；是天理本当如此，原本没有丝毫私意去为善为恶。"

曰:"'如好好色,如恶恶臭',安得非意?"

曰:"却是诚意,不是私意。诚意只是循天理。虽是循天理,亦着不得一分意。故有所忿懥好乐,则不得其正[1]。须是廓然大公,方是心之本体。知此,即知未发之'中'。"

【注释】

[1]"故有所"二句:语自《大学》第七章:"所谓修身在正其心者:身有所忿懥,则不得其正;有所恐惧,则不得其正;有所好乐,则不得其正;有所忧患,则不得其正。"忿懥(zhì),愤懑,愤激。

【译文】

薛侃问:"'如好好色,如恶恶臭',怎么不是有意为之呢?"

先生说:"这是诚意,不是私意。诚意只是遵循天理。虽然遵循天理,也不能加入一丝一毫的有意为之。因此有点儿愤恨和快乐,心就不能中正。必须是大公无私,才是心之本体。明白这些,就能明白未发之'中'。"

伯生曰[1]:"先生云'草有妨碍,理亦宜去',缘何又是躯壳起念?"

曰:"此须汝心自体当。汝要去草,是甚么心?周茂叔窗前草不除[2],是甚么心?"

【注释】

[1]伯生:即孟源。见前注。

[2]周茂叔窗前草不除:《二程集·遗书》卷三:"程颢说:'周茂叔窗

前草不除去。'问之,云:'与自家意思一般。'"周茂叔,即周敦颐(1017—1073),字茂叔,道州营道(今湖南道县)人。北宋理学家。著有《太极图说》《通书》等。

【译文】

孟源问:"先生说'如果草有妨碍,理当去除',为什么说是从身外兴起念头呢?"

先生说:"这需要你的心自己去体会。你要去除草,是出于什么用心?周茂叔不去除窗前之草,是什么用心?"

八

【题解】

本条讲为学功夫方法。在阳明心学看来,为学须先立志,立志即是念念不忘存天理,如此,致良知的功夫方有着落。"致良知"是阳明心学的总纲,纲举目张,一通百通,彻上彻下。王阳明于此主张为学"立头脑"和陆九渊主张为学"先立其大"异曲同工。

先生谓学者曰:"为学须得个头脑,工夫方有着落。纵未能无间,如舟之有舵,一提便醒。不然,虽从事于学,只做个'义袭而取',只是行不著,习不察,非大本达道也。"

【译文】

先生对求学的人说:"做学问必须得有个宗旨,功夫才能有着落。纵使本体与功夫不能做到合一,如同舟有舵一样,一提就能明白。如果不这样,即使从事于治学,只是做个'偶然的行为合乎义'的事罢了,只是做事不明白为什么做,学习不清楚所以然,不是学习的大本达道。"

又曰："见得时，横说竖说皆是。若于此处通，彼处不通，只是未见得。"

【译文】

先生又说："如果能够明白为学的宗旨，横说竖说都是。如果在此处通达，其他处不通达，说明还是没有把握为学的宗旨。"

九

【题解】

本条强调为学立志，志之真切，则不为科举、亲缘所累。王阳明于此以心物关系严分心内物外，如果志之真切，则科举之业、事亲养亲无非事上磨炼，不误为学；如志不真切，则科举之业、事亲养亲就是骛于外物。

或问为学以亲故，不免业举之累。

先生曰："以亲之故而业举，为累于学，则治田以养其亲者，亦有累于学乎？先正云'惟患夺志'①，但恐为学之志不真切耳。"

【注释】

①先正：为程颐的谥号。惟患夺志：语自《二程集·外书》卷十一程颐云："或谓科举事业夺人之功，是不然。且一月之中，以十日为举业，余日足可为学。然人不志此，必志于彼。故科举之事，不患妨功，惟患夺志。"

【译文】

有人向先生请教因为父母的缘故去学知识，最终不免被科举所拖累。

先生说："由于父母的原因参加科举考试而妨碍了学习，那么为了奉养父母而种田，也妨碍学习吗？前贤说过'只担心失去志向'，为学之人只需要担心自己为学的志向不真切罢了。"

十

【题解】

本条讲为学须有主宰，类似上文之"头脑""立志"。主宰常定，则动亦定、静亦定，有事无事只是一个致良知。王阳明在这里以心意（理气）关系阐述日常为学之方。

崇一问①："寻常意思多忙，有事固忙，无事亦忙，何也？"

先生曰："天地气机，元无一息之停；然有个主宰，故不先不后，不急不缓，虽千变万化，而主宰常定，人得此而生。若主宰定时，与天运一般不息，虽酬酢万变，常是从容自在，所谓'天君泰然，百体从令'②。若无主宰，便只是这气奔放，如何不忙？"

【注释】

①崇一：欧阳崇一（1495—1554），名德，字崇一，号南野，吉安府泰和（今江西泰和）人。嘉靖二年（1523）进士，历任至礼部尚书。有《南野集》传世。

②天君泰然，百体从令：语自朱熹《孟子集注·告子》注引范浚《心箴》。天君，指心。

【译文】

欧阳崇一问："平时思想意念多忙乱，有事时固然忙，没有事情时也忙，为什么呢？"

先生说:"天地万物生生不息,本来没有一刻的停止;然而天地间有个主宰,所以万物才会秩序井然,不先不后,不急不缓,即使万物千变万化,但是主宰不变,人因为这个主宰才得以安定有序地生活。如果主宰恒定不变时,就同天地运行一样不停止,虽然面对的对象千变万化,却常常能够从容自在,所谓'内心泰然不动,全身都遵从心的命令'。如果没有主宰,只是气的奔放流窜,怎么能够不忙呢?"

十一

【题解】

本条以名实之辨从反面论述为学之方。实乃理,务实乃存天理、去人欲,名与物对,名即是物。"实"与"名"有内外之别,好名就是求之于外物,这正是王阳明所批评的朱熹为学之方。

先生曰:"为学大病在好名。"

侃曰:"从前岁自谓此病已轻,比来精察^①,乃知全未。岂必务外为人? 只闻誉而喜,闻毁而闷,即是此病发来。"

曰:"最是。名与实对,务实之心重一分,则务名之心轻一分;全是务实之心,即全无务名之心;若务实之心如饥之求食,渴之求饮,安得更有工夫好名?"

【注释】

①比来:近来。比,近。

【译文】

先生说:"治学最大的毛病就是好名。"

薛侃说:"自前年起,我自我感觉好名的毛病已经减轻许多,最近仔细省察，才知道这个毛病完全没有去掉。难道是真的不重内修，追逐外物，追求影响和虚名吗？只要听到夸赞就喜悦，听到毁谤就忧闷，这就是好名的毛病在发作。"

先生说："十分正确。名与实相对，务实的心重一分，那么求名的心就轻一分；若全是务实的心，就没有一丝求名之心；如果务实的心犹如饥而求食、渴而求饮，哪里还会有好名的功夫呢？"

又曰："'疾没世而名不称'①，'称'字去声读，亦'声闻过情，君子耻之'之意②。实不称名，生犹可补，没则无及矣。'四十、五十而无闻'③，是不闻道，非无声闻也。孔子云：'是闻也，非达也④。'安肯以此望人？"

【注释】

①疾没世而名不称：语自《论语·卫灵公》："君子疾没世而名不称焉。"疾，痛恨。

②声闻过情，君子耻之：语自《孟子·离娄下》。

③四十、五十而无闻：语自《论语·子罕》："后生可畏，焉知来者之不如今也？四十、五十而无闻焉，斯亦不足畏也已。"

④"是闻也"二句：语自《论语·颜渊》："子曰：'是闻也，非达也。夫达也者，质直而好义，察言而观色，虑以下人，在邦必达，在家必达。夫闻也者，色取仁而行违，居之不疑，在邦必闻，在家必闻。'"

【译文】

先生又说："'疾没世而名不称'中，'称'字读去声，也就是'名声超过实际情况，君子以之为耻'的意思。实与名不相符，活着尚可弥补，死了就来不及了。孔子认为'四十岁、五十岁而无闻'，其中的'闻'字是指没有闻道，不是指没有声誉。孔子说：'这是闻道的"闻"，不是显达的"闻"。'他怎么会以是否有名声而看待别人呢？"

十二

【题解】

本条强调心学功夫之无执着。在王阳明看来，有错即悔，悔而能改，功夫彻上彻下，原无挂碍；但如果忧虑自己经常后悔，则又多一执念，间隔心体。

侃多悔。

先生曰："悔悟是去病之药，然以改之为贵。若留滞于中，则又因药发病。"

【译文】

薛侃经常后悔。

先生说："悔悟是治病的药，然而知错能改最为可贵。如果把悔悟的念头滞留在心里，那么又会因药而生病。"

十三

【题解】

本条以金之"成色"和"分量"之别喻功夫的两种不同方向。圣、凡之别在"成色"，求"成色"之精纯，即是做纯乎天理的功夫，是为圣之学。圣人之"分量"即是高低、大小之别。求之"分量"，此中就有了区别心和求胜心，就有了私意。这显然是不合于阳明心学依良知而行的功夫的。

德章曰[①]："闻先生以精金喻圣，以分两喻圣人之分量，以锻炼喻学者之工夫，最为深切。惟谓尧、舜为万镒，孔子为九千镒，疑未安。"

先生曰："此又是躯壳上起念,故替圣人争分两。若不从躯壳上起念,即尧、舜万镒不为多,孔子九千镒不为少;尧、舜万镒,只是孔子的,孔子九千镒,只是尧、舜的,原无彼我。所以谓之圣,只论'精一',不论多寡。只要此心纯乎天理处同,便同谓之圣。若是力量气魄,如何尽同得!后儒只在分两上较量,所以流入功利。若除去了比较分两的心,各人尽着自己力量精神,只在此心纯天理上用功,即人人自有,个个圆成,便能大以成大,小以成小,不假外慕,无不具足。此便是实实落落明善诚身的事。后儒不明圣学,不知就自己心地良知良能上体认扩充②,却去求知其所不知,求能其所不能,一味只是希高慕大;不知自己是桀、纣心地,动辄要做尧、舜事业,如何做得?终年碌碌,至于老死,竟不知成就了个甚么,可哀也已!"

【注释】

①德章:姓刘,名德章。其他不详。

②良知良能:语自《孟子·尽心上》:"人之所不学而能者,其良能也。所不虑而知者,其良知也。"

【译文】

刘德章说:"听说先生用精金来比喻圣人,用分量来比喻圣人的才力,用锤炼来比喻学者的功夫,是最深刻的。只是先生您说尧、舜是万镒金,孔子是九千镒金,感觉有所不妥。"

先生说:"这又是从表面生发的念头,因此才替圣人争辩分量轻重。如果不从表面上生发念头,那么尧、舜比作万镒金不算多,孔子比作九千镒金也不算少;尧、舜万镒金,就是孔子的,孔子九千镒金,也就是尧、舜的,原本不分彼此。圣人之所以为圣人,只看心体是否'精一',不看才力之多寡。只要内心纯粹天理这点上是一样的，就可以同样被称为圣人。如果从才力气魄上分辨，又怎么可能完全相同呢！后世儒者只在分量轻重上比较，因此流于功利。如果摒除了比较分量轻重的心，每个人都在自己的力量精神上尽力而为，只在使内心纯粹天理上用功，那么就人人自我满足，个个圆满成就，用功大的就能成就大的，用功小的就能成就小的，而不必向外追慕，无不完满充足。这就是实实在在明善诚身的事。后世儒者不明白圣人学问，不知道在自己心中的良知良能上来体会扩充，却去追求认知自己不知道的，追求自己不能做的，一味只好高骛远，不知道自己是桀、纣一样的内心，动不动要成就尧、舜一样的事业，怎么能行呢？终年碌碌奔忙，一直到衰老死去，也不知到底成就了什么，太悲哀了！"

十四

【题解】

　　本条讲动静之功夫。在王阳明看来，动静皆功夫，二者非有体用之别。动中可见体，静中亦可见体，因此动静皆是用。但王阳明同时也认为，如果从体用一源出发，自然也可以讲静见体、动见用的，此是一婉转语。

　　侃问："先儒以心之静为体，心之动为用①，如何？"

　　先生曰："心不可以动静为体用，动静，时也。即体而言，用在体；即用而言，体在用，是谓'体用一源'。若说静可以见其体，动可以见其用，却不妨。"

【注释】

　　①"先儒"二句：语自《二程集·文集》卷九《与吕大临论中书》程

颐语:"心一也,有指体而言者,寂然不动是也。有指用而言者,感而遂通天下之故是也。"

【译文】

薛侃问:"先儒认为心的静是本体,心的动是发用,怎么理解呢?"

先生说:"心不能用动静来比喻本体和发用,动静是一时的。就本体而言,发用在本体;就作用而言,本体在发用,这就是所谓的'体用一源'。如果说静时可以见心的本体,动时可以见心的发用,这是没有问题的。"

十五

【题解】

本条明圣、愚之异同。在阳明心学,圣、愚之同在于良知自足,每人都有成圣的内在潜质。圣、愚之异在于圣人能够致良知,愚人不能致良知。故从良知普遍性而言,本无圣、愚之别,从功夫而言,在于是否肯真切去做功夫。

问:"上智下愚如何不可移①?"

先生曰:"不是不可移,只是不肯移。"

【注释】

①上智下愚如何不可移:语自《论语·阳货》:"子曰:'唯上智与下愚不移。'"

【译文】

薛侃问:"孔子为什么说,最聪明的人和最愚笨的人,他们的性情都不能改变呢?"

先生说:"并不是不能改变,而是不愿改变。"

十六

【题解】

本条以"与人交游"为例论两种不同的交往方法,二者之异在于"与人交游"之"念"(原因和标准)。子夏以是否喜欢、认可为标准,类似于躯壳上起念;子张以贤、善为标准,兼及一般人(众和不能者),是基于内在良知之至善和普遍性。后者基于本心,前者离心体更远。但王阳明又认为,如果"善用"——依良知而好恶,亦是致良知,是值得肯定的。

　　问"子夏门人问交"章①。

　　先生曰:"子夏是言小子之交,子张是言成人之交②,若善用之,亦俱是。"

【注释】

①"子夏门人问交"章:指《论语·子张》:"子夏之门人问交于子张。子张曰:'子夏云何?'对曰:'子夏曰:"可者与之,其不可者拒之。"'子张曰:'异乎吾所闻。君子尊贤而容众,嘉善而矜不能。我之大贤与,于人何所不容? 我之不贤与,人将拒我,如之何其拒人也?'"子夏,见前注。孔子卒后,子夏居西河教授,为魏文侯师,学徒甚众。

②子张:颛孙师(约前503—前450),字子张,春秋时鲁国人。孔子弟子,约少孔子四十八岁。

【译文】

　　薛侃向先生请教《论语》"子夏门人问交"这一章。

　　先生说:"子夏说的是小孩子之间的交往,子张说的是成年人之间的交往,如果善于运用,也就都是正确的。"

十七

【题解】

本条释明心学功夫在于内求心体，不可执于外物。在王阳明看来，效先觉之所为，就会滞于事事物物，徒增私念，遮蔽心体；心学功夫之本质在于事上磨炼，内求心体。施邦曜评曰："苟学不知理会此善，即博及万殊，于本来何与？终嚼蜡无味耳，恶得悦？"

子仁问①："'学而时习之，不亦说乎'②，先儒以'学为效先觉之所为'③，如何？"

先生曰："学是学去人欲、存天理；从事于去人欲、存天理，则自正诸先觉，考诸古训，自下许多问辨思索、存省克治工夫，然不过欲去此心之人欲、存吾心之天理耳。若曰效先觉之所为，则只说得学中一件事，亦似专求诸外了。'时习'者，'坐如尸'，非专习坐也，坐时习此心也。'立如斋'④，非专习立也，立时习此心也。'说'是'理义之说我心'之'说'⑤。人心本自说理义，如目本说色，耳本说声。惟为人欲所蔽所累，始有不说。今人欲日去，则理义日洽浃，安得不说？"

【注释】

①子仁：一指栾惠，字子仁，衢州（治今浙江衢州）人。王阳明早期弟子；二指冯恩，号南江，松江府华亭（今上海松江区）人。王阳明晚期弟子；三指林春，扬州府泰州（今江苏泰州）人，王艮之弟子。三说中，认为是栾惠的观点较为普遍。

②"学而"二句：语自《论语·学而》。说，同"悦"。下文"理义之

说我心"等"说"义同。

③先儒以"学为效先觉之所为"：《论语•学而》："学而时习之,不亦说乎!"朱熹注云："人性皆善而觉有先后。后觉者,必效先觉之所为,乃可以明善而复其初也。"

④坐如尸、立如斋：谢良佐论此章曾引《礼记•曲礼》卷一"坐如尸""立如斋"之言。朱熹引谢良佐之言以申其意。

⑤理义之说我心：语自《孟子•告子上》："谓理也,义也。圣人先得我心之所同然耳。故理义之说我心,犹刍豢之说我口。"

【译文】

子仁问："'学而时习之,不也很愉悦吗',先儒认为'学就是效法先觉的做法',怎么理解呢?"

先生说："学是学习摒除私欲、存养天理;从事摒除私欲、存养天理的事,则自然能效法于先觉,考证于古训,现在的很多问辨思索、存省克治的功夫,其实不过是要摒除内心的私欲,存养内心的天理而已。如果说效仿先觉的所作所为,就只论到了为学中的一件事,也似乎是向外探求了。'时习'就是'坐如尸',不是专门学习坐,而是在坐的时候修习内心。'立如斋',不是专门学习站立,而是在站立的时候修习内心。'悦'是'理义之悦我心'的'悦',人心原本就因理义而喜悦,就像眼睛原本就因美色而喜悦,耳朵原本因音乐而喜悦一样。只是被私欲蒙蔽所连累,因此才会不高兴。现在私欲日渐摒除,那么理义就能日渐滋养,怎能不高兴呢?"

十八

【题解】

本条讲王阳明与朱熹在"体用关系"上的歧异。王阳明认为体立而用达,二者在逻辑上即体即用,体用一源,但还是要以体立为前提。朱熹认为曾子已在用处体察力行,但不知体用合一。王阳明认为,朱熹的说法显然是对体立为前提的背离,固有未尽。实际上,朱熹何尝不知体用之辩证关系,此系特定语境的说法而已。

国英问①:"曾子三省虽切②,恐是未闻'一贯'时工夫③?"

先生曰:"'一贯'是夫子见曾子未得用功之要,故告之。学者果能'忠''恕'上用功,岂不是一贯?'一'如树之根本,'贯'如树之枝叶,未种根,何枝叶之可得?体用一源,体未立,用安从生?谓'曾子于其用处,盖已随事精察而力行之,但未知其体之一'④,此恐未尽。"

【注释】

①国英:即陈桀,字国英,兴华府莆田(今福建莆田)人。其他不详。

②曾子三省:《论语·学而》:"曾子曰:'吾日三省吾身:为人谋而不忠乎?与朋友交而不信乎?传不习乎?'"

③一贯:语自《论语·里仁》:"子曰:'参乎,吾道一以贯之。'曾子曰:'唯。'子出,门人问曰:'何谓也?'曾子曰:'夫子之道,忠恕而已矣。'"

④"曾子"三句:语自朱熹《论语集注·里仁》。

【译文】

陈国英问:"曾子每日多次反省自身,虽然真切,恐怕还是没有领会'一以贯之'的功夫吧?"

先生说:"'一以贯之'是孔子看到曾子没有掌握用功的要领,才告诉他的。学者如果真能在'忠'和'恕'上用功,岂不就是做到一以贯之了吗?'一'就像是树的根,'贯'就像是树的枝叶,没有种植树根,怎么会有枝叶呢?本体和作用本自同源,本体还没有确立,作用怎能生发出来呢？朱子所说的'曾子在体会心的作用方面，大概已经能够根据具体事物精心体察并努力践行了，只是不知道心的本体和作用是合一的道理'，这样说恐怕不全面。"

十九

【题解】

本条从"心""物"关系出发，释明心学功夫在心体上用功，而非在闻见上用功，坚持了心即理的本体论立场和内向致良知的功夫。需要注意的是，王阳明认为良知不滞于见闻，而亦不离于见闻，特别是对事上磨炼的强调，说明其不完全否定知识，知识要从属于良知。

　　黄诚甫问"女与回也，孰愈"章①。

　　先生曰："子贡多学而识，在闻见上用功，颜子在心地上用功，故圣人问以启之。而子贡所对又只在知见上，故圣人叹惜之，非许之也。"

【注释】

①黄诚甫：黄宗明（？—1536），字诚甫，号致斋，宁波府鄞县（今浙江宁波）人。正德九年（1514）进士。任职南京兵部员外郎时，谏武宗南巡，请告归。嘉靖时，任兵部右侍郎，有大臣谏世宗斋醮被戍边，黄诚甫上书言其无罪，被贬为福建参政。王阳明对黄诚甫寄有厚望。"女与回也，孰愈"章：指《论语·公冶长》："子谓子贡曰：'女与回也，孰愈？'对曰：'赐也，何敢望回？回也，闻一以知十。赐也，闻一以知二。'子曰：'弗如也。吾与女弗如也。'"女，通"汝"，你。回，指颜回。孰，谁。愈，胜出。

【译文】

黄诚甫向先生请教"女与回也,孰愈"一章。

先生说:"子贡博学多识,在见闻上下功夫,颜回则在心体上下功夫,因此圣人询问子贡并启发他。而子贡所对答的,又只在知识见闻上,因此圣人对他感到叹息,而没有赞许他。"

二十

【题解】

本条以颜回为例,强调明心体的重要性,能未发之中,才能发而中节。

"颜子不迁怒,不贰过①,亦是有'未发之中'始能。"

【注释】

①"颜子"二句:《论语·雍也》:"哀公问弟子孰为好学?孔子对曰:'有颜回者好学,不迁怒,不贰过,不幸短命死矣。今也则亡,未闻好学者也。'"不迁怒,意即不将怒气发到别人身上。不贰过,意即不会重犯同样的过失。

【译文】

"颜回不迁怒于他人,不重复犯过错,这是有'未发之中'的心体才能做到的。"

二十一

【题解】

本条以"种树"喻"种德",主旨在于阐明为学立志贵专一。为学养德必先立一为善之志,如种树之培种;专一就是要专在一个天理上,如种树之删除枝蔓。王阳明在此条中提出了"外好"一说，体现出鲜明的心本论立场。

"种树者必培其根，种德者必养其心。欲树之长，必于始生时删其繁枝；欲德之盛，必于始学时去夫外好。如外好诗文，则精神日渐漏泄在诗文上去。凡百外好皆然。"

【译文】

"种树一定要培育树根，养德一定要存养心体。想要树木生长，一定要在初生时删剪掉繁余的枝条；想要德行盛大，一定要在初学时摒除对外物的喜好。例如喜好诗文，那么精神就会日渐漏泄在诗文上。凡是对外物的喜好都是这样。"

又曰："我此论学，是无中生有的工夫，诸公须要信得及只是立志。学者一念为善之志，如树之种，但勿助勿忘①，只管培植将去，自然日夜滋长，生气日完，枝叶日茂。树初生时，便抽繁枝，亦须刊落②，然后根干能大。初学时亦然，故立志贵专一。"

【注释】

①勿助勿忘：语自《孟子·公孙丑上》："必有事焉而勿正，心勿忘，勿助长也。"

②刊落：砍落。刊，砍斫。

【译文】

先生又说："我这样论述学问，是无中生有的功夫，各位一定要相信的，就是立志。学者一念之间产生的为善之志，就如同树的种子，只要保持自然，不强力所为，只管培养下去，自然能够日夜生长，生机日益完善，枝干树叶日益茂盛。树木刚生长的时候，就会抽出繁余的枝条，也需要剪掉，然后树根树干才能长大。人刚开始为学时也是如此，因此立志贵在专一。"

二十二

【题解】

本条讲为学的两种方法。为学涵养心体，即是要做日减的功夫，减一分人欲，明一分天理，故日减而日有余；为学在识见，即是在做加法，知识日增，识见愈多，对心体的遮蔽也愈多，天理愈不明。王阳明此论，明分了心学与朱子学的功夫。

因论先生之门①，某人在涵养上用功，某人在识见上用功②。

先生曰："专涵养者日见其不足，专识见者日见其有余。日不足者，日有余矣；日有余者，日不足矣。"

【注释】

①因论：适因论及他事而顺便讨论。

②识见：向外求知。

【译文】

在谈及先生的弟子时，谈到某人在涵养心体上用功，某人在知识见闻上用功。

先生说："专注在涵养心体上用功的人，每天都能看到自己涵养功夫的不足；专门在知识见闻上用功的人，每天都能看到自己知识的有余。每天都发现自己涵养功夫不足的人，心体就能日渐充盈起来；每天都发现自己知识有余的人，心体就会日渐隐微。"

二十三

【题解】

本条讲心学"一"的功夫,所涉具体层面有二:第一,从功夫目次上讲,所有功夫都是"主一"的功夫,功夫只是一事;第二,从功夫目的上讲,所有功夫指向都是一个天理,居敬、存养、尽人之性、尽物之性,都是穷天理。但衡今曾说:"事、理、物三者,分殊无极,而以居敬、穷理合于一。自是王学第一胜义。"

　　梁日孚问①:"居敬、穷理是两事②,先生以为一事,何如?"

　　先生曰:"天地间只有此一事,安有两事?若论万殊,礼仪三百,威仪三千③,又何止两?公且道居敬是如何?穷理是如何?"

　　曰:"居敬是存养工夫,穷理是穷事物之理。"

　　曰:"存养个甚?"

　　曰:"是存养此心之天理。"

　　曰:"如此,亦只是穷理矣。"

【注释】

①梁日孚:梁焯(1482—1528),字日孚,广州府南海(今广东佛山)人。正德九年(1514)进士。正德十三年(1518),从学于王阳明,王学之传播于粤,以梁日孚之功为大。

②居敬、穷理是两事:语自《朱子语类》卷九:"学者工夫,唯在居敬、穷理二事,此二事互相发,能穷理,则居敬工夫益进;能居敬,则穷理工夫日益密。"

③"礼仪"二句:语自《中庸》第二十七章:"礼仪三百,威仪三千,待

其人而后行。"

【译文】

梁日孚问:"朱子认为'居敬'和'穷理'是两件事,先生认为是一件事,这是为什么?"

先生说:"天地间只有这一件事,怎能是两件事呢? 如果从万物分殊的角度看,《中庸》说'礼仪三百,威仪三千',又何止两件事? 你且说说,居敬是怎么一回事? 穷理是怎么一回事?"

梁日孚说:"居敬是存养的功夫,穷理是穷尽事物的天理。"

先生问:"存养什么?"

梁日孚说:"是存养心中的天理。"

先生说:"这样,也就是穷理了。"

曰:"且道如何穷事物之理?"

曰:"如事亲便要穷孝之理,事君便要穷忠之理。"

曰:"忠与孝之理,在君、亲身上,在自己心上? 若在自己心上,亦只是穷此心之理矣。且道如何是敬?"

曰:"只是'主一'。"

【译文】

先生又问:"且说说怎样穷尽事物的天理?"

梁日孚说:"例如侍奉双亲,就要穷尽孝顺的理;侍奉君主,就要穷尽忠君的理。"

先生问:"忠与孝的理,是在君主、双亲身上,还是在自己心中? 如果在自己心中的话,也只是穷尽心中的理了。且说说怎样是居敬?"

梁日孚说:"就是'主一'。"

　　"如何是'主一'?"

　　曰:"如读书便一心在读书上,接事便一心在接事上①。"

　　曰:"如此,则饮酒便一心在饮酒上,好色便一心在好色上,却是逐物,成甚居敬工夫!"

【注释】

①接事:犹任职。

【译文】

　　先生问:"怎样是'主一'?"

　　梁日孚说:"例如读书,就一心专在读书上,任职,就一心专在任职上。"

　　先生说:"这样,那么饮酒就一心专在饮酒上,好色就一心专在好色上,却成了追逐外物,能成什么居敬的功夫呢!"

　　日孚请问。

　　曰:"一者,天理。主一,是一心在天理上。若只知'主一',不知一即是理,有事时便是逐物,无事时便是着空。惟其有事无事,一心皆在天理上用功,所以居敬亦即是穷理。就穷理专一处说,便谓之居敬;就居敬精密处说,便谓之穷理;却不是居敬了,别有个心穷理,穷理时别有个心居敬。名虽不同,功夫只是一事。就如《易》言'敬以直内,义以方外'①,敬即是无事时义,义即是有事时敬,两句合说一件。如孔子言'修己以敬'②,即不须言义。孟子言'集义',即不须言敬。会得时,横说竖说,工夫总是一般。若泥文逐句,不识本领,即支离决裂,工夫都无下落。"

【注释】

①敬以直内，义以方外：语自《周易·坤卦·文言》。

②修己以敬：语自《论语·宪问》："子路问君子。子曰：'修己以敬。'"

【译文】

梁日孚向先生请教。

先生说："一，就是天理。主一，是一心专注在天理上。如果只知道'主一'，不知道'一'就是天理，有事时就成了追逐外物，无事时就成了冥思空想。只有无论有事无事，一心都专注在天理上用功，这样居敬即是穷理。从穷理专一的角度说，就称为居敬；从居敬的精密角度说，就称为穷理；而不是居敬了，再立一个心思去穷理，穷理时，再有一个心思去居敬。名称虽然不同，所做的功夫都是一件事。就像《周易》中讲'恭敬可以使人的内心正直，道义可以规范人的外在行为'，恭敬就是无事时的道义，道义就是有事时的恭敬，两句话合起来说的是同一件事。又像孔子说'以恭敬之心修养自己'，也就不需要说到道义。孟子说'行事合乎道义'，也就不需要说到恭敬。理解了这些之后，无论怎么论说，功夫都是一样的。如果拘泥于文句，看不到宗旨，就会支离破碎，功夫都没有落实的地方。"

问："穷理何以即是尽性①？"

曰："心之体，性也，性即理也。穷仁之理，直要仁极仁②；穷义之理，直要义极义。仁、义只是吾性，故穷理即是尽性。如孟子说'充其恻隐之心，至仁不可胜用'③，这便是穷理工夫。"

【注释】

①穷理何以即是尽性：语自《周易·说卦》："穷理尽性以至于命。"

②直：仅，只不过。

③孟子说"充其恻隐之心，至仁不可胜用"：《孟子·尽心下》："孟子
曰：'人皆有所不忍，达之于其所忍，仁也；人皆有所不为，达之于
其所为，义也。人能充无欲害人之心，而仁不可胜用也；人能充无
穿窬之心，而义不可胜用也；人能充无受尔汝之实，无所往而不为
义也。'"

【译文】

梁日孚问："穷理为什么就是尽性呢？"

先生说："心的本体是性，性就是天理。穷尽仁的理，只不过是要使
仁成为极尽的仁；穷尽义的理，只不过是要使义成为极尽的义。仁、义只
是我的性，因此穷理就是尽性。例如孟子所说的'人如果能够扩展开同
情怜悯之心，那么仁就能用之不竭'，这就是穷理的功夫。"

日孚曰："先儒谓'一草一木亦皆有理，不可不察'①，
如何？"

先生曰："夫我则不暇②，公且先去理会自己性情，须能
尽人之性，然后能尽物之性③。"

日孚悚然有悟④。

【注释】

①先儒谓"一草一木亦皆有理，不可不察"：指《二程集·遗书》卷
十八："问：'观物察己，还因见物，反求诸身否？'曰：'不必如此
说。物我一理，才明彼即晓此，合内外之道也。语其大，至天地之
高厚；语其小，至一物之所以然，学者皆当理会。'又问：'致知，先
求之四端，如何？'曰：'求之性情，固是切于身，然一草一木皆有
理，须是察。'"

②夫我则不暇：语自《论语·宪问》："子贡方人。子曰：'赐也贤乎哉？夫我则不暇。'"

③须能尽人之性，然后能尽物之性：语自《中庸》第二十二章："能尽人之性，则能尽物之性。"

④悚然：肃然起敬貌。

【译文】

梁日孚问："先儒所说的'一草一木也都有它的理，不可不体察'，怎么样？"

先生说："我没有那个闲暇时间去做这样格物的功夫，你姑且先去领会自己的性情，必须先能穷尽了人的本性，然后才能穷尽物的本性。"

梁日孚肃然起敬，醒悟了。

二十四

【题解】

本条释良知之本体。王阳明的诠释角度具体有三：第一，良知即心即性即理；第二，良知具有先验性、普遍性；第三，良知本体自在，功夫即是要去蔽恢复心体。王阳明对良知的诠释坚持了一贯的心学原则。

惟乾问："知如何是心之本体？"

先生曰："知是理之灵处。就其主宰处说，便谓之心；就其禀赋处说，便谓之性。孩提之童，无不知爱其亲，无不知敬其兄①，只是这个灵能不为私欲遮隔，充拓得尽，便完完是他本体，便与天地合德②。自圣人以下不能无蔽，故须格物以致其知。"

【注释】

① "孩提之童"三句：语自《孟子·尽心上》："人之所不学而能者，其良能也；所不虑而知者，其良知也。孩提之童，无不知爱其亲者，及其长也，无不知敬其兄也。"孩提，幼小。

② 与天地合德：语自《周易·乾卦·文言》："夫大人者，与天地合其德，与日月合其明，与四时合其序，与鬼神合其吉凶。"

【译文】

冀惟乾问："知为什么是心的本体？"

先生说："知是天理之灵明处。从主宰之处而言，就称之为心；从禀赋之处而言，就称之为性。孩童无不知道孝爱他的双亲，无不知道尊敬他的兄长，只是因为这个心之灵明不被私欲掩蔽，彻底充盈扩展开来，就完完全全是心的本体，就能与天地合德。除了圣人，所有人的心体都会被遮蔽，因此必须要通过'格物'来致良知。"

二十五

【题解】

本条释诚意功夫。在阳明心学，意是心之所发，有善有恶，故诚意一则表现为使意诚，一则表现为诚恶意。前者即是使意保持良知之善，呈现为依良知行，无有强意作为；后者则是克除恶意，去除心体之遮蔽，体现为心物之别。王阳明以格物解释诚意，即是正心之不正以归于正之谓。

守衡问①："《大学》工夫只是诚意，诚意工夫只是格物。修、齐、治、平，只诚意尽矣。又有'正心之功，有所忿懥好乐，则不得其正'②，何也？"

先生曰："此要自思得之，知此则知'未发之中'矣。"

【注释】

①守衡：陈荣捷先生认为是阳明弟子朱衡之误，其余注家均谓之未详。

②正心之功，有所忿懥（zhì）好乐，则不得其正：语自《大学》第七
　章："所谓修身在正其心者，身有所忿懥，则不得其正；有所恐惧，
　则不得其正；有所好乐，则不得其正；有所忧患，则不得其正。"

【译文】

守衡问："《大学》中的功夫只是诚意，诚意的功夫只是格物。修、
齐、治、平，只要有诚意就够了。然而又有'正心的功夫，有愤怒和逸乐
的心情，心就不能端正'，为什么呢？"

先生说："这要自己思考才能体会，了解了这些，就明白'未发之中'
的道理了。"

守衡再三请。

曰："为学工夫有浅深。初时若不着实用意去好善恶恶，
如何能为善去恶？这着实用意便是诚意。然不知心之本体
原无一物，一向着意去好善恶恶，便又多了这分意思，便不是
'廓然大公'。《书》所谓'无有作好作恶'①，方是本体。所
以说'有所忿懥好乐，则不得其正'。正心只是诚意工夫，
里面体当自家心体，常要鉴空衡平②，这便是'未发之中'。"

【注释】

①无有作好作恶：语自《尚书·洪范》："无有作好，遵王之道；无有
　作恶，遵王之路。无偏无党，王道荡荡；无党无偏，王道平平；无反
　无侧，王道正直。"意即不刻意为善、不刻意为恶。

②鉴空衡平：语自朱熹《大学或问》："人之一心，湛然虚明。如鉴之
　空，如衡之平，以为一身之主者，固其真体之本然。"鉴，指镜子。

衡,秤。

【译文】

守衡几次向先生请教。

先生说:"治学的功夫有浅有深。初学时如果不着实下功夫去喜好善事、厌恶恶事,怎么能为善去恶呢?这个切实的意念,就是诚意。然而如果不知道心的本体原非一物染着,一直刻意地去好善恶恶,就又多了这份刻意的意思,就不再是'廓然大公'了。《尚书》所说的'不刻意为善,不刻意为恶',才是本体。因此说'有愤怒和逸乐的心情,心就不能端正'。正心只是在诚意的功夫当中体会自己的心体,常要自己的心体像镜子一般空明本然无物,像秤一样自然平衡,这就是'未发之中'。"

二十六

【题解】

本条讲慎独功夫。王阳明于此强调了两个方面:第一,慎独是合动静的功夫,强调在独知上用功;第二,慎独兼有诚意义,善恶自知,善恶即诚,不事作伪。本条是王阳明对慎独功夫所做比较集中的论述。彭定求有云:"文成于慎独,三致意如此。不必待念台(刘宗周)也。"

正之问①:"'戒惧是己所不知时工夫,慎独是己所独知时工夫'②,此说如何?"

先生曰:"只是一个工夫,无事时固是独知,有事时亦是独知。人若不知于此独知之地用力,只在人所共知处用功,便是作伪,便是'见君子而后厌然'③。此独知处便是诚的萌芽,此处不论善念恶念,更无虚假,一是百是,一错百错,正是王霸、义利、诚伪、善恶界头。于此一立立定,便是端本澄源，便是立诚④。古人许多诚身的工夫，精神命脉，全体只在此处，真是莫见莫显，无时无处，无终无始，只是此个工夫。今若又分戒惧为己所不知，即工夫便支离，便有间断。既戒惧即是知，己若不知，是谁戒惧？如此见解，便要流入断灭禅定。”

【注释】

①正之：黄宏纲（1492—1561），字正之，号洛村，赣州府雩都（今江西于都）人。正德十一年（1516）举乡试，官至刑部主事。有《黄洛村集》。

②“戒惧”二句：语自《中庸》首章：“是故君子戒慎乎其所不睹，恐惧乎其所不闻。莫见乎隐，莫显乎微，故君子慎其独也。”朱熹注曰：“独者，人所不知而己所独知之地也。言幽暗之中，细微之事，迹虽未形而几则已动。人虽不知而己独知之，则是天下之事无有著见明显而过于此者。是以君子既常戒惧，而于此尤加谨焉。”

③见君子而后厌然：语自《大学》第六章：“小人闲居为不善，无所不至，见君子而后厌然，掩其不善而著其善。”厌然，掩藏的样子。

④立诚：语自《周易·乾卦·文言》：“子曰：‘君子进德修业。’忠信，所以进德也。修辞立其诚，所以居业也。”

【译文】

黄正之问：“‘戒惧是自己不知道时候的功夫，慎独是只有自己知道时候的功夫’，这种说法怎么样？”

先生说：“两者就是同一个功夫，无事的时候固然是只有自己知道，有事的时候也同样是只有自己知道。人如果不懂得在这只有自己知道的地方下功夫，只在所有人都知道的地方下功夫，就是做虚伪的功夫，就是‘见到君子就遮掩自己的恶行’。这种只有自己知道的地方就是诚的萌芽，这里不论善念恶念，还没有虚假，一对百对，一错百错，正是王霸、义利、诚伪、善恶的界线。在这里立定心志,就是端正本体,清澄源头,就是确立诚心。古人有许多诚身的功夫,精神命脉,全都在这里,真是无现无显,无时无处,无终无始,就是这个功夫。如今若把戒惧看成是自己不知道时候的功夫,那么功夫就支离破碎,也就有了间断。既然戒惧就是知,如果自己不知道,那么又是谁在戒惧呢? 这样的见解,就要流入断灭禅定了。"

曰:"不论善念恶念,更无虚假,则独知之地,更无无念时邪?"

曰:"戒惧亦是念。戒惧之念,无时可息。若戒惧之心稍有不存,不是昏聩,便已流入恶念。自朝至暮,自少至老,若要无念,即是己不知,此除是昏睡,除是槁木死灰。"

【译文】

黄正之问:"无论善念恶念,就没有虚假的,那么独知之处,就没有无念的时候了吗?"

先生说:"戒惧也是念。戒惧的念头,一直不能停止。如果戒惧的心稍有失落,人不是不明事理,就是已经流于恶念。从早到晚,从小到老,假若想要无念,那就是使自己没有觉察,这种情况除非是在昏睡,除非是身如槁木、心如死灰。"

二十七

【题解】

本条释"诚"。"诚"有两层含义:第一,作为一种状态,指心之本然,如诚是心之本体;第二,作为一种功夫,指使之诚或复其诚,如思诚、诚之。这两层含义古人早有发明，王阳明于此并无新的发明。可见，王阳明之本意并不在于释"诚"，而是意在调和荀子和先儒。故王应昌说："究竟寡欲离不了诚。先生为荀子、明道说合，亦是自家要与紫阳（朱熹）息争。"

志道问①："荀子云：'养心莫善于诚②。'先儒非之③，何也？"

先生曰："此亦未可便以为非。'诚'字有以工夫说者：诚是心之本体，求复其本体，便是思诚的工夫。明道说'以诚敬存之'④，亦是此意。《大学》'欲正其心，先诚其意'。荀子之言固多病，然不可一例吹毛求疵。大凡看人言语，若先有个意见，便有过当处。'为富不仁'之言⑤，孟子有取于阳虎⑥，此便见圣贤大公之心。"

【注释】

①志道：姓字、乡籍不详。

②养心莫善于诚：语自《荀子·不苟》："君子养心莫善于诚，致诚则无他事矣。"

③先儒非之：指《二程集·外书》卷二程颢所言："既诚矣，心焉用养邪？荀子不知诚。"

④明道说"以诚敬存之"：语自《二程集·遗书》卷二程颢语："学者须先识仁。仁者，浑然与物同体。义、礼、智、信皆仁也。识得此理，以诚敬存之而已，不须防检，不须穷索。"明道，程颢的字。

⑤为富不仁：语自《孟子·滕文公上》："是故贤君必恭俭、礼下，取于民有制。阳虎曰：'为富不仁矣，为仁不富矣。'"

⑥阳虎：姓阳，名虎，春秋时鲁国人。季氏家臣。专政。后叛鲁。

【译文】

志道问:"荀子说:'养心没有比诚更好的了。'程子认为这不正确,为什么呢?"

先生说:"这也不能就认为是错的。'诚'字有在功夫上谈论的:诚是心的本体,为了恢复心的本体,就是思诚的功夫。程子说的'以诚敬之心去存养它',即是这个意思。《大学》中也说了'要想端正自己的心,先要使自己的意念真诚'。荀子的言论虽然有很多毛病,然而也不能一概吹毛求疵。大体上看待他人言论,如果有先入之见,就会失之过当。'为富不仁'这句话,是孟子引用阳虎的话,由此就可以看出圣贤的大公之心。"

二十八

【题解】

本条辨"己",以明"为己""克己"功夫。"己"有四个层面意涵:逐于外物之己、躯壳上的己、意念之己、真己。前三者离于心体,是"克"的对象;"真己"即是灵明之心、是天理,是"为"(成就)的对象。有为真己之心,方能克除私己,这一逻辑成立的关键是正确辨明"己"。王阳明于此所辨,体现了心学内求心体的功夫立场。如刘宗周云:"'天理'二字,是家当。先生(王阳明)又每每说'克己'二字,正求所以保任此家当耳。"值得注意的是,王阳明于此讲为己、克己并不否定物事,不主张凭空去做功夫,而要不离躯壳,体现了一种实学精神。

萧惠问[①]:"己私难克,奈何?"

先生曰:"将汝己私来,替汝克[②]。"

先生曰:"人须有为己之心,方能克己;能克己,方能成己。"

【注释】

①萧惠：字号、里籍、事迹不详。

②替汝克：王阳明善化用禅宗故事，如《景德传灯录》卷三载，一僧
　参见初祖达摩云："我心未安，请师安心。"师曰："将心来，与汝
　安。"另有僧璨初见慧可大师，曰："弟子身缠风恙，请和尚忏罪。"
　曰："将罪来，与汝忏。"

【译文】

萧惠问："自己的私欲难以克治，怎么办呢？"

先生说："把你自己的私欲说出来，我来替你克治去。"

先生又说："人必须要有为自己着想的心，才能克治自己的私意；能
够克治自己的私意，才能够成就自己。"

萧惠曰："惠亦颇有为己之心，不知缘何不能克己？"

先生曰："且说汝有为己之心是如何？"

惠良久曰："惠亦一心要做好人，便自谓颇有为己之心。
今思之，看来亦只是为得个躯壳的己，不曾为个真己。"

先生曰："真己何曾离着躯壳！恐汝连那躯壳的己也不
曾为。且道汝所谓躯壳的己，岂不是耳、目、口、鼻、四肢？"

惠曰："正是。为此，目便要色，耳便要声，口便要味，
四肢便要逸乐，所以不能克。"

【译文】

萧惠问："我也很有为自己着想的心，不知为什么不能做到克治自
己？"

先生说："你且说说你的为自己着想的心是怎样的。"

萧惠过了很久，说："我也曾一心想要做个好人，就自己认为很有为

自己着想的心。现在想想,看来也只是为一个徒有躯壳外表的自己,而不是为真正的自己。"

先生说:"真正的自己怎么能离开躯壳呢! 恐怕你连那躯壳外表的自己也没能做到。且说说你所谓躯壳的自己,难道不是指耳、目、口、鼻、四肢吗?"

萧惠说:"正是。为了这些,眼睛便要追求美色,耳朵便要追求美声,嘴巴便要追求美味,四肢便要追求逸乐,因此无法克除。"

先生曰:"'美色令人目盲,美声令人耳聋,美味令人口爽,驰骋田猎令人发狂'①,这都是害汝耳、目、口、鼻、四肢的,岂得是为汝耳、目、口、鼻、四肢? 若为着耳、目、口、鼻、四肢时,便须思量耳如何听,目如何视,口如何言,四肢如何动;必须非礼勿视、听、言、动②,方才成得个耳、目、口、鼻、四肢,这个才是为着耳、目、口、鼻、四肢。汝今终日向外驰求,为名为利,这都是为着躯壳外面的物事。汝若为着耳、目、口、鼻、四肢,要非礼勿视、听、言、动时,岂是汝之耳、目、口、鼻、四肢自能勿视、听、言、动? 须由汝心。这视、听、言、动皆是汝心:汝心之视,发窍于目;汝心之听,发窍于耳;汝心之言,发窍于口;汝心之动,发窍于四肢。若无汝心,便无耳、目、口、鼻。所谓汝心,亦不专是那一团血肉。若是那一团血肉,如今已死的人,那一团血肉还在,缘何不能视、听、言、动? 所谓汝心,却是那能视、听、言、动的,这个便是性,便是天理。有这个性,才能生这性之生理,便谓之仁。这性之生理,发在目便会视,发在耳便会听,发在口便会言,发在四肢便会动,都只是那天理发生,以其主宰一身,故谓之心。这心之本体,原只是个天理,原无非礼,这个便是汝之真己,这个真己是躯壳的主宰。若无真己,便无躯壳,真是有之即生,无之即死。汝若真为那个躯壳的己,必须用着这个真己,便须常常保守着这个真己的本体,戒惧不睹,恐惧不闻,惟恐亏损了他一些。才有一毫非礼萌动,便如刀割,如针刺,忍耐不过,必须去了刀,拔了针,这才是有为己之心,方能克己。汝今正是认贼作子③,缘何却说有为己之心,不能克己?"

【注释】

①"美色"四句:语自《老子》第二十章:"五色令人目盲,五音令人耳聋,五味令人口爽,驰骋畋猎令人心发狂。"

②非礼勿视、听、言、动:语自《论语·颜渊》:"颜渊问仁。子曰:'克己复礼为仁。一日克己复礼,天下归仁焉。为仁由己,而由人乎哉?'颜渊曰:'请问其目。'子曰:'非礼勿视,非礼勿听,非礼勿言,非礼勿动。'"非礼,指不符合礼制规定。

③认贼作子:语自《楞严经》卷一:"佛告阿难,此是前尘虚妄相想,惑汝真性。由汝无始至于今生,认贼为子,失汝元常,故受轮转。"

【译文】

先生说:"《老子》说'美色令人目盲,美声令人耳聋,美味令人口爽,驰骋田猎令人发狂',这些都是有害于你的耳、目、口、鼻、四肢的,怎么能说是为了你的耳、目、口、鼻、四肢呢?若是为了耳、目、口、鼻、四肢,就必须思考耳怎么听,眼怎么看,口怎么说,四肢怎么动作;必须要做到非礼勿视、非礼勿听、非礼勿言、非礼勿动,才能成就耳、目、口、鼻、四肢,这才是为了耳、目、口、鼻、四肢。你现在整日向外追求,追名逐利,这都是为了躯壳外面的事物。你如果为了耳、目、口、鼻、四肢,要做到不符合

礼制就不去看、不去听、不去说、不去动,难道是你的耳、目、口、鼻、四肢
自己能做到不看、不听、不说、不动吗?须由你的心才能做到。这些看、
听、说、动都是你的心的发用:你的心的看是通过眼睛来实现的,心的听
是通过耳朵来实现的,心的言语是通过嘴来实现的,心的动作是通过四
肢来实现的。如果没有你的心,也就没有耳、目、口、鼻。所谓你的心,也
不仅指那一团血肉。如果只指那一团血肉,那么现在已经死去的人,那
一团血肉还在,为什么不能看、听、说、动作了呢?所谓你的心,是那能够
看、听、说、动作的,这个就是性,就是天理。有这个性在,才能生生不息,
这个性的生生之理,就称之为仁。性之生生之理,体现在眼睛就会看到,
体现在耳朵就会听到,体现在嘴中就能说话,体现在四肢就能活动,这都
只是因为天理发用,因为天理主宰人的身体,所以称之为心。心的本体,
原本只是天理,原本没有不符合礼制的,这就是你真正的自己,这个真正
的自己是你躯壳的主宰。如果没有真正的自己,就没有躯壳,真是有它
就生,没有它就死。你如果真为了那个躯壳的自己,就必须借助这个真
正的自己,就必须常常涵养着这个真正自己的本体,做到戒慎不睹,恐惧
不闻,唯恐亏损了一点儿真正的自己。刚有一点点不符合礼制的念头萌
生,就如同被刀割,被针刺,无法忍受,必须去除刀,拔掉针,这才是有为
自己着想的心,才能克制自己的私欲。你现在正是认贼为子,为什么却
说有为自己着想的心,不能克制自己的私欲呢?"

二十九

【题解】

　　本条以"贵目贱心"比喻执于外物,轻视心体。在王阳明看来,心是
身之主宰,目动之根本在于心,这是从体用关系讲;另外,从功夫论角度
讲,病目而戚戚,即是执着于外物,既有强意作为,也有心物为二之嫌。

有一学者病目，戚戚甚忧①。

先生曰："尔乃贵目贱心。"

【注释】

①戚戚：忧愁貌，忧伤貌。

【译文】

有一位求学的人得了眼病，十分忧愁。

先生说："你这是看重眼睛，轻视本心。"

三十

【题解】

本条颇似禅学偈语，其主题在于借对圣学之悟，阐明心学功夫。在王阳明看来，为学即要立志于圣学，方能见其简易广大。萧惠专注于仙、释，对于圣学，为"问"而问，于立志圣学距离尚远，故王阳明有此说。

萧惠好仙、释。

先生警之曰："吾亦自幼笃志二氏，自谓既有所得，谓儒者为不足学。其后居夷三载，见得圣人之学若是其简易广大，始自叹悔错用了三十年气力。大抵二氏之学，其妙与圣人只有毫厘之间。汝今所学乃其土苴①，辄自信自好若此，真鸱鸮窃腐鼠耳②。"

【注释】

①土苴（zhǎ）：糟粕。

②鸱鸮（chī xiāo）窃腐鼠：语自《庄子·秋水》："夫鹓鶵，发于南海

而飞于北海，非梧桐不止，非练实不食，非醴泉不饮。于是，鸱得
腐鼠，鹓鶵过之，仰而视之曰：'嚇！'"

【译文】

萧惠喜好道教、佛教的学问。

先生提醒他说："我也从小笃信道教、佛教的学说，自认为已有所得，认为儒家不值得一学。后来在边远的贵州居住三年，领略到圣人之学是如此的简易广大，才开始叹息后悔自己三十年的气力用错了地方。大体来讲，道教、佛教的学问，其奥妙与圣人的差别只在毫厘之间。你现在所学的，只是道教、佛教的糟粕，自己却相信喜好佛、道二氏到如此程度，简直就像是猫头鹰捉住一只腐烂的老鼠。"

惠请问二氏之妙。

先生曰："向汝说圣人之学简易广大，汝却不问我悟的，只问我悔的！"

【译文】

萧惠向先生请教道教、佛教的奥妙之处。

先生说："对你讲了圣人之学简易广大，你却不请教我体悟到的，只问我后悔修习的！"

惠惭谢，请问圣人之学。

先生曰："汝今只是了人事问，待汝办个真要求为圣人的心来与汝说。"

【译文】

萧惠惭愧地道歉，向先生请教圣人之学。

先生说："你现在只是为了应付人情世故才问的,等到你真正有了想成为圣人的心,我再对你讲。"

惠再三请。

先生曰："已与汝一句道尽,汝尚自不会!"

【译文】

萧惠再三向先生请教。

先生说："已经一句话向你道尽了,你自己还没有理解!"

三十一

【题解】

本条释致良知功夫,兼及知行合一。在王阳明看来,对良知本体的把握是一个逆觉体证的过程,需要念念不忘纯此天理。致得天理真切笃实,便是真知,便是行。本条中蕴含着两个层面意涵:第一,致良知不假外求;第二,良知自会知,依良知而知,亦是依良知行,知行合一。

刘观时问①:"'未发之中'是如何?"

先生曰:"汝但戒慎不睹,恐惧不闻,养得此心纯是天理,便自然见。"

观时请略示气象。

先生曰:"哑子吃苦瓜,与你说不得。你要知此苦,还须你自吃。"

时曰仁在傍,曰:"如此才是真知,即是行矣。"

一时在座诸友皆有省。

【注释】

①刘观时：字易仲，辰州府沅陵（今湖南沅陵）人。人称沙溪先生。正德四年（1509），从学王阳明于龙场，先后问学于滁州和南京。王阳明作有《见斋说》和《别易仲》与刘观时。

【译文】

刘观时问："'未发之中'是怎样的？"

先生说："你只要戒慎不睹，恐惧不闻，存养心体到纯粹天理的地步，就自然能够理解。"

刘观时请先生稍微讲示一下"未发之中"的景象。

先生说："这就像哑巴吃苦瓜，对你说不出的。你想要明白其中的苦，一定得你自己品尝。"

当时，徐爱在一旁，说道："这样才是真知，才是行。"

一时间在座的诸位学友都有所省悟。

三十二

【题解】

本条以知昼夜之道喻明天理之道。在王阳明看来，精察天理，念念不忘，即是主于天理，便似知昼；如不能明于天理，便似在夜梦中。正如刘宗周所言，王阳明于此"又举'天理'二字"，再明天理于人生之意义。

萧惠问死生之道①。

先生曰："知昼夜即知死生。"

问昼夜之道。

曰："知昼则知夜。"

曰："昼亦有所不知乎？"

先生曰："汝能知昼？懵懵而兴②，蠢蠢而食③，行不著，习不察，终日昏昏，只是梦昼。惟'息有养，瞬有存'④，此心惺惺明明⑤，天理无一息间断，才是能知昼。这便是天德，便是通乎昼夜之道而知⑥，更有甚么死生？"

【注释】

①死生之道：语自朱熹《论语集注·先进》注引程颐语："昼夜者，死生之道也。知生之道，则知死之道。尽人事之道，则尽事鬼之道。死生、人鬼、一而二，二而一者也。"

②懵懵（měng）：糊里糊涂的样子。

③蠢蠢：愚昧无知的样子。

④息有养，瞬有存：语自张载《正蒙·有德》："言有教，动有法；昼有为，宵有得；息有养，瞬有存。"

⑤惺惺：清醒的样子。

⑥通乎昼夜之道而知：语自《周易·系辞上》："范围天地之化而不过，曲成万物而不遗，通乎昼夜之道而知，故神无方而易无体。"

【译文】

萧惠向先生请教生死的道理。

先生说："明白昼夜也就明白了生死。"

萧惠向先生请教昼夜的道理。

先生说："知道白天，就能知道夜晚。"

萧惠问："还有人不知道白天吗？"

先生说："你能知道白天吗？迷迷糊糊起床，傻乎乎地吃饭，做事不知其所为，修习不知所以察，整天昏昏沉沉，这只是梦中的白天。唯有做到'瞬息之间皆有存养'，心中警醒清明，天理没有一刻间断，才是能知道白天。这就是天德，就是通晓明白昼夜之道的真知，除此之外，还有什么生死之道？"

三十三

【题解】

本条阐述性、道、教的关系,在根本上是以心学立场对《中庸》第一章"天命之谓性,率性之谓道,修道之为教"的心学化诠释,与朱熹之解释形成鲜明对比。在王阳明看来,从本原上说,性、道、教皆是一物;而率性、修道则是同一个功夫,以明心体为要。由体而功夫,即本体即功夫,这是阳明心学的特色之一。

马子莘问①:"修道之教②,旧说谓圣人品节,吾性之固有③,以为法于天下,若礼、乐、刑、政之属,此意如何?"

先生曰:"道即性即命,本是完完全全,增减不得,不假修饰的,何须要圣人品节?却是不完全的物件!礼、乐、刑、政是治天下之法,固亦可谓之教,但不是子思本旨。若如先儒之说,下面由教入道的,缘何舍了圣人礼、乐、刑、政之教,别说出一段戒慎恐惧工夫,却是圣人之教为虚设矣。"

【注释】

①马子莘:即马明衡。见前注。

②修道之教:语自《中庸》第一章:"天命之谓性,率性之谓道,修道之为教。"

③圣人品节,吾性之固有:语自《中庸章句》首章朱熹注云:"修,品节之也。性道虽同,而气禀或异。故不能无过不及之差。圣人因人物之所当行者而品节之,以为法于天下,则谓之教。若礼、乐、刑、政之属是也。"

【译文】

马子莘问:"修道之教,朱子认为是圣人品质、人物节操所依循的人之本性中固有的德性,并以此来让天下人都来遵循,就像礼、乐、刑、政之类,这种说法怎么样?"

先生说:"道就是性,就是命,原本是完全一体,无法增减,不需修饰的,何须要圣人品评? 这样不就变成不完整的东西了! 礼、乐、刑、政,是治理天下的规范,固然也可以称之为教,但并不是子思的本意。如果依从先儒的学说,后来受到教育进入圣道的那些人,为什么又要舍弃圣人关于礼、乐、刑、政的教导,另外论及一些戒慎恐惧的功夫,这样圣人的教导就成虚设了。"

子莘请问。

先生曰:"子思性、道、教,皆从本原上说。天命于人,则命便谓之性;率性而行,则性便谓之道;修道而学,则道便谓之教。率性是'诚者'事,所谓'自诚明,谓之性'也。修道是'诚之者'事,所谓'自明诚,谓之教'也①。圣人率性而行,即是道。圣人以下,未能率性,于道未免有过不及,故须修道。修道则贤知者不得而过,愚不肖者不得而不及,都要循着这个道,则道便是个教。此'教'字与'天道至教''风雨霜露,无非教也'之'教'同②,'修道'字与'修道以仁'同③。人能修道,然后能不违于道,以复其性之本体,则亦是圣人率性之道矣。下面'戒慎恐惧'便是修道的工夫,'中和'便是复其性之本体。如《易》所谓'穷理尽性以至于命'④,'中和''位育'⑤,便是尽性至命。"

【注释】

①"自诚明，谓之性""自明诚，谓之教"：语自《中庸》第二十一章："自诚明谓之性，自明诚谓之教。诚则明矣，明则诚矣。"

②天道至教：语自《礼记·礼器》："天道至教，圣人至德。"风雨霜露，无非教也：语自《礼记·孔子闲居》："天有四时，春秋冬夏，风雨霜露，无非教也。"

③修道以仁：语自《中庸》第二十章："故为政在人，取人以身，修身以道，修道以仁。"

④穷理尽性以至于命：语自《周易·说卦》："和顺于道德而理于义，穷理尽性以至于命。"

⑤中和、位育：语自《中庸》首章："致中和，天地位焉，万物育焉。"

【译文】

马子莘请先生指教。

先生说："子思的性、道、教，都是从根本上来说的。天命落实于人，那么命就称为性；率性而行，那么性就称为道；修道而学，那么道就称为教。率性是'心体真诚的人'的事，所谓'由心体真诚而明白，即是性'。修道是'做诚的功夫的人'的事，所谓的'由明白天理而心体诚明，称为教化'。圣人率性而行，就是道。圣人以下的人，尚未能够在道上做到率性，难免有逾越或不及的地方，因此需要修道。修道之后，贤明智慧的人就不会逾越，愚昧不肖的人就不会不及，都要遵循着这个道，因此道就是教。这个'教'字和'天道至教''风雨霜露，无非教也'的'教'意义相同，'修道'二字与'修道以仁'的意义相同。人能修道，然后才能不违背道，以便来恢复他的性的本体，那么也就能够成就圣人率性的道了。后面的'戒慎恐惧'就是修道的功夫，'中和'就是恢复人性的本体。就像《周易》说的'穷理尽性以至于命'，'中和'和'位育'，都是穷尽天性，通达天命的意思。"

三十四

【题解】

本条以"孔颜为邦"之问为切入点,阐明阳明学与朱子学的评价差异,凸显王阳明的心学立场,其在根本上涉及二者关于"格物"的功夫向度以及对"三纲""八目"中各条目关系理解之差异,其中贯穿心物关系的维度。在王阳明看来,孔子对颜回之问的回答之所以浮于表面制度,是因为颜回本已心性圆满,圣体具备。因此,良知圆满自在,自然发用流行,而不会耽于外物。这里显然强调了内圣(明心体)的重要性,正如其对"明明德"与"亲民"间体用关系的理解,以及对"八目"只是一事一个功夫的理解,其中亦蕴含为学功夫是内求心体(阳明学),还是求理于外物(朱子学)的区别。

黄诚甫问:"先儒以孔子告颜子为邦之问,是立万世常行之道①,如何?"

先生曰:"颜子具体圣人,其于为邦的大本大原都已完备。夫子平日知之已深,到此都不必言,只就制度文为上说。此等处亦不可忽略,须要是如此方尽善。又不可因自己本领是当了,便于防范上疏阔②,须是要'放郑声,远佞人'。盖颜子是个克己向里、德上用心的人,孔子恐其外面末节或有疏略,故就他不足处帮补说。若在他人,须告以'为政在人,取人以身,修身以道,修道以仁''达道''九经'及'诚身'许多工夫③,方始做得,这个方是万世常行之道。不然只去行了夏时,乘了殷辂,服了周冕,作了《韶舞》,天下便治得?后人但见颜子是孔门第一人,又问个为邦,便把做天大事看了。"

【注释】

①"先儒"二句:《论语·卫灵公》:"颜渊问为邦。子曰:'行夏之时,乘殷之辂,服周之冕,乐则《韶舞》。放郑声、远佞人;郑声淫、佞人殆。'"朱熹注引程颐语曰:"问政多矣,惟颜渊告之以此。盖三代之制,皆因时损益。及其久也,不能无弊。周衰,圣人不作,故孔子斟酌先王之礼,立万世常行之道,发此以为之兆尔。"颜子,即颜回,一作"颜渊"。见前注。

②疏阔:粗略,不周密。

③九经:据《中庸》第二十章:"凡为天下国家有九经,曰修身也、尊贤也、亲亲也、敬大臣也、体群臣也、子庶民也、来百工也、柔远人也、怀诸侯也。"

【译文】

黄诚甫问:"先儒认为孔子对颜回治理国家的问题的回答,是确立万世常行的标准了,这种观点怎么样?"

先生说:"颜回大体上具备了圣人的品质,他对治理国家的大体方略都已经完全具备了。夫子平日里对他已经非常了解,这些都不必多说,只在典章制度上说。这些方面也不能忽视,必须各方面全都具备才算完善。也不能因为自己本领都具备了,就在防范上粗疏大意,一定要'禁绝郑声,远离小人'。因为颜回是个严于律己、性格内向、注重德行的人,孔子担心他在制度文章等表面的细节上可能会有疏忽,因此就他不足的地方帮忙补充教导。假若是其他人,那么一定会教导他们'为政在人,取人以身,修身以道,修道以仁''达道''九经'以及'诚身'等这些功夫,这样才能治理好国家,这才是万世常行的准则。否则,只沿用夏朝历法,乘坐商朝车舆,穿戴周朝的冠冕,观赏虞舜的《韶舞》,天下就能治理得好吗?后人只看到颜回是孔门最出色的弟子,又问了治国的问题,就把孔子的回答看做完备的道理了。"

三十五

【题解】

本条讲功夫次第。王阳明主《大学》古本,以诚意为先,即是要先立其大,使功夫有定向。朱熹主《大学》新本,以格物为先,即是要于事事物物上求理。功夫次第体现了理学与心学功夫向度的不同。

蔡希渊问:"文公《大学》新本①,先格致而后诚意,工夫似与首章次第相合。若如先生从旧本之说,即诚意反在格致之前,于此尚未释然。"

先生曰:"《大学》工夫即是'明明德'。'明明德'只是个'诚意','诚意'的工夫只是'格物致知'。若以'诚意'为主,去用'格物致知'的工夫,即工夫始有下落,即为善去恶无非是'诚意'的事。如新本先去穷格事物之理,即茫茫荡荡,都无着落处,须用添个'敬'字②,方才牵扯得向身心上来,然终是没根源。若须用添个'敬'字,缘何孔门倒将一个最紧要的字落了,直待千余年后要人来补出?正谓以'诚意'为主,即不须添'敬'字。所以提出个'诚意'来说,正是学问的大头脑处。于此不察,真所谓毫厘之差,千里之缪。大抵《中庸》工夫只是'诚身','诚身'之极,便是'至诚'。《大学》工夫只是'诚意','诚意'之极,便是'至善':工夫总是一般。今说这里补个'敬'字,那里补个'诚'字,未免画蛇添足。"

【注释】

①文公《大学》新本:指朱熹的《大学章句》。

②须用添个"敬"字：语自《程氏遗书》卷十八程颐语："涵养须用
　敬,进学则在致知。"

【译文】

蔡希渊说："朱文公对《大学》的改本,是先格致而后诚意,功夫次第
似乎与第一章的顺序相合。如果像先生这样依从旧本的解释,那么诚意
功夫反而在格致功夫之前了,我对于这一点还没有理解。"

先生说："《大学》的功夫就是'明明德'。'明明德'说的只是'诚
意','诚意'的功夫,只是'格物致知'。如果以'诚意'为主,在'格物
致知'上下功夫,功夫才能落到实处,也就是说为善去恶,无非是'诚意'
的事。如果按朱文公新本的次序,先去穷尽事物的道理,那么就会茫然
空荡,都毫无着落的地方,一定得添上个'敬'字,才能说与身心关联起
来,然而终究还是没有根源。如果一定得添上个'敬'字,为什么孔子门
人反而将一个最紧要的字落下了,一直等到千余年后要别人来补出来?
这就正是所说的以'诚意'为主,就不需要添上'敬'字。所以将'诚意'
单独提出来说,正是学问的关键之处。如果不明白这一点,简直就是所
谓的毫厘之差,千里之谬。大体上来讲《中庸》中的功夫只是'诚身',
'诚身'到了极限就是'至诚'。《大学》中的功夫只是'诚意','诚意'
到了极限就是'至善'：功夫都是一样的。现在说这里要补上个'敬'字,
那里要补上个'诚'字,未免画蛇添足了。"

　　　右门人薛侃录。

【译文】

以上学生薛侃所录。

传习录中

钱德洪序

【题解】

　　钱德洪（1496—1574），本名宽，避先世讳，以字行，改字洪甫，号绪山，绍兴府余姚（今浙江余姚）人。少学举业，嘉靖元年（1522）中举，明年下第归，侍王阳明于阳明书院，为王阳明晚年重要弟子，后在收集、整理、出版王阳明著述方面出力尤多。著有《阳明先生年谱》三卷。

　　据钱德洪《年谱》记载，嘉靖三年（1524），南大吉刻《传习录》，名《续刻传习录》，凡二册，以薛侃于赣州刻印的《传习录》为上册，录王阳明与门人弟子书信为下册。此为钱德洪为《传习录》下册之刊刻写的序言，主要介绍了此刻本与南大吉本相比，在内容和版本上的增删：第一，删去关于"调停朱、陆"的《答徐成之》二书；第二，保留关于"知行本体"的《答人论学书》（即《答顾东桥书》）《答周道通书》《答陆原静书》《答欧阳崇一》四书和关于"万物一体"的《答聂文蔚》一书；第三，增加关于"必有事焉"的《答聂文蔚》第二书。在文末，钱德洪亦说明此刻本之增减并非刻意要做增减，而是依据当下需要之文义的考量而行。

　　德洪曰：昔南元善刻《传习录》于越①，凡二册。下册摘录先师手书，凡八篇②。其答徐成之二书③，吾师自谓："天下是朱非陆，论定既久，一旦反之为难。二书姑为调停两可之说,使人自思得之。"故元善录为下册之首者,意亦以是欤?

【注释】

①南元善:南大吉(1487—1541),字元善,号瑞泉,西安府渭南(今陕西渭南)人。正德六年(1511)进士,官至绍兴府知府。嘉靖三年(1524),以郡守称门生,后入觐以考察罢官,归家讲学,重致知慎独。王学之传播于陕,其功不可没。刻《传习录》于越:即指南大吉嘉靖三年(1524)于越地所刊刻的《续刻传习录》。越,指浙江绍兴。

②八篇:钱德洪此处所提八篇,为《答人论学书》(《答顾东桥书》)、《答周道通书》(又名《启问道通书》)、《答陆原静书》《答欧阳崇一》《答罗整庵少宰书》《答徐成之》二书、《答聂文蔚》。与今本《传习录》稍有出入。

③徐成之:名守诚,绍兴府余姚(今浙江余姚)人。

【译文】

钱德洪说:从前南元善在浙江绍兴刻印《传习录》,一共两册。下册摘录了阳明先生的亲笔书信,一共八篇。其中有答复徐成之的两封书信,阳明先生认为:"天下人都赞同朱子,反对陆象山,这种论点确定已经很久了,有一天想要推翻这个论点,十分困难。这两封书信姑且可以作为调解两种学说的探讨,让大家自行思考得到结论。"因此,南元善将它们收录在下册的开始,用意难道不也是这样吗?

今朱、陆之辨明于天下久矣。洪刻先师《文录》,置二书于《外集》者,示未全也,故今不复录。其余指"知行之本体",莫详于《答人论学》与答周道通、陆清伯、欧阳崇一四书①;而谓"格物为学者用力日可见之地",莫详于答罗整庵一书②。平生冒天下之非诋推陷,万死一生,遑遑然不忘讲学,惟恐吾人不闻斯道,流于功利机智,以日堕于夷狄禽兽而不觉;其一体同物之心,诙诙终身③,至于毙而后已。此孔、孟已来贤圣苦心,虽门人子弟未足以慰其情也。是情也,莫详于答聂文蔚之第一书④。

【注释】

①周道通:名冲,字道通,号静庵,常州府宜兴(今江苏宜兴)人。正德五年(1510)举人,曾任江西万安训导、唐府长史等职,受业于王阳明、湛若水,力图调和两家之说。陆清伯:即陆澄。见前注。欧阳崇一:即欧阳德。见前注。

②罗整庵:罗钦顺(1465—1547),字允升,号整庵,吉安府泰和(今江西泰和)人。弘治六年(1493)进士,官至南京吏部尚书,后辞官归家,潜心问学。著有《困知记》等。

③诙诙(náo):争辩,论辩。

④聂文蔚:聂豹(1487—1563),字文蔚,号双江,吉安府永丰(今江西永丰)人。正德十二年(1517)进士,官至太子太保。后以王门弟子自称。著有《困辨录》等。

【译文】

现在,世人关于朱、陆之争公开明朗已久。我刻录阳明先生的《文录》时,把这两封信编在《外集》当中,以表明信中的思想还不完备,因此现在刊刻就不再收录了。其他关于"知与行本体"的讨论,没有比《答人论学》和答周道通、答陆清伯、答欧阳崇一四封书信更详尽的;而讨论"格物应该是学者平日用功之处"的观点,则没有比答复罗整庵的书信更详尽的。先生平生甘冒天下的非难诋毁,陷入绝境,万死一生,恐惧不安,但仍旧不忘讲学,唯恐我们这些弟子不理解他的圣学大道,流于功利虚识,以至于日渐堕落,与夷狄、禽兽沦于同类而不自知;先生的与天地万物一体的心,终身争辩论学,直到死才停止。这种孔、孟以来的圣贤苦心,即使是先生的门人子弟也不足以劝慰他的衷情。这种情怀,没有比答聂文蔚的第一封书信更详尽的了。

此皆仍元善所录之旧,而揭"必有事焉"即"致良知"功夫,明白简切,使人言下即得入手,此又莫详于答文蔚之第二书,故增录之。元善当时汹汹,乃能以身明斯道,卒至遭奸被斥,油油然惟以此生得闻斯学为庆[1],而绝无有纤芥愤郁不平之气[2]。斯录之刻,人见其有功于同志甚大,而不知其处时之甚艰也。今所去取,裁之时义则然,非忍有所加损于其间也。

【注释】

[1]油油然:和悦恭敬的样子。

[2]纤芥:细微,一点儿。

【译文】

以上这些都还是南元善刻录的旧信,然而揭示"必有事焉"就是"致良知"功夫,明白简洁,让人听了就能找到入手之处,能做到这些的,又没有比答聂文蔚的第二封书信更翔实的了,因此也将它增录进来。南元善当时处于天下人对先生群起而攻之的时代,却仍能以自身践行先生的学说,最后遭陷害被排斥,但内心和悦敬服,仍然以此生能够听闻先生的学说为值得庆幸的事,而绝对没有一点儿愤郁不平的想法。他刻印《传习录》,世人能看到这件事对于同习此学的人帮助很大,却不知道他当时的处境非常艰难。如今对他刻录内容的取舍,是依据当下需要的文义的考量而行,绝非刻意要做增减。

答顾东桥书 凡十二则

【题解】

顾东桥（1476—1545），名璘，字华玉，号东桥，应天府上元（今江苏南京江宁区）人。弘治九年（1496）进士，历任至南京刑部尚书，工于诗文，与刘麟、徐祯卿号"江东三才"，与陈沂、王韦并称"金陵三俊"。王阳明早年溺于词章，二人交往甚从，"顾为阳明少嗜好词章时之好友"。

《答顾东桥书》即钱德洪序作《答人论学书》，成书于嘉靖四年（1525）九月。佐藤一斋认为"此书拔本塞源，辩论痛快，使人惭伏无辞也"，如此论辩痛快之书，其要旨何许也？显然，阐述"知行合一"之旨是本封书信的重点。王阳明于此强调了"知行合一"的三个维度：依良知而行、"知"的内在性和"行"的内向性的统一、重行。与此三个维度相联系，王阳明论述了另外三个方面问题：第一，与"依良知而行"相关，王阳明集中阐述了拔本塞源之论，强调要内求于心，以良知为标准，才能达至万物一体；第二，与"知"的内在性和"行"的内向性的统一相关，王阳明坚持心本论的立场，强调诚意是第一义的功夫，认为功夫要从心出发，为学要先立志；第三，与"重行"相关，王阳明特别强调心学功夫之实学性质，致知明德不废实学。

一

【题解】

本条讲"诚意",其内涵有二:第一,诚意本是第一义的功夫,王阳明只是将此义点明而已,并非将其从第二义提倡为第一义;第二,王阳明点明诚意为第一义的功夫,目的在于救时人务外遗内的弊端。由第二层内涵可知,王阳明强调诚意为第一义功夫,正是不同于朱子学者。

来书云:"近时学者,务外遗内,博而寡要,故先生特倡'诚意'一义,针砭膏肓①,诚大惠也!"

【注释】

①膏肓(huāng):难以医治的疾病。此指弊病很严重。

【译文】

来信写道:"如今的学者,只专务外物,忽视内修,虽然知识广博,却难得要领,因此先生特别提倡'诚意'功夫,救治弊病很重的学者,真是有极大的价值!"

吾子洞见时弊如此矣,亦将何以救之乎?然则鄙人之心,吾子固已一句道尽,复何言哉!复何言哉!若"诚意"之说,自是圣门教人用功第一义,但近世学者乃作第二义看,故稍与提掇紧要出来,非鄙人所能特倡也。

【译文】

你洞察时弊到了这个地步,又打算怎样去补救时弊呢?我的心思,你已经一语道破,我还有什么可说的呢!我还有什么可说的呢!"诚意"

的说法，原本就是圣人教人用功时首要的事，只是近世学者却把它当作其次的意思来看，因此我略将其中关键处提出来，并不是我自己独自倡议的。

二

【题解】

本条从心学功夫与佛教功夫的区别讲心学功夫之实学性质。心学功夫虽有一悟而全，彻上彻下的特征，在根本上是有着不离事物求心体的具体用功之地的，这与佛教的缘起性空是有着本质不同的。正如施邦曜于此所评："如此方见《大学》字字皆实际学问，空谈名理俱是无当。"

来书云："但恐立说太高，用功太捷，后生师传，影响谬误，未免堕于佛氏明心见性、定慧、顿悟之机①，无怪闻者见疑。"

【注释】

①佛氏明心见性、定慧、顿悟之机："戒、定、慧"是佛教信徒修持的"三学"，东晋名僧道安法师曾说过："世尊立教法有三焉，一者戒律也，二者禅定也，三者智慧也。"定，又名"禅定"，指通过集中精神观想特定对象，从而获得悟解或功德的一种思维修习活动；慧，也称智慧，指以"假有""性空"理论去观察认识一切现象的特殊观点和方法。以智慧指导禅定，以禅定启发智慧，名为"定慧双运"。顿悟，指不经渐进阶梯式修炼，通过灵知突然觉悟，直接把握佛教最高真理。典型如禅宗六祖慧能在《六祖坛经》中表达的"明心见性"之论。机：机锋，佛教禅宗用语。指问答迅捷、含义

深刻的语句。

【译文】

来信写道："只是担心先生的学说太过高妙，功夫入手途径太过便捷，后学门生在传承先生学说的过程中产生谬误，未免就陷于佛教明心见性、定慧、顿悟的机锋，难怪听闻您学说的人会产生怀疑。"

区区格、致、诚、正之说①，是就学者本心日用事为间，体究践履，实地用功，是多少次第、多少积累在！正与空虚、顿悟之说相反。闻者本无求为圣人之志，又未尝讲究其详，遂以见疑，亦无足怪。若吾子之高明，自当一语之下便了然矣！乃亦谓立说太高，用功太捷，何邪？

【注释】

①区区：自称谦词，微不足道的意思。格、致、诚、正：语自《大学》首章："古之欲明明德于天下者，先治其国；欲治其国者，先齐其家；欲齐其家者，先修其身；欲修其身者，先正其心；欲正其心者，先诚其意；欲诚其意者，先致其知；致知在格物。"

【译文】

我的格物、致知、诚意、正心的观点，是指学者在日常事为之中体察本心，体察、研究、实践、履行，在切实之处用功，这其中有多少次第、多少积累在，才能达到这样的境界！正好与空虚、顿悟的观点相反。听闻我的学说的人本来并没有追求成为圣人的志向，也未曾讲求研究学说当中的细节，于是就产生怀疑，这也没什么可奇怪的。像你这样高明的人，自然应当是一语之后就明白了！你却也说立论过高，用功过捷这样的话，为什么呢？

三

【题解】

本条释"知行合一",主要有两个层面:第一,强调意即是行。意是心之所发,一念发动即是行了。这是从意念的层面讲知行合一。第二,强调意是行之始。意之本体即是知,意之所在即是物,因此,知是行之始,行不离于事物。这里既有从实践的层面讲"知行合一",亦再次阐明心学之心、物关系——由心而物,心主气次。

来书云:"所喻知行并进,不宜分别前后,即《中庸》'尊德性而道问学'之功,交养互发,内外本末,一以贯之之道。然工夫次第,不能无先后之差。如知食乃食,知汤乃饮,知衣乃服,知路乃行,未有不见是物,先有是事。此亦毫厘倏忽之间,非谓有等今日知之,而明日乃行也。"

【译文】

来信写道:"所谓的知行并进,不应该区分先后,也就是《中庸》中'尊德性而道问学'的功夫,这是互相存养发生,内外本末,一以贯之之道。然而功夫的顺序,不能没有先后的区别。比如知道食物才去吃,知道汤水才去喝,知道衣服才去穿,知道道路才去走,不存在没见到这件东西,先有这件事的行为的。这也是毫厘瞬间的差别,并不是截然二分,也不是说要等到今天知道了,明天才去实行。"

既云"交养互发,内外本末,一以贯之",则知行并进之说无复可疑矣。又云"工夫次第,不能不无先后之差",无乃自相矛盾已乎?"知食乃食"等说,此尤明白易见,但吾子为近闻障蔽①，自不察耳。夫人必有欲食之心，然后知食。欲食之心即是意，即是行之始矣。食味之美恶必待入口而后知，岂有不待入口而已先知食味之美恶者邪？必有欲行之心，然后知路。欲行之心即是意，即是行之始矣。路岐之险夷②，必待身亲履历而后知，岂有不待身亲履历而已先知路岐之险夷者邪？"知汤乃饮，知衣乃服"，以此例之，皆无可疑。若如吾子之喻，是乃所谓不见是物而先有是事者矣。吾子又谓"此亦毫厘倏忽之间，非谓截然有等今日知之，而明日乃行也"，是亦察之尚有未精。然就如吾子之说，则知行之为合一并进，亦自断无可疑矣。

【注释】

①近闻：指朱熹等宋儒倡导的"知先行后"学说。

②岐（qí）：崎岖，高低不平。

【译文】

既然说到"互相存养发生，内外本末，一以贯之"，那么知行并进的学说，再没有什么可以疑惑的了。又说到"功夫的顺序，不能没有先后的区别"，不就成了自相矛盾了吗？"知道食物才去吃"之类的说法，就尤其明白容易理解，只是你被近来的观点蒙蔽而无法自己察觉而已。人一定是先有想要吃的心，然后知道食物。想要吃的心就是意，就是实行的开始。食物的美味与否一定是等入口之后才能知道，哪里有还未等入口自己就先知道了食物味道之好坏的人呢？一定是先有想要行走的心，然后知道路。想要行走的心就是意，就是行走的开始。道路崎岖险阻，一定是等到亲自经历之后才能知道，哪里有还未亲自经历就先知道了道路崎岖险阻的人呢？"知道汤水才去喝，知道衣服才去穿"，以此类推，都没有可疑惑的地方。如果像你所说的，这就正成了所谓的没有见到这件东西，先有这件事的情况了。你又说"这也是毫厘瞬间的差别，并不是截然二分，也不是说要等到今天知道了，明天才去实行"，这也是省察得仍旧不够精微。然而就像你所说的那样，知行合一并进的主张，也就自然断不可怀疑了。

四

【题解】

本条从心外无理的角度释"知行合一"。真知必行，真行即知。真知是依理而行，真行亦是依理而行，"知""行"是分不开的。从"理一"的角度看，理无内外，依理之行亦无内外，知即是理，行即是知，知行合一。

来书云："真知即所以为行，不行不足谓之知，此为学者吃紧立教，俾务躬行则可①。若真谓行即是知，恐其专求本心，遂遗物理，必有暗而不达之处，抑岂圣门知行并进之成法哉？"

【注释】

①俾（bǐ）：使。

【译文】

来信写道："真知之所以能够被视为行，是因为不去践行就不能称为知，这是学者最紧要的修养方法，让学者们务必亲自实践才行。如果真认为行就是知，恐怕担心学者专意讲求本心，于是遗弃了事物的道理，必定会有不明白、无法理解的地方，这难道是圣人知行并进的既定方法吗？"

知之真切笃实处，即是行，行之明觉精察处，即是知。

知行工夫本不可离,只为后世学者分作两截用功,失却知行本体,故有合一并进之说。"真知即所以为行,不行不足谓之知",即如来书所云"知食乃食"等说可见,前已略言之矣。此虽吃紧救弊而发,然知行之体本来如是,非以己意抑扬其间,姑为是说以苟一时之效者也。"专求本心,遂遗物理",此盖失其本心者也。夫物理不外于吾心,外吾心而求物理,无物理矣;遗物理而求吾心,吾心又何物邪?心之体,性也,性即理也。故有孝亲之心,即有孝之理;无孝亲之心,即无孝之理矣。有忠君之心,即有忠之理;无忠君之心,即无忠之理矣。理岂外于吾心邪?晦庵谓:"人之所以为学者,心与理而已。心虽主乎一身,而实管乎天下之理。理虽散在万事,而实不外乎一人之心。"是其一分一合之间,而未免已启学者心理为二之弊。此后世所以有"专求本心、遂遗物理"之患,正由不知心即理耳。夫外心以求物理,是以有暗而不达之处,此告子"义外"之说,孟子所以谓之不知义也[1]。心一而已,以其全体恻怛而言谓之仁,以其得宜而言谓之义,以其条理而言谓之理。不可外心以求仁,不可外心以求义,独可外心以求理乎?外心以求理,此知行之所以二也。求理于吾心,此圣门知行合一之教,吾子又何疑乎?

【注释】

①"此告子"二句:语自《孟子·公孙丑上》:"我故曰'告子未尝知义,以其外之也。'"《孟子·告子上》有曰:"告子曰:'食、色,性也。仁,内也,非外也。义,外也,非内也。'"

【译文】

"知"达到真切笃实的程度就是"行","行"达到明觉精察的程度就是"知"。知与行的功夫，原本不可分离，只因为后世学者将知行功夫分作两截用功，认识不到知行功夫的本来面貌，因此才有合一并进的说法。"真知之所以为行，不行就不能称为知"，这就像来信中所说的"知食乃食"等说法所说明的，在上文已经简要谈到过了。这虽然是为了拯救时弊而提出来的，然而知行的本体本来如此，并不是用自己的意念加以抑扬，姑且如此一说，以暂求一时的效果。"专意讲求本心，于是遗弃了事物的道理"，这大概就是失去本心了。事物之理不在自己心之外，在自己的心外去寻求事物之理，那么也就没有什么事物之理了；遗漏了事物之理而去讲求本心，我的心又是什么呢？心的本体是性，性就是理。因此有孝顺父母的心，就有孝顺的理；没有孝顺父母的心，就没有孝顺的理。有忠诚君主的心，就有忠诚的理；没有忠诚君主的心，就没有忠诚的理。理怎能在我心之外呢？朱子说："人做学问所要获得的，无非心与理而已。心虽然主宰人身，但实际统管这天下事物之理。理虽然散落在万事之间，但实际不在人之一心之外。"这句话将心和理的一分一合，未免导致学者将心与理分为两件事了。这正是后世之人有"专意讲求本心，于是遗弃了事物之理"的弊病的原因，正是由于不明白心就是理而来的。到心之外寻求事物之理，故而会有不明白、不理解的地方，这正是告子"以义为外"的说法，孟子因此批评他不懂得何为义。心只有一个，就其全然都是恻隐之心而言称之为仁，就其处事得宜而言称之为义，就其有条有理而言称之为理。不能到心外去寻求仁，也不能到心外去寻求义，难道唯独可以到心外去寻求理吗？到心外去寻求理，这就是将"知"与"行"分为两件事了。在我心中寻求理，这是圣学知行合一的教义，你又有什么可怀疑的呢？

五

【题解】

本条讲为学先立志。朱熹以格物致知为入手，经过诚意、正心，达到夭寿不贰、修身以俟，即心理合一。王阳明不同意这种功夫次第，认为夭寿不贰、修身以俟是最基础的功夫，也就是要立一心为善之心，即立志于存天理、去人欲，方始做的功夫。王阳明这里再次强调了其心学功夫"先立其大"的特征。

来书云："所释《大学》古本，谓致其本体之知[①]，此固孟子'尽心'之旨，朱子亦以虚灵知觉为此心之量[②]。然尽心由于知性，致知在于格物。"

【注释】

①致其本体之知：语自王阳明《大学古本序》。

②朱子亦以虚灵知觉为此心之量："虚灵知觉"语自朱熹《中庸章句序》："盖尝论之，心之虚灵知觉，一而已矣。""此心之量"语自朱熹《孟子集注·尽心上》："人有是心，莫非全体，然不穷理，则有所蔽，而无以尽乎此心之量。"

【译文】

来信写道："您在释注《大学》旧本时认为，致知是获得关于本体的知，这固然与孟子'尽心'的宗旨相合，但朱子也用虚灵知觉作为人心的全体。然而人之所以能够尽心是由于对性的体认，人能够扩充自己的知则是在于对于物的体认。"

"尽心由于知性，致知在于格物"，此语然矣。然而推本吾子之意，则其所以为是语者，尚有未明也。朱子以"尽心、知性、知天"为物格、知致，以"存心、养性、事天"为诚意、正心、修身，以"夭寿不贰、修身以俟"为知至仁尽、圣人之事^①。若鄙人之见，则与朱子正相反矣。夫"尽心、知性、知天"者，生知安行，圣人之事也；"存心、养性、事天"者，学知利行，贤人之事也；"夭寿不贰、修身以俟"者，困知勉行，学者之事也^②。岂可专以"尽心、知性"为知，"存心、养性"为行乎？吾子骤闻此言，必又以为大骇矣。然其间实无可疑者，一为吾子言之。

【注释】

①"朱子"三句：王本"物格、知致"作"物格、知至"；"诚意、正心、修身"作"诚意、正心"；"以夭寿不贰，修身以俟"作"以末节夭寿不贰，修身以俟"。

②"生知安行""学知利行""困知勉行"：语自《中庸》第二十章："或生而知之，或学而知之，或困而知之，及其知之一也。或安而行之，或利而行之，或勉强而行之，及其成功一也。"

【译文】

"人之所以能够尽心是由于对性的体认，人能够扩充自己的知则是在于对于物的体认"，这句话是正确的。然而探究你的意思，你之所以这样说，是因为对我的学说仍有不明白的地方。朱子认为"尽心、知性、知天"是格物、知致，认为"存心、养性、事天"是诚意、正心、修身，认为"夭寿不贰、修身以俟"是知的极致、仁的尽处，是圣人之事。但我的观点，则与朱子的正相反。"尽心、知性、知天"，是生而知之、安而行之，是圣人之事；"存心、养性、事天"，是学而知之、利而行之，是贤人之事；"夭寿不贰，修身以俟"，是困而知之、勉而行之，是学者之事。怎么能只将"尽心、知性"认作知，把"存心、养性"认作行呢？你突然听到我这句话，一定会大吃一惊。但这之中确实没有什么可怀疑的地方,待我一一为你讲明白。

　　夫心之体,性也;性之原,天也。能尽其心,是能尽其性矣。《中庸》云"惟天下至诚为能尽其性",又云"知天地之化育","质诸鬼神而无疑,知天也"①。此惟圣人而后能然,故曰此"生知安行",圣人之事也。

【注释】

　　①"《中庸》云"及以下三句引文:语自《中庸》第二十二、二十九章。

【译文】

　　所谓心的本体是性,性的本原是天。能够尽心,也就是能够尽性了。《中庸》说"只有天下至诚才能尽性",又说"通晓天地的化生长育","求证于鬼神而没有疑虑,这就是知天了"。这是唯有圣人才能做到的,因此说这"生而知之、安而行之",是圣人之事。

　　存其心者,未能尽其心者也,故须加存之之功。必存之既久,不待于存而自无不存,然后可以进而言尽。盖"知天"之"知",如"知州""知县"之"知"。"知州",则一州之事皆己事也;"知县",则一县之事皆己事也,是与天为一者也。事天则如子之事父,臣之事君,犹与天为二也。天之所以命于我者,心也,性也,吾但存之而不敢失,养之而不敢害,如"父母全而生之、子全而归之者也"①,故曰此"学知利行",贤人之事也。

【注释】

①父母全而生之、子全而归之者也：语自《礼记·祭义》："乐正子春
曰：'善如尔之问也！吾闻诸曾子。曾子闻诸夫子曰："天之所生，
地之所养，无人为大。父母全而生之，子全而归之，可谓孝矣。不
亏其体，可谓全矣。"故君子顷步而弗敢忘孝也。今予忘孝之道，
予是以有忧色也。'"

【译文】

　　一个人存养本心，说明他还没能穷尽本心，因此一定要增加存养的
功夫。做存养本心的功夫时间久了之后，本心自然就不待存养而无时无
刻不在了，这时才可以进而说是尽心。大概"知天"的"知"，正如"知
州""知县"的"知"。所谓"知州"，就是将一州的事都视为自己的事；
所谓"知县"，就是将一县的事都视为自己的事，所以"知天"就是与天
合而为一。然而事天就如儿子侍奉父亲，臣下侍奉君主，终究是与天分
而为二了。天赋命于我的，是本心和本性，我只应存留而不敢失去，只应
修养而不敢伤害，就如同"父母全而生之，子全而归之"一样，因此说，这
"学而知之、利而行之"，是贤人的事。

　　至于"夭寿不贰"，则与存其心者又有间矣。存其心者
虽未能尽其心，固已一心于为善，时有不存，则存之而已。
今使之夭寿不贰，是犹以夭寿贰其心者也。犹以夭寿贰其
心，是其为善之心犹未能一也，存之尚有所未可，而何尽之
可云乎？今且使之不以夭寿贰其为善之心，若曰死生夭寿
皆有定命，吾但一心于为善，修吾之身以俟天命而已，是其
平日尚未知有天命也。"事天"虽与天为二，然己真知天命
之所在，但惟恭敬奉承之而已耳；若俟之云者，则尚未能真
知天命之所在，犹有所俟者也，故曰：所以立命。"立"者

"创立"之"立",如"立德""立言""立功""立名"之类^①，凡言"立"者，皆是昔未尝有而今始建立之谓，孔子所谓"不知命，无以为君子"者也^②，故曰此"困知勉行"，学者之事也。

【注释】

①立德、立言、立功、立名：语自《左传·襄公二十四年》："太上有立德，其次有立功，其次有立言，虽久不废，此之谓不朽。"

②孔子所谓"不知命，无以为君子"者也：《论语·尧曰》："子曰：'不知命，无以为君子也；不知礼，无以立也；不知言，无以知人也。'"

【译文】

至于"夭寿不贰"，则与存养本心又有差别了。存养本心的人，虽然不能尽心，本来已是一心为善了，即便偶尔不能存得本心，那么只要做存养的功夫就可以了。如今让人夭寿不贰，这是就像用夭寿将人的本心分而为二了。之所以就像用夭寿将心分而为二，这说明为善之心还不能专一，存养本心还不能做到，又怎么能谈到尽心呢？如今要求人们不要用寿命长短之事扰乱为善之心的专一，就好像是说死生夭寿都是命定的，我只要一心为善，修养身体，等待天命就可以了，这是由于平日里根本就不知道有天命的存在。"事天"虽然与天分而为二，然而自己确实知道天命的存在，只要恭敬奉承天命即可；但像等待天命之类的说法，就是还没有真正知道天命的所在，因此才会若有所待，所以说：这是立命。"立"是"创立"的"立"，就像"立德""立言""立功""立名"之类，凡是说到"立"的，都是从前不曾有过，而现在刚刚开始建立的说法，也就是孔子所说的"不知命，无以为君子"，因此说这"困而知之、勉而行之"，是学者的事情。

今以"尽心、知性、知天"为格物致知，使初学之士尚未能不贰其心者，而遽责之以圣人"生知安行"之事①，如捕风捉影，茫然莫知所措其心，几何而不至于"率天下而路"也②！今世致知格物之弊，亦居然可见矣③。吾子所谓"务外遗内、博而寡要"者，无乃亦是过欤？此学问最紧要处，于此而差，将无往而不差矣！此鄙人之所以冒天下之非笑，忘其身之陷于罪戮，呶呶其言④，其不容已者也！

【注释】

①遽（jù）：于是，就。

②率天下而路：语自《孟子·滕文公上》："曰：'百工之事，固不可耕且为也。''然则治天下独可耕且为与？有大人之事，有小人之事。且一人之身而百工之所为备。如必自为而后用之，是率天下而路也。故曰：或劳心，或劳力。劳心者治人，劳力者治于人；治于人者食人，治人者食于人。天下之通义也。'"意谓让天下人疲于奔命。

③居然：显然。

④呶呶（náo）：话多，喋喋不休。

【译文】

现在把"尽心、知性、知天"当作格物致知，其结果就会使得初学的人，还尚且不能专一于他们的本心，就责令他们去做圣人"生知安行"的事，这就像捕风捉影一样，使初学者的心茫然不知所措，怎么能避免"疲于奔命"的后果呢！如今社会上致知格物的弊端，于此也可以明显地看到了。你所谓的"专务外物，忽视内修，虽知识广博，却难得要领"，恐怕是这种过失造成的吧？这是为学最关键的地方，在这里出现差错，那么就会无处不错！这正是我之所以甘冒天下的非难讥笑，不顾身陷险地，招致罪祸,还喋喋不休的原因,实在是不得已而为之啊!

六

【题解】

本条从辨析朱熹"即物穷理"之非出发,论述"心与理一"。王阳明从正、反两面展开论证:第一,朱熹之即物穷理,在逻辑上是以心理为二为前提的,这就造成逐物之弊,进而可能导致理之不存的困境,从而从反面论证了心与理一;第二,正面论析"致吾心之良知于事事物物"的逻辑结论即是心与理一。

来书云:"闻语学者,乃谓'即物穷理'之说①,亦是玩物丧志②;又取其'厌繁就约''涵养本原'数说③,标示学者,指为晚年定论④,此亦恐非。"

【注释】

①即物穷理:语自朱熹《大学章句》补《格物知致传》:"所谓致知在格物,言欲致吾之知,在即物而穷其理也。"

②玩物丧志:语自《尚书·旅獒》:"玩人丧德,玩物丧志。"

③厌繁就约:语自朱熹《朱子大全》第三十五卷:"近觉向来为学,实有向外浮泛之弊,不惟自误,而误人亦不少。方别寻得一头绪,似差简约端的,始知文字言语之外,真别有用心处,恨未得面论也。"

涵养本原:语自朱熹《朱子大全》第四十七卷:"文字虽不可废,然涵养本原,而察于天理人欲之判,此是日用动静之间不可顷刻间断底事,若于此处见得分明,自然不到得流入世俗功利权谋里去矣。"

④晚年定论:《传习录》卷下附录《朱子晚年定论》,为王阳明采录朱

子书信而成。见本书附录。

【译文】

来信写道:"听闻您对学者讲过,朱子'即物穷理'的说法,也是玩物丧志;又取朱子的'厌繁就约''涵养本原'几种学说给学者看,并认为是他的晚年定论,这恐怕并不正确吧。"

朱子所谓"格物"云者,在即物而穷其理也。即物穷理,是就事事物物上求其所谓定理者也,是以吾心而求理于事事物物之中,析心与理而为二矣。夫求理于事事物物者,如求孝之理于其亲之谓也。求孝之理于其亲,则孝之理其果在于吾之心邪?抑果在于亲之身邪?假而果在于亲之身,则亲没之后,吾心遂无孝之理欤?见孺子之入井,必有恻隐之理,是恻隐之理果在于孺子之身欤?抑在于吾心之良知欤?其或不可以从之于井欤,其或可以手而援之欤,是皆所谓理也。是果在于孺子之身欤?抑果出于吾心之良知欤?以是例之,万事万物之理,莫不皆然,是可以知析心与理为二之非矣。夫析心与理而为二,此告子"义外"之说,孟子之所深辟也。"务外遗内,博而寡要",吾子既已知之矣,是果何谓而然哉?谓之玩物丧志,尚犹以为不可欤?

【译文】

朱子所谓"格物"的说法,就是在事物中穷究天理。即物穷理,是在事事物物上探究所谓的定理,这是用我的心到事事物物中去求理,将心与理分而为二了。到事事物物中求理,就如同到父母双亲身上去求孝的道理一样。到父母双亲身上去求孝的道理,那么这个孝的道理果真是在我的心中呢？还是果真在父母双亲的身上呢？假如孝之理是在父母双亲的身上，那么他们去世之后，我心中就难道没有孝的道理存在了吗？看到孩童落井，一定会有恻隐的理，这种恻隐之理究竟是在孩童身上？还是在我心中的良知上呢？或许不可以跟着他跳入井中，或许可以伸手援救他，这些都是所谓的理。这理究竟是在孩童身上？还是在我心中的良知上呢？用这些来举例是要说明，万事万物的理没有不如此的，这样就可以理解将心与理一分为二是错误的了。将心与理分而为二，是告子"义外"的主张，也是孟子所深刻批评的。"专务外物，忽视内修，虽知识广博，却难得要领"，你既然已经明白了，又究竟为什么这样说呢？我把"格物"称为玩物丧志，难道还有什么不正确的地方吗？

　　若鄙人所谓致知格物者，致吾心之良知于事事物物也。吾心之良知，即所谓天理也。致吾心良知之天理于事事物物，则事事物物皆得其理矣。致吾心之良知者，致知也。事事物物皆得其理者，格物也。是合心与理而为一者也。合心与理而为一，则凡区区前之所云，与朱子晚年之论，皆可以不言而喻矣。

【译文】
　　像我所说的致知格物，是将我心中的良知发用在事事物物之上。我心中的良知，就是所说的天理。将我心中良知的天理发用在事事物物上，那么事事物物都可以得到天理了。发用我心中的良知，就是致知。事事物物都得到天理，就是格物。这是将心与理合而为一了。将心、理合而为一，那么我之前所讲的全部内容，与朱子晚年的学说的一致性，就都可以不言而喻了。

七

【题解】

本条阐述了阳明心学的两个重要命题："心理合一"和"知行合一"，重点落于重行上，其具体展开则关涉"心"与"理"的关系和"心"与"物"的关系两个层面。从心与理关系的层面言，心体自明，天理自足，明心（理）去蔽的致知功夫就是行，真知必能行，心体（理）呈显于功夫过程中，知了就是行了。从心与物的关系层面言，穷理是一个知行合一的功夫过程，穷理是求心中之理，如求理于外，则析心理为二。但明理于心，而不"措之于行"，终不免玄虚，故需致吾心之良知于事事物物，方是实行，是知之成。知致知功夫不可以去弊的功夫即是明心的功夫。

　　来书云："人之心体，本无不明，而气拘物蔽，鲜有不蔽[①]。非学、问、思、辨以明天下之理，则善恶之机[②]，真妄之辨，不能自觉，任情恣意，其害有不可胜言者矣。"

【注释】

①鲜（xiǎn）：少。

②机：指事物变化之所由。

【译文】

　　来信写道："人的心体原本没有不明的，但由于被气息外物束缚掩蔽，很少有不昏暗的。如果不通过博学、审问、慎思、明辨的方法来明识天下之理，那么善恶的缘由，真假的辨别，就无法明白，就会放纵恣意地行事，这种危害无法用语言表达。"

　　此段大略似是而非，盖承沿旧说之弊，不可以不辨也。夫学、问、思、辨、行，皆所以为学，未有学而不行者也。如言学孝，则必服劳奉养，躬行孝道，而后谓之学。岂徒悬空口耳讲说，而遂可以谓之学孝乎？学射则必张弓挟矢，引满中的[1]。学书则必伸纸执笔，操觚染翰[2]。尽天下之学，无有不行而可以言学者，则学之始固已即是行矣。笃者，敦实笃厚之意。已行矣，而敦笃其行，不息其功之谓尔。盖学之不能以无疑，则有问，问即学也，即行也。又不能无疑，则有思，思即学也，即行也。又不能无疑，则有辨，辨即学也，即行也。辨既明矣，思既慎矣，问既审矣，学既能矣，又从而不息其功焉，斯之谓笃行。非谓学、问、思、辨之后而始措之于行也。是故以求能其事而言谓之学，以求解其惑而言谓之问，以求通其说而言谓之思，以求精其察而言谓之辨，以求履其实而言谓之行。盖析其功而言则有五，合其事而言则一而已。此区区心理合一之体，知行并进之功，所以异于后世之说者，正在于是。

【注释】

[1] 中的（dì）：中靶子。的，箭靶的中心。

[2] 操觚（gū）染翰：意为执笔做文章。觚，古人写字用的木简。染翰，指用笔醮上墨汁。翰，笔。

【译文】

这段话大体上似是而非，大概是沿袭了旧说的弊端，不能不加以辨识。博学、审问、慎思、明辨、笃行，都是为学的方法，没有为学而不去践行的。比如说学习孝道，就一定要服侍奉养，亲自践行孝道，然后才可称之为学。岂能只是凭空口头讲讲、听别人说说孝的道理，就可以称之为学孝的呢？比如学习射箭，就一定要张弓搭箭，满弦中靶。学习写字，就一定要铺纸握笔，排简执毫。天下所有的学，没有不去践行就可以说是学的,那么为学之始,固然就已经是行了。所谓笃,就是敦实笃厚的意思。已经践行了,就让行更加敦厚笃实,持之以恒地下功夫的意思。然而学习不可能没有疑问,因此就有问,问就是学,就是践行了。问题中不可能没有疑惑,因此就有思考,思考就是学,就是践行了。思考中也不可能没有疑问,因此就有辨析,辨析也就是学,就是践行了。辨析明白了,思考审慎了,问题解决了,学业长进了,又仍然能够持之以恒地做学问思辨功夫,这就叫做"笃行"。并不是说在博学、审问、慎思、明辨之后才专意去做笃行之功。因此就能够成就事情而言称为"学",就能够解答疑惑而言称为"问",就能够通晓学说而言称为"思",就能够精微考察而言称为"辨",就能够踏实做事而言称为"行"。从功用方面分析则有五种功夫,其实把五种功夫所为之事合起来看,就是一件事、一种功夫而已。这就是我的心、理合一的本体、知行并进的功夫的观点,与后世之说不同的地方,就在此处。

今吾子特举学、问、思、辨以穷天下之理,而不及笃行,是专以学、问、思、辨为知,而谓穷理为无行也已。天下岂有不行而学者邪?岂有不行而遂可谓之穷理者邪?明道云:"只穷理,便尽性至命①。"故必仁极仁,而后谓之能穷仁之理;义极义,而后谓之能穷义之理。仁极仁则尽仁之性矣,义极义则尽义之性矣。学至于穷理,至矣,而尚未措之于行,天下宁有是邪?是故知不行之不可以为学,则知不行之不可以为穷理矣;知不行之不可以为穷理,则知知行之合一并进而不可以分为两节事矣。

【注释】

①"只穷理"二句:语自《二程集·遗书》卷二:"穷理、尽性以至于

命,三事一时并了,元无次序,不可将穷理作知之事。若实穷得
理,即性命亦可了。"

【译文】

现在你特别举出博学、审问、慎思、明辨来穷尽天下之理,而没有说
到笃行,这是只把博学、审问、慎思、明辨当作知,而不把穷理的功夫当作
行了。天下怎么能有不践行而可为学的呢?又怎么能有不践行就可以
称之为穷理的呢?明道先生说:"穷理就是尽本性达到知天命。"因此行
仁必须将仁做到极致,然后才能说穷尽了"仁"的道理;行义必须将义做
到极致,然后才能说穷尽了义的道理。行仁到极点,就是穷尽了仁的性,
行义到极点,就是穷尽了义的性。如果说为学已经到了穷尽天理的地
步,却还没有实际践行,天下有这样的事吗?因此明白不去践行就不能
为学,就明白了不去践行就不能是穷尽天理了;明白不去践行就不是穷
尽天理,就明白了知行合一、知行并进的道理,就不会把"知"与"行"分
成两件事了。

　　夫万事万物之理不外于吾心,而必曰穷天下之理,是殆
以吾心之良知为未足①,而必外求于天下之广,以裨补增益
之②,是犹析心与理而为二也。夫学、问、思、辨、笃行之功,
虽其困勉至于人一己百,而扩充之极,至于尽性知天,亦不
过致吾心之良知而已。良知之外,岂复有加于毫末乎?今
必曰穷天下之理,而不知反求诸其心③,则凡所谓善恶之机,
真妄之辨者,舍吾心之良知,亦将何所致其体察乎?吾子所
谓"气拘物蔽"者,拘此蔽此而已。今欲去此之蔽,不知致
力于此,而欲以外求,是犹目之不明者,不务服药调理以治
其目,而徒伥伥然求明于其外④,明岂可以自外而得哉!任
情恣意之害,亦以不能精察天理于此心之良知而已。此诚

毫厘千里之谬者,不容于不辨,吾子毋谓其论之太刻也。

【注释】

①殆(dài):尚,还是。

②裨(bì)补、增益:二词同义,有所补益的意思。

③诸:之于。

④怅怅(chāng)然:无所适从的样子。

【译文】

　　万事万物的理不在我心之外,却一定要说穷尽天下事物之理,这还是自认为我心中的良知还不足,而一定要向外寻求于广大天地间的事物,来有所增益,这仍然是把心和理分成两件事了。博学、审问、慎思、明辨、笃行的功夫,虽然资质困勉的人需要花费他人百倍的功夫,但扩充到了极致,到了尽本性、知天理的地步,也不过是实现我心中的良知而已。良知之外,难道还要再添加分毫吗? 如今一定要说穷尽了天下之理,却不知道向内心寻求,那么凡是所谓的善恶缘由,真假辨别,舍弃了我心中的良知,又将怎样体会省察呢? 你所说的"被气息外物束缚掩蔽",正是被这样的错误观念束缚掩蔽住了。如今想要去除这些遮蔽,不知道在内求功夫上用力,却想要向外寻求,这就像是眼睛看不清楚,却不去服药调理来治疗他的眼睛,而只是盲目地向身外寻求光明,光明怎么能从外界寻得呢! 放纵随意行事的危害,也是因为不能在此心良知上来细致考察天理而已。这正是毫厘千里的谬误,不能不辨明,希望你不要认为我说得太苛刻了。

八

【题解】

　　本条阐明心学的三个观点:致知明德不废实学;意之本体即是知,意之所在即是物;格物即正心。其事虽不同,但都强调了心的本体性、心物不二和先立其大功夫的重要性。

　　来书云:"教人以致知明德,而戒其即物穷理,诚使昏暗之士深居端坐①,不闻教告,遂能至于知致而德明乎? 纵令静而有觉②,稍悟本性,则亦定慧无用之见,果能知古今,达事变,而致用于天下国家之实否乎? 其曰'知者意之体,物者意之用'③,'格物如"格君心之非"之"格"'④,语虽超悟独得,不蹈陈见,抑恐于道未相吻合?"

【注释】

①诚使:假使。

②纵令:即使。

③知者意之体,物者意之用:佐藤一斋谓此二语出自王阳明的《古本大学旁释》,近藤康信沿之。因《古本大学旁释》佚失,无考。

④格君心之非:语自《孟子·离娄上》:"人不足与适也,政不足间也,惟大人为能格君心之非。君仁莫不仁,君义莫不义,君正莫不正。一正君而国定矣。"

【译文】

　　来信写道:"教导人们要致知明德,劝诫他们不要即物穷理,假若让内心昏蔽的人深居静坐,不听教导,就能达到实现良知和明白德行的境界吗? 即使在静中有所知觉,稍微体悟到本性,那也都是一些禅定智慧,没有用处的见解,果真能通晓古今,彻达事变,在天下国家的实事中派上用场吗? 您说'知是意的本体,物是意的作用','格物就像"纠正君主心中的不正之念"的"格"',这句话虽然超悟,独特,不落俗套,还是恐怕与道并不吻合吧?"

　　区区论致知格物，正所以穷理，未尝戒人穷理，使之深居端坐而一无所事也。若谓即物穷理，如前所云务外而遗内者，则有所不可耳。昏暗之士，果能随事随物精察此心之天理，以致其本然之良知，则"虽愚必明，虽柔必强"①。大本立而达道行②，九经之属可一以贯之而无遗矣，尚何患其无致用之实乎？彼顽空虚静之徒，正惟不能随事随物精察此心之天理，以致其本然之良知，而遗弃伦理，寂灭虚无以为常，是以要之不可以治家国天下。孰谓圣人穷理尽性之学而亦有是弊哉？

【注释】

①虽愚必明，虽柔必强：语自《中庸》第二十章："人一能之己百之，人十能之己千之。果能此道矣，虽愚必明，虽柔必强。"

②大本立而达道行：语自《中庸》首章："中也者，天下之大本也；和也者，天下之达道也。致中和，天地位焉，万物育焉。"

【译文】

　　我所说的致知格物，正是穷理的意思，未曾禁止人们穷理，让他们深居端坐，无所事事。如果说即物穷理就像之前所说的向外追求而忽视内心存养，那就有不正确了。内心昏蔽的人，如果能够随时随物精确体察这心中的天理，来实现本来的良知，那么"即使愚笨的人也一定能聪明起来，即使软弱的人也一定能坚强起来"。只要天下至大的根本得以确立，天下通达的大道得以畅行，九经之类的规范可以一以贯之，没有任何遗漏，那么还担心没有经世致用的本事吗？那些顽固空洞虚无寂静的人，正是因为不能随事随物精确体察这心中的天理，来实现他本来的良知，反而遗弃伦理，将寂灭虚无当作平常事，因此他们不能治理家国天下。谁说圣人穷天理、尽人性的学问也有这样的弊病呢？

心者身之主也，而心之虚灵明觉，即所谓本然之良知也。其虚灵明觉之良知应感而动者，谓之意，有知而后有意，无知则无意矣。知非意之体乎？意之所用，必有其物，物即事也。如意用于事亲，即事亲为一物；意用于治民，即治民为一物；意用于读书，即读书为一物；意用于听讼[①]，即听讼为一物：凡意之所用，无有无物者，有是意即有是物，无是意即无是物矣。物非意之用乎？

【注释】

①听讼：即审理案件。

【译文】

心是身的主宰，而心中的虚灵明觉就是所谓本然具有的良知。虚灵明觉的良知因感应而发动的时候，就称之为"意"，有良知然后才有意念，没有良知也就没有意念了。良知难道不是意念的本体吗？意念的发用一定是有对象的，这个对象就是物，物也就是事。例如意念发用在侍奉双亲上，那么侍奉双亲就是一件事物；意念发用在治理民众上，那么治理民众就是一件事物；意念发用在读书上，那么读书就是一件事物；意念发用在诉讼上，那么诉讼就是一件事物：凡意念发用的地方，都有事物的存在，有这种意念就有这种事物，没有这种意念就没有这种事物。事物的存在难道不是意念的作用吗？

"格"字之义，有以"至"字训者，如"格于文祖""有苗来格"[①]，是以"至"训者也。然"格于文祖"，必纯孝诚敬，幽明之间，无一不得其理，而后谓之"格"；有苗之顽，实以文德诞敷而后格[②]，则亦兼有"正"字之义在其间，未可专以"至"字尽之也。如"格其非心""大臣格君心之非"之类[③]，是则一皆"正其不正以归于正"之义，而不可以"至"字为训矣。且《大学》"格物"之训，又安知其不以"正"字为训，而必以"至"字为义乎？如以"至"字为义者，必曰"穷至事物之理"，而后其说始通，是其用功之要全在一"穷"字，用力之地全在一"理"字也。若上去一"穷"，下去一"理"字，而直曰"致知在至物"，其可通乎？夫穷理尽性，圣人之成训，见于《系辞》者也④。苟"格物"之说而果即"穷理"之义，则圣人何不直曰"致知在穷理"，而必为此转折不完之语，以启后世之弊邪？盖《大学》"格物"之说，自与《系辞》穷理大旨虽同，而微有分辨。穷理者，兼格、致、诚、正而为功也，故言"穷理"则格、致、诚、正之功皆在其中；言"格物"则必兼举致知、诚意、正心，而后其功始备而密。今偏举格物而遂谓之穷理，此所以专以穷理属知，而谓格物未尝有行，非惟不得格物之旨，并穷理之义而失之矣。此后世之学所以析知行为先后两截，日以支离决裂，而圣学益以残晦者，其端实始于此。吾子盖亦未免承沿积习，则见以为于"道未相吻合"，不为过矣。

【注释】

①格于文祖：语自《尚书·舜典》："二十有八载，帝乃殂落。百姓如丧考妣，三载，四海遏密八音。月正元日，舜格于文祖，询于四岳，辟四门，明四目，达四聪。"文祖，指尧的庙。有苗来格：语自《尚书·大禹谟》："禹拜昌言，曰'俞'。班师振旅。帝乃诞敷文德，舞干羽于两阶，七旬有苗格。"

②诞敷：广泛传布，遍布。

③格其非心:语自《尚书·冏命》:"惟予一人无良,实赖左右前后有位之士,匡其不及。绳愆纠缪,格其非心,俾克绍先烈。今予命汝作大正,正于群仆侍御之臣,懋乃后德,交修不逮。"

④"夫穷理尽性"三句:语自《周易·说卦》,此处误为《周易·系辞》。《系辞》,《周易》经传之名,是解释《周易》经文的著作,分上下两篇。

【译文】

"格"字的意思,有用"至"来训释的,比如"格于文祖"和"有苗来格",这都是用"至"训释的。然而"格于文祖",一定要做到纯然的孝敬,明暗之间的道理无一不通其理,然后才能称之为"格";有苗族人顽劣,应当以文德教化他们然后才能"格",那么也就同时具有"正"字的含义了,不能专用"至"一个字解释全部的含义。例如"格其非心""大臣格君心之非"之类中的"格",这些都是"纠正其不正确的地方以使其归于正当"的意思,而不能以"至"字来解释。况且《大学》中关于"格物"的训释,又怎能知道它不以"正"字来训释,而一定要用"至"的含义呢?如果用"至"的含义,一定要主张"穷至事物之理",然后这种解释才说得通,这样用功的关键全在一个"穷"字上,用力的地方全在一个"理"字上。如果前面去掉"穷"字,后面去掉"理"字,直接说"致知在至物",能说得通吗?穷理尽性,是圣人既定的教诲,在《周易·说卦》中有所记载。如果"格物"的就是"穷理"的含义,那么圣人为什么不直接说"致知在穷理",而一定要说这种转折未尽的话,导致后世理解上的弊端呢?《大学》中"格物"的学说,与《周易·说卦》中的"穷理"主旨虽然相同,然而也有细微的差别。"穷理"是兼收并蓄了格物、致知、诚意、正心的功夫,因此一说"穷理",格物、致知、诚意、正心的功夫都在其中;说到"格物",就一定要同时具有致知、诚意、正心,然后功夫才能完备严密。现在单方面地说到"格物",就将它称之为"穷理",这是只把"穷理"当作知,而认为"格物"中没有行,这不仅没能把握"格物"的主旨,连"穷理"的本义都失去了。这就是后世学者之所以将"知"和"行"分析成前后分离的两部分,功夫日渐支离破碎,圣学也日益残缺晦涩的原因,其端倪实际上就是从这里起始的。你大概也没有免除承袭旧论的弊端,认为我的学说"与道并不吻合",也不是很过分。

九

【题解】

本条讲诚意、致知、格物的功夫次第与关系。王阳明于此坚持了其心本论的立场,认为功夫要从心出发。首先,要在心上做功夫,去除私欲杂念对心体的遮蔽,使心所发之意达到诚的状态,这即是诚意的功夫。意诚则知至。其次,从心出发做功夫,依致得之良知,推之于事事物物,即是格物。王阳明的心学功夫在这里坚持了其对大学古本"三纲""八目"的诠释系统。

来书云:"谓致知之功将如何为温清、如何为奉养,即是诚意,非别有所谓格物,此亦恐非。"

【译文】

来信写道:"所谓致知的功夫,就是如何使父母冬暖夏凉、如何奉养父母得当,这就是诚意,此外没有所谓的格物,这恐怕不对吧。"

此乃吾子自以己意揣度鄙见而为是说,非鄙人之所以告吾子者矣。若果如吾子之言,宁复有可通乎?盖鄙人之见,则谓意欲温清,意欲奉养者,所谓意也,而未可谓之诚意。必实行其温清奉养之意,务求自慊而无自欺[①],然后谓之诚意。知如何而为温凊之节、知如何而为奉养之宜者，所谓知也，而未可谓之致知。必致其知如何为温凊之节者之知，而实以之温凊，致其知如何为奉养之宜者之知，而实以之奉养，然后谓之致知。温凊之事，奉养之事，所谓物也，而未可谓之格物。必其于温凊之事也，一如其良知之所知，当如何为温凊之节者而为之，无一毫之不尽；于奉养之事也，一如其良知之所知，当如何为奉养之宜者而为之，无一毫之不尽，然后谓之格物。温凊之物格，然后知温凊之良知始致；奉养之物格，然后知奉养之良知始致，故曰“物格而后知至”②。致其知温凊之良知，而后温凊之意始诚；致其知奉养之良知，而后奉养之意始诚；故曰“知至而后意诚”。此区区“诚意、致知、格物”之说盖如此。吾子更熟思之，将亦无可疑者矣。

【注释】

①慊（qiè）：满足。

②“物格而后知至”及下文“知至而后意诚”：语自《大学》首章：“物格而后知至，知至而后意诚，意诚而后心正，心正而后身修，身修而后家齐，家齐而后国治，国治而后天下平。”

【译文】

这是你自己用自己的想法来揣度我的观点才如此说的，并不是我对你讲过的。如果真如你说的那样，难道能讲得通吗？我大概的看法是，想要让父母冬暖夏凉、想要奉养父母，这只是意念，还不能称之为诚意。一定要切实实践了温凊奉养的意念，并且务求自己对此感到满足而不是违心的，这才能叫诚意。知道如何是温凊有节、如何是奉养得宜，这是所谓的知，但还不能称之为致知。一定要将如何使父母温清有节的认知推行于父母，使父母切实得到温清有节，一定要将如何使父母奉养得宜的认知推行于父母，使父母切实得到奉养，然后才能称之为致知。温清和奉养的事，是所谓的物，而不能称之为格物。一定要在温清的事上，按照自己良知所认为的应该如何做到温清有节的方法来实践，没有一点儿保留；在奉养的事上，按照自己良知所认为的应该如何做到奉养得宜的方法来实践，没有一点儿保留，然后才能称之为格物。温清这一物"格"了，然后是父母温清有节的良知才算实现了；奉养之物"格"了，然后使父母奉养得宜的良知才算实现了，因此说"物格而后知至"。实现了使父母冬暖夏凉的良知，然后使父母冬暖夏凉的意念才算是"诚"了；实现了奉养父母的良知，然后奉养父母的意念才算是"诚"了；因此说"知至而后意诚"。我关于"诚意、致知、格物"的学说大体如此。你再好好想想，也就没有什么可疑惑的了。

十

【题解】

本条重在阐释"心"为标准的问题。良知人人具有，简易明白，是衡定功夫事变的标准，此为心学之大端。致得良知明白，故万事万变皆在其中，不需外求标准。所以在王阳明看来，为学就是做致良知功夫，精察此心之天理而已，无须精察节目之繁，困于事变之详。故梁启超云："此与朱子即物穷理之说相较，真令人有絜领振裘之乐。"可见，心学功夫之简易通彻。

来书云："道之大端易于明白，所谓'良知良能，愚夫愚妇可与及者'①。至于节目时变之详，毫厘千里之缪，必待学而后知。今语孝于温清定省，孰不知之？至于舜之不告而娶^②，武之不葬而兴师^③，养志养口^④，小杖大杖^⑤，割股庐墓等事^⑥，处常处变，过与不及之间，必须讨论是非，以为制事之本，然后心体无蔽，临事无失。"

【注释】

①"道之大端"二句：语自《中庸》第十二章："君子之道费而隐，夫妇之愚可以与知焉，及其至也，虽圣人亦有所不知焉；夫妇之不肖，可以能行焉，及其至也，虽圣人亦有所不能焉。"

②舜之不告而娶：典出《孟子·万章上》："万章问曰：'《诗》云：娶妻如之何，必告父母。信斯言也，宜莫如舜；舜之不告而娶，何也？'孟子曰：'告则不得娶，男女居室，人之大伦也。如告，则废人之大伦，以怼父母。是以不告也。'万章曰：'舜之不告而娶，则吾既得闻命矣。帝之妻舜而不告，何也？'曰：'帝亦知告焉，则不得妻也。'"

③武之不葬而兴师：典出《史记·伯夷列传》："西伯卒，武王载木主，号为文王，东伐纣。伯夷、叔齐叩马而谏曰：'父死不葬，爰及干戈，可谓孝乎？以臣弑君，可谓仁乎？'"

④养志养口：典出《孟子·离娄上》："曾子养曾晳，必有酒肉；将彻，必请所与，问有余，必曰'有'。曾晳死，曾元养曾子，必有酒肉；将彻，不请所与；问有余，曰：'亡矣。'将以复进也。此所谓养口体者也。若曾子，则可谓养志也。事亲若曾子者，可也。"

⑤小杖大杖：典出《孔子家语》卷四："子曰：'汝不闻乎？昔瞽瞍有子曰舜，舜之事瞽瞍，欲使之，未尝不在于侧。索而杀之，未尝可得。小棰则待过，大杖则逃走。故瞽瞍不犯不父之罪，而舜不失蒸蒸之孝。今参事父，委身以待暴怒，殪而不避，既身死而陷父于不义，其不孝孰大焉？汝非天子之民也？杀天子之民，其罪奚若？'"

⑥割股庐墓：割股与庐墓在古籍中有很多记载，如《宋史·选举一》（卷一百五十五）记载苏轼语：“上以孝取人，则勇者割股，怯者庐墓。”

【译文】

来信写道：“圣人之道大的方面容易明白，就像您所说的‘良知良能，即使愚夫愚妇也能明白’。至于具体细节以及随时代更替而变化的详情，就有毫厘千里的差别，必须学习后才能明白。现在就季节温清、早晚定省上谈论孝道，谁不明白？至于舜不向父母请示就娶亲，武王未安葬文王就兴兵，曾子赡养父亲是遵从父亲的意愿而曾元赡养父亲就只是为了让他活命，父亲用小杖打就应该承受，用大杖打就应该逃走，割股疗亲，结庐守孝等事，在正常与非常时，过度与不足之间，一定要讨论出是非，作为处理事情的准则，然后心体才能不被蒙蔽，遇事才能没有过失。”

“道之大端易于明白”，此语诚然。顾后之学者，忽其易于明白者而弗由，而求其难于明白者以为学，此其所以“道在迩而求诸远，事在易而求诸难”也①。孟子云：“夫道若大路然，岂难知哉？人病不由耳！”②良知良能，愚夫愚妇与圣人同。但惟圣人能致其良知，而愚夫愚妇不能致，此圣愚之所由分也。节目时变，圣人夫岂不知？但不专以此为学。而其所谓学者，正惟致其良知，以精察此心之天理，而与后世之学不同耳。吾子未暇良知之致，而汲汲焉顾是之忧，此正求其难于明白者以为学之弊也。夫良知之于节目时变，犹规矩尺度之于方圆长短也。节目时变之不可预定，犹方圆长短之不可胜穷也。故规矩诚立，则不可欺以方圆，而天下之方圆不可胜用矣；尺度诚陈，则不可欺以长短，而天下之长短不可胜用矣；良知诚致，则不可欺以节目时变，而天下之节目时变不可胜应矣。毫厘千里之缪，不于吾心良知一念之微而察之，亦将何所用其学乎？是不以规矩而欲定天下之方圆，不以尺度而欲尽天下之长短，吾见其乖张谬戾，日劳而无成也已。

【注释】

①"道在迩"二句：语自《孟子·离娄上》："孟子曰：'道在迩而求诸远。事在易而求诸难。人人亲其亲，长其长，而天下平。'"迩，近。

②"夫道若"三句：语自《孟子·告子下》："夫道若大路然，岂难知哉？人病不求耳。子归而求之，有余师。"

【译文】

"圣人之道大的方面容易明白"，这话的确是这样。只是后来的学者忽略容易明白的大道理不遵循，却把探究那些难以明白的东西作为学问，这就是孟子所说的"道在近处却往远处求，事情本来容易却往难处做"。孟子说："圣人之道就像大路，难道很难认知吗？人们的弊病在于不去探求而已！"在良知良能上，愚夫愚妇和圣人是相同的。但是只有圣人能致良知，愚夫愚妇却不能，这就是圣人与愚人的差别之所在。具体内容随时代而变化，圣人怎么会不知道？只是不会专门把它当做学问罢了。圣人所谓的学问，正是致良知来精确体察心中的天理，这与后世所说的学问不同。你不花时间去致良知，却念念不忘为这些细节问题发愁，这正是把那些难以明白的东西当成学问的弊端。良知对于随时而变的具体内容，就像规矩尺度对于方圆长短一样。随时而变的细节不能事先确定，就像方圆长短的无穷无尽一样。所以规矩一旦确定，那么是方是圆就十分明白，但天下的方圆仍没有穷尽；尺度一旦制定，那么是长是短就十分明白，但天下的长短仍没有穷尽；良知得以推广了，那么细节的随时变化就显明无遗,但天下不断变化的具体情况仍难以一一应付。毫厘千里的差异,如不在心中良知的细微处认真体察,所学的东西又有什么用呢?因此不用规矩而要确定天下的方圆,不用尺度而要确定天下的长短,在我看来这种做法乖张荒谬,只会天天辛劳而无所收获。

　　吾子谓:"语孝于温清定省,孰不知之?"然而能致其知者鲜矣。若谓粗知温清定省之仪节,而遂谓之能致其知,则凡知君之当仁者皆可谓之能致其仁之知,知臣之当忠者皆可谓之能致其忠之知,则天下孰非致知者耶?以是而言,可以知致知之必在于行,而不行之不可以为致知也明矣。知行合一之体,不益较然矣乎?夫舜之不告而娶,岂舜之前已有不告而娶者为之准则,故舜得以考之何典,问诸何人,而为此邪?抑亦求诸其心一念之良知,权轻重之宜,不得已而为此邪?武之不葬而兴师,岂武之前已有不葬而兴师者为之准则,故武得以考之何典,问诸何人,而为此邪?抑亦求诸其心一念之良知,权轻重之宜,不得已而为此邪?使舜之心而非诚于为无后,武之心而非诚于为救民,则其不告而娶与不葬而兴师,乃不孝不忠之大者。而后之人不务致其良知,以精察义理于此心感应酬酢之间,顾欲悬空讨论此等变常之事,执之以为制事之本,以求临事之无失,其亦远矣!其余数端皆可类推,则古人致知之学从可知矣。

【译文】
　　你所说的:"在温清定省上谈论孝道,谁不明白?"然而能真正实践其所知之孝道的人却很少。如果说粗略明白温清定省的礼数就是说能推行了孝的良知，那么凡是知道君王应当仁爱的人，都可以说他们推行了仁的良知，凡是知道臣子应当忠诚的人，都可以说他们推行了忠的良知，这样，天下还有谁不能致得良知呢？由此而言，可知"致知"一定要付诸"行"，不"行"就不能算"致知"，这就很清楚了。知行合一的概念，不也就更明白了吗？至于舜不请示父母而娶妻，难道是舜之前已经有不请示父母而娶妻的准则，所以舜能够考证什么经典，询问什么人，才这样做？还是他根据心中的一念良知，权衡轻重利弊，迫不得已才这样做？武王不安葬文王就兴兵讨伐，难道武王之前已经有不安葬先王就兴兵讨伐的准则，所以武王能够考证什么经典，询问什么人，才这样做？还是他根据心中的一念良知，权衡轻重利弊，迫不得已才这样做？假如舜的心中不是真的担心没有后代，武王心中不是真的要救民于水火之中，那么舜不请示父母而娶妻和武王不安葬先王而兴兵讨伐，就真的是最大的不孝和不忠了。后世的人不努力实践他们的良知，不在内心感应事变之间精确体察天理，只想着凭空讨论这些权变和经常的事情，并把它们作为待人处事的原则，以求得处事时没有过失，这距离圣人之道也太远了！其余几件事都可以根据上述的来类推，那么古人致良知的学问由此就可以知道了。

十一

【题解】

本条论"知行合一"。在王阳明看来，功夫无他，致良知而已。一方面强调功夫的内求向度，本心内在，不假外求；一方面强调"知"为内在之知，非口耳谈说之知。"知"的内在性和功夫的内向性达成了统一。此外，本条以"心"释"经"（"六经""四书"）的诠释学立场颇为鲜明，这与王阳明的经学观是一致的，是可注意者。

　　来书云："谓《大学》'格物'之说专求本心，犹可牵合。至于'六经''四书'所载'多闻多见'①，'前言往行'②，'好古敏求'③，'博学审问'④，'温故知新'⑤，'博学详说'⑥，'好问好察'⑦，是皆明白求于事为之际，资于论说之间者。用功节目固不容紊矣。"

【注释】

①多闻多见：语自《论语·为政》："子张学干禄。子曰：'多闻阙疑，慎言其余，则寡尤。多见阙殆，慎行其余，则寡悔。言寡尤，行寡悔，禄在其中矣。'"

②前言往行：语自《周易·大畜卦》卦辞："君子以多识前言往行，以畜其德。"

③好古敏求：语自《论语·述而》："子曰：'我非生而知之者，好古敏以求之者也。'"

④博学审问：语自《中庸》第二十章："博学之，审问之，慎思之，明辨之，笃行之。"

⑤温故知新：语自《论语·为政》："温故而知新，可以为师矣。"

⑥博学详说：语自《孟子·离娄下》："博学而详说之，将以反说约也。"

⑦好问好察：语自《中庸》第六章："舜好问而好察迩言。"

【译文】

　　来信写道："您认为《大学》中'格物'的意思是专门探求本心，还能牵强理解。至于'六经''四书'中记载的'多闻多见'，'前言往行'，'好古敏求'，'博学审问'，'温故知新'，'博学详说'，'好问好察'，这些都是很明显求理于处事作为中和辩论谈说间的，可见，做功夫的名目次序原本是不能乱的。"

"格物"之义，前已详悉，牵合之疑，想已不俟复解矣。至于"多闻""多见"，乃孔子因子张之务外好高，徒欲以多闻多见为学，而不能求诸其心，以阙疑殆，此其言行所以不免于尤悔。而所谓见闻者，适以资其务外好高而已。盖所以救子张多闻多见之病，而非以是教之为学也。

【译文】

"格物"的含义，前面已经详细解释，至于你觉得有牵强的疑问，想必已经不需要等我再解释了。至于说"多闻""多见"，则是孔子针对子张好高骛远的毛病而说的，只想以多闻多见为学问，而不能反求之于心，保留有疑虑的问题，因此他的语言行为难免有过错和悔恨。所谓的见闻正好助长了他好高骛远、向外探求的毛病。所以孔子的话是为了纠正子张的毛病，而不是教导子张把多闻多见当做学问。

夫子尝曰："盖有不知而作之者，我无是也^①。"是犹孟子"是非之心，人皆有之"之义也。此言正所以明德性之良知，非由于闻见耳。若曰"多闻择其善者而从之，多见而识之"，则是专求诸见闻之末，而已落在第二义矣，故曰"知之次也"。夫以见闻之知为次，则所谓知之上者果安所指乎？是可以窥圣门致知用力之地矣。夫子谓子贡曰："赐也，汝以予为多学而识之者欤？非也，予一以贯之。"^②使诚在于多学而识，则夫子胡乃谬为是说以欺子贡者邪？"一以贯之"，非致其良知而何？《易》曰："君子多识前言往行，以畜其德。"夫以畜其德为心，则凡多识前言往行者，孰非畜德之事？此正知行合一之功矣。

【注释】

①"盖有"二句：语自《论语·述而》："盖有不知而作之者，我无是也。多闻，择其善者而从之，多见而识之，知之次也。"

②"夫子谓子贡曰"及以下四句：语自《论语·卫灵公》："子曰：'赐也，女以予为多学而识之者与？'对曰：'然，非与？'曰：'非也，予一以贯之。'"

【译文】

孔子曾说："大概有一种人什么都不知道，却凭空乱说，我不是这种人。"这句话就如同孟子所说的"是非之心，人皆有之"的意思。这话正说明人的德性良知不是从见闻中得来的。至于孔子说"多听，选取那好的便依从它；多看，把看到的记下来"，则是专门探求于见闻的细枝末节，这已经是次要的事了，所以孔子说"知之次也"。如果以见闻方面的知识为次要的学问，那么首要的学问具体指的是什么呢？从这里可以看出圣学致知用功的地方。孔子对子贡说："端木赐啊，你认为我是多学多识的人吗？不是的，我的学问是由一个忠恕之道贯穿着的。"假使良知真的在于多闻多见，那么孔子为什么要用这种谬论来欺骗子贡呢？"一以贯之"，不是致良知又是什么？《周易》说："君子应该多记自己以前的语言和行为，以此来存养自己的德性。"如果目的在于存养德性，那么更多地了解前人的言行，难道不是存养德性的事吗？这正是知行合一的功夫。

"好古敏求"者，好古人之学而敏求此心之理耳。心即理也，学者，学此心也；求者，求此心也。孟子云："学问之道无他，求其放心而已矣。"①非若后世广记博诵古人之言词，以为好古，而汲汲然惟以求功名利达之具于其外者也。"博学审问"，前言已尽。"温故知新"，朱子亦以温故属之"尊德性"矣②。德性岂可以外求哉？惟夫"知新"必由于"温故"，而"温故"乃所以"知新"，则亦可以验"知""行"之非两节矣。"博学而详说之"者，将以反说约也，若无反约之云，则"博学详说"者果何事邪？舜之"好问好察"，惟以用中而致其精一于道心耳。道心者，良知之谓也。君子之学，何尝离去事为而废论说？但其从事于事为论说者，要皆知行合一之功，正所以致其本心之良知，而非若世之徒事口耳谈说以为知者，分"知""行"为两事，而果有节目先后之可言也。

【注释】

①"孟子云"及以下二句：语自《孟子·告子上》："仁，人心也；义，人路也。舍其路而弗由，放其心而不知求，哀哉！人有鸡犬放，则知求之；有放心而不知求。学问之道无他，求其放心而已矣。"

②朱子亦以温故属之"尊德性"矣：《朱子语类》卷六十四："温故只是存得这道理在，便是尊德性；敦厚只是个朴实头，亦是尊德性。"

【译文】

所谓"好古敏求"，是喜爱古人的学问，勤奋地探求心中的天理。心就是天理，学，就是学习这个本心；求，就是探求这个本心。孟子说："做学问没有其他什么方法，就是把放纵的心收拾起来而已。"而不是像后世的人，广泛记诵古人的言词，认为这就是好古，却又念念不忘追求功名利益等外在的东西。"博学审问"，前面已经说过。"温故知新"，朱子也认为"温故"属于"尊德性"的范畴。德性难道可以在心外探求吗？"知新"必须通过"温故"，"温故"才能"知新"，这也可以证明"知""行"不是两件事了。至于"博学而详说之"，是为了重新返回到简单的表达中来，如果没有"以反说约"的说法，那么"博学详说"到底是为了什么呢？舜"好问好察"，就是用中正平和，使得他的心精纯至极达到天理的境界。道心就是良知。君子的学问，何曾离开过事事为为，抛弃过论辩讲说呢？只是事事为为和论辩讲说都要遵循知行合一的功夫，这正是为了实现本心中的良知，而不是像世人那样只是把从事口耳之学和夸夸其谈当作知，把"知"和"行"分作两件事，然后说什么做功夫果真有先后次序。

十二

【题解】

王阳明于本条集中阐述了拔本塞源之论，是本书信中的精华。在论述层次上，可谓先破后立再扬。首先，驳斥了不知内求于心，不以良知为标准，而专务于精察古今事变、礼乐名物，惑于外物的现象，指出这种方法不是成圣之方；其次，阐明拔本塞源之论，其要在于万物一体之论。为学学此也；再次，指出当世之学已离圣学益远，陷入追求功利和满足私欲之中。倡明圣学，有待豪杰之士。可谓层次清晰，逻辑严密。此条之价值一则在学术方面，阐明万物一体之论，如施邦曜所云："此书前悉知行合一之论，广譬博说，旁引曲喻，不啻开云见日。后拔本塞源之论，阐明古今学术升降之因，真是将五藏八宝，悉倾以示人。读之即昏愚亦恍然有觉。此正是先生万物一体之心，不惮详言以启后学也。当详玩毋忽"；一则在现实价值，针砭时弊，如唐久经云："长沙（贾谊）过秦，在秦亡后。先生过明，在明方盛。此所以入神。"

来书云："杨、墨之为仁义①，乡愿之乱忠信②，尧、舜、子之之禅让③，汤、武、楚项之放伐④，周公、莽、操之摄辅⑤，漫无印正⑥，又焉适从？且于古今事变、礼乐名物，未尝考识，使国家欲兴明堂⑦，建辟雍⑧，制历律，草封禅⑨，又将何所致其用乎？故《论语》曰'生而知之'者，义理耳。若夫礼乐名物、古今事变，亦必待学而后有以验其行事之实⑩。此则可谓定论矣。"

【注释】

①杨、墨之为仁义：语自《孟子·尽心上》："孟子曰：'杨子取为我，拔一毛而利天下，不为也；墨子兼爱，摩顶放踵利天下，为之。'"杨，即杨朱，字子居，又称阳生，战国时魏人。主张为我，近似于义。墨，即墨子。提倡兼爱、非攻，反对儒家"爱有差等"，近似于仁。

②乡愿之乱忠信：语自《论语·阳货》："乡愿，德之贼也。"又见《孟子·尽心下》："同乎流俗，合乎污世。居之似忠信，行之似廉絜。故曰德之贼也。"乡愿，指不讲原则的好好先生。

③尧、舜、子之之禅（shàn）让：据《孟子·万章上》记载，尧子丹朱不肖，尧禅让帝位于贤臣舜。舜子商均不肖，舜让位于禹。又《史记·燕召公世家》记载，燕王哙让国于其相子之，三年，国大乱。禅让，指把帝位让给他人。

④汤、武、楚项之放伐：据《尚书》《孟子·梁惠王下》载，夏桀无道，商汤放之于南巢。商纣无道，周武王克之于牧野。又见《史记·项羽本纪》载，楚项羽击杀义帝，自称西楚霸王，居心篡夺，卒至自刎。

⑤周公、莽、操之摄辅：《史记·周本纪》载，周成王年幼嗣位。周公摄政，纳贤摄礼，而国大治。《汉书·王莽传》载，王莽在西汉平帝朝为大司马，擅权。既而弑平帝，立孺子婴，自摄其政。不久篡位，国号新。又《三国志·魏书·武帝纪》载，曹操相汉，专权，自诩为周文王，后其子曹丕篡位。

⑥谩（màn）：义同"莫"，不。正：通"证"。

⑦明堂：古代施政行礼之所。

⑧辟雍：周时为贵族子弟所设的大学。形如璧环，四面有水。

⑨封禅：筑土为坛曰封，古者封大山而祭天。除地曰禅，禅小山而祭山川。

⑩"故《论语》曰"四句：语自朱熹《论语集注·述而》所引尹焞注："盖生而可知者义理尔。若夫礼乐名物，古今事变，亦必待学，而后有以验其实也。"

【译文】

来信写道："杨朱、墨子主张仁义，乡愿败坏忠信，尧、舜、子之的禅让，商汤、周武王、项羽的放逐与杀伐，周公、王莽、曹操的摄政，这些事烦琐而无从印证，又该听从谁呢？况且对于古今事变、礼乐名物，没有考察识别，假如国家要造明堂、建学校、制定历法乐律、进行封禅大典，又怎么能发挥作用呢？所以《论语》所说的'生而知之'，知的就是义和理。至如礼乐名物、古今事变这些事，也要等学习之后才能验证其是否可行。这句话可以说是定论了。"

所喻杨、墨、乡愿、尧、舜、子之、汤、武、楚项、周公、莽、操之辨，与前舜、武之论，大略可以类推。古今事变之疑，前于良知之说，已有规矩尺度之喻，当亦无俟多赘矣。至于明堂、辟雍诸事，似尚未容于无言者。然其说甚长，姑就吾子之言而取正焉，则吾子之惑将亦可以少释矣。夫明堂、辟雍之制，始见于吕氏之《月令》①，汉儒之训疏。"六经""四书"之中未尝详及也。岂吕氏、汉儒之知，乃贤于三代之贤圣乎？齐宣之时，明堂尚有未毁②，则幽、厉之世③，周之明堂皆无恙也。尧、舜茅茨土阶④，明堂之制未必备，而不害其为治；幽、厉之明堂，固犹文、武、成、康之旧⑤，而无救于其乱。何邪？岂能以不忍人之心而行不忍人之政⑥，则虽茅茨土阶,固亦明堂也;以幽、厉之心而行幽、厉之政,则虽明堂,亦暴政所自出之地邪! 武帝肇讲于汉[⑦],而武后盛作于唐[⑧],其治乱何如邪?

【注释】

① 吕氏之《月令》:吕不韦集诸儒之说撰《吕氏春秋》。中有《十二月纪》,篇首皆有月令,即是月之政令。此十二月令合为《礼记》之《月令》。

② "齐宣"二句:语自《孟子·梁惠王下》:"齐宣王问曰:'人皆谓我毁明堂,毁诸已乎?'孟子对曰:'夫明堂者,王者之堂也。王欲行王政,则勿毁之也?'"

③ 幽、厉:指周幽王(? —前771)、周厉王(? —前828),皆为周之暴君。

④ 茅茨(cí):用茅草覆盖的屋顶。借指茅草屋。

⑤ 文、武、成、康:指周朝第一代王文王、第二代王武王、第三代王成王、第四代王康王,二位皆贤君。

⑥ 岂能以不忍人之心而行不忍人之政:语自《孟子·公孙丑上》:"孟子曰:'人皆有不忍人之心。先王有不忍人之心,斯有不忍人之政矣。以不忍人之心,行不忍人之政,治天下可运之掌上。'"

⑦ 武帝肇讲于汉:《通鉴纲目》卷四载,汉武帝建元元年(前140),赵绾请立明堂,荐其师申公。武帝使使者迎之,始议改历服色等事。

⑧ 武后盛作于唐:《通鉴纲目》卷四十一载,武则天皇后垂拱三年(687)毁乾元殿作明堂。

【译文】

你所说的杨朱、墨子、乡愿、尧、舜、子之、商汤、周武王、项羽、周公、王莽、曹操等人的区别,与前面说到的舜和周武王的事迹,大致可以类推。至于对古今事变的疑问,前面在谈论良知时,已经用规矩尺度的比喻解释过，应当也无须再多说了。至于造明堂、建学校等事，似乎还不容许不讲。但是这些事说来话长，姑且根据你信中的话印证一下，这样你的疑惑也将会减少一些。明堂、学校的制度，最早见于吕不韦的《吕氏春秋·月令》和汉代儒生的注释中，"六经""四书"中不曾详细记载。难道吕不韦、汉代儒生的见识超过三代的圣贤吗？齐宣王时，明堂有的还没有被毁掉，那么周幽王、周厉王的时代，周朝的明堂应该都完好无损。尧、舜时期住茅草屋，垒土台阶，明堂的制度未必完备，但这并不影响他们把天下治理得井井有条；周幽王、周厉王时期的明堂及其制度，固然和周朝文王、武王、成王、康王时的一样，但这并不能帮他们治理天下大乱。这是为什么呢？这难道不能说明，用仁爱之心推行仁政，那么即使是茅草屋和土台阶也原本可以起到明堂的作用；以周幽王、周厉王的心来行周幽王、周厉王的暴政，那么即使是真正的明堂，不也成了施行暴政的地方吗！汉武帝曾经与大臣讨论建设明堂，武则天毁掉乾元殿修建明堂，他们治理天下的情况又如何呢？

天子之学曰辟雍，诸侯之学曰泮宫①，皆象地形而为之名耳。然三代之学②，其要皆所以明人伦，非以辟不辟、泮不泮为重轻也。孔子云："人而不仁，如礼何！人而不仁，如乐何！"③制礼作乐，必具中和之德，声为律而身为度者，然后可以语此④。若夫器数之末，乐工之事，祝史之守⑤，故曾子曰："君子所贵乎道者三，笾豆之事，则有司存也。"⑥尧"命羲、和，钦若昊天，历象日月星辰"，其重在于"敬授人时"也⑦。舜在"璇玑玉衡"，其重在于"以齐七政"也⑧。是皆汲汲然以仁民之心而行其养民之政，治历明时之本，固在于此也。

【注释】

①辟雍、泮宫：皆古时大学。形圆似圆璧，围以深沟，曰辟雍；东西门以南通水，北部一半无水，曰泮宫。

②三代之学：语自《孟子·滕文公上》："设为庠、序、学、校以教之：庠者，养也；校者，教也；序者，射也。夏曰校，殷曰序，周曰庠；学则三代共之，皆所以明人伦也。人伦明于上，小民亲于下。"

③"孔子云"及以下四句：语自《论语·八佾》："人而不仁，如礼何？人而不仁，如乐何？"

④"制礼"四句：语自《史记·夏本纪》："禹为人敏给克勤；其德不违，其仁可亲，其言可信；声为律，身为度，称以出；亹亹穆穆，为纲为纪。"

⑤祝史：掌祭祀之官。

⑥"故曾子曰"及以下三句：语自《论语·泰伯》："君子所贵乎道者三：动容貌，斯远暴慢矣；正颜色，斯近信矣；出辞气，斯远鄙倍矣。笾豆之事，则有司存。"笾（biān）、豆，皆祭祀的礼器。

⑦"尧'命羲和……'"二句：语自《尚书·尧典》："尧命羲（氏）和（氏），钦（敬）若（顺）昊（广大）天，历象（考察）日月星辰，敬授民时。"

⑧"舜在'璇玑玉衡'"二句：语自《尚书·尧典》："在璇玑玉衡，以齐七政。"璇玑玉衡，为北斗七星。一至四星名魁，为璇玑；五至七星名杓，为玉衡。一说为玉饰的观测天象的仪器。七政，《尚书·尧典》："七政者，谓春、秋、冬、夏、天文、地理、人道，所以为政也。"一说，为日、月及金、木、水、火、土。

【译文】

　　天子建的学校叫做辟雍，诸侯建的学校叫做泮宫，都是根据地形来命名的。然而三代时的学校，其目的都是昌明伦理纲常，而不是以它的样子像不像璧环、是否建在泮水之畔为重。孔子说："人如果没有仁爱之心,有礼又能怎么样呢！人如果没有仁爱之心,有乐又能怎么样呢!"制作礼乐,必须具备中和的品德,只有以声音乐感为音律,以身体之为尺度的人,才能做这样的工作。至于礼乐器具的细节与技巧,则是乐工和祝史们的职责,所以曾子说:"君子重视的道有三个方面,至于行礼过程中的具体事项,则由有关官员负责安排。"尧"命令羲氏、和氏遵从天道,观测推算日月星辰的运行",重点在于"恭敬地授予百姓农时"。舜"观测北斗七星的运行",重点则在于"安排好七种政事"。这都是念念不忘以仁爱之心推行养育百姓的仁政,制定历法、明白时令的根本就在于此。

羲、和历数之学,皋、契未必能之也①,禹、稷未必能之也②,尧、舜之知而不遍物,虽尧、舜亦未必能之也③。然至于今,循羲和之法而世修之,虽曲知小慧之人、星术浅陋之士④,亦能推步占候而无所忒⑤,则是后世曲知小慧之人,反贤于禹、稷、尧、舜者邪?

【注释】

①皋、契(xiè):皋陶与契。皋陶,又作"咎繇"。舜之臣,为士师,即执法之官。契,舜之臣,为司徒,掌教育。

②禹、稷(jì):禹,舜之臣,平水土。稷,舜之臣,司农业。

③"尧、舜"二句:语自《孟子·尽心上》:"知者无不知也,当务之为急;仁者无不爱也,急亲贤之为务。尧、舜之知而不遍物,急先务也;尧、舜之仁不遍爱人,急亲贤也。"

④星术:指星相术。

⑤推步:推算天象历法。忒(tè):差错。

【译文】

羲氏、和氏在历法和数术方面的才能,皋陶和契未必能有,大禹和后稷也未必能有,尧、舜的智慧不能通晓万物,即便尧、舜也未必具有这样的才能。可是现在,按照羲氏、和氏的方法,加上世世代代的修正积累,即使一知半解略有小聪明的人、星相术浅薄的术士,也能正确推算节气、占卜天象却无所差错,难道是后世一知半解小聪明的人,反而比大禹、后稷、尧、舜还要贤明吗?

"封禅"之说,尤为不经,是乃后世佞人谀士①,所以求媚于其上,倡为夸侈,以荡君心,而靡国费。盖欺天罔人②,无耻之大者,君子之所不道,司马相如之所以见讥于天下后世也③。吾子乃以是为儒者所宜学,殆亦未之思邪!

【注释】

①佞(nìng)人:指阿谀奉承的人。

②欺天罔人:骗天骗人。

③司马相如之所以见讥于天下后世:《通鉴纲目》载,元鼎六年(前111),司马相如撰封禅文,迎合汉武帝,为后世所不取。司马相如(前179—前118),字长卿,蜀郡成都(今四川成都)人。西汉著名词赋家。著有《上林赋》《子虚赋》《喻巴蜀檄》等作品。《史记》《汉书》有传。

【译文】

"封禅"的说法尤其荒诞不经,这是后世的阿谀奉承之徒为了在皇帝面前讨好献媚,怂恿鼓吹,迷惑君心,浪费国力。可以称之为欺天惑人,是最无耻的行为,君子是不屑于言说的,这也正是司马相如受到后世天下人嘲笑的原因。你却认为这些是儒生们应该认真学习的,大概也是没有仔细思考吧!

夫圣人之所以为圣者,以其生而知之也。而释《论语》

者曰:"生而知之者,义理耳。若夫礼乐名物,古今事变,亦必待学而后有以验其行事之实。"夫礼乐名物之类,果有关于作圣之功也,而圣人亦必待学而后能知焉,则是圣人亦不可以谓之生知矣。谓圣人为生知者,专指义理而言,而不以礼乐名物之类,则是礼乐名物之类无关于作圣之功矣。圣人之所以谓之生知者,专指义理而不以礼乐名物之类,则是"学而知之"者,亦惟当学知此义理而已,"困而知之"者,亦惟当困知此义理而已。今学者之学圣人,于圣人之所能知者,未能学而知之,而顾汲汲焉求知圣人之所不能知者以为学,无乃失其所以希圣之方欤? 凡此,皆就吾子之所惑者,而稍为之分释,未及乎拔本塞源之论也①。

【注释】

①拔本塞源:语自《左传·昭公九年》:"我在伯父,犹衣服之有冠冕,木水之有本原,民人之有谋主也。伯父若裂冠毁冕,拔本塞源,专弃谋主,虽戎狄,其何有余一人。"意指清除事物发生的根源。

【译文】

圣人之所以是圣人,是由于他们生而知之。然而诠释《论语》的人说:"生而知之的,是义和理。至于那些礼乐名物,古今事变,也还是要等学习后才能检验其是否属实。"如果礼乐名物之类果真是成为圣人的功夫,圣人也必须等学习然后才能通晓,那么圣人就不能被称为是生而知之了。说圣人是生而知之,是专指"义"和"理"而言的,不包括礼乐名物之类,因此礼乐名物之类的事物与为圣的功夫没有关系。说圣人是生而知之之处,专指义理,不包括礼乐名物之类,那么所谓"学而知之",也应当只是学习通晓义理而已,所谓"困而知之",也应当只是努力学习通晓义理而已。如今为学者学习圣人,对圣人能通晓的义理不去学习掌握,却只念念不忘探求圣人所不知道的东西,并且把它们当做学问,这恐怕是迷失了成为圣人的方向吧? 以上这些都是针对你的困惑稍加分析解释,还不是从根本上廓清问题的论述。

　　夫拔本塞源之论不明于天下,则天下之学圣人者将日繁日难,斯人沦于禽兽、夷狄,而犹自以为圣人之学;吾之说虽或暂明于一时,终将冻解于西而冰坚于东,雾释于前而云滃于后①,呶呶焉危困以死,而卒无救于天下之分毫也已!

【注释】

①云滃(wěng):指云气四起。

【译文】

　　正本清源的学说一天不昌明于天下,那么天下学习圣人的人,就会日渐觉得烦琐艰难,甚至沦为禽兽、夷狄之类,却还自以为学的是圣人的学问;即使我的学说暂时昌明于天下,终究也还是刚解开西边的冻,东边又结上了坚冰,拨开前面的雾,后面又涌起云气,就算我喋喋不休地进行讲说,陷入危困的死境,最终也丝毫不能拯救天下。

　　夫圣人之心,以天地万物为一体①,其视天下之人,无外内远近,凡有血气,皆其昆弟赤子之亲②,莫不欲安全而教养之,以遂其万物一体之念。天下之人心,其始亦非有异于圣人也,特其间于有我之私③,隔于物欲之蔽,大者以小,通者以塞,人各有心,至有视其父、子、兄、弟如仇雠者。圣人有忧之,是以推其天地万物一体之仁以教天下,使之皆有以克其私,去其蔽,以复其心体之同然④。其教之大端,则尧、舜、禹之相授受,所谓“道心惟微,惟精惟一,允执厥中”。

而其节目,则舜之命契,所谓"父子有亲,君臣有义,夫妇有别,长幼有序,朋友有信"五者而已⑤。唐、虞、三代之世,教者惟以此为教,而学者惟以此为学。当是之时,人无异见,家无异习,安此者谓之圣,勉此者谓之贤,而背此者,虽其启明如朱,亦谓之不肖⑥。下至闾井、田野、农、工、商、贾之贱⑦,莫不皆有是学,而惟以成其德行为务。何者?无有闻见之杂,记诵之烦,辞章之靡滥,功利之驰逐,而但使之孝其亲,弟其长,信其朋友,以复其心体之同然。是盖性分之所固有,而非有假于外者,则人亦孰不能之乎?

【注释】

①以天地万物为一体:语自《程氏遗书》卷二程颢语:"仁者以天地万物为一体,莫非己也。"

②昆弟:兄弟。

③特:只。

④同然:语自《孟子·告子上》:"至于心,独无所同然乎?心之所同然者何也?谓理也,义也。圣人先得我心之所同然耳。故理义之悦我心,犹刍豢之悦我口。"

⑤父子有亲,君臣有义,夫妇有别,长幼有序,朋友有信:语自《孟子·滕文公上》:"人之有道也,饱食、暖衣、逸居而无教,则近于禽兽。圣人有忧之,使契为司徒,教以人伦:父子有亲,君臣有义,夫妇有别,长幼有序,朋友有信。"

⑥启明如朱,亦谓之不肖:语自《尚书·尧典》:"放齐曰:'胤子朱启明。'帝曰:'吁!嚚讼可乎?'"又《孟子·万章上》:"丹朱之不肖。""尧崩之后,不从尧之子而从舜也。"朱,丹朱,尧的儿子。启明,开通。

⑦闾井：闾里。泛指民间。

【译文】

圣人的心与天地万物为一体，他看待天下的人，没有内外远近之别，凡是有血气生命的，都是自己的兄弟儿女，没有不想使他们安全并教养他们，以满足他与天地万物一体的信念。天下的人心，在本初处同圣人的心并没有区别，只是在中间夹杂了一己私心，被物欲蒙蔽，天下为公的大心变成了为自己谋私欲的小心，通达的心变得阻塞了，人人各有私心，甚至有人把父子兄弟看成仇人。圣人对此担忧，因此推行他的天地万物为一体的仁爱来教化天下人，使人人都能克治私欲，清除蒙蔽，以恢复他们与圣人相同的心。圣人教化的关键，就是尧、舜、禹一脉相承的，即所谓"道心惟微，惟精惟一，允执厥中"。而圣人教化的具体细节内容，就是舜让契教化天下的"父子有亲，君臣有义，夫妇有别，长幼有序，朋友有信"这五个方面而已。唐、虞及夏、商、周三代，为人师者只教这些内容，为学者也只学这些内容。那时，人人没有不同的观点，家家没有不同的习俗，能自然实践这些内容的就是圣人，通过努力做到这些内容的就是贤人，而违背于这些内容的人，即使他像丹朱一样聪明，也属于不肖之徒。即使是社会底层的田间市井中从事农、工、商、贸的普通人，也都学习这些内容，把成就自己的品德当作第一要务。为什么呢？当时没有乱七八糟的见闻，没有烦琐的记诵，没有数不胜数的诗词文章，更没有对名利的追逐，只是孝顺双亲，尊敬兄长，对朋友忠信，恢复人心本体所共有的良知。这是人性中本来就有的，而不是从外面借求来的，哪个人不能做到呢？

　　学校之中，惟以成德为事。而才能之异，或有长于礼乐，长于政教，长于水土播植者，则就其成德，而因使益精其能于学校之中。迨夫举德而任①，则使之终身居其职而不易。用之者惟知同心一德，以共安天下之民，视才之称否，而不以崇卑为轻重②，劳逸为美恶；效用者亦惟知同心一德，以共安天下之民，苟当其能，则终身处于烦剧而不以为劳，安于卑琐而不以为贱。当是之时，天下之人熙熙皞皞③，皆相视如一家之亲。其才质之下者，则安其农、工、商、贾之分，各勤其业以相生相养，而无有乎希高慕外之心。其才能之异，若皋、夔、稷、契者，则出而各效其能，若一家之务，或营其衣食，或通其有无，或备其器用，集谋并力，以求遂其仰事俯育之愿，惟恐当其事者之或怠而重己之累也。故稷勤其稼，而不耻其不知教，视契之善教，即己之善教也；夔司其乐，而不耻于不明礼，视夷之通礼即己之通礼也④。盖其心学纯明，而有以全其万物一体之仁。故其精神流贯，志气通达，而无有乎人己之分，物我之间。譬之一人之身，目视、耳听、手持、足行，以济一身之用。目不耻其无聪，而耳之所涉，目必营焉；足不耻其无执，而手之所探，足必前焉。盖其元气充周，血脉条畅，是以痒疴呼吸⑤，感触神应，有不言而喻之妙。此圣人之学所以至易至简，易知易从，学易能而才易成者，正以大端惟在复心体之同然，而知识技能非所与论也。

【注释】

①迨（dài）：至，等到。

②崇卑：高低。

③熙熙：和乐貌。皞皞（hào）：广大自得貌。

④夷：伯夷。此为舜之臣，掌礼之官。

⑤痒疴（kē）：指病痛。

【译文】

在学校里，唯以培养人的品德为任务。人的才能不同，有的擅长礼乐,有的擅长政治教化,有的擅长水利农事,就要根据他们的德性,因材施教,使他们的才干在学校里进一步提高。等到推举贤德出任政事,就让他们终身担任职务而不变动。用人的人只知同心同德,共同努力,使得天下百姓安居乐业,看被任用的人才能是否称职,而不以身份高低分出轻重,不以职业辛苦与安逸分出好坏;被任用的人也只知同心同德,共同努力使得天下百姓安居乐业,如果所在的岗位适合自己,就是一生都从事繁重的工作也不认为辛苦,一生从事低下琐碎的工作也不认为卑贱。当时,天下所有的人都高高兴兴,都互相视为亲如一家。那些才质低下的人,则安于农、工、商、贸的职业本分,兢兢业业,互相为对方提供生活必需的物品,却没有攀比、美慕的想法。那些才能不同的,像皋陶、夔、后稷、契一样卓越的人,则出来做官来发挥他们的才能,整个天下的事就像一个家庭的事务,有人负责衣服、食物方面的劳作,有人经商互通有无,有人制造器具,大家群策群力,来实现赡养父母、教导子女的心愿,唯恐自己承担的事务懈怠,因而尽心尽责。所以后稷在农业劳动上勤劳,而不以自己不知教化为耻辱,他把契的善于教化看做是自己也善于教化;夔负责礼乐,而不以自己不明白礼仪为耻辱,把伯夷的通晓礼仪看做是自己也通晓礼仪。因为他们心地纯明,具有完全实现天地万物为一体的仁爱。所以他们的精神流畅,心气通达,没有彼此的区别和人物的差别。就像一个人的身体,眼看、耳听、手持、足行,都是为满足自己身体的需要。眼睛不会因为自己不能听而感到耻辱,耳朵所能听到的,眼睛一定会去看;脚不以不能拿东西为耻辱,手向前伸出去拿东西时,脚一定会向前迈进。大概由于人体元气充沛周行,血脉畅通,因此痒痛呼吸都能被感觉到,并且做出神奇的反应,有不言而喻的妙处。圣人的学问之所以最明白也最简单,容易通晓,容易实践,容易学成,正是因为它主要在于恢复人心本体所共有的天理,而对于具体的知识和技能并不加以论述。

　　三代之衰，王道熄而霸术焻①；孔、孟既没，圣学晦而邪说横。教者不复以此为教，而学者不复以此为学。霸者之徒，窃取先王之近似者，假之于外，以内济其私己之欲，天下靡然而宗之②，圣人之道遂以芜塞。相仿相效，日求所以富强之说，倾诈之谋，攻伐之计，一切欺天罔人，苟一时之得，以猎取声利之术，若管、商、苏、张之属者③，至不可名数。既其久也，斗争劫夺，不胜其祸，斯人沦于禽兽夷狄，而霸术亦有所不能行矣。

【注释】

①焻（chàng）：盛行。

②靡然：草木顺风而倒的样子，比喻望风而动。

③管、商、苏、张：管，管仲（？—前645），名夷吾，颍上（在今安徽境内），春秋时齐国宰相，法家。在齐国进行改革，让齐国强大。提出“尊王攘夷”的口号，使齐桓公成为春秋五霸之首。商，商鞅（约前390—前338），公孙氏，名鞅，卫国人，亦称卫鞅。战国时秦国宰相，法家。在秦国实行变法，使秦国变得强大。苏，苏秦（？—前284），字季子，洛阳（今属河南）人，战国时纵横家。游说六国合纵拒秦。张，张仪（？—前309），魏国人。战国时纵横家。以连横之说，分化瓦解六国，以使秦国逐个攻破六国。

【译文】

　　夏、商、周三代以后，王道衰退，霸道兴盛；孔子、孟子去世之后，圣学晦暗，邪说横行。教的人不再教圣人之学，学的人也不再学圣人之学。讲霸道的人，偷偷用与先王相似的东西，借助外在的知识技能来满足自己的私欲，世人都纷纷尊崇他们，圣人之道就荒芜阻塞了。世人互相效仿，天天探求能够富国强兵的学说，倾轧欺瞒的计谋，征伐兴兵的策略，以及一切瞒天骗人，有可能得逞一时并获取功利的手段，像管仲、商鞅、苏秦、张仪这样的人，多得不计其数。长此以往，互相争斗抢夺，祸害无穷，这些人沦为夷狄、禽兽，连各种霸道之术也不能推行了。

　　世之儒者，慨然悲伤，搜猎先圣王之典章法制，而掇拾修补于煨烬之余①，盖其为心，良亦欲以挽回先王之道。圣学既远，霸术之传，积渍已深②，虽在贤知，皆不免于习染，其所以讲明修饰，以求宣畅光复于世者，仅足以增霸者之藩篱，而圣学之门墙遂不复可睹。于是乎有训诂之学③，而传之以为名；有记诵之学，而言之以为博；有词章之学，而侈之以为丽④。若是者，纷纷籍籍⑤，群起角立于天下，又不知其几家！万径千蹊，莫知所适。世之学者，如入百戏之场⑥，欢谑跳踉⑦，骋奇斗巧，献笑争妍者⑧，四面而竞出，前瞻后盼，应接不遑，而耳目眩瞀⑨，精神恍惑，日夜遨游淹息其间⑩，如病狂丧心之人，莫自知其家业之所归。时君世主亦皆昏迷颠倒于其说，而终身从事于无用之虚文，莫自知其所谓。间有觉其空疏谬妄⑪，支离牵滞，而卓然自奋，欲以见诸行事之实者，极其所抵，亦不过为富强功利五霸之事业而止。

【注释】

①煨（wēi）烬：灰烬。

②积渍（zì）：指长久的影响。

③训诂：对古文字句做解释。

④侈（chǐ）：夸大。

⑤纷纷籍籍：纷乱众多的样子。

⑥百戏：古代乐舞杂技的总称。

⑦跳踉（liáng）：跳跃，蹦跳。

⑧争妍（yán）：竞相比美。

⑨眩瞀（mào）：眼睛昏花，看不清东西。

⑩淹息：停留。

⑪间（jiàn）：间或，偶尔。

【译文】

　　世上的儒者感慨悲伤，搜寻过去圣王的典章制度，从秦始皇焚书余下的灰烬里拾掇修补，大概他们的目的，确实是想以此恢复先王的圣道。然而圣学距今已经太久远了，霸术流传造成的积弊也很深了，即使是贤明睿智的人也免不了受到污染，他们对圣学进行宣扬修饰，希望圣学在世上重新发扬光大，实际上这只能增加霸术的影响力，至于圣学的门墙却不再见到了。于是产生了解释古书字义的训诂学，传授课程来求得虚名；产生了记诵圣言的学问，满口圣言来装作博学；产生了作诗填词的学问，铺排夸张追求文采。类似的学问吵嚷喧嚣，蜂拥而起，自立于世，又不知道有多少家！他们流派众多，使人们无所适从。天下的学者好像进入了民间百戏的表演场，欢呼跳跃，争奇斗巧，献媚取悦的戏子从四面争相涌出，令人前顾后盼，应接不暇，以至于眼花耳聋，精神恍惚，日日夜夜在里面沉溺游戏，就像心智狂躁失常的人不知道自己的家在哪里。当时的君王们也沉迷倾倒于这类学问，终生从事无用的虚文，也不知道自己都说了些什么。偶尔，有人认识到这些学说空洞荒诞，杂乱不通，于是发奋努力，想以实际行动干点实事，他们所能做到的也不过是像春秋五霸那样富国强兵，建功立业，追逐功名的霸业而已。

　　圣人之学日远日晦，而功利之习愈趋愈下。其间虽尝瞀惑于佛、老^①，而佛、老之说卒亦未能有以胜其功利之心；虽又尝折衷于群儒，而群儒之论终亦未能有以破其功利之

见。盖至于今，功利之毒沦浃于人之心髓，而习以成性也，
几千年矣。相矜以知②，相轧以势，相争以利，相高以技能，
相取以声誉。其出而仕也，理钱谷者则欲兼夫兵刑，典礼乐
者又欲与于铨轴，处郡县则思藩臬之高，居台谏则望宰执之
要③。故不能其事，则不得以兼其官；不通其说，则不可以
要其誉。记诵之广，适以长其敖也④；知识之多，适以行其
恶也；闻见之博，适以肆其辩也；辞章之富，适以饰其伪也。
是以皋、夔、稷、契所不能兼之事，而今之初学小生皆欲通
其说，行其术。其称名借号，未尝不曰"吾欲以共成天下之
务"，而其诚心实意之所在，以为不如是则无以济其私而满
其欲也。

【注释】

①瞽（gǔ）惑：蛊惑，迷惑。

②矜（jīn）：夸耀。

③"其出"五句：理钱谷，指户部的财政工作。典礼乐，指礼部及太
常卿的礼仪工作。铨轴，指吏部的铨叙工作。处郡县，指地方官
吏。藩，指一省最高负责官吏的藩司。臬，指巡视各省的臬使。
台谏，指御史台与谏议。宰执，宰相执政。

④敖：同"傲"。

【译文】

圣人之学离我们日益疏远而晦暗，而追逐功利的风气愈来愈兴盛。
这中间虽然有人曾经被佛教、道教的学说迷惑，然而佛教、道教的学说到
底也无法战胜世人追逐名利的心；虽然有人又曾经试图用群儒的学说来
调和折中，但是群儒的观点最终也破除不了人们对功利的看法。到了今
天，追求功利的流毒侵蚀人们的灵魂，积习成性，已有数千年。人们在知

识上互相夸耀,在权势上互相倾轧,在利益上互相争夺,在技能上互相攀比,在名声上互相竞争。那些出来做官的,管理钱粮的还想兼管军事和司法,掌管礼乐的又想参与中枢要职的事务,在郡县做官的则想到省里当主管人事、财政和司法的大官,位居监察要职的则窥伺着宰相的位子。本来应该是没有某个方面的才能就不能做某个方面的官,不通晓某个方面的理论就不能获得相应的荣誉。可实际的情况却是,记忆广泛,正好助长他们的傲慢;知识丰富,正好使他们能够作恶;见闻广博,正好使他们肆意诡辩;文采富丽,正好掩饰他们的虚伪。所以皋陶、夔、后稷、契都不能兼做的事,现在初学的孩童都想通晓那些理论,探究那些方法。他们打出的名义幌子,何尝不是说"想要完成天下人共同的事业",但他们的真实想法却是,认为不采取这样的手段就无法满足他们的私欲。

　　呜呼!以若是之积染,以若是之心志,而又讲之以若是之学术,宜其闻吾圣人之教,而视之以为赘疣枘凿①。则其以良知为未足,而谓圣人之学为无所用,亦其势有所必至矣!

【注释】

①枘(ruì)凿:方枘、圆凿,语自《史记·孟子荀卿列传》:"持方枘欲内(纳)圆凿,其能入乎?"方枘,方的榫头。圆凿,圆的卯眼。圆的卯眼不能纳方形的榫头,比喻彼此不能相容或相合。

【译文】

　　唉!以这样的积习染着,以这样的心思志气,又讲求这样的学问技能,当他们听到我说的圣人的教诲时,当然就将它看做累赘和不相容的学说了。他们认为良知没什么可讲的,把圣人的学说当成是无用的东西,这也是必然的啊!

　　呜呼!士生斯世,而尚何以求圣人之学乎!尚何以论圣人之学乎！士生斯世而欲以为学者，不亦劳苦而繁难乎！不亦拘滞而险艰乎！

【译文】

唉！生活在这样时代的人，还怎么可能寻求圣人之学呢？又怎么可能谈论圣人之学呢！生活在这样时代的人，却想成为做学问的人，岂不是也太劳烦辛苦、繁杂困难了吗？岂不是也太困顿、艰险了吗！

嗚呼，可悲也已！所幸天理之在人心，终有所不可泯，而良知之明，万古一日，则其闻吾拔本塞源之论，必有恻然而悲，戚然而痛，愤然而起，沛然若决江河而有所不可御者矣！非夫豪杰之士无所待而兴者，吾谁与望乎？

【译文】

唉，可悲呀！万幸的是天理自在人心，终究不可泯灭，而良知的光明万年如一日。所以听了我的正本清源的观点，有识之士一定会悲伤痛苦，愤然而起，就像江河决堤的洪水一样无法阻挡！如果没有英雄豪杰之士不期而至，我还能寄希望于谁呢？

答周道通书 凡七则

【题解】

周道通,其简介见前注。《答周道通书》的主旨乃论知行之本体。"知行合一"是贯穿阳明心学的内在维度,《答周道通书》从多个角度贯彻了这一维度:第一,论"立志",认为只有知之真切,才能行得笃实。为学先立志,即是作实有于己的身心之学;第二,释"何思何虑",论述何思何虑在根本上是有无合一的功夫;第三,谈"先认圣人气象",此在根本上体现了本体、功夫与境界的合一;第四,释"事上磨炼"功夫,认为其在根本上就是磨心;第五,论"性",性属于本体层面,性不是气,但其发用不离于气,"性"与"气"呈现为体用一源的关系。

一

【题解】

本条讲"立志"。作为日用常行的功夫,立志就是要随时随处存天理、去人欲,也就是在日用中做致良知的功夫。只有知之真切,才能行得笃实,此中贯穿着知行合一的维度。

吴、曾两生至①,备道道通恳切为道之意,殊慰相念!

若道通,真可谓笃信好学者矣。忧病中^②,曾不能与两生细论,然两生亦自有志向肯用功者,每见辄觉有进,在区区诚不能无负于两生之远来,在两生则亦庶几无负其远来之意矣^③。临别以此册致道通意,请书数语,荒愦无可言者,辄以道通来书中所问数节,略下转语奉酬。草草殊不详细,两生当亦自能口悉也。

【注释】

①吴、曾:据文义,此二人应为王阳明学生。其余不详。

②忧病中:指王阳明父亲王华死于嘉靖元年(1522),王阳明按礼守制三年,此信写于王阳明守制期间。

③庶几:方可,才得以。

【译文】

吴、曾两位学生到我这里,详细说明了道通你恳切向道的意愿,我深感欣慰和想念!像你这样,真可以说是笃信好学的人了。我正为家父守丧,心情抑郁,竟不能与两位学生详谈,但他们也是有志向、肯用功的人,每次见面就能发觉他们有了进步,对我来说,实在不能辜负他们的远道而来,对他们来说,也就方可不会辜负远道而来的意愿了。临走时,用这封书信来表达你的致意,要我写几句话,我此时昏聩糊涂不知该说些什么,就只好将你来信中问到的几个问题,大略解释奉上。草草数语,很不详细,两位学生应当也能亲口向你转达。

来书云:"日用工夫只是立志。近来于先生诲言,时时体验,愈益明白。然于朋友不能一时相离。若得朋友讲习,则此志才精健阔大,才有生意。若三五日不得朋友相讲,便觉微弱,遇事便会困,亦时会忘。乃今无朋友相讲之日,还只静坐，或看书，或游衍经行①，凡寓目措身，悉取以培养此志，颇觉意思和适，然终不如朋友讲聚，精神流动，生意更多也。离群索居之人②，当更有何法以处之？"

【注释】

①游衍：肆意游逛。经行：来回走动。

②离群索居：离开人群，单独生活。

【译文】

来信写道："平常的功夫只是立志。近来对先生的教诲之言时时加以体察验证，更加明白了。但是我一刻也不能离开朋友。如果有朋友与我互相修习研讨，我的志向才能专注健全、广阔宏大，才会生机勃勃。如果有三五天不和朋友们互相研习讨论，就会觉得志向微弱，遇到事时就会产生困惑，甚至有时会忘掉志向。在目前没有朋友互相探讨的日子里，我就静坐沉思，或者看看书，或者随便游玩散步，举手投足间全都不忘培养这个心志，深深感到自己的内心平和舒适，但终究不如和朋友一起研讨那样，精神振奋，更有生气。离群索居的人，应当有什么更好的办法来保持志向呢？"

此段足验道通日用工夫所得。工夫大略亦只是如此用，只要无间断，到得纯熟后，意思又自不同矣。大抵吾人为学紧要大头脑，只是立志。所谓"困忘"之病，亦只是志欠真切。今好色之人未尝病于困忘，只是一真切耳。自家痛痒，自家须会知得，自家须会搔摩得。既自知得痛痒，自家须不能不搔摩得。佛家谓之"方便法门"，须是自家调停斟酌，他人总难与力，亦更无别法可设也。

【译文】

这段话充分验证了道通你平时用功的收获。立志的功夫大体就是如此，只要你不间断，等到功夫纯熟后，感觉自然就不同了。一般来说，我们做学问最重要的就是"立志"。所谓"困忘"的毛病，也仅仅是志向还不真实确切。比如好色之徒，不曾有困惑遗忘的毛病，就是因为他喜好美色的欲念非常真切。自己的痛痒自己必当知道，自己必当会挠痒摩掌。既然知道自己痛痒，也就不得不挠痒摩掌。佛教所说的"方便法门"，须要自己考虑调整，别人终究帮不上忙，也还没有别的办法。

二

【题解】

本条释"何思何虑"。其论述分三个层面：第一，从思虑的对象讲，所思所虑只是一个天理，而无其他思虑。第二，从思虑功夫的状态讲，何思何虑即是无思无虑，是依良知而行，知行合一，而非强意作为，"用智自私"。第三，王阳明基本肯定周道通之论，表明王阳明同意或认为，何思何虑类似于立志功夫，必有事焉类似于事上磨炼功夫，前者倾向于内求，立头脑，后者倾向于致知于事物，心物合一。从以上三个层面可看出，王阳明的"何思何虑"在根本上是有无合一的功夫。

来书云："上蔡尝问①：'天下何思何虑②？'伊川云：'有此理，只是发得太早。'③在学者工夫，固是'必有事焉而勿忘'，然亦须识得'何思何虑'底气象，一并看为是。若不识得这气象，便有'正'与'助长'之病；若认得'何思何虑'，而忘'必有事焉'工夫，恐又堕于'无'也。须是不滞于'有'，不堕于'无'。然乎否也？"

【注释】

①上蔡：指谢良佐（1050—1103），字显道，蔡州上蔡（今河南上蔡）人。先后从程颢、程颐受业，传学于胡安国、胡五峰、张栻等，号称"湖南学派"。著有《论语说》《上蔡语录》。

②天下何思何虑：语自《周易·系辞下》："天下何思何虑，天下同归而殊途，一致而百虑，天下何思何虑。"

③"伊川云"及以下二句：语自《二程集·外书》卷十二："（谢良佐）二十年前往见伊川。伊川曰：'近日事如何？'某对曰：'天下何思何虑？'伊川曰：'是则是，有此理，贤却发得太早在。'伊川直是会锻炼得人，说了又道：'恰好着工夫也。'"

【译文】

来信写道："上蔡曾经问：'天下思考些什么，又忧虑些什么？'伊川先生回答说：'有这些道理，只是生发得太早了。'从学者的功夫来说，就固然是'必有事焉而勿忘'，然而也必须明白'何思何虑'的气象，综合起来考虑才对。如果不明白这种气象，就会有'正'与'助长'的毛病；如果明白'何思何虑'，然而忘却了'必有事焉'的功夫，恐怕就又落入'无'的境地。必须应该不被'有'所牵累，又不堕落入'无'。这样对吗？"

所论亦相去不远矣，只是契悟未尽①。上蔡之问与伊川之答，亦只是上蔡、伊川之意，与孔子《系辞》原旨稍有不同。《系》言"何思何虑"，是言所思所虑只是一个天理，更无别思别虑耳，非谓无思无虑也。故曰："同归而殊途，一致而百虑，天下何思何虑？"云"殊途"，云"百虑"，则岂谓无思无虑邪？心之本体即是天理，天理只是一个，更有何可思虑得？天理原自寂然不动，原自感而遂通，学者用功，虽千思万虑，只是要复他本来体用而已，不是以私意去安排思索出来。故明道云："君子之学，莫若廓然而大公，物来而顺应。"若以私意去安排思索，便是"用智自私"矣^②。"何思何虑"正是工夫，在圣人分上便是自然的，在学者分上便是勉然的。伊川却是把作效验看了，所以有"发得太早"之说，既而云"却好用功"，则已自觉其前言之有未尽矣。濂溪"主静"之论亦是此意^③。今道通之言，虽已不为无见，然亦未免尚有两事也。

【注释】

① 契悟：领悟，觉醒。

② 用智自私：语自《二程集·文集》卷二《答横渠张子厚先生书》："夫天地之常，以其心普万物而无心；圣人之常，以其情顺万事而无情。故君子之学，莫若廓然而大公，物来而顺应。……人之情各有所蔽，故不能适道，大率患在于自私而用智。自私则不能以有为为应迹，用智则不能以明觉为自然。"

③ 濂溪"主静"之论亦是此意：周敦颐在《太极图说·周子通书》卷一曰："二气交感，化生万物。万物生生而变化无穷焉。惟人也得其秀而最灵。形既生矣，神发知矣，五性感动，而善恶分、万事出矣。圣人定之以中正仁义而主静，立人极焉。"濂溪，即周敦颐。周敦颐晚年居江西庐山莲花峰下，峰前有溪，周敦颐以濂溪为名，并号曰濂溪。

【译文】

所说的这些也相差不多了，只是还没有领悟透彻。上蔡的问题，与伊川先生的回答，也只是上蔡和伊川先生的意思，这和孔子《系辞》中的原意稍有差别。《系辞》说"何思何虑"，是说所思所虑只是一个天理，除此之外，没有别的思虑，并不是说无思无虑。因此说："同归而殊途，一致而百虑，天下何思何虑？"说"殊途"，说"百虑"，这哪里是无思无虑呢？心的本体就是天理，天理只有一个，还有什么别的可思虑的呢？天理原本宁静寂然，原本感应贯通，学者下功夫，即使千思万虑，他的目标也只是要恢复天理原来的本体和功用，而不是凭着自己的私心去安排思索出来。所以明道说："君子做学问，比不上心胸宽广而公正无私，有事发生则顺其自然。"如果凭着私心去安排思索，就是"为私欲而使用智慧"。"何思何虑"正是为学的功夫，对圣人来说这是自然而然的，对学者来说就要勉力去做到。伊川先生却把这些看作是功夫的结果，所以他说"发得太早"，接着又说"这正是应该下的功夫"，他已经感觉到前面讲的还不全面。濂溪主张静守的观点也是这种意思。你的看法，虽然已经有所见识，但还是免不了将功夫和本体视作两件事。

三

【题解】

本条从两个方面谈"先认圣人气象"。第一，从功夫向度上讲，向内体认得自家良知即是圣人气象；第二，从功夫逻辑上讲，"先认圣人气象"作为一种"志"，具有逻辑上的在先性，对体认功夫具有指导性。同时，"认圣人气象"本身既是功夫，也是目的，在根本上体现了本体、功夫与境界的合一。

来书云："凡学者才晓得做工夫，便要识认得圣人气象①。盖认得圣人气象，把做准的，乃就实地做工夫去，才不会差，才是作圣工夫。未知是否？"

【注释】

①认得圣人气象：语自《二程集·遗书》卷二十二程颐语："凡看文字，非只是要理会语言，要识得圣贤气象。……若读此不见得圣贤气象，他处也难见，学者须要理会得圣贤气象。"

【译文】

来信写道："大凡学者刚刚明白做功夫，就要认识圣人气象。大概认识了圣人气象，把圣人气象当做标准，就去脚踏实地地下功夫，才不会出错，这才是学做圣人的功夫。不知道正确吗？"

"先认圣人气象"，昔人尝有是言矣，然亦欠有头脑。圣人气象自是圣人的，我从何处识认？若不就自己良知上真切体认，如以无星之称而权轻重①，未开之镜而照妍媸②，真所谓以小人之腹而度君子之心矣。圣人气象何由认得？自己良知原与圣人一般，若体认得自己良知明白，即圣人气象不在圣人而在我矣。程子尝云："觑着尧，学他行事，无他许多聪明睿智，安能如彼之动容周旋中礼③？"又云："心通于道，然后能辨是非④。"今且说通于道在何处？聪明睿智从何处出来？

【注释】

①星：秤杆上标记斤、两、钱的小点。

②妍媸（yán chī）：美丑。

③"觑着尧"四句：语自《二程集·文集》卷十八程颐语。觑，看。

④"心通"二句：语自程颐《答朱长文书》，见《二程集·文集》卷九。

【译文】

"先认识圣人气象"，从前的人也曾有这样说的，然而这也是缺少了要领。圣人气象自然是圣人的，我们从哪里认识呢？如果不从自己良知上真切认识，就像用没有准星的秤来称量轻重，用没有开光的镜子来映照美丑，这就是所说的以小人之腹度君子之心了。圣人气象怎样才能认识到呢？自己的良知原本和圣人的一样，如果将自己的良知认识明白了，那么圣人气象不在圣人，而在我们身上了。程子曾经说："看着尧，学他做事，没有他那些聪明睿智，又怎么能像他那样举动容辞都符合礼仪呢？"又说："心与天道相通，然后才能辨明是非。"如今你且说说在哪里与天道相通？聪明睿智又是从哪里来的？

四

【题解】

　　本条释"事上磨炼"功夫。事上磨炼不在于"事"，而在于"心"，或可说在事上磨炼心，是在"有事"上做"无事"的功夫。因此，事涵摄于心，事上磨炼在根本上就是磨心，就是在做"必有事焉"的功夫，念念不忘明心致知。做"无事"的功夫，即是要依良知而行，复心体之本然宁静，不要自私用智，做助忘之功。刻意培养，毁誉得丧，执于善恶都是不合知行合一的功夫要求的。

　　来书云："事上磨炼，一日之内不管有事无事，只一意培养本原。若遇事来感，或自己有感，心上既有觉，安可谓无事？但因事凝心一会，大段觉得事理当如此，只如无事处之，尽吾心而已。然乃有处得善与未善，何也？又或事来得多，须要次第与处，每因才力不足，辄为所困，虽极力扶起，而精神已觉衰弱。遇此未免要十分退省[①]，宁不了事，不可不加培养。如何？"

【注释】

①退省（xǐng）：语自《论语·为政》："子曰：'吾与回言终日，不违如愚。退而省其私，亦足以发。回也不愚。'"

【译文】

来信写道："存养要在事上磨炼，一天之内，不管有事没事，都要一心培养本体。如果遇到事情有了感触，或者自己有了感触，心里既然有了感觉，怎么能说无事呢？只是根据情况仔细考虑一会儿，大体觉得事理应当如此，只当做没什么事一样对待，尽我的本心罢了。然而仍然会有处理得尽善和未尽善，为什么呢？另外，又有时事情来得多，需要按顺序处理，常常因才力不足，就被事情所困扰，即使极力坚持也感觉精神已经疲惫衰弱。遇到这些情况未免要退下来反省自己，宁肯不做完事，也不能不存养本心。这样对吗？"

　　所说工夫，就道通分上也只是如此用，然未免有出入在。凡人为学，终身只为这一事。自少至老，自朝至暮，不论有事无事，只是做得这一件，所谓"必有事焉"者也。若说"宁不了事，不可不加培养"，却是尚为两事也。"必有事焉而勿忘勿助"，事物之来，但尽吾心之良知以应之，所谓"忠恕违道不远"矣①。凡处得有善有未善，及有困顿失次之患者，皆是牵于毁誉得丧，不能实致其良知耳。若能实致其良知，然后见得平日所谓善者未必是善，所谓未善者却恐正是牵于毁誉得丧，自贼其良知者也②。

【注释】

①忠恕违道不远：语自《中庸》第十三章："忠恕违道不远，施诸己而不愿，亦勿施于人。"

②贼：害。

【译文】

所说的功夫，对于道通你这样的人来说，也就是这样用了，然而未免还有些出入。凡做学问的人，终身只做这一件事。从小到老，从早到晚，不论有事无事，只是做这一件，就是所谓的"必有事焉"。如果说"宁肯不做完事，也不能不存养本心"，却仍然是两件事了。"必有事焉而勿忘勿助"，事物来临，只要尽到我心中的良知来回应它，就是所谓的"忠恕违道不远"了。凡是事物处理得有尽善有未尽善，以及有困扰失序的问题的，都是因为在意毁誉得失，而不能切实的致良知。如果能够切实的致良知，然后看到平日里所谓善的未必是善，所谓不善的未必不善，恐怕正是因为在意毁誉得失，自己毁掉了自己的良知。

五

【题解】

在阳明心学，心即良知，格物即是正心，即是致知。"格物"与"致知"本是一个功夫。周道通所言"格物"犹执于外物，未脱朱子学窠臼。

来书云："致知之说，春间再承诲益，已颇知用力，觉得比旧尤为简易。但鄙心则谓与初学言之，还须带'格物'意思，使之知下手处。本来'致知''格物'一并下，但在初学，未知下手用功，还说与格物，方晓得致知。"云云。

【译文】

来信写道："致知的学问，春天里再次得到先生的教诲很多，已经很清楚应该怎样用功，觉得比从前更加简易。只是我心中认为对初学者讲说的时候，还一定要加上'格物'的意思，让他们明白下功夫的地方。本来'致知'和'格物'应该是一起用功的,只是对于初学者来说,不知道怎样下手用功,还是先讲'格物',才明白'致知'。"等等。

"格物"是"致知"工夫,知得"致知",便已知得"格物"。若是未知"格物",则是"致知"工夫亦未尝知也。近有一书与友人论此颇悉①,今往一通,细观之当自见矣。

【注释】

①近有一书:关于此书何指,历来有学者从内容和成书时间等方面考证。综之,论格致且时间较近者有二书:《答罗整庵少宰书》和《答顾东桥书》,前者成书于正德十五年(1520),后者约在嘉靖五年(1526)后,而《答周道通书》成书于嘉靖四年(1525),故从时间逻辑上言,当指《答罗整庵少宰书》。

【译文】

"格物"是"致知"的功夫,知道"致知"就是已经知道"格物"。如果不知道"格物",就是连"致知"的功夫也不曾知道。近来有一封书信,与朋友谈论这件事非常详细,现在给你寄去,仔细看看,应当自然能够明白。

六

【题解】

本条可从两方面看:第一,从义理层面讲,王阳明认同周道通之言,认为为学先立志,作实有于己的身心之学,而非陷于是非之辨的口耳之学;第二,从学统层面讲,王阳明所答显然有止朱、陆之辨,调和朱、王之意。

来书云:"今之为朱、陆之辨者尚未已,每对朋友言正学不明已久,且不须枉费心力为朱、陆争是非;只依先生'立志'

二字点化人。若其人果能辨得此志来，决意要知此学，已是大段明白了。朱、陆虽不辨，彼自能觉得。又尝见朋友中见有人议先生之言者，辄为动气。昔在朱、陆二先生所以遗后世纷纷之议者，亦见二先生工夫有未纯熟，分明亦有动气之病，若明道则无此矣。观其与吴涉礼论介甫之学①，云：‘为我尽达诸介甫，不有益于彼，必有益于我也②。’气象何等从容！尝见先生与人书中亦引此言，愿朋友皆如此。如何？”

【注释】

①吴涉礼：《二程集·遗书》卷一作“吴师礼”。吴师礼，字安仲，杭州钱塘（今浙江杭州）人。工翰墨，历官员外郎知州。介甫：即王安石（1021—1086），字介甫，号半山，抚州临川（今江西抚州临川区）人。北宋宰相。

②“为我”三句：语自《二程集·遗书》卷一：“为我尽达诸介甫，我亦未敢自以为是。如有说，愿往复。此天下公理，无彼我。果能明辨，不有益于介甫，则必有益于我。”

【译文】

来信写道：“如今为朱、陆争辩的还没有停止，我常常对朋友们说圣人之学不昌明已经很久了，并不需要枉费心力来为朱、陆的学说争论是非；只凭着先生‘立志’两个字来指点人。如果这个人果真能辨别这个志向，决心要学习圣人之学，已经大体上明白了。朱、陆谁对谁错即使不去争辩，他自己也能感觉出来。我曾经听闻学友中有人议论先生的学说就十分生气。过去，朱、陆两位先生遗留后世众多争议，这说明两位先生的功夫也有不够纯熟的地方，明显也有动气的弊病，像明道先生就没有这样的问题。看他与吴师礼谈论王介甫的学问时说：‘请把我的观点全部告知介甫，即使对他没有益处，也一定对我有益处。’何等从容的气度！曾经看到先生给别人的书信中也引用过这句话,希望朋友都做到这样,是这样吗?"

　　此节议论得极是极是,愿道通遍以告于同志,各自且论自己是非,莫论朱、陆是非也。以言语谤人,其谤浅;若自己不能身体实践,而徒入耳出口,呶呶度日,是以身谤也,其谤深矣。凡今天下之论议我者,苟能取以为善,皆是砥砺切磋我也,则在我无非警惕修省进德之地矣。昔人谓"攻吾之短者是吾师"①,师又可恶乎?

【注释】

①攻吾之短者是吾师:语自《荀子·修身》:"故非我而当者,吾师也;是我而当者,吾友也;谄谀我者,吾贼也。故君子隆师而亲友,以致恶其贼。"

【译文】

　　这段话讲得非常非常对,希望道通你能够告诉所有的志同道合的学友,每个人只议论自己的是非,不要去议论朱、陆的是非。用语言来诽谤他人,这种诽谤很肤浅;如果自己不能亲身实践,而只是随便听听说说,唠唠叨叨度日,这是用行动去诽谤自己,这种诽谤就深重了。凡是现在天下讨论非议我的,如果有人能从中得到好处,那也都是在跟我磨砺切磋,对我来说也无非是警惕反省、增进品德的地方。荀子说"攻击我的缺点的人是我的老师",老师难道是能厌恶的人吗?

七

【题解】

本条释"性"和"气"的关系。在程、朱看来,性是理落实于气者,性之本为理,是不可言说的,此为天命之性。可言说之性,便是具体之对象,便有了人欲、意念之杂,此为气质之性;在程、朱这里,性属于气的层面,是形而下者,理属于形而上层面,二者属于不同范畴。在阳明心学,心即性,性即理,三者即是人之良知,无有形上形下之分,良知(心、性、理)之发用,即与气相涉,呈现为不同的条理。性属于本体层面,性不是气,但其发用不离于气,二者呈现为体用一源的关系。王阳明在这里坚持了其心本论立场。

来书云:"有引程子'人生而静,以上不容说,才说性,便已不是性'①,何故不容说? 何故不是性? 晦庵答云:'不容说者,未有性之可言,不是性者,已不能无气质之杂矣。'②二先生之言皆未能晓,每看书至此,辄为一惑,请问。"

【注释】

①程子"人生而静,以上不容说,才说性,便已不是性":语自《二程集·遗书》卷一程颢语:"盖'生之谓性','人生而静'以上不容说,才说性时,便已不是性也。凡人说性,只是说继之者善也,孟子言人性善是也。"

②"晦庵答云"及以下四句:朱熹在《朱文公文集》卷六十一《答严时亨》中说:"'人生而静'是未发时,以上即是人物未生之时,不可谓性。才谓之性,便是人生以后,此理堕在形气之中,不全是性之本体矣。"

【译文】

来信写道:"有人引用程子'人生而静,以上不容说,才说性,便已不是性',问为什么不能说? 为什么说了就不是性呢? 朱晦庵回答道:'不能说,是因为没有性可言;不是性,是已是不能没有气质夹杂在性里头。'两位先生的话,都没能明白,每次读书到这里,就有这个疑惑,故向先生请教。”

　　“生之谓性”①，“生”字即是“气”字，犹言气即是性也。气即是性，“人生而静，以上不容说”，才说“气即是性”，即已落在一边，不是性之本原矣。孟子“性善”，是从本原上说。然性善之端须在气上始见得，若无气亦无可见矣。恻隐、羞恶、辞让、是非即是气，程子谓“论性不论气，不备；论气不论性，不明”。亦是为学者各认一边，只得如此说。若见得自性明白时，气即是性，性即是气，原无性、气之可分也。

【注释】

①生之谓性：语自《孟子·告子上》：“告子曰：‘生之谓性。’孟子曰：‘生之谓性也，犹白之谓白与？’曰：‘然。’……‘然则犬之性，犹牛之性；牛之性，犹人之性与？’”

【译文】

　　“生之谓性”，“生”字就是“气”字，也就是说气即是性。气就是性，“人生而静，以上不容说”，才说“气即是性”，就已经偏到一边，不是人性的本原了。孟子的“性善论”，是从性的本原上说。然而性善的端倪，一定要在气上才能见得，如果没有气也就无法看到了。恻隐、羞恶、辞让、是非都是气，程子说“论性不论气，不全面；论气不论性，不明朗”。这也是因为做学问的人只看到一方面，只能这样解释。如果能看明白自己的人性的时候，气就是性，性就是气，原本没有性和气的区别。

答陆原静书 凡四则

陆原静,即陆澄,其简介见前注。《答陆原静书》收有两书,第一书在内容上有两个突出特点:第一,以心释老,即以心学收摄与汇通道家。如王阳明通过对"精一"的诠释,实现了对道家"养精神"的收摄与汇通,同时,王阳明亦以良知解释"三元",体现了良知大化流行、无形象方所的特征。第二,在正反对比中论证"知行合一"。如通过"妄心"与"照心"之动、良知之"有起处"和"无起无不起"的区别,从正反两方面进行论证。

一

【题解】

本条讲心之动静。妄心起意自是动,照心发用亦是动,但二者有本质区别:妄心是别有一个心,强意所为,自私用智,亦非本心。照心是本心之发用,依良知而行,本心原自不动,故恒照则恒动恒静。心体动亦定,静亦定,功夫一刻不息。

来书云："下手工夫，觉此心无时宁静。妄心固动也，照心亦动也；心既恒动，则无刻暂停也。"

【译文】

来信写道："着手做功夫的时候，觉得这心中没有一刻平静。妄心固然在活动，照心也在活动；心既然是一直在活动，也就没有片刻的休憩了。"

是有意于求宁静，是以愈不宁静耳。夫妄心则动也，照心非动也；恒照则恒动恒静，天地之所以恒久而不已也①。照心固照也，妄心亦照也；其"为物不贰，则其生物不息"②，有刻暂停则息矣，非"至诚无息"之学矣③。

【注释】

①天地之所以恒久而不已也：语自《周易·恒卦》："天地之道，恒久而不已也。"

②为物不贰，则其生物不息：语自《中庸》第二十六章："天地之道，可一言而尽也；其为物不贰，则其生物不测。"

③至诚无息：语自《中庸》第二十六章："故至诚无息。不息则久，久则征，征则悠远，悠远则博厚，博厚则高明。"

【译文】

这是有意去追求宁静，因此越来越无法得到宁静了。妄心是活动的，照心不是活动的；心长久明澈，也就长久活动又长久平静，天地万物就因此恒久不息。照心固然使心体明澈，妄心也能使心体明澈；《中庸》说"它们无法被分为两件事物，生命事物也就不停息"，有一瞬间的停止，也就灭亡了，也就不是"至诚永不停止"的学问了。

二

【题解】

本条讲良知的本然状态。良知原自宁静,圆满自足,无起无不起。所谓有起处,是就功夫处讲,或功夫有间断,或察之未明,私欲遮蔽,这在根本上,都是知行不一的表现。

　　来书云:"良知亦有起处。"云云。

【译文】

　　来信写道:"良知也有发端的地方。"等等。

　　此或听之未审。良知者,心之本体,即前所谓恒照者也。心之本体,无起无不起。虽妄念之发,而良知未尝不在,但人不知存,则有时而或放耳;虽昏塞之极,而良知未尝不明,但人不知察,则有时而或蔽耳。虽有时而或放,其体实未尝不在也,存之而已耳;虽有时而或蔽,其体实未尝不明也,察之而已耳。若谓良知亦有起处,则是有时而不在也,非其本体之谓矣。

【译文】

　　这或许是你听得不够明白。良知是心的本体,就是上面所说的恒照。心的本体,没有发端或者不发端。即使妄念产生,良知也未曾不存在,只是人们不知道要存养良知,因此有时会失去它;即使昏聩闭塞到了极点,而良知未曾不明朗,只是人们不知道要精察它,因此有时会被蒙蔽。即使有时失去了良知,它的本体实际上并不曾不存在,只要存养它就可以了；即使有时良知被蒙蔽，它的本体实际上并不曾不明朗，只要精察它就可以了。如果说良知也有发端的地方，那么就是认为良知有时并不存在，也就不是良知本体的说法了。

三

【题解】

王阳明于此条以心学汇通道家，理解的题眼在于"精一"。王阳明对"精一"之功的理解多遵循"十六字心诀"的儒学功夫向度，把"惟精"视为求天理的具体功夫，而"惟一"则是以求纯然天理为目的，"精一"可谓是功夫与本体的合一。在本条中，王阳明对"精"字做了"理"与"气"两个层面的理解，在王阳明看来就是理气合一。"一"即是天理，也是为圣功夫总领。"一"不变，故无论是做圣之功，还是养生之功都可统摄于内。这样，王阳明就从"精"和"一"两个方面实现了对道家"养精神"的收摄与汇通。

来书云："前日'精一'之论，即作圣之功否？"

【译文】

来信写道："前些天先生说的'精一'的论点，是否就是做圣人的功夫？"

"精一"之"精"以理言，"精神"之"精"以气言。理者，气之条理；气者，理之运用①。无条理则不能运用，无运用则亦无以见其所谓条理者矣。精则精，精则明，精则一，精则神，精则诚；一则精，一则明，一则神，一则诚；原非有二事也。但后世儒者之说与养生之说各滞于一偏，是以不相为用。前日"精一"之论，虽为原静爱养精神而发，然而作圣之功实亦不外是矣。

【注释】

①"理者"四句：王阳明此说与朱熹形成鲜明对比。朱熹以理、气为二："天地之间，有理有气。理也者，形而上之道也，生物之本也。气也者，形而下之器也，生物之具也。"（《朱文公文集》卷五十八《答黄道夫书》）

【译文】

"精一"的"精"是从理上来说的，"精神"的"精"是从气上来说的。理，是气的条理；气，是理的运用。没有条理也就不能运用，没有运用也就无法看到所谓的条理了。做到精，就可以精细，可以明朗，可以专一，可以神圣，可以诚心；做到一，就可以精细，可以明朗，可以神圣，可以诚心；"精"和"一"原本不是两件事。只是后世儒者的学说和道家养生的学说各自偏于一端，因此无法互相应用促进。前些天我说的"精一"的论点，虽然是针对原静你喜欢存养精神而讲的，不过做圣人的功夫，实际上也不过是这些罢了。

四

【题解】

此条亦可视为王阳明以心释老的语录之一。王阳明这里明确以良知解释"三元"，体现了良知大化流行、无形象方所的特征。

来书云："元神、元气、元精，必各有寄藏发生之处，又有真阴之精、真阳之气。"云云。

【译文】

来信写道："元神、元气、元精，一定各自有寄藏发端的地方，又有真阴之精、真阳之气。"等等。

夫良知一也，以其妙用而言谓之"神"，以其流行而言谓之"气"，以其凝聚而言谓之"精"，安可以形象、方所求哉？真阴之精，即真阳之气之母；真阳之气，即真阴之精之父。阴根阳，阳根阴，亦非有二也。苟吾良知之说明，即凡若此类皆可以不言而喻。不然，则如来书所云"三关、七返、九还"之属①，尚有无穷可疑者也。

【注释】

①三关、七返、九还：三关，语自《黄庭经》："三关之中精气深。"口为天关，手为人关，足为地关。《淮南子》卷九以耳、目、口为"三关"。又道家以头为天关，足为地关，手为人关，是为"中三关"。此外又有"前三关"与"后三关"。七返、九还，语见《周易参同契》："刚施而退，柔化以滋，九还七反，八归六居。"九还，指精气运转一个周期。七返，指精气运转七次。

【译文】

良知只有一个，就它的妙用来说可以称之为"神"，就它的流行来说可以称之为"气"，就它的凝聚来说可以称之为"精"，怎能从形象、方所上来探求呢？真阴之精，就是真阳之气的母体；真阳之气，就是真阴之精的父体。阴生阳，阳生阴，两者也没有分别。如果我的良知学说明朗了，那么凡是像这一类的问题都可以不言而喻。否则，就像你信中所说的"三关、七返、九还"之类的说法，还有无穷的疑问。

又　凡十四则

【题解】

《答陆原静书》第二书在内容上亦有两个突出特点：第一，从多个角度论"知行合一"，这是本书的主体内容。"知"为本体，"行"为功夫，故本体与功夫的关系是王阳明论述"知行合一"的主要向度。从本体出发，经过功夫复明的本然良知已进入到主体的体验之域，呈现为主体的精神境界，如"定""安""乐"等。从功夫出发，行以知为主意，要依良知而行，故功夫不可有执着。第二，以心解佛论功夫之无执。王阳明通过对"不思善、不思恶时，认本来面目""无所住而生其心"等佛教命题和典故的心学化阐释，突出了心学功夫无执着的特点，体现了知行合一的内在维度。但深究其实，王阳明对佛学义理是存在一定的误读的。

一

【题解】

本条讲心体之本然及复心体之本然的功夫。但需要注意的是，经过功夫复明的本然良知已进入到主体的体验之域，表现为一种显在良知，呈现为主体的精神境界。

来书云："良知，心之本体，即所谓性善也，未发之中也，寂然不动之体也，'廓然大公'也。何常人皆不能而必待于学邪？中也，寂也，公也，既以属心之体，则良知是矣。今验之于心，知无不良，而中、寂、大公实未有也，岂良知复超然于体用之外乎？"

【译文】

来信写道:"良知是心的本体,也就是所谓的'性善',感情未表现出来时的中正,就是寂然不动的本体,就是'廓然大公'。为什么常人都不能做到,一定要等着学习呢? 中和,寂静,大公,既然都属于心的本体,就是良知了。现在在心中验证,知没有不良的,但中和、寂静、大公确实都没有,难道良知又能超然于体用之外吗?"

性无不善,故知无不良。良知即是"未发之中",即是"廓然大公"、寂然不动之本体,人人之所同具者也。但不能不昏蔽于物欲,故须学以去其昏蔽,然于良知之本体,初不能有加损于毫末也。知无不良,而中、寂、大公未能全者,是昏蔽之未尽去,而存之未纯耳。体即良知之体,用即良知之用,宁复有超然于体用之外者乎?

【译文】

本性没有不善的,所以知没有不良的。良知就是"未发之中",就是"廓然大公"、寂然不动的本体,人人都具有的。只是不能避免被物欲遮蔽晦暗,因此一定要通过学习来摒除这种昏聩蒙蔽,不过最初这对于良知的本体不会有丝毫损害。知没有不良的,而中和、寂静、大公没有完全的,是因为昏聩蒙蔽没有被完全摒除,良知的存养还不纯粹而已。本体是良知的本体,作用是良知的作用,又还有什么超然于体用之外的吗?

二

【题解】

本条释"定"。在王阳明看来,"定"是指本体,而非指功夫。但心学本体决定了"主一"的功夫,从而实现体用合一。功夫专一,则不为外物所牵,故动亦定,静亦定。

来书云:"周子曰'主静',程子曰'动亦定,静亦定',先生曰'定者,心之本体',是静定也,决非不睹不闻、无思无为之谓,必常知、常存、常主于理之谓也。夫常知、常存、常主于理,明是动也,已发也,何以谓之静? 何以谓之本体? 岂是静定也,又有以贯乎心之动静者邪?"

【译文】

来信写道:"周敦颐说'主静',程子说'动亦定,静亦定',先生说'定者,心之本体',这些'静'和'定',决不是不看不听,不想不做,而是一定要常知、常存、常主天理。常知、常存、常主天理,明明是动,是已发,怎么能说是静呢? 怎么能说是本体呢? 难道这个静、定又贯穿于心的动静之中吗?"

理无动者也。"常知、常存、常主于理",即"不睹不闻、无思无为"之谓也。不睹不闻、无思无为,非槁木死灰之谓也,睹闻思为一于理,而未尝有所睹闻思为,即是动而未尝动也。所谓"动亦定,静亦定",体用一原者也。

【译文】

天理是不动的。"常知、常存、常主天理",就是"不看不听、不想不做"。不看不听、不想不做,不是说槁木死灰,而是看、听、想在理中合为一体,还没有看、听、想、做,就是动而又未曾动。所谓的"动亦定,静亦定",就是本体和作用是一致的意思。

三

【题解】

　　本条论心体无动静。本然心体无关乎前后、内外、未发已发,未发故静,已发依理而行,自自然然,动而无动,亦是一个定、一个安。王阳明这里所讲的"动"指的是从欲(私心杂念)而动,也就是违理而动。故在王阳明心学,"动"具有两层含义:从理而动和从欲而动。前者是理学家所主张的,后者则是常批评的。

　　来书云:"此心未发之体,其在已发之前乎? 其在已发之中而为之主乎? 其无前后内外而浑然一体者乎? 今谓心之动静者,其主有事无事而言乎? 其主寂然感通而言乎? 其主循理、从欲而言乎? 若以循理为静,从欲为动,则于所谓'动中有静,静中有动''动极而静,静极而动'者①,不可通矣。若以有事而感通为动,无事而寂然为静,则于所谓'动而无动,静而无静'者,不可通矣。若谓未发在已发之先,静而生动,是至诚有息也,圣人有复也,又不可矣。若谓未发在已发之中,则不知未发、已发俱当主静乎? 抑未发为静,而已发为动乎? 抑未发、已发俱无动无静乎? 俱有动有静乎? 幸教。"

【注释】

　　①所谓"动中有静,静中有动""动极而静,静极而动"者:朱熹注《周子通书·动静》第十六章之语。又《二程集·遗书》卷七有"静中便有动,动中自有静"之语。动而无动,静而无静,语自《周子通书·动静》第十六章:"动而无静,静而无动,物也。动而无

动,静而无静,神也。动而无动,静而无静,非不动不静也。"

【译文】

来信写道:"人心'未发'的本体,是在'已发'之前呢? 还是在'已发'之中并且主导着'已发'? 或者是'未发''已发'不分先后、内外而浑然一体? 现在所说的心的'动'和'静',是以有事无事来说? 还是从寂静不动、感应相通来说? 或者是就遵循天理、服从欲望来说呢? 如果认为遵循天理是静止,服从私欲是运动,那么所谓的'动中有静,静中有动''动极而静,静极而动'就说不通了。如果以有事感应为运动,无事寂静为静止,那么所谓的'动而无动,静而无静'就讲不通了。如果说'未发'在'已发'之前,静产生动,那么至诚就有所止息了,圣人便要通过功夫才能恢复德性,这就不对了。如果说'未发'在'已发'之中,那么不知道'未发''已发'都主宰静? 还是'未发'是静,'已发'是动? 或者是'未发'和'已发'都是无动无静、有动有静呢? 请您指教。"

"未发之中"即良知也,无前后、内外而浑然一体者也。有事无事,可以言动静,而良知无分于有事无事也。寂然感通,可以言动静,而良知无分于寂然感通也。动静者所遇之时,心之本体固无分于动静也。理无动者也,动即为欲。循理则虽酬酢万变而未尝动也,从欲则虽槁心一念而未尝静也。"动中有静,静中有动",又何疑乎? 有事而感通,固可以言动,然而寂然者未尝有增也;无事而寂然,固可以言静,然而感通者未尝有减也。"动而无动,静而无静",又何疑乎?

【译文】

"未发之中"就是良知,没有前后、内外的差别,浑然一体。有事、无事可以用动静来说,而良知不能分为有事、无事。寂静、感应可以用动静来说,而良知不能分为寂静、感应。动与静是根据时间而变化的,心的本体原本不分运动或静止。天理是固定静止的,动就是私欲。遵循天理则人事千变万化也不曾动,服从私欲即使心中只有一念产生也不是静。"动中有静,静中有动",这又有什么可怀疑的呢? 有事感应相通,固然可以说是动,但是寂静不动的良知并没有增加什么;无事寂静不动,固然可以说是静,但是感应相通的良知并没有减少什么。"动而无动,静而无静",又有什么可怀疑的呢?

无前后、内外而浑然一体,则"至诚有息"之疑,不待解矣。未发在已发之中,而已发之中未尝别有未发者在;已发在未发之中,而未发之中未尝别有已发者存:是未尝无动静,而不可以动静分者也。凡观古人言语,在以意逆志而得其大旨,若必拘滞于文义,则"靡有孑遗"者,是周果无遗民也①。周子"静极而动"之说,苟不善观,亦未免有病,盖其意从"太极动而生阳,静而生阴"说来。太极生生之理,妙用无息,而常体不易。太极之生生,即阴阳之生生。就其生生之中,指其妙用无息者而谓之动,谓之阳之生,非谓动而后生阳也;就其生生之中,指其常体不易者而谓之静,谓之阴之生,非谓静而后生阴也。若果静而后生阴,动而后生阳,则是阴阳、动静截然各自为一物矣。阴阳一气也,一气屈伸而为阴阳。动静一理也,一理隐显而为动静。春夏可以为阳为动,而未尝无阴与静也;秋冬可以为阴为静,而未尝无阳与动也。春夏此不息,秋冬此不息,皆可谓之阳、谓之动也。春夏此常体,秋冬此常体,皆可谓之阴、谓之静也。自元、会、运、世、岁、月、日、时,以至刻、杪、忽、微,莫不皆然,所谓"动静无端,阴阳无始",在知道者默而识之,非可以言语穷也。若只牵文泥句,比拟仿像,则所谓"心从《法华》转,非是转《法华》矣"②。

【注释】

①"凡观古人"五句:语自《孟子·万章上》:"故说《诗》者,不以文害辞,不以辞害志。以意逆志,是为得之。如以辞而已矣,《云汉》之诗曰:'周余黎民,靡有孑遗。'信斯言也,是周无遗民也。"靡有孑(jié)遗,语自《诗经·大雅·云汉》。靡,无,没有。孑遗,剩余,遗留。

②"心从"二句:语自《坛经·机缘品》:"心迷《法华》转,心悟转《法华》。"

【译文】

良知没有前后、内外的差别而浑然一体,那么对"至诚有息"的怀疑就不用解释了。"未发"在"已发"之中,但"已发"之中未曾另有"未发"存在;"已发"在"未发"之中,但"未发"之中未曾另有"已发"存在:这里不能说没有动静,只是不能用动静来区别而已。凡是看古人说的言论,在于用心体察从而明白其主旨,如果一定要拘泥于文字,那么"靡有孑遗"这句话就该解释为周朝果真没有遗民了。周子"静极而动"的学说,如果不能很好地体察,也未免会出错,这大概是由于他的意思是从"太极动而生阳,静而生阴"上来说的。太极运动变化的道理,妙用无穷,但其本体是永恒不变的。太极的运动变化就是阴阳的运动变化。在其运动变化中,就其妙用无穷来说就是动,就是阳的产生,而不是运动后才产生阳;在其运动变化中,就其本体永恒不变来说就是静,就是阴的产生,而不是静止后才产生阴。如果真的是静止后才产生阴,运动后才产生阳,那么阴阳、动静就是截然不同的两个事物了。阴阳是同一种气,气的伸缩产生阴阳。动静是一个理,理的隐藏显现就是动静。春夏可以说是阳、是动,但未曾没有阴和静;秋冬可以说是阴、是静,但未曾没有阳和动。春夏秋冬变化不止,都是阳、是动,春夏秋冬的本体永恒不变,都是阴、是静。从元、会、运、世、岁、月、日、时一直到刻、秒、忽、微,莫不是这样。所谓"动静没有开端,阴阳没有起始",对于明白天道的人来说,可以默默体会,却不能完全用语言表达。如果只是拘泥于文字,比拟模仿,那就是所谓的"《法华经》支配着心转,而不是心支配着《法华经》转了"。

四

【题解】

本条讲"良知"与"七情"的关系。在阳明心学,良知是体,主于"七情"。"七情"是个体性良知(道德情感)在经验世界的具体呈现,是良知之用。二者具有体用关系。但需要注意的是,王阳明强调的不外于良知的喜怒忧惧是依良知而当的喜怒忧惧,而不是别有念头或为己私之欲的喜怒忧惧。

　　来书云:"尝试于心喜怒忧惧之感发也,虽动气之极,而吾心良知一觉,即罔然消阻①,或遏于初,或制于中,或悔于后。然则良知常若居优闲无事之地而为之主,于喜怒忧惧若不与焉者,何欤?"

【注释】

①罔然:犹涣然,形容情绪消解的样子。

【译文】

　　来信写道:"曾经在心中尝试过喜、怒、忧、惧的感情生发,即使极度动气,只要我心中的良知一旦发觉,就会涣然消失,有时在动气的开端就能遏止,有时在中途可以制止,有时在事后才能悔悟。然而良知常常好像在悠闲无事的地方主宰着，与喜、怒、忧、惧似乎没有什么关系，这是怎么回事？"

知此，则知未发之中、寂然不动之体，而有发而中节之和、感而遂通之妙矣。然谓"良知常若居于优闲无事之地"，语尚有病。盖良知虽不滞于喜怒忧惧，而喜怒忧惧亦不外于良知也。

【译文】

明白了这个，就能明白"未发之中"那"寂然不动"的本体，拥有"发而中节"的平和、"感而遂通"的精妙。然而所说的"良知常常好像在悠闲无事的地方"，这句话还有问题。良知虽然不在喜、怒、忧、惧中滞留，但喜、怒、忧、惧也不在良知之外。

五

【题解】

本条讲良知本体与致良知功夫条目的关系。良知是致良知功夫的内在动力，从知行合一的维度出发，良知本身含有"行"（功夫）的要求和能力，这在王阳明晚年的思想中体现更为突出。"戒慎恐惧"是致良知功夫的具体条目，自是良知之所以然者，体现了良知的本体能动性。心学功夫条目莫不如此。但衡今云："'能'字是见道语。"日本阳明学者佐藤一斋亦曰："加一'能'字，便见功夫本体合一。"于此可见，王阳明之言简意赅。

来书云："夫子昨以良知为照心。窃谓：良知，心之本

体也；照心，人所用功，乃戒慎恐惧之心也，犹思也。而遂以
'戒慎恐惧'为良知，何欤？"

【译文】

来信写道："先生昨天将良知讲解为照心。我私下里认为：良知，是
心的本体；照心，是人所用的功夫，是戒慎恐惧的心，就像是思想。但先
生却把'戒慎恐惧'当做良知，为什么呢？"

能戒慎恐惧者，是良知也。

【译文】

能让人戒慎恐惧的，就是良知。

六

【题解】

本条解释"照心"与"妄心"之动静的区别。照心非动，是从已发的
角度言，其循理而动，自自然然，功夫有动，但心体不动，故动而无动。妄
心亦照，是从未发本体的角度言，妄心为念，未当于理，但其以理为内在
准则，故妄心之不当理从反面确证了照心之当理。区分"照心"与"妄
心"说明犹有二心，不能知行合一，尚欠诚意之功夫。无妄无照，则知行
合一，心理合一，至诚无息。

来书云："先生又曰'照心非动也'，岂以其循理而谓之
静欤？'妄心亦照也'，岂以其良知未尝不在于其中，未尝不
明于其中，而视、听、言、动之不过则者皆天理欤？且既曰

妄心，则在妄心可谓之照，而在照心则谓之妄矣。'妄'与
'息'何异？今假妄之照以续至诚之无息，窃所未明，幸再
启蒙。"

【译文】

　　来信写道："先生又说'照心非动也'，难道是因为它遵循天理，就称
它为'静'吗？'妄心亦照也'，难道是因为良知未曾不在妄心中，未曾不
在妄心中明朗，而视、听、言、动能够不逾越原则的，都是天理吗？既然说
是妄心，那么良知对于它来说就是澄明的，而对于澄明之心来说就是烦
乱的。'妄'与'息'有什么不同？现在如果把妄心的'照'与至诚无息
联系起来，我私下里觉得没明白，请先生再指点一二。"

　　"照心非动"者，以其发于本体明觉之自然，而未尝有
所动也，有所动即妄矣。"妄心亦照"者，以其本体明觉之自
然者，未尝不在于其中，但有所动耳，无所动即照矣。无妄
无照，非以妄为照，以照为妄也。照心为照，妄心为妄，是犹
有妄有照也。有妄有照则犹贰也，贰则息矣。无妄无照则
不贰，不贰则不息矣。

【译文】

　　"照心非动"，是因为它生发于本体自然的明觉，而未曾有所活动，有
所活动就是妄了。"妄心亦照"，是因为本体自然的明觉，未曾不在它之
中，只是有所活动而已，不活动就是照了。无妄无照，并不是把妄心当作
照心，把照心当作妄心。照心是照，妄心是妄，这就仍然是有妄有照的区
分。有妄与照的区分就是将心一分为二，把心一分为二，心体便有所停
息。无妄无照则是没有把心分而为二，没有把心分而分二，这样良知就
不会停息了。

七

【题解】

清心寡欲即存天理、去人欲，阳明心学亦主张如此，只是在具体功夫上与朱子学有所不同。但王阳明认为，为养生而清心寡欲，就是有了执念，便不合知行合一了。

来书云："养生以清心寡欲为要。夫清心寡欲，作圣之功毕矣。然欲寡则心自清，清心非舍弃人事而独居求静之谓也。盖欲使此心纯乎天理，而无一毫人欲之私耳。今欲为此之功，而随人欲生而克之，则病根常在，未免灭于东而生于西。若欲刊剥洗荡于众欲未萌之先，则又无所用其力，徒使此心之不清。且欲未萌而搜剔以求去之，是犹引犬上堂而逐之也①，愈不可矣。"

【注释】

①引犬上堂而逐之：语自《二程集·遗书》卷二："勿谓小儿无记性，所历事皆能不忘，故善养子者，当其婴孩，鞠之使得所养，全其和气，乃至长而性美，教之示以好恶有常。至如养犬者，不欲其升堂，则时其升堂而扑之。若既扑其升堂，又复食之于堂，则使孰从？虽日挞而求其不升，不可得也。养异类且尔，况人乎？故养正者，圣人也。"

【译文】

来信写道："养生关键的是清心寡欲。清心寡欲，是做圣人功夫的大全。然而寡欲心就能自然清明，清心并不是说要舍弃人事，而隐居独处来追求宁静。大概是要让此心纯然天理，没有一点儿私欲。现在要做这种功夫，随着私欲的生发来克制它，但病根仍旧常在，未免东边的克制掉了西边的又生发出来。如果想在各种私欲萌发之前就把它们砍剥洗荡干净，又不知从何处用力，只是使自己的心不清明。况且在私欲产生前四处搜寻并清除它，就好像是把狗带上厅堂再赶它出去，就更加不行了。"

　　必欲此心纯乎天理，而无一毫人欲之私，此作圣之功也。必欲此心纯乎天理，而无一毫人欲之私，非防于未萌之先，而克于方萌之际不能也。防于未萌之先而克于方萌之际，此正《中庸》"戒慎恐惧"、《大学》"致知格物"之功。舍此之外，无别功矣。夫谓"灭于东而生于西""引犬上堂而逐之"者，是自私自利、将迎意必之为累[1]，而非克治洗荡之为患也。今曰"养生以清心寡欲为要"，只"养生"二字，便是自私自利、将迎意必之根。有此病根潜伏于中，宜其有"灭于东而生于西""引犬上堂而逐之"之患也。

【注释】

①将迎：语自《庄子·知北游》："颜渊问乎仲尼曰：'回尝闻诸夫子曰：无有所将，无有所迎。回敢问其游。'仲尼曰：'……圣人处物，不伤物。不伤物者，物亦不能伤也。唯无所伤者，为能与人相将迎。'"意即送迎、交往。意必：语自《论语·子罕》："子绝四：毋意，毋必，毋固，毋我。"意即不妄加猜测，不绝对肯定。

【译文】

　　一定要使此心纯然天理，而没有一点儿私欲，这是做圣人的功夫。一定要使此心纯乎天理，而没有一点儿私欲，不做到在私欲还没萌发之前就防范，将它克治在即将萌发的时候，就不行。在私欲还没萌发之前就防范，将它克治在即将萌发的时候，这正是《中庸》"戒慎恐惧"、《大学》"致知格物"的功夫。除此之外,没有其他的功夫。所谓"东边的克制掉了而西边的又生发出来""把狗带上厅堂再赶它出去",是自私自利、刻意追求造成的结果,而不是克治荡除本身的问题。现在说"养生最关键的是清心寡欲",就"养生"这两个字,就是自私自利、刻意追求的根源。有这个根源潜伏在其中,就会产生"东边的克制掉了而西边的又生发出来""把狗带上厅堂再赶它出去"的问题。

八

【题解】

　　本条阐明致良知功夫之无执的特点。"思善""思恶"则耽于"思","不思善""不思恶"则耽于"不思","思"与"不思"都是自私用智的表现,都是不合王阳明致良知本意的。但这里显然存在着王阳明"以心解佛"造成的对佛教的误解:依王阳明看来,佛氏之本体和功夫之间存在着一个循环悖论。佛氏的本体是"前念易灭,而后念不生",因此是一个"断灭种性,入于槁木死灰"的死寂存在。这样的本体也可以说是"宁静"的,没有生生的性质,因此它不会执着于"求宁静""欲无生"的。所以"佛氏之学亦未如此将迎意必"。从佛氏之本体出发,佛氏的功夫本应如此。但王阳明同时认为,佛氏之本体不同于良知,它不能自知自明,善恶自辨,因此在具体的功夫中便不免执着将迎意必,从而去"不思善、不思恶",如此便是执着,便有了自私自利之心,故佛氏的功夫便是"常惺惺"。这样的功夫自然无法认识佛家自身的本来面目,更无法认识良知。概而言之,佛氏的寂灭本体不能指导功夫,因而造成功夫"不思善、不思恶"的执着,这种执着的功夫进一步遮蔽了本体,如此往复,进入一个循环悖论。显见,王阳明这里仍然是从良知的立场出发诠释佛教体用关系的。但事实上,佛教本体是空寂的,是缘而后生的,因此它对于将迎意必无所谓"有",也无所谓"无",对于本来面目是无思无虑的。这是就真谛的层面讲的,那么在俗谛的层面,同样因为佛教心体的空寂,功夫因为没有心体的指导便有了将迎意必,便有了为了认识本来面目而执着于"不思善、不思恶"。王阳明这里显然是混淆了佛教真谛与俗谛两个层面。究其实,乃是儒、佛两种思维方式的不同:心学讲求本体与功夫、形上与形下一体圆融,体用不二。佛教则功夫与本体、形下与形上层次分明,中间有隔,不能融通。以心学释佛教势必造成逻辑上的困难。

　　来书云:"佛氏于'不思善、不思恶时,认本来面目'①,于吾儒'随物而格'之功不同。吾若于不思善、不思恶时用致知之功,则已涉于思善矣。欲善恶不思,而心之良知清静自在,惟有寐而方醒之时耳。斯正孟子'夜气'之说。但于斯光景不能久,倏忽之际,思虑已生。不知用功久者,其常寐初醒而思未起之时否乎? 今澄欲求宁静,愈不宁静,欲念无生,则念愈生。如之何而能使此心前念易灭,后念不生,良知独显,而与造物者游乎②?"

【注释】

①不思善、不思恶时,认本来面目:语自《六祖坛经·行由品》:"惠能遂出,盘坐石上。惠明作礼云:'望行者为我说法。'惠能云:'汝既为法而来,可屏息诸缘,勿生一念,吾为汝说。'明良久,惠能云:'不思善,不思恶,正与么时,那个是明上座本来面目。'惠明言下大悟。"

②与造物者游:语自《庄子·天下》:"上与造物者游,而下与外死生、无终始者为友。"

【译文】

来信写道:"佛教在'不思善、不思恶时,认识本来面目',与我们儒家‘在事物上格’的功夫不同。我们儒家若在不思善、不思恶的时候下致知的功夫，就已经涉及思善了。要想不思善恶而心中的良知处于清静自在的状态，只有睡觉刚醒时可以，这正是孟子的‘夜气’论。只是这个时间不能维持太久，瞬息之间思虑就产生了。不知道用功时间长的人，能否经常像睡觉刚醒、思虑未生时那样呢？现在我想摒弃私欲求得宁静，却越发静不下来；想使杂念不生，杂念却更多。怎样才能使心中前念易灭，后念不生，良知独自显现，并与大道相合呢？”

　　“不思善、不思恶时，认本来面目”，此佛氏为未识本来面目者设此方便。“本来面目”即吾圣门所谓“良知”。今既认得良知明白，即已不消如此说矣。“随物而格”，是“致知”之功，即佛氏之“常惺惺”①，亦是常存他本来面目耳。体段工夫②，大略相似，但佛氏有个自私自利之心，所以便有不同耳。今欲“善恶不思，而心之良知清静自在”，此便有自私自利、将迎意必之心，所以有“不思善、不思恶时用致知之功，则已涉于思善”之患。孟子说“夜气”，亦只是为失其良心之人指出个良心萌动处，使他从此培养将去。今已知得良知明白，常用致知之功，即已不消说“夜气”；却是得兔后不知守兔，而仍去守株，兔将复失之矣。“欲求宁静”，“欲念无生”，此正是自私自利、将迎意必之病，是以念愈生而愈不宁静。良知只是一个良知，而善恶自辨，更有何善何恶可思？良知之体本自宁静，今却又添一个求宁静；本自生生，今却又添一个欲无生；非独圣门致知之功不如此，虽佛氏之学亦未如此将迎意必也。只是一念良知，彻头彻尾，无始无终，即是前念不灭，后念不生③。今却欲前念易灭，而后念不生,是佛氏所谓"断灭种性"④,入于槁木死灰之谓矣。

【注释】

①常惺惺:语自《明觉禅师语录》卷三:"玄沙问僧:'近离甚处?'云:'瑞崖。'沙云:'瑞崖有何言句示徒?'僧云:'长唤主人翁,自云诺惺惺著,他后莫受人瞒。'"

②体段:本体,事物的本来面貌。

③前念不灭,后念不生:语自《六祖坛经·机缘品》:"问曰:'即心即佛,愿垂指谕。'师曰:'前念不生即心,后念不灭即佛,成一切相即心,离一切相即佛。'"

④断灭种性:语自《成唯识论》卷九:"何谓大乘二种种性? 一、本性住种性,谓无始来依附本识法尔所得无漏法因;二、习所成种性,谓闻法界等流法已。谓所成等熏习所成,要具大乘此二种性,方能渐次悟入唯识。"

【译文】

"不思善、不思恶时,认识本来面目",这是佛教给那些不识本来面目的人设下的方便途径。"本来面目"就是圣学所谓的"良知"。现在既然能够认清良知,就已不需要这样说了。"根据事物的具体情况去研究事理",是"致知"的功夫,就是佛教的"常惺惺",也是常存它的本来面目而已。佛、儒两家的本体与功夫大体相似,只是佛教有自私自利之心,这二者就有了不同。如今要"不思善恶,而保持心中良知清静自在",这就有自私自利、刻意追求的心,所以有"不思善、不思恶时用致知的功夫,就已经涉及思善"的问题。孟子谈论"夜气",也只是为失去良心的人指出个良心萌动的地方,使得他能够从此培养良心。如今已经明白认识良知,常用致知的功夫,也就不需要说"夜气"了;却就成了得到兔子后不知道要看住它,却依然去守着树,那么兔子将会重新丢失。"欲求宁静","欲念无生",这正是自私自利、刻意追求的毛病,因此欲念越生,心越不宁静。良知只有一个,它自然分辨善恶,哪里还有什么善恶可想?良知原本是宁静的,现在却又添了一个求宁静;良知原本是充满生机的,现在却又添了一个不生杂念;不但圣学的致知功夫不是这样,就连佛教也不主张这样刻意追求。只要一心在良知上,从头到尾,无始无终,就是前念不灭,后念不生。现在你却想前念易灭,后念不生,这就是佛教所讲的"断灭种性",进入槁木死灰的状态了。

九

【题解】

　　本条承上条,仍是强调心学功夫之无执的特点。王阳明强调"戒惧克治"即是念念不忘存天理的"常提不放"和"必有事焉"之功夫,其中贯彻着知行合一的内在维度,要求不加私念,无有将迎意必,在根本上体现出本体论和功夫论合一的特质。

　　来书云:"佛氏又有'常提念头'之说,其犹孟子所谓'必有事',夫子所谓'致良知'之说乎?其即'常惺惺,常记得,常知得,常存得'者乎?于此念头提在之时,而事至物来,应之必有其道。但恐此念头提起时少,放下时多,则工夫间断耳。且念头放失,多因私欲客气之动而始,忽然惊醒而后提。其放而未提之间,心之昏杂多不自觉,今欲日精日明,常提不放,以何道乎?只此常提不放,即全功乎?抑于常提不放之中,更宜加省克之功乎?虽曰常提不放,而不加戒惧克治之功,恐私欲不去;若加戒惧克治之功焉,又为'思善'之事,而于'本来面目'又未达一间也。如之何则可?"

【译文】

来信写道:"佛教又有'常提念头'的说法,就像孟子所说的'必有事',先生所说的'致良知'吗? 也就是'常惺惺,常记得,常知得,常存得'吗? 在提起这个念头的时候,各种事物到来,一定会有恰当的方法去应对。只是恐怕这念头提起的时候少,而放下的时候多,那样功夫就中断了。况且念头的丧失,大多是由于私欲及外在的气的发动造成的,要突然惊醒后才提起来。在放下之后提起之前,人心昏暗杂乱常常自己不能觉察,现在想让念头日益精明,常提不放,有什么方法吗? 单单一个常提不放就是全部的功夫吗? 还是在常提不放之中,更应该增加反省克治的功夫呢? 虽然说常提不放,然而不加上戒惧克治的功夫的话,恐怕私欲无法克除;如果加上戒惧克治的功夫,又成了'思善'的事,和'本来面目'又不一致了。应该怎么做呢?"

"戒惧克治",即是"常提不放"之功,即是"必有事焉",岂有两事邪? 此节所问,前一段已自说得分晓,末后却是自生迷惑,说得支离,反有"本来面目,未达一间"之疑,都是自私自利、将迎意必之为病。去此病,自无此疑矣。

【译文】

"戒惧克治"就是"常提不放"的功夫,就是"必有事焉",怎能分离开呢? 这段话所问的,前一段话已经自然解说明白,后来你自己产生了迷惑,说得支离破碎,反而出现"本来面目,又不一致"的疑问,都是自私自利、刻意追求的毛病。去除这个毛病,自然也就没有这个疑问了。

十

【题解】

本条释"明"的功夫。"明"的功夫就是去欲存心，就是诚的功夫，但不能执着于"明"，而作"助"的功夫。

来书云："'质美者明得尽，渣滓便浑化①。'如何谓明得尽？如何而能便浑化？"

【注释】

①"质美者"二句：语自《二程集·遗书》卷十一程颢语："学只要鞭辟近里，著己而已，故'切问而近思，则仁在其中矣'。'言忠信，行笃敬，虽蛮貊之邦，行矣；言不忠信，行不笃敬，虽州里，行乎哉！立则见其参于前也，在舆则见其倚于衡也，夫然后行。'只此是学质美者，明得尽，查滓便浑化，却与天地同体，其次惟庄敬持养，及其至，则一也。"

【译文】

来信写道："'本质美好的人，善德尽显，缺点也就融化消失了。'怎样就是'善德尽显'？怎样能使缺点'融化消失'呢？"

良知本来自明。气质不美者，渣滓多，障蔽厚，不易开明。质美者，渣滓原少，无多障蔽，略加致知之功，此良知便自莹彻。些少渣滓如汤中浮雪，如何能作障蔽？此本不甚难晓。原静所以致疑于此，想是因一"明"字不明白，亦是稍有欲速之心。向曾面论"明善"之义①，"明则诚"矣②，非若后儒所谓明善之浅也。

【注释】

①向：以前，从前。

②明则诚：语自《中庸》第二十一章："自诚明谓之性，自明诚谓之教。诚则明矣，明则诚矣。"

【译文】

良知本来就是自然光明的。本质不美的人，身上缺点很多，遮蔽很厚，良知不容易显现出光明。本质美好的人，缺点原本就少，没有那么多遮蔽，稍微用些致知的功夫，良知就自然澄澈。一点点缺点，就像热水中漂浮的雪花，怎么能遮蔽住呢？这本来不难懂，原静你对此产生疑问的原因，想来是因为一个"明"字还没有完全明白，也是还有一点儿心急。以前我和你曾当面谈论过"明善"的含义，"明就是诚"，而不像后世儒者所说的"明善"那么浅薄。

十一

【题解】

本条从"性一"出发谈"致良知"功夫，最终落实于"知行合一"的维度，体现了阳明心学本体与功夫合一的特质。末句"'知行'二字更宜精察"意蕴丰富。对于"知行合一"不能仅仅将其视为功夫和教法，而是贯穿整个阳明心学体系的内在维度。

来书云："聪明睿知果质乎①？仁义礼智果性乎？喜怒哀乐果情乎？私欲、客气果一物乎？二物乎？古之英才若子房、仲舒、叔度、孔明、文中、韩、范诸公②，德业表著，皆良知中所发也，而不得谓之闻道者，果何在乎？苟曰此特生质之美耳，则'生知安行'者，不愈于'学知''困勉'者乎？

愚意窃云谓诸公见道偏则可，谓全无闻，则恐后儒崇尚记诵训诂之过也。然乎？否乎？"

【注释】

① 聪明睿知：语自《中庸》第三十一章："唯天下至圣，为能聪明睿智，足以有临也。"朱熹注曰："聪明睿智，生知之质。"

② 子房、仲舒、叔度、孔明、文中、韩、范：子房，张良（？—前189），字子房，汉代人。汉初三杰之一，刘邦的重要谋士，辅佐刘邦夺得天下。汉朝建立以后，封为留侯。仲舒，董仲舒（前179—前104），汉代今文经学家。提出"罢黜百家，独尊儒术"的观点与主张。叔度，黄宪（75—122），字叔度，东汉人。德行显著于当世。孔明，即诸葛亮（181—234），三国时蜀汉政治家、军事家。文中，即王通（584—617），见前注。韩，韩琦（1008—1075），字稚圭。范，范仲淹（989—1052），字希文。韩琦、范仲淹二人皆为北宋名臣，世称"韩范"。

【译文】

来信写道："聪明睿智果真是人的禀赋吗？仁义礼智果真是人的本性吗？喜怒哀乐果真是人的情感吗？私欲与客气果真是一回事？还是两回事？古代的豪杰，像张良、董仲舒、黄宪、诸葛亮、王通、韩琦、范仲淹等人，功业卓著，这都是从他们的良知中生发出来的，但又不能说他们都是认识圣道的人，为什么？如果说他们天资卓异，那么'生知安行'的人难道不如'学知利行''困知勉行'的人吗？我私下认为，如果说他们对道的认识不全面，还说得过去，如果说他们完全不认识道，恐怕是后世儒者崇尚背诵训诂而产生的偏见。这样说对还是不对呢？"

性一而已。仁义礼知，性之性也；聪明睿知，性之质也；喜怒哀乐，性之情也；私欲客气，性之蔽也。质有清浊，故情有过不及，而蔽有浅深也。私欲客气，一病两痛，非二物也。张、黄、诸葛及韩、范诸公，皆天质之美，自多暗合道妙。虽未可尽谓之知学，尽谓之闻道，然亦自有其学违道不远者也①。使其闻学知道，即伊、傅、周、召矣②。若文中子则又不可谓之不知学者，其书虽多出于其徒，亦多有未是处，然其大略则亦居然可见，但今相去辽远，无有的然凭证③，不可悬断其所至矣。

【注释】

①违道不远：语自《中庸》第十三章："忠恕违道不远，施诸己而不愿，亦勿施于人。"

②伊：伊尹，商之贤相，辅佐商汤灭夏。傅：傅说，商王武丁时的贤相。周：周公姬旦。召：召公。二人皆为周文王之子，周武王之弟。

③的（dì）然：明显貌。

【译文】

人性只有一个。仁义礼智是人性的本质，聪明睿智是人性的禀赋，喜怒哀乐是人性的情感，私欲客气是人性的蒙蔽。本性有清、浊之分，所以感情有过分或欠缺的不同，蒙蔽也有深浅的不同。私欲、客气是一种毛病引发的两种痛苦，而不是两种事物。张良、黄宪、孔明、韩琦、范仲淹等人，都是天生资质美好，自然与道的奇妙有许多巧合的地方。虽然不能说他们完全明白圣学、通晓圣道，但他们的学问才识离圣道也并不远。假如他们能全面通晓圣道，那他们就成了伊尹、傅说、周公、召公了。至于文中子，倒也并不能说他不明白圣学，他的书虽然多出自他的学生之手，其中也有不少错误，但是他学问的轮廓还是可以明显看出来的，只是由于年代相隔久远，又没有真凭实据，所以不能凭空断定他的学问离圣道还有多远。

夫良知即是道，良知之在人心，不但圣贤，虽常人亦无不如此。若无有物欲牵蔽，但循着良知发用流行将去，即无不是道。但在常人多为物欲牵蔽，不能循得良知。如数公者，天质既自清明，自少物欲为之牵蔽，则其良知之发用流行处，自然是多，自然违道不远。学者，学循此良知而已。谓之知学，只是知得专在学循良知。数公虽未知专在良知上用功，而或泛滥于多岐，疑迷于影响，是以或离或合而未纯。若知得时，便是圣人矣。后儒尝以数子者尚皆是气质用事，未免于行不著，习不察，此亦未为过论。

【译文】

良知就是道，良知自在人心中，不管是圣贤还是普通人都是如此。如果没有物欲牵累、遮蔽，单凭良知发挥运行，就无不是道。只是普通人大多被物欲蒙蔽，不能遵循良知。像上面谈到的几个人，天生资质清明，遮蔽的物欲比较少，所以良知发挥运行的地方就多，自然离道就近。所谓的"学"，就是指学习遵循这个良知而已。所谓"知学"，只是明白应该专心学习遵循良知。他们几个人虽然不知道专心在良知上用功，有的兴趣广泛，受到别的东西影响或迷惑，所以他们有时偏离道，有时符合道，没有达到纯粹的境界。然而假如他们明白了这一点，就是圣人了。后世儒者曾经认为他们几个还都是凭天资建功立业，未免是不知其然，更不知其所以然，这样评价他们并不过分。

但后儒之所为"著察"者，亦是狃于闻见之狭，蔽于沿习之非，而依拟仿象于影响形迹之间，尚非圣门之所谓"著察"者也；则亦安得以己之昏昏，而求人之昭昭也乎①？所谓"生知安行","知行"二字亦是就用功上说；若是知行本体，即是良知良能，虽在困勉之人，亦皆可谓之"生知安行"矣。"知行"二字更宜精察。

【注释】

①以己之昏昏，而求人之昭昭：语自《孟子·尽心下》："孟子曰：'贤者以其昭昭，使人昭昭；今以其昏昏，使人昭昭。'"

【译文】

不过，后世儒者所说的"著察"，也是习惯于窄陋的见闻，受到旧有习惯的蒙蔽，在模仿圣人的影响和事迹之间，还不是圣学所谓的"著察"；自己还糊涂怎么能使别人明白呢？所谓"生知安行","知行"二字是从用功方面说的；至于说知行的本体，其实就是良知良能。从这个角度讲，即使是困知勉行的人，也都可以说是"生知安行"。对"知行"二字更应该仔细体察。

十二

【题解】

本条释"乐"。"乐"有真乐与"七情"之乐之别，真乐是依良知而行的自慊之乐，是心体之本然，在根本上是超越经验层面的。真乐源自良知，良知人人本具，故真乐圣、凡皆有。"七情"之乐是良知发用之乐，属于经验层面。二者具有体用之关系。但需要辨明的是，"七情"之乐如不合于良知，发而未中节，便是人欲。

来书云："昔周茂叔每令伯淳寻仲尼、颜子乐处①。敢问是乐也，与'七情'之乐，同乎？否乎？若同，则常人之一遂所欲，皆能乐矣，何必圣贤？若别有真乐，则圣贤之遇大忧大怒大惊大惧之事，此乐亦在否乎？且君子之心常存戒惧，是盖终身之忧也②，恶得乐？澄平生多闷，未尝见真乐之趣，今切愿寻之。"

【注释】

①周茂叔每令伯淳寻仲尼、颜子乐处：典出《二程集·遗书》卷二："昔受学于周茂叔（周敦颐）。每令寻颜子、仲尼乐处所乐何事。"《论语·雍也》云："子曰：'贤哉，回也！一箪食，一瓢饮，在陋巷，人不堪其忧，回也不改其乐。贤哉，回也！'"伯淳，为程颢的字。

②终身之忧：语自《孟子·离娄下》："是故君子有终身之忧，无一朝之患也。"

【译文】

来信写道："从前，周茂叔常常让伯淳寻找孔子与颜回的快乐之处。请问这种快乐，与'七情'中的快乐相同吗？还是不相同？如果相同的话，那么普通人一旦满足了自己的欲望，就都能快乐了，何必要追当圣贤呢？如果另有真正的快乐，那么圣贤遇到非常忧闷、生气、惊讶、恐惧的事，这种快乐还存在吗？况且君子心中常有戒惧，这大概是终身的忧闷，怎么能快乐呢？我平时多烦闷，还未曾见识过真正快乐的情趣，现在非常迫切地想要寻求到它。"

乐是心之本体，虽不同于"七情"之乐，而亦不外于"七情"之乐。虽则圣贤别有真乐，而亦常人之所同有，但常人有之而不自知，反自求许多忧苦，自加迷弃。虽在忧苦迷弃之中，而此乐又未尝不存，但一念开明，反身而诚，则即此而在矣。每与原静论，无非此意，而原静尚有何道可得之问，是犹未免于骑驴觅驴之蔽也。

【译文】

快乐是心的本体，虽然与"七情"中的快乐有所不同，但也不在"七情"中的快乐之外。虽然圣贤另有真正的快乐，但也是常人所共有的，只是常人拥有而并不自知，反而自己寻求许多忧闷苦难，自己迷惘、放弃真正的快乐。即使在忧闷苦难迷惘放弃的境地中，这种快乐也未曾不存在，只要一念明朗，追求自身的诚挚，那么快乐就能常在心中了。每次与原静你谈的都是这个意思，而你仍然有怎样才能寻求到它的疑问，这仍然未免是骑驴找驴的弊病。

十三

【题解】

本条以"明镜""病疟"之喻，阐明致良知的关键在于依良知而行，而不能有将迎意必于其间，抑或可说功夫之着力点在于"良知"，而不是在"致"上用功。需注意者在于，王阳明此处对于佛教"无所住而生其心"的诠释有一定的误解，或可引起对句意的理解偏差。在王阳明看来，"无所住处"即是"妍者妍，媸者媸，一过而不留"，这是明镜之心的功用。"生其心处"则是"明镜之应物，妍者妍，媸者媸，一照而皆真"，这是明镜之心照物的效用。由此可见，"无所住处"与"生其心处"是一种并列的用用关系。它们和明镜之心是"用"和"体"的关系，显然，王阳明这里是从其良知论出发，以效用的角度解读佛教的"无所住而生其心"。那么王阳明肯定佛教"无所住而生其心""未为非也"是符合真实的吗？事实上，佛教向来就有心镜之喻，在佛教的语境中，无所住即是无所执着，即是情顺万物，只有如此，才能生其无情之心。如果有所执着，就只能生有情之心，即生念头。因此，佛教强调"应无所住而生其心"，这是缘起论从"缘"看"体"的逻辑向度。可见，"无所住"和"生其心"具有前因后果的关系，无所住使心体得以呈现，心是功夫的结果。"无所住"和

"生"是前后相续的,是"功夫"和"效用"的关系,"无所住"和"心"是"功夫(缘)"和"本体(果)"的关系。从表面上看,儒家和佛教具有很大的相似之处,但实际上二者具有深刻的内在区别:王阳明的本然良知不仅仅是静态的明镜,它还有自生发、自驱动、自评判的功能,因此,对王阳明来讲,有什么样的心体,就有什么样的功夫。阳明心学的逻辑结构是(本然)良知—功夫—(显在)良知,在王阳明看来,良知心体不是一个假设性的存在,而是一个实体性的存在。正因为有如此美者自美,丑者自丑,"一照而皆真"的心,所以才有物之"一过而不留",心体与其功用的关系是协和一致的。但对于佛教来讲,心体是寂灭的,是一个空性,心体只能在功夫的效用中呈现,对于佛教而言,有什么样的功夫(缘),就有什么样的心体,所以佛教的逻辑结构是功夫(缘)—(自性空的)心体,只有通过"一过而不留""一照而皆真"的效用,我们才能体验到佛教的明镜之心。简而言之,王阳明之心体的呈现是积极主动的,佛教心体的呈现是消极被动的。

　　来书云:"《大学》以'心有好乐、忿懥、忧患、恐惧'为'不得其正',而程子亦谓'圣人情顺万事而无情'①。所谓'有'者,《传习录》中以病疟譬之,极精切矣。若程子之言,则是圣人之情不生于心而生于物也。何谓耶?且事感而情应,则是是非非可以就格;事或未感时,谓之有,则未形也,谓之无,则病根在,有无之间,何以致吾知乎?学务无情,累虽轻,而出儒入佛矣,可乎?"

【注释】

① 程子亦谓"圣人情顺万事而无情":《二程集·文集》卷二《答横渠张子厚先生书》程颢语:"天地之常,以其心普万物而无心。圣

人之常，以其情顺万事而无情。"

【译文】

来信写道："《大学》中以'心有好乐、愤怒、忧患、恐惧'为'不得其正'，而程子也说'圣人情顺万事而无情'。所谓'有情'，《传习录》中用疟病来比喻，非常精细贴切。像程子的言论这样，就成了圣人的情感不是产生于心而是产生于物了。为什么这样说呢？如果感觉到事物而产生了相应的情感，其中的是非可以辨别格除；如果没有感受到事物，说有情则情还未显现，说无情却像是病根一般潜伏着，有情与无情之间，怎么能致知呢？学习务必要做到无情，这样牵累虽然少了，却又从儒家脱离进入佛教，这可以吗？"

圣人致知之功至诚无息①。其良知之体皦如明镜②，略无纤翳。妍媸之来，随物见形，而明镜曾无留染。所谓"情顺万事而无情"也。"无所住而生其心"③，佛氏曾有是言，未为非也。明镜之应物，妍者妍，媸者媸，一照而皆真，即是生其心处。妍者妍，媸者媸，一过而不留，即是"无所住"处。病疟之喻，既已见其精切，则此节所问可以释然。病疟之人，疟虽未发，而病根自在，则亦安可以其疟之未发而遂忘其服药调理之功乎？若必待疟发而后服药调理，则既晚矣。致知之功无间于有事无事，而岂论于病之已发未发邪？大抵原静所疑，前后虽若不一，然皆起于自私自利、将迎意必之为祟。此根一去，则前后所疑自将冰消雾释，有不待于问辨者矣。

【注释】

①至诚无息：语自《中庸》第二十六章："故至诚无息。不息则久，久

则征，征则悠远，悠远则博厚，博厚则高明。"

②皦（jiǎo）：光亮洁净。

③无所住而生其心：语自《金刚经·庄严净土分》："应无所住而生

其心。"

【译文】

圣人致知的功夫就是至诚无息。圣人良知的本体，像光亮洁净的明镜一样没有一点儿纤尘遮蔽。美丑随时在其中现出事物的原形，明镜从不曾受到一点儿污染。这就是所谓的"情顺万事而无情"。"无所住而生其心"，佛教曾经有这句话，并不是错的。明镜照出事物，美的就美，丑的就丑，一照就都显出真相，这就是生发内心的地方。美的就美，丑的就丑，照过后什么都不留下，这就是"无所住处"。疟病的比喻，你既然已经认为是精细贴切了，那么这里的问题就能明白了。有疟病的人，病虽然没有发作，但病根仍在，怎么能因为病没有发作就忘记吃药调理的功夫呢？如果一定要等到病发作了再吃药调理，那就已经晚了。致知的功夫，有事无事都不曾间断，怎么能在病有无发作上有所分别呢？原静你所疑问的，大体上前后虽然不一，但都是由于自私自利、刻意追求引起的。这个病根一去除，那么你前后疑问的事就都自然冰消雾散，用不着再疑问辨析了。

十四

【题解】

本条为钱德洪所作之跋。钱德洪以佛家"扑人逐块"的典故为喻，阐明心学功夫自有根本，即做致良知的功夫要贵在内求心体，而不是逐于千经万典的外在知解，否则就是逐物，就是支离，不得头脑。由此可见，钱德洪对师说的持守。

答原静书出，读者皆喜澄善问，师善答，皆得闻所未闻。师曰："原静所问，只是知解上转，不得已与之逐节分疏。若信得良知，只在良知上用工，虽千经万典，无不吻合，异端曲学，一勘尽破矣，何必如此节节分解？佛家有'扑人逐块'之喻，见块扑人，则得人矣，见块逐块，于块奚得哉①？"在座诸友闻之畅然，皆有惺悟②。此学贵反求，非知解可入也。

【注释】

①"佛家"五句：语自《大般若经·法性品》："天王富知，邪见外道为求解脱，但欲断死，不知断生。若法不生，即无有灭。譬如有人块掷狮子，狮子逐人而块自息。菩萨亦尔，但断其生而死自灭。犬唯逐块不知逐人，块终不息。外道亦尔，不知断生，终不离死。"

②惺悟：醒悟，领悟。

【译文】

先生给陆原静的回信一经公布，读者们都对陆原静的善于提问和先生的善于解答非常赞赏，都认为内容是闻所未闻的。先生说："原静所问这些就是在认知、解释上转圈，不得已才为他分段讲解。如果相信良知，只在良知上下功夫，即使千经万典也没有不吻合的，异端曲学都是一探究就看破，何必要像这样一段一段地拆开解读呢？佛教有'扑人逐块'的比喻，狗看到石块扑向人，才能咬住人，看到石块却去追逐石块，在石块上能得到什么呢？"在座的各位学友听了，都欢快地有所省悟。这种学问贵在自省自求，不是从认知解释上可以获得的。

答欧阳崇一 凡四则

【题解】

欧阳崇一,即欧阳德,其简介见前注。《答欧阳崇一》一书的基本主旨是论述"知行合一"。在阳明心学,"知"是基本的本体论立场,也是"行"的价值指向,因此从知行合一出发,不仅要处理"心"与"理"的关系,也要处理"心"与"物"的关系。从心与理一的角度言,"必有事焉""集义""何思何虑"皆是只思一个天理。从心与物一的角度言,良知与"物"体现为体用一源的关系。

一

【题解】

本条从辨析"良知"与"见闻"的关系入手,论述致良知功夫的心学特质。从心本论出发,良知与见闻是由"体"到"用"的关系,故致良知功夫则是明体达用,明体是达用的头脑。如果由用致体,则失却头脑,不免支离。王阳明于此在本体和功夫上都坚持了心本论立场,担保了二者的统一。

崇一来书云:"师云:'德性之良知,非由于闻见。若曰

'多闻择其善者而从之,多见而识之'①,则是专求之见闻之末,而已落在第二义。'窃意良知虽不由见闻而有,然学者之知未尝不由见闻而发;滞于见闻固非,而见闻亦良知之用也。今曰'落在第二义',恐为专以见闻为学者而言。若致其良知而求之见闻,似亦知行合一之功矣。如何?"

【注释】

①"多闻"二句:语自《论语·述而》:"子曰:'盖有不知而作之者,我无是也。多闻,择其善者而从之,多见而识之,知之次也。'"

【译文】

来信写道:"先生说:'德性之良知,不是经由闻见而实现的。假若说'多闻择其善者而从之,多见而识之',则是专求之见闻之末,而已落在第二义。'"我私下里认为良知虽然不是从见闻而来,然而学者的认知,未曾不是从见闻中生发出来的;拘泥于见闻当中固然不对,但见闻也是良知的应用。现在说的'落在第二义',恐怕是针对专门把见闻当做学问的人来说的。如果为了实现良知而在见闻上寻求,似乎也是知行合一的功夫了。这样认为怎么样?"

良知不由见闻而有,而见闻莫非良知之用,故良知不滞于见闻,而亦不离于见闻①。孔子云:"吾有知乎哉?无知也②。"良知之外,别无知矣。故"致良知"是学问大头脑,是圣人教人第一义。今云专求之见闻之末,则是失却头脑,而已落在第二义矣。近时同志中盖已莫不知有"致良知"之说,然其功夫尚多鹘突者③,正是欠此一问。

【注释】

① "故良知"二句：参见黄檗禅师《传心法要》："然本心不属见、闻、觉、知，亦不离见、闻、觉、知，但莫于见、闻、觉、知上起见解，亦莫于见、闻、觉、知上动念，亦莫离见、闻、觉、知觅心，亦莫舍见、闻、觉、知取法。不即不离，不住不着，纵横自在，无非道场。"

② "吾有"二句：语自《论语・子罕》："子曰：'吾有知乎哉？无知也。有鄙夫问于我，空空如也，我叩其两端而竭焉。'"

③ 鹘（hú）突：含混，混淆不清。

【译文】

良知不是从见闻而来，然而见闻也无不都是良知的应用，因此良知不拘泥于见闻，也不离开见闻。孔子说："我有知识吗？没有知识啊。"良知之外，没有其他的知识了。因此"致良知"是学问最关键的地方，是圣人教人的第一要义。现在说专注于探求见闻的末节，就是失去重点，而已经落在第二位了。最近一段时间，同志们都已经知道有"致良知"的学说，然而功夫仍然还有很多含混不清的地方，正是缺少这个疑问。

大抵学问功夫，只要主意头脑是当，若主意头脑专以致良知为事，则凡多闻多见，莫非致良知之功。盖日用之间，见闻酬酢，虽千头万绪，莫非良知之发用流行。除却见闻酬酢，亦无良知可致矣。故只是一事。若曰致其良知而求之见闻，则语意之间未免为二。此与专求之见闻之末者虽稍不同，其为未得精一之旨，则一而已。"多闻，择其善者而从之，多见而识之。"既云"择"，又云"识"，其良知亦未尝不行于其间，但其用意乃专在多闻多见上去择识，则已失却头脑矣①。崇一于此等处见得当已分晓，今日之问，正为发明此学，于同志中极有益，但语意未莹②，则毫厘千里，亦不容不精察之也。

【注释】

①"但其"二句：参见王畿《龙溪先生全集》卷二十《钱绪山行状》："阐龙泉中天阁，请夫子升座开讲，君首以所学请正。夫子曰：'知乃德性之知，是为良知，而非知识也。良知至微而显，故知微可与入听。唐、虞授受，只是指点得一微字。《中庸》不睹不闻，以至无声无臭，中间只是发明得一微字。'众闻之，跃然有悟如大梦之得醒。"

②莹：莹彻，让人明白。

【译文】

大体上说，做学问的功夫，只要在最关键的地方把握住主意，如果把"致良知"当作最关键的地方，那么凡是多闻多见莫不是"致良知"的功夫。日常生活中，见识应酬虽然头绪繁多，但流行的都是良知的生发作用。除了见识应酬，也就没有良知可致。因此这两者也只是一件事。如果说致良知要从见闻上探求，那么言语之间不免就把"良知"和"见闻"分成两件事了。这与专门在见闻上探求的细节虽然稍有不同，但他们不懂得精一的主旨则是相同的。"多闻，择其善者而从之，多见而识之。"既然说到"择"，又说到"识"，可见良知也未尝不在中间发挥作用，只是其用意还是在多闻多见上选择、认知，这就失去了最关键的环节。崇一你对这些问题上认识得已经非常清楚，今天这样的疑问，正是为阐发这样的学说，这对志同道合的学者们非常有益，只是意思表达得还不太明白，可能会出现毫厘、千里的谬误，也不能不做出精细的考察。

二

【题解】

本条辨明"何思何虑"的功夫。从心学本体论出发，"何思何虑"是只思一个天理,这是功夫之头脑。作为良知发用之思虑是意之诚,体现了知行合一的要求。

　　来书云:"师云:'《系》言"何思何虑",是言所思所虑只是天理,更无别思别虑耳,非谓无思无虑也。心之本体即是天理,有何可思虑得? 学者用功,虽千思万虑,只是要复他本体,不是以私意去安排思索出来。若安排思索,便是自私用智矣。学者之敝①,大率非沉空守寂,则安排思索。'德辛、壬之岁着前一病②,近又着后一病。但思索亦是良知发用,其与私意安排者何所取别? 恐认贼作子,惑而不知也。"

【注释】

①敝:通"弊",弊病。

②辛、壬之岁:正德十六年辛巳至嘉靖元年壬午(1521—1522)。

【译文】

　　来信写道:"先生说:'《周易·系辞》中说的"何思何虑",是说所思所虑的只是天理,再没有其他的思虑,而不是无思无虑。心之本体就是天理,有什么可思虑的呢? 学者用功,即使千思万虑,都只是要恢复它的本体,不是用私意去安排、思索出天理来。如果安排思索,就是自私用智了。学者的弊病,大多不是枯守空寂,就是安排思索。'我在辛巳到壬午年间犯了前一个毛病,近来又犯了后一个毛病。只是思索也是良知的生发作用,它与私意安排的有什么区别呢? 恐怕自己会认贼作子,迷惑而没有明白。"

　　"思曰睿,睿作圣①。""心之官则思,思则得之②。"思其可少乎? 沉空守寂与安排思索,正是"自私用智",其为丧失良知，一也。良知是天理之昭明灵觉处，故良知即是天理。思是良知之发用。若是良知发用之思，则所思莫非天理矣。良知发用之思自然明白简易，良知亦自能知得。若是私意安排之思，自是纷纭劳扰，良知亦自会分别得。盖思之是非邪正，良知无有不自知者。所以认贼作子，正为致知之学不明，不知在良知上体认之耳。

【注释】

①"思曰睿"二句：语自《尚书·洪范》："五事：一曰貌，二曰言，三曰视，四曰听，五曰思。貌曰恭，言曰从，视曰明，听曰聪，思曰睿。恭作肃，从作乂，明作哲，聪作谋，睿作圣。"

②"心之官"二句：语自《孟子·告子上》："耳目之官不思，而蔽于物，物交物，则引之而已矣。心之官则思，思则得之，不思则不得也。"

【译文】

"思曰睿，睿作圣。""心之官则思，思则得之。"怎么能缺少思虑呢？枯守空寂与安排思索，正是"自私用智"，也是丧失良知，这是一个方面。良知是天理的昭明灵觉所在之处，因此良知就是天理。思虑是良知的生发作用。如果是良知生发作用的思虑，那么所思考的都莫不是天理了。良知生发作用的思虑，自然明了简洁，良知也自然可以理解。如果是私意安排的思虑，自然就是纷纭烦扰，良知也自然能够分辨清楚。大概思虑的是非、正邪，良知没有不能自己明白的。所以所谓认贼作子，正是致知的学问还不明了，不知道要在良知上体察认知而已。

三

【题解】

　　本条从知行合一的维度讲致良知的功夫，其中关涉"必有事焉""集义""诚意"等功夫条目，其强调之重点在于心学功夫不可有执着。"了事""培养"都是别有一个心而为之，是不合于知行合一要求的。

　　来书又云："师云：'为学终身只是一事，不论有事无事，只是这一件。若说宁不了事，不可不加培养，却是分为两事也。'窃意觉精力衰弱，不足以终事者，良知也。宁不了事，且加休养，致知也。如何却为两事？若事变之来，有事势不容不了，而精力虽衰，稍鼓舞亦能支持。则持志以帅气可矣[1]。然言动终无气力，毕事则困惫已甚，不几于暴其气已乎？此其轻重缓急，良知固未尝不知，然或迫于事势，安能顾精力？或困于精力，安能顾事势？如之何则可？"

【注释】

　　[1] 持志以帅气：语自《孟子·公孙丑上》："夫志，气之帅也；气，体之充也。夫志至焉，气次焉。故曰：'持其志，无暴其气。'"

【译文】

　　来信又写道："先生说：'为学终身只是一件事，不论有事无事，只是这一件。如果说宁肯不做完事，不能不加以存养内心，却是将为学的功夫分成两件事了。'我私下里觉得，精力衰竭，不能做完事的，是良知。宁肯不处理完事情，也要认真存养本原的，是致知。这怎么变成两件事了呢？如果发生事变不能不处理，虽然精力衰微，只要稍微振作也能坚持下来，只要保持意志统率气力就可以了。但是言语行动终究缺少气力,做完事情就疲惫不堪,这不几乎是等于滥用气力吗? 这其中的轻重缓急,良知原本未曾不知,但是有时迫于形势,怎么能顾及精力呢? 有时精疲力竭,怎么能顾及形势呢? 应该怎么做?"

"宁不了事,不可不加培养"之意,且与初学如此说,亦不为无益。但作两事看了,便有病痛在。孟子言"必有事焉",则君子之学,终身只是"集义"一事。义者宜也,心得其宜之谓义。能致良知,则心得其宜矣,故"集义"亦只是致良知。君子之酬酢万变,当行则行,当止则止,当生则生,当死则死,斟酌调停,无非是致其良知,以求自慊而已[①]。故"君子素其位而行"[②],"思不出其位"[③]。凡谋其力之所不及,而强其知之所不能者[④],皆不得为致良知;而凡"劳其筋骨,饿其体肤,空乏其身,行拂乱其所为,动心忍性,以增益其所不能"者[⑤],皆所以致其良知也。若云"宁不了事,不可不加培养"者,亦是先有功利之心,较计成败利钝而爱憎取舍于其间,是以将了事自作一事,而培养又别作一事,此便有是内非外之意,便是自私用智,便是"义外",便有"不得于心,勿求于气"之病,便不是致良知以求自慊之功矣。

【注释】

①自慊(qiè):自满自足之意。

②君子素其位而行:语自《中庸》第十四章:"君子素其位而行,不愿乎其外。"

③思不出其位:语自《论语·宪问》:"曾子曰:'君子思不出其位。'"意谓君子思虑不超出自己的职位。

④"凡谋"二句：语自欧阳修《秋声赋》："人为动物，惟物之灵，百忧
　　感其心，万事劳其形。有动于中，必摇其精，而况思其力所不及，
　　忧其智之所不能。"
⑤"劳其筋骨"六句：语自《孟子·告子下》。

【译文】

"宁肯不做完事，不能不加以存养内心"的含义，对初学者姑且这样
说，也不是没有好处。只是把处理事情和存养本原当成两件事看，就有
弊端了。孟子说"必有事焉"，那么君子做学问就是终生"集义"这一件
事。义，就是宜，心做到了它应当做的就是义。能致良知，心就做到了它
应当做的事，所以"集义"也就是致良知。君子待人接物、应对种种事
变，该做就做，该停就停，该生就生，该死就死，斟酌考虑无非是实现他们
的良知，来求得自己心安理得罢了。所以"君子素其位而行"，"思不出
其位"。凡是谋求自己力所不能及的事，勉强干自己才智不能胜任的事，
都不能实现致良知；可是凡是"劳其筋骨，饿其体肤，空乏其身，行拂乱
其所为，动心忍性以增益其所不能"的，都是为了实现他们的良知。如
果说"宁肯不做完事，不能不加以存养内心"，这也是先有功利心，计较
其中的成败利弊后做出爱恨取舍，所以把做事看成一件事，而存养内心
又看成了另外一件事，这就有了重视本原忽视做事的心态，就是为私欲
用智，就是"把义看作外在的东西"，便会出现"不得于心，勿求于气"的
弊病，就不是实现良知来使自己心安理得的功夫了。

所云"鼓舞支持，毕事则困惫已甚"，又云"迫于事势，
困于精力"，皆是把作两事做了，所以有此。凡学问之功，一
则诚，二则伪，凡此皆是致良知之意欠诚一真切之故。《大
学》言："诚其意者，如恶恶臭，如好好色，此之谓自慊。"曾
见有恶恶臭，好好色，而须鼓舞支持者乎？曾有毕事则困惫

已甚者乎？曾有迫于事势、困于精力者乎？此可以知其受病之所从来矣。

【译文】

你所说的"振作支持，做完后疲惫不堪"，又说"迫于形势，被精力所困"，都是把做事、存养本心看做两件事，所以才会有这样的疑问。凡是做学问的功夫，精一就是真诚，三心二意就是虚伪，凡是这些都是致良知的心还缺乏真诚确切的缘故。《大学》说："诚其意者，如恶恶臭，如好好色，此之谓自慊。"哪曾见过厌恶恶臭、喜好美色需要振作支持的呢？哪曾见过这些事做完后疲惫不堪的呢？做这些事难道曾经有迫于形势、困于精力的吗？从这些就能知道病根在什么地方了。

四

【题解】

本条论良知之诚明。从良知本体出发，良知人人自有而自诚明，人不欺良知则自诚，自信良知则自明，这也是良知对每个人的基本要求。每个人若能从此出发，由自信而不自欺而信他而不欺他，进而使他人自信而不自欺并信他而不欺他，这样，良知之诚明就达到了神化的境界。由此，良知开出诚信也就不言而喻了。但现实中，"人逆诈"或"亿（臆）不信"，即是不自诚信于良知，便有了私意和人伪，即是对良知的遮蔽，便需要做诚明的功夫。

来书又有云："人情机诈百出，御之以不疑，往往为所欺。觉则自入于逆亿①。夫逆诈，即诈也。亿不信即非信也，为人欺又非觉也。不逆不亿而常先觉，其惟良知莹彻乎？然而出入毫忽之间，背觉合诈者多矣。"

【注释】

①觉则自入于逆亿：语自《论语·宪问》："子曰：'不逆诈，不臆不
　　信，抑亦先觉者，是贤乎。'"逆，揣度。亿，通"臆"，臆测，猜测。

【译文】

来信又写道："人情诡诈多变，如果以不疑来抵御它，常常会被欺骗。
想发现他人的诡诈，自己就会事先怀疑别人是否诚信。逆诈，就是欺诈。
臆不信就是不诚信，被人欺骗又没有觉察。不事先怀疑别人的欺诈和不
诚实，而又能先知先觉，只有良知明白通透的人才能做到吧？然而欺诈
与诚信看起来差别非常细微，不能觉悟和欺诈不实的人都很多。"

"不逆不亿而先觉"，此孔子因当时人专以逆诈亿不信
为心，而自陷于诈与不信。又有不逆不亿者，然不知致良知
之功，而往往又为人所欺诈，故有是言。非教人以是存心，
而专欲先觉人之诈与不信也。以是存心，即是后世猜忌险
薄者之事，而只此一念，已不可与入尧、舜之道矣。不逆不
亿而为人所欺者，尚亦不失为善，但不如能致其良知而自然
先觉者之尤为贤耳。崇一谓"其惟良知莹彻"者，盖已得其
旨矣。然亦颖悟所及，恐未实际也。

【译文】

"不事先怀疑别人的欺诈和不诚信，而又能先知先觉"，这是孔子有
针对性的话，当时许多人一心欺诈别人，做不诚信的事，深陷欺诈和不诚
信的泥潭。又有些人不欺诈、不随意猜测别人，但他们不知道致良知的
功夫，常常被人欺骗，所以有这样的话。孔子的话不是教人存心去事先

察觉他人的欺诈和虚伪,而是存心体察别人的欺诈与虚伪。因此存心是后世猜忌、阴险、刻薄的人做的事,只要存有这一种念头,就已经无法进入尧、舜圣道的大门了。不猜测别人欺诈、不臆想别人不诚信,而被人欺骗,这样的人也还没有丧失善良的本性,只是不如致良知而自然能事先察觉好伪的人更加贤明。崇一你说"只有良知明白通透的人才能如此",基本上已经把握了孔子的宗旨。不过,这也只是你的聪明所领悟到的,在实际生活中恐怕还没有体会到。

盖良知之在人心,亘万古,塞宇宙,而无不同。"不虑而知","恒易以知险","不学而能","恒简以知阻"[①],"先天而天不违,天且不违,而况于人乎？况于鬼神乎[②]？"夫谓"背觉合诈"者,是虽不逆人,而或未能无自欺也；虽不亿人,而或未能果自信也。是或常有求先觉之心,而未能常自觉也。常有求先觉之心,即已流于逆亿而足以自蔽其良知矣。此"背觉合诈"之所以未免也。

【注释】

①恒易以知险、恒简以知阻:语自《周易·系辞下》:"夫乾,天下之至健也,德行恒易以知险；夫坤,天下之至顺也,德行恒简以知阻。"意谓常常平易而能在平易中预知可能存在的危险,常常简易并能在简易中预知可能存在的阻碍。

②"先天"四句:语自《周易·乾卦·文言》:"夫大人者,与天地合其德,与日月合其明,与四时合其序,与鬼神合其吉凶。先天而天弗违,后天而奉天时。天且弗违,而况于人乎？况于鬼神乎？"意谓行先天之道,天也不违背它,天尚且不违背,何况人呢？何况鬼神呢？

【译文】

大概良知自在人心，横亘万古，充塞宇宙，而没有不同。所以古人说"不虑而知"，"恒易以知险"，"不学而能"，"恒简以知阻"。"先天而天不违，天且不违，而况于人乎？况于鬼神乎？"所谓的那些"不能觉悟，欺诈不实的"人，虽然不猜度别人欺诈，但他们也许不能不自欺；虽然不去臆想别人是否诚信，但他们也许不能果真相信自己。这使他们常常有寻求先觉的心思，但却不能常常自我觉悟。常有探求先觉的心思，就沦落于事先猜测别人欺诈和不诚信的境遇之中，而这就足以遮蔽他们的良知了。这就是为什么他们无法免除"不能觉悟和欺诈不实"的原因。

君子学以为己，未尝虞人之欺己也①，恒不自欺其良知而已；未尝虞人之不信己也，恒自信其良知而已；未尝求先觉人之诈与不信也，恒务自觉其良知而已。是故不欺，则良知无所伪而诚，诚则明矣；自信，则良知无所惑而明，明则诚矣。明诚相生，是故良知常觉常照。常觉常照，则如明镜之悬，而物之来者自不能遁其妍媸矣。何者？不欺而诚，则无所容其欺，苟有欺焉，而觉矣；自信而明，则无所容其不信，苟不信焉，而觉矣。是谓"易以知险"，"简以知阻"，子思所谓"至诚如神，可以前知"者也②。然子思谓"如神"，谓"可以前知"，犹二而言之。是盖推言思诚者之功效，是犹为不能先觉者说也。若就至诚而言，则至诚之妙用即谓之"神"，不必言"如神"。至诚则无知而无不知，不必言"可以前知"矣。

【注释】

①虞：忧虑，担心。

②至诚如神，可以前知：语自《中庸》第二十四章："至诚之道，可以前

知。国家将兴,必有祯祥;国家将亡,必有妖孽。见乎蓍龟,动乎四体。祸福将至,善,必先知之;不善,必先知之。故至诚如神。"

【译文】

君子求学是为了提高自己,不曾忧虑别人欺骗自己,只是永远不欺骗自己的良知罢了;不曾担忧别人对自己不诚信,只是永远相信自己的良知罢了;不曾去寻求预先察觉别人的欺诈和不诚信,只是永远努力体察自己的良知罢了。因此君子不欺骗自己,良知就虔诚而不虚伪,君子虔诚,良知就能明彻;君子相信自己,良知不受迷惑而明彻,这样也就虔诚了。明彻和诚心互相促进,所以良知能不断觉悟、不断明朗。常觉常照的良知就像高悬的明镜,临镜的万事万物的美丑都无法在它面前隐藏。为什么这样说呢?良知不欺诈而真诚,也就不能容忍欺骗,假如遇到欺骗就能觉察;良知自信明朗,也就不能容忍不诚信,假如遇到不诚信就能察觉。这就是所谓的"易以知险","简以知阻",和子思所说的"至诚如神,可以前知"。然而子思所说的"如神"和"可以前知",还是分成两件事来说。这大概是从思诚的功效上说的,也还是给那些不能预先觉悟的人说的。如果针对至诚来说,那么至诚的奇妙作用就称为"神",而不必说"如神"。如果能至诚,就能做到无知而又无所不知,就不必说"可以前知"了。

答罗整庵少宰书 凡四则

【题解】

罗整庵，即罗钦顺，其简介见前注。《答罗整庵少宰书》是王阳明给当时著名的朱子学者罗钦顺的回信，语气委婉，然心学立场鲜明，其内容体现为相互关联的三点：第一，讨论的对象是《大学》。《大学》是朱子学和阳明学建立的基础，不同者在于，朱子学以《大学》改本为经典依据，阳明学以《大学》古本为经典依据。王阳明把坚持《大学》古本与学贵得之于心的为学立场统一起来，并以此为基础反对朱熹的《大学》改本。第二，论述的重点是"格物"。"格物"是朱子学和阳明学依据《大学》建构功夫论体系首要且不可回避的问题。王阳明在"格物"的诠释上坚持了内向性的心本论立场，认为功夫只是一个，无内外之分。从功夫对象而言，功夫不离于外；从功夫主体而言，功夫既不能执着于内，也不能执着于外；从内在本体而言，良知在功夫中呈现。故"格物"不是向外逐物，而是实有诸己的身心之学。第三，调和朱、王，这也是王阳明面对作为官学的朱子学的基本政治立场，突出体现在编写《朱子晚年定论》，由此可窥见中晚明朱、王学术之道统之争。

一

【题解】

本条既是针对罗钦顺之言所发议论,亦是对当时学风的评议,但更重要的是阐明王明阳自己对为学的态度。首先,道在功夫中呈现,而非见道后别为一个心去做体道的功夫,这不符合知行合一的原则。其次,强调实有诸己的身心之学,反对求之影响的口耳之学,这是由阳明心学的心物关系决定的。

某顿首启:昨承教《大学》,发舟匆匆,未能奉答。晓来江行稍暇,复取手教而读之。恐至赣后人事复纷沓,先具其略以请。

【译文】

阳明顿首谨启:昨天承蒙您教诲我《大学》,匆匆登船,未能奉上答复。今天早上,趁着在江上行船稍有一点儿闲暇,重新取出您的信读了一遍。恐怕到了赣地之后人事又会纷乱繁杂,先在这里简单回答,请您指教。

来教云:“见道固难,而体道尤难。道诚未易明,而学诚不可不讲,恐未可安于所见而遂以为极则也。”

【译文】

您在信中教导说:“认识道固然很难,而要体会道就更加难。道的确不容易明白,但是学问也确实不能不讲授,恐怕不能满足于自己的见识而就把它当做最高的标准吧。”

幸甚幸甚! 何以得闻斯言乎? 其敢自以为极则而安之

乎？正思就天下之有道以讲明之耳。而数年以来，闻其说而非笑之者有矣，诟訾之者有矣[1]，置之不足较量辨议之者有矣，其肯遂以教我乎？其肯遂以教我，而反覆晓谕，恻然惟恐不及救正之乎？然则天下之爱我者，固莫有如执事之心深且至矣[2]！感激当何如哉！

【注释】

①诟訾（zǐ）：诟骂诋毁。

②执事：左右奉事的人。此处指罗钦顺。

【译文】

真是荣幸之至！从哪里还能听到这样的教诲呢？我怎么敢安心以为自己的见识就达到了最高的标准呢？我正想着怎样靠近天下之道来讲求明白了。这些年来，有听闻我的学说而非议嘲笑我的人，有诟病我的人，也有人不屑一顾，认为不值得一辨，他们肯开导教诲我吗？他们肯教育我而反复开导、心存仁慈唯恐不能纠正拯救我的缺漏吗？由此可见，天下关心爱护我的人当中，本来没有像您这样对我悉心关怀的了！我该怎样感激您呢！

夫"德之不修，学之不讲"[1]，孔子以为忧。而世之学者稍能传习训诂，即皆自以为知学，不复有所谓讲学之求，可悲矣！夫道必体而后见，非已见道而后加体道之功也。道必学而后明，非外讲学而复有所谓明道之事也。然世之讲学者有二：有讲之以身心者，有讲之以口耳者。讲之以口耳，揣摸测度，求之影响者也[2]；讲之以身心，行著习察，实有诸己者也。知此，则知孔门之学矣。

【注释】

①德之不修,学之不讲:语自《论语·述而》:"子曰:'德之不修,学之不讲,闻义不能徙,不善不能改,是吾忧也。'"

②影响:影子和回声。

【译文】

"德之不修,学之不讲",孔子因此而忧虑。然而后世的学者稍稍能读经注解,就都自认为明白了学问,不再有讲究探求学问的打算,真是可悲啊!道一定要体察后才能明白,而不是已经明白了道之后再用体察道的功夫。道一定要学习后才能明白,而不是向外讲学之后再有所谓明道的事。然而世间讲求学问的人有两种:有用身心来讲学的,有用口耳来讲学的。用口耳讲学的人,揣摩推测,讲的都是捕风捉影的事;用身心讲学的人,行著习察,确实都来自自己的良知。明白了这些,就能通晓孔门之学了。

二

【题解】

本条中王阳明把坚持《大学》古本与"学贵得之心"的为学立场统一起来,并以此为基础反对朱熹的《大学》改本。王阳明于此语气委婉,从论述为学立场出发,反对《大学》改本,显得有理有据,实亦有面对罗钦顺这样的在当时知名的朱子学者,有意调和与朱子学的矛盾。

来教谓某"《大学》古本之复,以人之为学但当求之于内,而程、朱'格物'之说不免求之于外,遂去朱子之分章而削其所补之传。"

【译文】

您在信中教导我说："恢复《大学》的旧版本，是认为人们做学问只应当在心中探求，而程、朱的'格物'学说不免要在心外探求，因此删去了朱子的分章，并且削除了他增补的传文。"

非敢然也。学岂有内外乎？《大学》古本乃孔门相传旧本耳。朱子疑其有所脱误，而改正补缉之。在某则谓其本无脱误，悉从其旧而已矣。失在于过信孔子则有之，非故去朱子之分章而削其传也。夫学贵得之心，求之于心而非也，虽其言之出于孔子，不敢以为是也，而况其未及孔子者乎？求之于心而是也，虽其言之出于庸常，不敢以为非也，而况其出于孔子者乎①？且旧本之传数千载矣，今读其文词，即明白而可通；论其工夫，又易简而可入，亦何所按据，而断其此段之必在于彼，彼段之必在于此，与此之如何而缺，彼之如何而补，而遂改正补缉之，无乃重于背朱而轻于叛孔已乎？

【注释】

①"求之"四句：此四句表达的主张与朱熹的观点形成鲜明对比，如朱熹《朱子语类》卷十九对待孔子的言语态度："圣人说话，磨棱合缝，盛水不漏。"《朱文公文集》卷七十四对待儒家经典的主张："字求其训，句索其旨。未得乎前，则不敢求乎后；未通乎此，则不敢志乎彼。"

【译文】

我不敢赞同您的话。学问怎么能分内外呢？《大学》的旧版本是孔门传下来的旧版本。朱子怀疑其中有脱漏错误因此改正补齐。对我来说则认为旧的版本没有脱漏错误，所以完全遵从旧版本而已。我的过失在于过分相信孔子,但并不是要刻意删去朱子的分章和增补的传文。做学问最可贵的是用心,如果心里认为不对,即使是出自孔子的话,也不敢苟同,何况是那些并不如孔子的人呢?如果求之心里认为正确,即使是出自平庸人的话,也不敢认为是错的,何况是出自孔子的话呢?而且旧版本已经流传了数千年,现在去读那些文词,就明白通顺;讨论其中的功夫,又简易而可以入手,又有什么根据断定这一段一定在那里,那一段一定在这里,以及这里怎样缺了东西,那里应该如何增补,就这样改正补齐旧的版本,恐怕就成了对违背朱子的认知很看重,对反叛孔子的论道却看得很轻了吗?

三

【题解】

本条论功夫之内外。在王阳明看来,首先,身、心、意、知、物皆为一物,修、正、诚、致、格皆为一事。功夫之细密,皆为一个理,故"精一"之学无内外。格物亦是如此。其次,性理无内外,故求性理之功夫无内外。再次,物为"心之物",故"物之心""物之意""物之知"皆归于心,从"理一"出发,理、性、心、意、知、物皆是一个。需要注意的是,王阳明这里强调功夫无有内外,其论述重心落在功夫只是一个,并无清晰回答是内、是外的问题,具有一定的论证张力。其实,就阳明心学而言,格物即是正心,其内向性不言而喻。王阳明说功夫只是一个,无内外,包含两层意思:第一,从功夫对象而言,功夫不离于外;第二,从功夫主体而言,功夫既不能执着于内,也不能执着于外。

来教谓:"如必以学不资于外求,但当反观内省以为务,则'正心诚意'四字亦何不尽之有?何必于入门之际,便困以'格物'一段工夫也?"

【译文】

您在信中教导我说:"如果一定认为做学问不到心外探求,只要专心反省内求为要务就行,那么'正心诚意'这四个字还有什么没说尽的?又何必在入门时用'格物'的功夫迷惑人呢?"

诚然诚然。若语其要,则"修身"二字亦足矣,何必又言"正心"?"正心"二字亦足矣,何必又言"诚意"?"诚意"二字亦足矣,何必又言"致知",又言"格物"?惟其工夫之详密,而要之只是一事,此所以为"精一"之学,此正不可不思者也。夫理无内外,性无内外,故学无内外。讲习讨论,未尝非内也;反观内省,未尝遗外也。夫谓学必资于外求,是以己性为有外也,是"义外"也,用智者也;谓反观内省为求之于内,是以己性为有内也,是"有我"也,自私者也:是皆不知性之无内外也。故曰"精义入神,以致用也;利用安身,以崇德也"①,"性之德也,合内外之道也"②。此可以知"格物"之学矣。"格物"者,《大学》之实下手处,彻首彻尾,自始学至圣人,只此工夫而已,非但入门之际有此一段也。

【注释】

①"精义"四句:语自《周易•系辞下》:"精义入神,以致用也;利用安身,以崇德也。"

②"性之德也"二句:语自《中庸》第二十五章:"诚者,非自成己而已也,所以成物也。成己,仁也;成物,知也。性之德也,合外内之道也,故时措之宜也。"

【译文】

的确这样!的确这样!如果要说关键的,那么"修身"两个字也足够了,何必还要说"正心"呢?"正心"两个字也足够了,何必又要说"诚意"呢?"诚意"两个字也足够了,何必又要说"致知",又要说"格物"呢?之所以这样,只是由于做学问的功夫详细周密,而概括起来只是一件事,这就是所以称之为"精一"的学问,这一点不能不认真思考。天理没有内外区分,人性没有内外区分,所以学问也没有内外区别。讲习讨论,未尝不是内;反观内省,未尝就遗弃于外。如果认为学问一定离不开外求,这就是认为人性中有外在的部分,这就是"义外","用智";认为反观内省只是在内心中探求,这就是认为人性还有内在的部分,这就是"有我","自私":这两种观点都是不懂得人性没有内外之分。所以说"精义入神,以致用也;利用安身,以崇德也","性之德也,合内外之道也"。由此就可以明白"格物"的学问了。"格物"是《大学》确切的入门之处,从头到尾,从开始学习到成为圣人,也都只是这个功夫,而不仅仅是入门时的功夫。

夫正心、诚意、致知、格物,皆所以修身。而格物者,其所用力,日可见之地。故格物者,格其心之物也,格其意之物也,格其知之物也;正心者,正其物之心也;诚意者,诚其物之意也;致知者,致其物之知也:此岂有内外彼此之分哉?理一而已。以其理之凝聚而言,则谓之性;以其凝聚之主宰而言,则谓之心;以其主宰之发动而言,则谓之意;以其发动之明觉而言,则谓之知;以其明觉之感应而言,则谓之物。故就物而言谓之格,就知而言谓之致,就意而言谓之诚,就心而言谓之正。正者,正此也;诚者,诚此也;致者,致此也;格者,格此也:皆所谓穷理以尽性也。天下无性外之理,无性外之物。学之不明,皆由世之儒者认理为外,认物为外,而不知"义外"之说,孟子盖尝辟之①,乃至袭陷其内而不免，岂非亦有似是而难明者欤？不可以不察也。

【注释】

①孟子盖尝辟之：指孟子辟告子"义外"之说。见《孟子·告子上》。辟，批驳，驳斥。

【译文】

正心、诚意、致知、格物，都是为了修身。格物，是人们每天能下的功夫中可以看得见的方面。所以格物是纠正心中之物，纠中意之物，纠正知之物；正心，是端正物的心；诚意，是使关于物的念头诚敬；致知，是实践关于物的知：这难道是有内外和彼此的分别吗？天理只有一个。从天理的凝聚来说，就是性；从天理凝聚的主宰来说，就是心；从天理主宰的发挥来说，就是意；从天理发挥光明觉悟来说，就是知；从天理光明觉悟的感应来说，就是物。所以从物来说就是格，从知来说就是致，从意来说就是诚，从心来说就是正。正，就是正心；诚，就是诚意；致，就是致知；格，就是格物：都是为了穷尽天理、充分发挥本性。天下没有人性之外的天理，没有人性之外的事物。圣学不昌明，都是由于世上的儒者认为理在心外，物在心外，却不知道"义外"的学说孟子曾经批判过，以至于沿袭错误而不知道，这难道不也是似是而非，难以明白吗？不能不加以体察。

凡执事所以致疑于"格物"之说者，必谓其是内而非外也；必谓其专事于反观内省之为，而遗弃其讲习讨论之功也；必谓其一意于纲领本原之约，而脱略于支条节目之详也；必谓其沉溺于枯槁虚寂之偏，而不尽于物理人事之变也。审如是，岂但获罪于圣门，获罪于朱子，是邪说诬民，叛道乱正，人得而诛之也，而况于执事之正直哉？审如是，世之稍明训诂，闻先哲之绪论者，皆知其非也，而况执事之高

明哉？凡事之所谓"格物"，其于朱子"九条"之说①，皆包
罗统括于其中，但为之有要，作用不同，正所谓毫厘之差耳。
然毫厘之差，而千里之缪实起于此，不可不辩。

【注释】

①朱子"九条"：语自朱熹《大学或问》：一、或读书讲道义，或论古
今人物而别其是非，或应接事物而处其当，今日格物，明日又格一
物。二、自一身之中，以至万物之理，多多理会。三、非穷尽天下
之理，亦非止穷得一理，但须多积累。四、于一一事上穷尽，可以
类推。一事上穷不得，且别穷一事。或先其易，或先其难，各随人
深浅。五、物必有理，皆所当穷。六、如欲为孝，当知所以为孝之
道。七、物我一理。才明彼，即晓此。一草一木皆有理，不可不
察。八、知至善之所在。九、察之于身。这是朱熹为格物致知用
力之处所安排的功夫次第。

【译文】

您所以怀疑我的"格物"学说，一定是认为我主张内求正确，而否定
外求；一定是认为我专门致力于反省内悟，而放弃了外在的讲习讨论的
功夫；一定认为我只重视简洁的纲领本原，而忽略详细的条目；一定认为
我沉浸在枯槁虚空的偏执中，而不能穷尽人情事理的变化。如果真是这
样，我哪里只是圣门的罪人，不只得罪朱子，而且是用邪说欺骗百姓，背
离朝纲扰乱正道，人人得而诛之了，何况像你这样正直的人呢？如果真
是这样，世上稍微懂得训诂解释的人，听到一些圣贤言论的人，都知道我
是错误的，何况像您这样高明的人呢？我所说的"格物"，对朱子的"九
条"之说，都涵盖统括其中，只是我的"格物"学说自有关键之处，作用
和朱子的不同，正是所谓的毫厘之差。毫厘、千里的谬误，就是在这里发
生的，不能不辨明。

四

【题解】

本条于心学义理之阐发并不多，重在抒写王阳明编写《朱子晚年定论》的初衷在于明道，而非好高骛名，故意诋非朱熹。王阳明这里以孟子、韩愈自明心志，同时也承认《朱子晚年定论》中有非出于晚年者，言辞恳切，由此可窥见中晚明朱、王学术之道统之争。

孟子辟杨、墨至于"无父""无君"①。二子亦当时之贤者，使与孟子并世而生，未必不以之为贤。墨子"兼爱"，行仁而过耳；杨子"为我"，行义而过耳。此其为说，亦岂灭理乱常之甚，而足以眩天下哉？而其流之弊，孟子至比于禽兽夷狄，所谓"以学术杀天下后世"也②。

【注释】

①无父、无君：语自《孟子·滕文公下》："圣王不作，诸侯放恣，处士横议，杨朱、墨翟之言盈天下。天下之言，不归杨，则归墨。杨氏为我，是无君也。墨氏兼爱，是无父也。无父、无君，是禽兽也。"

②以学术杀天下后世：语自《陆九渊集》卷一《与曾宅之书》："惟其生于后世，学绝道丧，异端邪说充塞弥满，遂使有志之士，罹此患害，乃与世间凡庸恣情纵欲之人，均其陷溺，此岂非以学术杀天下哉！"

【译文】

孟子批评杨朱、墨子是"无父""无君"。其实这二人也是当时的贤人，如果与孟子处在同一个时代，孟子未必不认为他们是贤人。墨子提倡"兼爱"，这是行仁过了头；杨朱主张"为我"，这是行义过了头。他们的学说，难道泯灭天理、扰乱纲常得严重，能够迷惑天下所有人了吗？但他们学说产生的弊端，孟子比作禽兽、夷狄，这就是"在用学术杀害天下后世的人"。

今世学术之弊，其谓之学仁而过者乎？谓之学义而过者乎？抑谓之学不仁不义而过者乎？吾不知其于洪水猛兽何如也！孟子云："予岂好辩哉？予不得已也①！"杨、墨之道塞天下，孟子之时，天下之尊信杨、墨，当不下于今日之崇尚朱说，而孟子独以一人呶呶于其间，噫，可哀矣！韩氏云："佛、老之害甚于杨、墨②。"韩愈之贤不及孟子，孟子不能救之于未坏之先，而韩愈乃欲全之于已坏之后，其亦不量其力，且见其身之危，莫之救以死也。呜呼！若某者，其尤不量其力，果见其身之危，莫之救以死也矣。夫众方嘻嘻之中，而独出涕嗟若③；举世恬然以趋，而独疾首蹙额以为忧④。此其非病狂丧心，殆必诚有大苦者隐于其中⑤，而非天下之至仁，其孰能察之？

【注释】

① "孟子云"及以下二句：《孟子·滕文公下》："公都子曰：'外人皆称夫子好辩，敢问何也？'孟子曰：'予岂好辩哉？予不得已也。'"

② "韩氏云"及以下引文：语自《韩昌黎全集》卷十八《与孟尚书书》："释老之害，过于杨、墨。"

③ 出涕嗟若：语自《周易·离卦》爻辞："六五，出涕沱若，戚嗟若，吉。"

④ 蹙（cù）额：皱紧眉头。

⑤ 殆（dài）：大概，或许。

【译文】

当今学术的弊端,是学仁过分了吗?是学义过分了吗?还是学不仁不义太过分了?我不知道他们与洪水猛兽相比有什么不同!孟子说:"我难道是喜欢辩论吗?我是不得已啊!"杨朱、墨子的学说流行天下,在孟子的时代,天下的人尊重信仰杨朱、墨子的学说,当不亚于现在人们推崇朱子的学说,而孟子独自一人在众人间喋喋不休,唉,真是可悲!韩愈说:"佛家、道家学说的危害比杨朱、墨子的更严重。"韩愈的贤明远不如孟子,孟子不能在世道人心败坏之前拯救,韩愈却想在败坏之后恢复世道人心,他这也是不自量力,而且都知道他身处危境也没有人来救他。唉!至于我,尤其是不自量力,发现自己果真面临危险,却也没有人能救我出死地。大家正在高兴地嬉笑,我却独自泪流满面;天下的人都心安理得地趋炎附势,我却独自皱眉痛心忧虑着。这如果不是我丧心病狂,就一定是心中的确有极大的痛苦,如果不是世上最仁爱的人,谁又能体察我心中的愁苦呢?

其为《朱子晚年定论》,盖亦不得已而然。中间年岁蚤晚诚有所未考①,虽不必尽出于晚年,固多出于晚年者矣。然大意在委曲调停,以明此学为重,平生于朱子之说如神明蓍龟,一旦与之背驰,心诚有所未忍,故不得已而为此。"知我者,谓我心忧;不知我者,谓我何求"②,盖不忍抵牾朱子者,其本心也;不得已而与之抵牾者,道固如是。"不直则道不见也"③。执事所谓"决与朱子异者",仆敢自欺其心哉④?夫道,天下之公道也;学,天下之公学也,非朱子可得而私也,非孔子可得而私也。天下之公也,公言之而已矣。故言之而是,虽异于己,乃益于己也;言之而非,虽同于己,适损于己也⑤。益于己者,己必喜之;损于己者,己必恶之。

然则某今日之论，虽或与朱子异，未必非其所喜也。"君子之过，如日月之食，其更也，人皆仰之"⑥，而"小人之过也必文"⑦。某虽不肖，固不敢以小人之心事朱子也。

【注释】

①蚤：通"早"。

②"知我者"四句：语自《诗经·王风·黍离》："彼黍离离，彼稷之苗。行迈靡靡，中心摇摇。知我者，谓我心忧；不知我者，谓我何求。悠悠苍天，此何人哉？"

③不直则道不见：语自《孟子·滕文公上》："（墨者夷之求见孟子）孟子曰：'吾今则可以见矣。不直，则道不见，我且直之。'"见，同"现"，显现。

④仆：我。

⑤适：恰巧。

⑥"君子"四句：语自《论语·子张》："子贡曰：'君子之过也，如日月之食焉；过也，人皆见之；更也，人皆仰之。'"

⑦小人之过也必文：语自《论语·子张》："子夏曰：'小人之过也必文。'"文，掩饰。

【译文】

我编纂《朱子晚年定论》，也是不得已。其中年代的先后，确实不能全部加以考证，虽然不全是朱子晚年的文章，本来大部分是他晚年的著述。我的主要目的是调解朱、陆的争辩，重在使圣学昌明，我平生始终将朱子的学说奉为神明蓍草龟甲，一旦要和它背离，确实很不忍心，所以说是不得已才这样做。"知我者，谓我心忧；不知我者，谓我何求"，我本心不愿与朱子的学说相抵触，而不得不这样做，是因为圣道本来就是这样。"如果不直接，圣道便不会显现"。您说我是"一定要与朱子的学说对立"，我怎么敢自己欺骗自己呢？圣道是天下共同的道，圣学是天下共同的学，不是朱子自己私有的，也不是孔子自己私有的。对天下共有的东西，应该说公道话，所以话说得正确，即使和自己的见解不同，也是对自己有益；话说得错误，即使和自己的见解相同，也会对自己有害。有益于自己的，自己一定喜欢；有害于自己的，自己一定厌恶。既然这样，那么我现在的观点，虽然有的同朱子不一样，但未必不是朱子所喜欢的。"君子的过错就像日食和月食，改正了过错之后，人人都敬仰他"，但是"小人对自己的过错一定会掩饰"。我虽然不够贤明，根本不敢用小人的心态来对待朱子。

　　执事所以教，反复数百言，皆以未悉鄙人"格物"之说。若鄙说一明，则此数百言皆可以不待辨说而释然无滞。故今不敢缕缕，以滋琐屑之渎。然鄙说非面陈口析，断亦未能了了于纸笔间也。嗟乎！执事所以开导启迪于我者，可谓恳到详切矣！人之爱我，宁有如执事者乎？仆虽甚愚下，宁不知所感刻佩服？然而不敢遽舍其中之诚，然而姑以听受云者，正不敢有负于深爱，亦思有以报之耳。秋尽东还，必求一面，以卒所请，千万终教！

【译文】

　　您对我的教诲反复数百句话，都是因为没有完全明白我"格物"的学说。如果一旦明白了我的学说，那么这数百句话都可以不必等辨论之后才毫无疑问。因此我现在不敢再详细赘述，以避免琐碎麻烦。然而我的学说如果不是当面陈述，绝非能够在纸笔之间阐述清楚的。唉！您对我的教导启迪，可以说是恳切到极为详细的地步了！爱护我的人，哪里有像您这样的呢？我虽然愚笨低下，难道不知道要感谢敬佩您吗？然而不敢就放弃心中的诚挚来姑且接受您的看法,这正是因为我不敢辜负您的深爱,并且想对您有所回报。等到秋天过去我东归的时候,一定前去拜求见一面,来向您请教,到时希望您千万不吝赐教!

答聂文蔚 凡七则

【题解】

聂文蔚，即聂豹，其简介见前注。《答聂文蔚》第一书主要是对"情"的表达。具体有四：第一，对当时学界蔽于良知之学风的斥责；第二，对阳明学不遇于世的悲叹；第三，对良知学的自信和持守；第四，对阳明学跻身儒学正统的努力和希冀。

一

【题解】

本条对心学义理发明较少，王阳明在这里主要是借抒写与聂豹的别后之情，表达对良知学的持守，同时亦侧面体现出阳明之时心学的困境。

春间远劳迂途枉顾，问证惓惓①，此情何可当也！已期二三同志，更处静地，扳留旬日②，少效其鄙见，以求切劘之益③。而公期俗绊，势有不能，别去极怏怏，如有所失。忽承笺惠，反覆千余言，读之无甚浣慰④。中间推许太过，盖亦奖掖之盛心⑤，而规砺真切，思欲纳之于贤圣之域。又托诸崇一以致其勤勤恳恳之怀,此非深交笃爱,何以及是! 知感知愧,且惧其无以堪之也。虽然,仆亦何敢不自鞭勉,而徒以感愧辞让为乎哉? 其谓"思、孟、周、程无意相遭于千载之下,与其尽信于天下,不若真信于一人。道固自在,学亦自在,天下信之不为多,一人信之不为少"者,斯固君子"不见是而无闷"之心⑥。岂世之谆谆屑屑者知足以及之乎⑦? 乃仆之情则有大不得已者存乎其间,而非以计人之信与不信也。

【注释】

①惓惓(quán):恳切貌。

②扳留:挽留。

③切劘(mó):切磋。

④浣慰:宽慰,欣慰。

⑤奖掖:称许提携。

⑥不见是而无闷:语自《周易·乾卦·文言》:"初九日'潜龙勿用',何谓也? 子曰:'龙德而隐者也,不易乎世,不成乎名,遁世无闷,不见是而无闷。乐则行之,忧则违之,确乎其不可拔。潜龙也。'"意即即使不被肯定,也不会因此烦闷。

⑦谆谆(jiǎn)屑屑:浅薄猥琐。

【译文】

春天的时候,有劳您远道来见我,恳切询问论证,这种热情我怎能当得起呢!原本已经约好两三位同志,另外找一个静地,待上十几天,一起讨论我的观点,以便在切磋中受益。然而您受事务牵绊,不得相期,离开时我心中十分怅然,若有所失。突然收到您的来信,反复数千字,读了之后无限欣慰。信中对我推荐赞许太多,这也是对我一片赞扬提携的盛情,而真切的规劝,是希望我能跨入圣贤的领域。又嘱托欧阳崇一转达深切关怀的情意,这如果不是深交厚爱的朋友,怎能做到这样呢!我感动惭愧,并且唯恐辜负了您的厚爱。虽然这样,我也怎敢不自勉自励,仅仅感激惭愧辞让呢?您说"子思、孟子、周敦颐、程子并不期望千年以后仍能被人理解,与其让天下人都相信,还不如被一个人真正相信。圣道自然存在,圣学也自然存在,天下的人都相信不算多,只有一人相信也不算少",这就是君子"不见是而无闷"的心态。这难道是世上浅薄猥琐的人能知道的吗?从我的情感来说,其中有很多万不得已的苦衷,并不是要计较别人是否相信。

二

【题解】

本条论一体同物之心即良知,其中关涉王阳明心学四大核心命题之一即万物一体。良知是即本体即功夫即境界的,从本体言,良知具有先天性、普遍性和能动性的性质,这是万物一体命题的逻辑基点;从功夫言,致良知担保了万物一体之可能及其伦理属性;从境界言,良知普遍性之落实、致良知功夫之自慊即是境界。本条王阳明对万物一体的论述体现了儒家仁学的特色,也确证了其理学家的思想特质。

夫人者,天地之心。天地万物,本吾一体者也。生民之困苦荼毒,孰非疾痛之切于吾身者乎?不知吾身之疾痛,无是非之心者也。是非之心,不虑而知,不学而能,所谓良知也。良知之在人心,无间于圣愚,天下古今之所同也。世之君子惟务致其良知,则自能公是非,同好恶,视人犹己,视国犹家,而以天地万物为一体,求天下无治不可得矣。古之人所以能见善不啻若己出①,见恶不啻若己入,视民之饥溺犹己之饥溺②,而一夫不获③,若己推而纳诸沟中者④,非故为是而以蕲天下之信己也⑤,务致其良知,求自慊而已矣。尧、舜、三王之圣,"言而民莫不信者",致其良知而言之也;"行而民莫不说者"⑥,致其良知而行之也。是以其民熙熙皞皞,杀之不怨,利之不庸⑦。施及蛮貊⑧,而凡有血气者莫不尊亲⑨,为其良知之同也。呜呼! 圣人之治天下,何其简且易哉!

【注释】

①不啻(chì):无异于。

②饥溺:语自《孟子·离娄下》:"禹思天下有溺者,由己溺之也。稷思天下有饥者,由己饥之也,是以如是其急也。"

③一夫不获:语自《尚书·说命下》:"一夫不获,则曰时予之辜。"

④若己推而纳诸沟中:《孟子·万章上》:"思天下之民,匹夫匹妇有不被尧、舜之泽者,若己推而内(纳)之沟中。"

⑤蕲(qí):通"祈",祈求。

⑥言而民莫不信者、行而民莫不说者:语自《中庸》第三十一章:"溥博如天,渊泉如渊,见而民莫不敬,言而民莫不信,行而民莫不说。"

⑦"杀之"二句:语自《孟子·尽心上》:"孟子曰:'霸者之民驩虞如也,王者之民皞皞如也。杀之而不怨,利之而不庸,民日迁善而不知为之者。'""利之不庸"意指得到好处而不去酬谢。庸,酬谢。

⑧蛮貊(mò):泛称华夏中原之外的少数民族。

⑨凡有血气者莫不尊亲:语自《中庸》第三十一章:"是以声名洋溢乎中国,施及蛮貊。舟车所至,人力所通,天之所覆,地之所载,日月所照,霜露所队(坠),凡有血气者莫不尊亲,故曰配天。"

【译文】

人就是天地的心。天地万物本与我为一体。百姓所遭受的困苦与荼毒,哪一件不是自己的切肤之痛?不知道自身痛苦的人,便是没有是非之心。人的是非之心,无须思虑便可知道,无须学习便能具备,这就是所谓的良知。良知自在人心,无论圣人还是愚人,从古至今都是相同的。世上的君子,只要专心致其良知,自然能秉公判别是非,与人同好同恶,视他人如同自己,爱国如同爱家,甚至把天地万物视作与自己为一体,使得天下都得到治理。古人之所以能够看见别人行善如同自己行善,看到别人为恶如同自己为恶,看到百姓饥饿痛苦如同自己饥饿痛苦,有一个人没有过上好的生活,好像是自己把他推入深坑之中似的,这并不是因为他们故意表现出这些而想取信于天下,而是一心一意致其良知而自求心安理得而已。尧、舜、三王这样的圣贤"说的话百姓没有不相信的",这是因为他们的话是出于自己良知而说的话;"他们做的事百姓没有不喜欢的",这是因为他们的行为是出于自己的良知而做的事。所以他们的老百姓和平安乐,就算被处死也无怨言,给好处也不答谢。把这样的教化推及蛮荒之地,凡是有血气的人没有不孝敬双亲的,是因为人的良知是相通的。唉!圣人治理天下多么简单容易啊!

三

【题解】

本条论当时之世风。世风如此,在于良知之学未明,由此可见倡明良知的必要性、合理性与正当性。王阳明此论一为倡明新说提供现实依据,二为应对朱子学对阳明学的攻伐以跻身正学道统,可谓兼有学术思想与现实政治的双重考虑。

后世良知之学不明,天下之人用其私智以相比轧,是以人各有心,而偏琐僻陋之见,狡伪阴邪之术,至于不可胜说。外假仁义之名,而内以行其自私自利之实,诡辞以阿

俗,矫行以干誉;掩人之善而袭以为已长,讦人之私而窃以
为已直。忿以相胜,而犹谓之徇义^①;险以相倾,而犹谓之疾
恶。妒贤忌能,而犹自以为公是非;恣情纵欲,而犹自以为
同好恶。相陵相贼,自其一家骨肉之亲,已不能无尔我胜负
之意,彼此藩篱之形,而况于天下之大,民物之众,又何能一
体而视之? 则无怪于纷纷藉藉,而祸乱相寻于无穷矣!

【注释】

①徇(xùn)义:舍生取义。徇,通"殉"。

【译文】

　　后世良知的学说不再昌明,天下的人各用自己的私欲才智互相倾
轧,因此人人各有自己的私心,而偏激浅陋的见解,狡诈阴险的心术,到
了说不尽的地步。对外假借仁义的名号,对内则做着自私自利的事,用
诡辩来阿谀世俗,虚伪做事来赢得名誉;把遮掩别人的善良作为自己的
长处,把攻讦别人的隐私当作自己的正直。因为私愤相互争斗,还称之
为舍生取义;阴险地互相倾轧,还认为是疾恶如仇。妒贤嫉能,还自认为
是是非公正;恣意放纵,还自认为是与民同好同恶。互相欺凌、互相侵
害,即使是一家骨肉这样亲密,也不能摒除你我、区别胜负之意,彼此的
边界,何况天下广大,百姓事物众多,又怎能一而视之,这就难怪天下纷
乱动荡,祸乱迭起无穷无尽了!

四

【题解】

　　本条抒写了王阳明坚守良知、不惧非笑、救民救世的决心和志向,同
时也批评了士人良知蒙蔽之深。需要注意的是,本条承续上文,其抒写

情志的义理基础在于良知普遍,人人具有,依良知而行,万物一体。

仆诚赖天之灵,偶有见于良知之学,以为必由此而后天下可得而治。是以每念斯民之陷溺,则为之戚然痛心,忘其身之不肖,而思以此救之,亦不自知其量者。天下之人见其若是,遂相与非笑而诋斥之,以为是病狂丧心之人耳。呜呼!是奚足恤哉?吾方疾痛之切体,而暇计人之非笑乎!人固有见其父子兄弟之坠溺于深渊者,呼号匍匐,裸跣颠顿①,扳悬崖壁而下拯之。士之见者,方相与揖让谈笑于其傍,以为是弃其礼貌衣冠而呼号颠顿若此,是病狂丧心者也。故夫揖让谈笑于溺人之傍而不知救,此惟行路之人,无亲戚骨肉之情者能之,然已谓之"无恻隐之心,非人矣"。若夫在父子兄弟之爱者,则固未有不痛心疾首,狂奔尽气,匍匐而拯之,彼将陷溺之祸有不顾,而况于病狂丧心之讥乎?而又况于蕲人之信与不信乎?

【注释】

①裸跣(xiǎn):赤身光脚。颠顿:颠沛困顿。

【译文】

我实在是靠着上天眷顾,偶然对良知的学说有所见地,认为只有致良知之后才能天下大治。因此我一想到百姓深陷苦难就因为这个伤心痛苦,忘了自己才智浅薄,想用良知来拯救天下的苦难,也是自不量力。世上的人看到我这样做,于是就一起嘲笑诋毁我,认为我是丧心病狂的人。唉!这有什么值得顾忌的呢!我正处于切肤之痛中,怎么有空去计较别人的非议嘲笑呢!有人本来有看到他的父子、兄弟掉进深渊,一定会呼叫着匍匐爬过去,赤身光脚,处境困顿,却攀着悬崖峭壁向下去救人。

而那些士人看到这种场景,在一旁作揖相让,在跌落的人身旁谈笑,认为这个人是丢弃了他的礼节衣冠,像这样匍匐呼叫,是个丧心病狂的人。因此作揖相让、谈笑风生,一旁有人跌落而不去救,这只有那些没有亲戚骨肉之情的路人才会这样做,孟子已说过"没有恻隐之心的人,就不是人"。如果是有父子、兄弟之爱的人,就会无不痛心疾首,尽力狂奔,以至于匍匐着去拯救,他们不顾溺水的祸患,还怕被讥笑为丧心病狂吗?又怎么会祈望别人的信与不信呢?

呜呼!今之人虽谓仆为病狂丧心之人,亦无不可矣。天下之人心皆吾之心也,天下之人犹有病狂者矣,吾安得而非病狂乎?犹有丧心者矣,吾安得而非丧心乎?

【译文】

唉!现在的人即使认为我丧心病狂,我也不在乎。天下人的心,都是我的心,天下人中还有病狂的,我又怎能不病狂呢?天下人中还有丧心的,我又怎么能不丧心呢?

五

【题解】

王阳明于本条借孔子之遭遇和浩叹抒写自己之万物一体的心志和不遇于世的悲叹,意在阐明其心(良知)与圣人同,其学(良知学)为圣学之赓续,其强调的义理之核心在于良知学的万物一体之仁。

昔者孔子之在当时,有议其为谄者①,有讥其为佞者②,有毁其未贤③,诋其为不知礼④,而侮之以为东家丘者⑤,有嫉而沮之者⑥,有恶而欲杀之者⑦,晨门、荷蒉之徒⑧,皆当时之贤士，且曰："是知其不可而为之者欤⑨？""鄙哉！硁硁乎！莫己知也，斯己而已矣⑩。"虽子路在升堂之列⑪，尚不能无疑于其所见⑫，不悦于其所欲往⑬，而且以之为迂⑭，则当时之不信夫子者，岂特十之二三而已乎？然而夫子汲汲遑遑⑮，若求亡子于道路，而不暇于暖席者，宁以蕲人之知我、信我而已哉？盖其天地万物一体之仁，疾痛迫切，虽欲已之而自有所不容已，故其言曰："吾非斯人之徒与而谁与⑯！""欲洁其身而乱大伦⑰，果哉，末之难矣⑱！"呜呼！此非诚以天地万物为一体者，孰能以知夫子之心乎？若其遁世无闷，乐天知命者⑲，则固"无入而不自得"⑳，"道并行而不相悖"也㉑。

【注释】

①议其为谄者：语自《论语·八佾》："子曰：'事君尽礼，人以为谄也。'"谄，谄媚。

②讥其为佞（nìng）者：语自《论语·宪问》："微生亩谓孔子曰：'丘，何为是栖栖者与？无乃为佞乎？'孔子曰：'非敢为佞也，疾固也。'"佞者，善于花言巧语、阿谀谄媚的人。

③毁其未贤：语自《论语·子张》："叔孙武叔毁仲尼。子贡曰：'无以为也！仲尼不可毁也。他人之贤者，丘陵也，犹可逾也；仲尼，日月也，无得而逾焉。'"

④诋其为不知礼：语自《论语·八佾》："子入太庙，每事问。或曰：'孰谓鄹人之子知礼乎？入太庙，每事问。'子闻之，曰：'是礼也。'"

⑤以为东家丘：语自《沈隐侯集》卷一《辩圣论》："当仲尼在世之时，世人不言为圣人也。伐树削迹，干七十君而不一值。或以为东家丘，或以为丧家犬，若不高叹凤鸟，称梦周公，乐正雅颂，各得

其所，则当世安知其圣人乎？"又，学界议此语最早出自《孔子家
语》，但诸版本均无考。

⑥嫉而沮之者：语自《论语·微子》："齐人归女乐，季桓子受之，三
日不朝，孔子行。"鲁定公十四年（前496），孔子年五十六，摄行
相事，鲁国大治。齐人增女乐以阻之。

⑦有恶而欲杀之：语自《论语·述而》："子曰：'天生德于予。桓魋
其如予何？'"孔子适宋。司马桓魋欲杀之。

⑧晨门：守门人，负责早晚开闭城门。荷蒉（kuì）：担着草编的盛器
的人。二人皆出于《论语》，见下文注释。

⑨知其不可而为之：语自《论语·宪问》："子路宿于石门。晨门曰：
'奚自？'子路曰：'自孔氏。'曰：'是知其不可而为之者与？'"

⑩"鄙哉"四句：语自《论语·宪问》："子击磬于卫。有荷蒉而过孔
氏之门者，曰：'有心哉！击磬乎！'既而曰：'鄙哉！硁硁乎！莫己
知也，斯己而已矣。深则厉，浅则揭。'子曰：'果哉！末之难矣。'"

⑪子路在升堂之列：语自《论语·先进》："子曰：'由之瑟奚为于丘
之门？'门人不敬子路。子曰：'由也，升堂矣，未入于室也。'"

⑫尚不能无疑于其所见：语自《论语·雍也》："子见南子，子路不
说，夫子矢之曰：'予所否者，天厌之，天厌之。'"

⑬不悦于其所欲往：语自《论语·阳货》："公山弗扰以费畔，召，子
欲往。子路不说（悦），曰：'末之也已，何必公山氏之之也？'子
曰：'夫召我者，而岂徒哉？如有用我者，吾其为东周乎！'"

⑭以之为迂：语自《论语·子路》："子路曰：'卫君待子而为政，子将
奚先？'子曰：'必也正名乎！'子路曰：'有是哉，子之迂也！奚其
正？'子曰：'野哉，由也！君子于其所不知，盖阙如也。名不正，
则言不顺；言不顺，则事不成；事不成，则礼乐不兴；礼乐不兴，则
刑罚不中；刑罚不中，则民无所措手足。故君子名之必可言也，言
之必可行也。君子于其言，无所苟而已矣。'"

⑮汲汲遑遑：慌忙仓促的样子。

⑯吾非斯人之徒与而谁与：语自《论语·微子》："子路行以告。夫子怃然曰：'鸟兽不可与同群，吾非斯人之徒与而谁与？天下有道，丘不与易也。'"

⑰欲洁其身而乱大伦：语自《论语·微子》："子路曰：'不仕无义。长幼之节不可废也，君臣之义如之何其废之？欲洁其身而乱大伦。君子之仕也，行其义也。道之不行，已知之矣。'"

⑱"果哉"二句：语自《论语·宪问》见前文注释⑩。

⑲乐天知命：语自《周易·系辞上》："与天地相似，故不违。知周乎万物，而道济天下，故不过。旁行而不流，乐天知命，故不忧。安土敦乎仁，故能爱。"

⑳无入而不自得：语自《中庸》第十四章："素富贵行乎富贵，素贫贱行乎贫贱，素夷狄行乎夷狄，素患难行乎患难，君子无入而不自得焉。"

㉑道并行而不相悖：语自《中庸》第三十章："万物并育而不相害，道并行而不相悖。小德川流，大德敦化，此天地之所以为大也。"

【译文】

　　从前孔子在世时，有人说他谄媚，有人说他花言巧语，有人诋毁他的贤能，有人诽谤他不懂礼仪，有人侮辱他是东家丘，有人嫉妒他而阻止他，有人厌恶他而想杀他。晨门、荷蒉都是当时的贤士，还在说"明知不可做却去做？""见识浅陋呀！没有自知之明，还固执得很。"虽然子路对圣学的理解已经处在升堂的地步，尚且对孔学的知识不能毫无疑问，对他想去的地方不高兴，而且认为孔子迂腐，那么当时不信任孔子的人，哪里仅仅是十之二三而已呢？然而孔子匆匆忙忙，像是在路上寻找失去的子女，没有时间暖席，难道是为了祈求人相信自己、了解自己吗？因为他有天地万物为一体的仁爱之心，深深感到急切病痛，即使想不管也身不由己。所以他说："我不与人群交往又与什么交往呢？""想使自身保持高洁却破坏了君臣大伦。""这人很坚决,没有什么可以说服他!"哎!除了确实把天地万物当做一体的人,谁能了解孔子的心呢? 至于那些遁世没有烦恼、乐天知命的人,当然能"无入而不自得","道并行而不相悖"了。

六

【题解】

本条抒写王阳明欲与天下豪杰之士(如聂文蔚者)共倡良知学的豪情与欣慰。其中对未来图景的描绘包含着自信—信他—他信的良知德行要求。

仆之不肖,何敢以夫子之道为己任? 顾其心亦已稍知疾痛之在身,是以彷徨四顾,将求其有助于我者,相与讲去其病耳。今诚得豪杰同志之士扶持匡翼,共明良知之学于天下,使天下之人皆知自致其良知,以相安相养,去其自私自利之蔽,一洗谗妒胜忿之习,以济于大同①,则仆之狂病,固将脱然以愈②,而终免于丧心之患矣,岂不快哉!

【注释】

①大同:语自《礼记·礼运》:"大道之行也,天下为公。选贤与能,讲信修睦。……是谓大同。"

②脱然:指疾病痊愈后的舒适貌。

【译文】

我才疏学浅,怎敢以孔子的圣道为己任? 只是我的心也稍微知道一点儿身上的病痛,所以心中彷徨,四处寻找能帮助我的人,互相讲求除去病痛。现在假使真能有志同道合的豪杰之士扶持匡助我,共同使良知的学说明于天下，让天下的人都知道自己来实现良知，来互相帮助存养，除去自私自利的毛病，清除诋毁、嫉妒、好胜和易怒的恶习，以实现天下大同，那么我的狂病本来会舒服地治好，最终能够免于丧心的疾患了，难道不痛快吗！

　　嗟乎！今诚欲求豪杰同志之士于天下，非如吾文蔚者而谁望之乎？如吾文蔚之才与志，诚足以援天下之溺者，今又既知其具之在我而无假于外求矣，循是而充，若决河注海，孰得而御哉？文蔚所谓"一人信之不为少"，其又能逊以委之何人乎①？

【注释】

　①逊：辞让，谦让。

【译文】

　　唉！现在真要寻求天下志同道合的豪杰之士，除了像文蔚你一样的人，还能指望谁呢？像文蔚你这样的才志，确实足以救助天下失足受苦的人，现在既然知道良知在自己心中，不需要向外探求，那么遵循这样的原则并加以扩充，就会像大河决口汇入大海，谁能抵御得了呢？文蔚你所说的"有一个人相信就不算少"，自然是你当仁不让，又能谦让给谁呢？

七

【题解】

　　本条为抒写当下之感，然亦颇有深意。不离日用行常，悠游天地间，这正是孔子赞许的曾点气象，也是良知学的无入而不自得的境界。"奚暇外慕"表明对朱子学格物之方的驳斥，再次彰显自己良知学的圣学道统。

会稽素号山水之区①,深林长谷,信步皆是,寒暑晦明,无时不宜,安居饱食,尘嚣无扰,良朋四集,道义日新,优哉游哉,天地之间宁复有乐于是哉！孔子云:"不怨天,不尤人,下学而上达②。"仆与二三同志,方将请事斯语,奚暇外慕？独其切肤之痛,乃有未能恝然者③,辄复云云尔。

【注释】

①会稽:山名。在今浙江绍兴。素:平素,向来。

②"不怨天"三句:语自《论语·宪问》:"子曰:'不怨天,不尤人,下学而上达,知我者其天乎？'"

③恝(jiá)然:漠不关心貌,冷淡貌。

【译文】

会稽山向来是山水丰美的地区,深远的树林,悠长的山谷,随行可见,寒暑阴晴,无时不宜人,安居饱食,尘嚣不扰,好友四面八方聚集此处,道学进步,如此悠闲自在,天地之间还会有像这样的闲适快乐吗！孔子说:"不怨天,不尤人,下学而上达。"我与两三位志同道合之士想要遵从这样的话,怎么有时间向外慕求呢？只是对这切肤之痛,还并不能淡然处之,就又写了这封信。

咳疾暑毒,书札绝懒,盛使远来,迟留经月,临岐执笔,又不觉累纸。盖于相知之深,虽已缕缕至此,殊觉有所未能尽也。

【译文】

咳嗽复发,天气炎热,懒于书信,你派人盛情远来,停留逾月,临别提笔,不觉又写了几页纸。我们相知如此深厚,虽然已经啰唆到这个地步,仍然觉得话还没有说完。

答聂文蔚二 凡九则

【题解】

《答聂文蔚》第二书重在论述心学功夫只是一个功夫。在王阳明看来,必有事焉、集义、格物、诚意、正心、勿忘勿助等功夫条目都是致良知功夫的具体体现,实质上都是一个功夫,其内在的理论逻辑是从心本论出发,本体(良知)是"一",故功夫(致良知)也是"一",体现了本体与功夫的辩证统一。

一

【题解】

本条涉及心学义理不多,唯对功夫之纯熟略谈一二。其要有二:第一,寓本体于功夫,本体之莹彻在于功夫之纯熟;第二,良知功夫头脑立定,便步入康庄大道,虽或时有遮蔽但不碍良知之行。

得书,见近来所学之骤进,喜慰不可言。谛视数过,其间虽亦有一二未莹彻处,却是致良知之功尚未纯熟。到纯熟时,自无此矣。譬之驱车,既已由于康庄大道之中^①,或时横斜迂曲者,乃马性未调,衔勒不齐之故。然已只在康庄大

道中,决不赚入旁蹊曲径矣。近时海内同志到此地位者曾
未多见,喜慰不可言,斯道之幸也!

【注释】

①康庄大道:语自《尔雅·释官》:"五达谓之康,六达谓之庄。"

【译文】

收到来信,看到你近来学问突进,十分欣慰,此情难以言表。你的信我仔细看过几遍,信里虽然也有一两处没有完全理解明白透彻的,这确实是因为致良知的功夫还没有纯熟。到纯熟的话也就自然没有这样的问题了。例如驾车,已经走上康庄大道上后,还有时出现迂回曲折的情况,是因为马的性格没有调教好,缰绳没有勒齐的缘故。然而已经在康庄大道上,绝不会出现受骗进入旁径小道的问题。最近海内志同道合之士到达这种境界的还不曾多见,我十分欣慰难以言表,这是圣道的幸运啊!

　　贱躯旧有咳嗽畏热之病,近入炎方,辄复大作。主上圣明洞察,责付甚重,不敢遽辞。地方军务冗沓,皆舆疾从事。今却幸已平定,已具本乞回养病。得在林下,稍就清凉,或可瘳耳①。人还,伏枕草草不尽倾企。外惟濬一简②,幸达致之!

【注释】

①瘳(chōu):病愈。

②惟濬:陈九川(1495—1562),字惟濬,号明水,抚州府临川(今江西抚州临川区)人。官至礼部郎中。正德十五年(1520),拜王阳明为师。著有《明水先生集》。

【译文】

我身上旧有的咳嗽怕热的毛病，最近进入炎热的地区后，就又发作得很严重。圣上圣明洞察，将很重的责任托付给我，不敢立即推辞。地方上军务繁杂，我都带病处理，现在幸好已经平定，我已经上奏皇上恳请允许我回去养病。如能在山林稍靠近清凉之处养病，或可以痊愈。信使就要回去，我伏枕写完，草草几句说不尽我的企望之情。另外还有一封书信给陈九川，请转达给他！

二

【题解】

本条释"勿忘勿助"功夫。王阳明主张"必有事焉"而"勿忘勿助"，时时"集义"，一刻不间断，便是"勿忘"，不欲速求效，便是"勿助"。"勿忘勿助"是对功夫"状态"的表达，在根本上，其与"必有事焉""集义"是一个功夫。如果把"勿忘勿助"别作一个功夫去做，便是执于念头。

来书所询，草草奉复一二。

近岁来山中讲学者，往往多说"勿忘勿助"工夫甚难，问之，则云"才着意便是助，才不着意便是忘，所以甚难"。区区因问之云："忘是忘个甚么？助是助个甚么？"其人默然无对，始请问。区区因与说，我此间讲学，却只说个"必有事焉"，不说"勿忘勿助"。必有事焉者，只是时时去集义。若时时去用"必有事"的工夫，而或有时间断，此便是忘了，即须"勿忘"；时时去用"必有事"的工夫，而或有时欲速求效，此便是助了，即须"勿助"。其工夫全在"必有事焉"上用，"勿忘勿助"，只就其间提撕警觉而已。若是工夫原不间断，即不须更说"勿忘"；原不欲速求效，即不须更说"勿助"。此其工夫何等明白简易，何等洒脱自在！今却不去"必有事"上用工，而乃悬空守着一个"勿忘勿助"，此正如烧锅煮饭，锅内不曾渍水下米^①，而乃专去添柴放火，不知毕竟煮出个甚么物来。吾恐火候未及调停，而锅已先破裂矣。近日一种专在"勿忘勿助"上用工者，其病正是如此。终日悬空去做个"勿忘"，又悬空去做个"勿助"，济济荡荡^②，全无实落下手处，究竟工夫只做得个沉空守寂，学成一个痴呆汉。才遇些子事来，即便牵滞纷扰，不复能经纶宰制^③。此皆有志之士，而乃使之劳苦缠缚，担搁一生，皆由学术误人之故，甚可悯矣！

【注释】

①渍（zì）：淘洗。

②济济（bēn）荡荡：奔腾激荡。济，同"奔"。

③经纶：治理。宰制：控制。

【译文】

你来信中询问的，我草草回答一二。

近年来到山中讲学的人，往往多说"勿忘勿助"的功夫很难，询问他们，就说"稍有意念就是'助'，一不用心就是'忘'，所以很难"。我问他们说："忘是忘什么？助是助什么？"他们默然答不出来，才请教我。我就解释说，我在这里讲学，却只讲"必有事焉"，不讲"勿忘勿助"。"必有事焉"就是时时刻刻去"集义"。如果时时去下"必有事"的功夫，而偶尔有中断，这就是忘了，就需要"勿忘"；时时去下"必有事"的功夫，而偶尔想要快速见效，这就是助了，就需要"勿助"。这些功夫都在"必有事焉"上下，"勿忘勿助"，只是在其中起到提携警醒的作用而已。如果功夫原本没有间断，就不需要再说"勿忘"；原本没想追求速效，就不需要再说"勿助"。这种功夫多么明白容易，多么洒脱自在！现在却不在"必有事"上用功，而却凭空守着一个"勿忘勿助"，正像是烧锅煮饭，没有淘米下锅，却专门去添柴烧火，不知道最后能煮出什么东西来。我担心火候还没来得及调好，锅已经先破裂了。近来专在"勿忘勿助"上用功的人，他们的毛病正是如此。终日凭空去做"勿忘"的功夫，又凭空去做"勿助"的功夫，奔腾激荡，完全没有下手落实的地方，最后做到底，只落得沉空守寂，学成一个痴汉。刚一遇到事，就会心绪羁绊纷乱，不能妥善应付。这些人都是有志之士，却由此劳苦困扰，耽误一生，这都是错误的学术耽误了他们，真让人惋惜啊！

三

【题解】

本条论心学功夫总纲致良知统摄各具体功夫条目。在王阳明看来，"必有事焉""集义""格物""诚意""正心""勿忘勿助"都是一个致良知功夫。这体现了阳明心学功夫"一"的特色——从"一"个本体（良知）出发到"一"个功夫（致良知），本体与功夫辩证统一。

夫"必有事焉"只是"集义"，"集义"只是"致良知"。说"集义"则一时未见头脑，说"致良知"即当下便有实地步可用工，故区区专说"致良知"。随时就事上致其良知，便是"格物"；着实去致良知，便是"诚意"；着实致其良知，而无一毫意必固我，便是"正心"；着实致良知则自无忘之病；无一毫意必固我则自无助之病：故说"格、致、诚、正"则不必更说个"忘助"。孟子说"忘助"，亦就告子得病处立方。告子强制其心，是"助"的病痛，故孟子专说助长之害。告子助长，亦是他以义为外，不知就自心上"集义"，在"必有事焉"上用功，是以如此。若时时刻刻就自心上"集义"，则良知之体洞然明白，自然是是非非纤毫莫遁，又焉有"不得于言，勿求于心；不得于心，勿求于气"之弊乎①？孟子"集义""养气"之说，固大有功于后学，然亦是因病立方，说得大段，不若《大学》"格、致、诚、正"之功，尤极精一简易，为彻上彻下，万世无弊者也。

【注释】

①"不得于言"四句：语自《孟子·公孙丑上》："曰：'敢问夫子之不动心，与告子之不动心，可得闻欤？'告子曰：'不得于言，勿求于心；不得于心，勿求于气。'不得于心，勿求于气，可；不得于言，勿求于心，不可。"

【译文】

"必有事焉"就是"集义"，"集义"就是"致良知"。说"集义"一时还抓不到重点的话，说"致良知"当下就可以实际用功，所以我专门讲解"致良知"。随时在事上致其良知，就是"格物"；着实去致良知，就是"诚意"；着实致良知，而没有一点儿的意必固我，就是"正心"；踏实地致良知，就没有忘的毛病，没有一点儿的意必固我，就自然没有助的毛病：因此说"格物、致知、诚意、正心"，就不必再说"勿忘勿助"了。孟子说"勿忘勿助"，是为告子的毛病开的方子。告子通过强制的功夫匡正内心，是"助"的毛病，因此孟子专讲助长的危害。告子之所以犯助长的毛病，也是因为他认为义在心外，不知道从自己内心中"集义"，在"必有事焉"上用功，因此才会这样。如果时时刻刻在自己心中"集义"，那么良知的本体自然能够洞彻明白，自然是非都能纤毫毕现，又怎么会有"不得于言，勿求于心；不得于心，勿求于气"的毛病呢？孟子"集义""养气"的学说，固然对后来学者大有功劳，然而这也是对症下药，从大体上说，就不如《大学》中的"格物、致知、诚意、正心"的功夫，尤其极为精一简易，上下贯通，万世都没有弊病了。

四

【题解】

本条论心学功夫只是一个，即致良知。致良知是阳明心学功夫总纲，所有功夫条目都统摄于此，名异实同，故每一种功夫只要做到纯熟处，便是致得良知，无须"搀和兼搭"一个其他功夫。讲求"搀和兼搭"，便是未明功夫之要义，执于文义而轻于践履。

圣贤论学，多是随时就事，虽言若人殊，而要其工夫头脑，若合符节。缘天地之间，原只有此性，只有此理，只有此良知，只有此一件事耳，故凡就古人论学处说工夫，更不必搀和兼搭而说，自然无不吻合贯通者。才须搀和兼搭而说，即是自己工夫未明彻也。近时有谓"集义"之功必须兼搭个"致良知"而后备者，则是"集义"之功尚未了彻也；"集义"之功尚未了彻，适足以为"致良知"之累而已矣。谓"致良知"之功必须兼搭一个"勿忘勿助"而后明者，则是"致良知"之功尚未了彻也；"致良知"之功尚未了彻，适足以为"勿忘勿助"之累而已矣。若此者，皆是就文义上解释牵附，以求混融凑泊①，而不曾就自己实工夫上体验，是以论之愈精，而去之愈远。文蔚之论，其于"大本达道"既已沛然无疑②，至于"致知""穷理"及"忘助"等说，时亦有搀和兼搭处，却是区区所谓康庄大道之中，或时横斜迂曲者，到得工夫熟后，自将释然矣。

【注释】

①凑泊：拼凑，拼合。

②沛然：丰润的样子。

【译文】

圣贤论学，大多是随时随事而定，虽然他们的说法好像各不相同，但关键功夫，都是一致的。因为天地之间，原本只有这个本性，只有这个天理，只有这个良知，只有这一件事而已，因此凡是在古人论学上虚讲功夫的，就不必再掺杂搭配，自然没有不融会贯通的。如果需要掺杂搭配，那就是自己的功夫还没有明彻了。近来有人说"集义"的功夫，一定要搭配上"致良知"然后才能算是完备，这就是"集义"的功夫还不明彻；"集义"的功夫还不明彻，就刚好成了"致良知"的拖累。认为"致良知"的功夫，一定要搭配上"勿忘勿助"然后才能明白，就是"致良知"的功夫还没有了明彻；"致良知"的功夫还没有明彻，就刚好成了"勿忘勿助"的拖累而已。类似这些，都是从字义上牵强附会解释，来求得融会贯通，而没有在自己的实际功夫上体验，因此论证得越精确，偏离得就越远。文蔚你的观点在"大本达道"上已经没有疑问，至于"致知""穷理""勿忘勿助"等学说，还不时有掺杂搭配的地方，这就是我说的走在康庄大道上，有时出现迂回曲折的行路的情况，等到功夫纯熟之后，这种情况自然会消失。

五

【题解】

本条从体用关系出发阐明良知本体只是一个。从体而言，良知只是一个真诚恻怛，当下具足。从用而言，良知随处发用，理一万殊，无方体无穷尽。从兄之悌、事亲之孝、事君之忠皆是良知与物相接表现出来的某一条理而已。从达体而言，可谓惟一之学，从致用而言，可谓惟精之学，惟精惟一，本体功夫，一体达用，体用一源。

　　文蔚谓"致知之说，求之事亲从兄之间，便觉有所持循"者，此段最见近来真切笃实之功。但以此自为不妨，自有得力处。以此遂为定说教人，却未免又有因药发病之患，亦不可不一讲也。

【译文】

　　文蔚你所说的"致知的观点，从孝敬父母、尊敬兄长上去寻求，就感到有所遵循"，这里最能看出你近来所下功夫的真切笃实。但你自己从这里下功夫倒也无妨，自然有得力的地方。如果把这当成定论去教导人，却难免出现用药不当反而致病的担心，这不能不讲。

　　盖良知只是一个天理自然明觉发见处，只是一个真诚恻怛①，便是他本体。故致此良知之真诚恻怛以事亲，便是孝；致此良知之真诚恻怛以从兄，便是弟；致此良知之真诚恻怛以事君，便是忠；只是一个良知，一个真诚恻怛。若是从兄的良知不能致其真诚恻怛，即是事亲的良知不能致其真诚恻怛矣；事君的良知不能致其真诚恻怛，即是从兄的良知不能致其真诚恻怛矣。故致得事君的良知，便是致却从兄的良知；致得从兄的良知，便是致却事亲的良知。不是事君的良知不能致，却须又从事亲的良知上去扩充将来，如此又是脱却本原，着在支节上求了。良知只是一个，随他发见流行处，当下具足，更无去来，不须假借。然其发见流行处却自有轻重厚薄，毫发不容增减者，所谓"天然自有之中"也。虽则轻重厚薄毫发不容增减，而原又只是一个；虽则只是一个，而其间轻重厚薄又毫发不容增减，若可得增减，若须假借，即已非其真诚恻怛之本体矣。此良知之妙用，所以无方体，无穷尽，"语大天下莫能载，语小天下莫能破"者也[2]。

【注释】

①恻怛（dá）：恻隐。

②"语大"二句：语自《中庸》第十二章："天地之大也，人犹有所憾。故君子语大，天下莫能载焉；语小，天下莫能破焉。"

【译文】

良知只是一个天理，良知的自然明觉呈现之处，就是真诚恻隐，这就是它的本体。所以用致良知的真诚恻隐去侍奉父母，就是孝；用致良知的真诚恻隐去尊敬兄长，就是悌；用致良知的真诚恻隐去辅佐君主，就是忠；这一切都只是一个良知，一个真诚恻隐。如果尊敬兄长的良知不能达到真诚恻隐，也就是侍奉双亲的良知不能达到真诚恻隐；如果辅佐君主的良知不能达到真诚恻隐，也就是尊敬兄长的良知不能达到真诚恻隐。所以能实现辅佐君主的良知，就能实现尊敬兄长的良知；能实现尊敬兄长的良知，就能实现侍奉双亲的良知。不是说辅佐君主的良知不能实现，必须从侍奉父母的良知上去扩充，如果这样，就又脱离了本原，在细枝末节上探求了。良知只有一个，随着它的发现和传播，自然完备具足，无来无去，不需要向外假借。但是它发现和传播的地方，却有轻重厚薄的区别，丝毫不能增加减少，这就是所谓的"天然自有之中"。虽然轻重厚薄丝毫不能增减，但良知原本只是一个；虽然良知只是一个，但其中的轻重厚薄又丝毫不能增加减少，如果能够增减，如果必须向外探求，那就不是真诚恻隐的本体了。这就是良知的妙用之所以无形无体,无穷无尽,"说到大,就大得连整个天下都载不下,说到小,就小得一点儿也分不开"的原因。

　　孟氏"尧、舜之道,孝弟而已"者①,是就人之良知发见得最真切笃厚、不容蔽昧处提省人,使人于事君处友、仁民爱物,与凡动静语默间,皆只是致他那一念事亲从兄真诚恻怛的良知,即自然无不是道。盖天下之事虽千变万化,至于不可穷诘,而但惟致此事亲从兄、一念真诚恻怛之良知以应之,则更无有遗缺渗漏者,正谓其只有此一个良知故也。事亲从兄一念良知之外,更无有良知可致得者。故曰:"尧、舜之道,孝弟而已矣。"此所以为"惟精惟一"之学,放之四海而皆准,施诸后世而无朝夕者也②。

　　【注释】
　　①孟氏"尧、舜之道,孝弟而已":语自《孟子·告子下》。
　　②"放之"二句:语自《礼记·祭义》:"夫孝,置之而塞乎天地,溥之而横乎四海,施诸后世而无朝夕,推而放诸东海而准,推而放诸西海而准,推而放诸南海而准,推而放诸北海而准。"

　　【译文】
　　孟子说的"尧、舜之道,孝弟而已",是在人的良知最真切醇厚、不容蒙蔽的地方提醒人,让人在忠君、交友、爱民、爱物以至于动静言默的时候,都只是实现他那种一念侍奉父母、尊敬兄长的真诚恻隐的良知,也就自然无处不是道了。天下的事虽然千变万化到无法穷举的地步,但只要用实现侍奉父母、尊敬兄长的真诚恻隐的良知去应对,那么就不会有什么遗漏缺失的了,这正是只有这一个良知的缘故。侍奉父母、尊敬兄长的良知之外，再没有别的良知可以实现。因此说："尧、舜之道，孝弟而已矣。"这就是"惟精惟一"的学问，放之四海而皆准，在后世推行也不会落伍。

文蔚云："欲于事亲从兄之间，而求所谓良知之学。"就自己用工得力处如此说，亦无不可；若曰"致其良知之真诚恻怛，以求尽夫事亲从兄之道焉"，亦无不可也。明道云："行仁自孝弟始。孝弟是仁之一事，谓之行仁之本则可，谓是仁之本则不可。"[1]其说是矣。

【注释】

①"明道云"及以下四句：语自《二程集·遗书》卷十八："谓行仁自孝弟始，盖孝弟是仁之一事，谓之行仁之本则可，谓之是仁之本则不可。盖仁是性也，孝弟是用也。性中只有仁、义、礼、智四者，几曾有孝弟来？仁主于爱，爱莫大于爱亲。故曰：'孝弟也者，其为仁之本与！'"此应为程颐语，此处误为程颢语。

【译文】

文蔚你说："想在侍奉父母、尊敬兄长之中，探求所谓良知的学问。"从自己用功得力的方面这样说，也无不可；如果说"用实现良知的真诚恻隐来探求侍奉双亲、尊敬兄长的道理"，也没什么不行。明道先生说："行仁从孝悌开始。孝悌是仁之中的一件事，说它是行仁的根本是可以的，说它是仁的根本就不对了。"这说法很正确。

六

【题解】

本条阐释之重点在于文末对于致良知功夫的强调。致良知功夫在于依良知而行，无有间隔病痛于其间，此谓大知。如执着意必，便是自私用智，便是小知。

"臆""逆""先觉"之说，文蔚谓"诚则旁行曲防，皆良知之用"，甚善甚善！间有搀搭处，则前已言之矣。惟濬之言亦未为不是。在文蔚须有取于惟濬之言而后尽，在惟濬又须有取于文蔚之言而后明；不然，则亦未免各有倚着之病也。舜察迩言，而询刍荛①，非是以迩言当察，刍荛当询，而后如此，乃良知之发见流行，光明圆莹，更无挂碍遮隔处，此所以谓之大知。才有执着意必，其知便小矣。讲学中自有去取分辨，然就心地上着实用工夫，却须如此方是。

【注释】

①舜察迩言：典出《中庸》第六章："舜其大知也与？舜好问而好察迩言。"迩言，浅近的话。而询刍荛（chú ráo）：典出《诗经·大雅·板》："先民有言，询于刍荛。"刍荛，打柴之人。

【译文】

"不臆不信""不逆诈""先觉"的学说，文蔚你认为"只要内心真诚，即使是旁门左道、曲折提防，都是良知的运用"，非常好！非常好！其中有掺杂搭配的地方，前面已经说过。惟濬的话，也并不是完全不对。就文蔚你而言，应该吸收采纳惟濬的观点才能详尽，就惟濬而言，要吸收采纳文蔚你的观点才能明白；否则，你们难免各自都有偏颇的毛病了。舜思考浅近的道理，向樵夫询问，并不是因为浅近的道理应该思考，樵夫值得请教，然后才这样做，这是良知的萌发流行、光明圆莹，没有障碍遮蔽，这就是所谓的完全认知。一有执着意必，认知就变狭隘了。讲学中自然有取舍分辨，但是在心中踏踏实实地下功夫，就必须这样才对。

七

【题解】

本条从功夫之进阶的角度讲致良知功夫。在王阳明看来,心性理一也,从功夫目标的角度看,无论功夫之进阶,都是一个存理去欲的功夫。因此,从功夫目标而言,心学功夫只是一个功夫,是彻上彻下的。值得指出的是,王阳明在本条中认为"尽心知性"中自然包含着"存心事天"和"夭寿不贰、修身以俟",同时又强调"吾侪用功,却须专心致志在夭寿不贰、修身以俟上做,只此便是做尽心知天功夫之始"。此中显然已有区分功夫之渐、顿的意识,可谓是"天泉证道"之先声。

"尽心"三节①,区区曾有"生知、学知、困知"之说,颇已明白,无可疑者。盖尽心、知性、知天者,不必说存心、养性、事天,不必说"夭寿不贰、修身以俟",而存心、养性与修身以俟之功已在其中矣。存心、养性、事天者,虽未到得尽心、知天的地位,然已是在那里做个求到尽心、知天的工夫,更不必说"夭寿不贰、修身以俟",而"夭寿不贰、修身以俟"之功已在其中矣。

【注释】

① "尽心"三节:《孟子·尽心上》:"孟子曰:'尽其心者,知其性也。知其性,则知天矣。存其心,养其性,所以事天也。夭寿不贰,修身以俟之,所以立命也。'"

【译文】

关于"尽心"三段,我曾经有"生知、学知、困知"的学说,已经很清楚,没有什么可质疑的了。尽心、知性、知天的人,不必再说存心、养性、事天,也不必再说"夭寿不贰、修身以俟",存心、养性与修身以俟的功夫已经在其中了。存心、养性、事天的人,虽然没有达到尽心、知天的境界,但是已经在那里做探求尽心、知天的功夫,更不用说"夭寿不贰、修身以俟",而"夭寿不贰,修身以俟"的功夫也已经包含在其中了。

譬之行路,尽心、知天者,如年力壮健之人,既能奔走往来于数千里之间者也;存心、事天者,如童稚之年,使之学习步趋于庭除之间者也①;夭寿不贰、修身以俟者,如襁褓之孩,方使之扶墙傍壁而渐学起立移步者也。既已能奔走往来于数千里之间者,则不必更使之于庭除之间而学步趋,而步趋于庭除之间自无弗能矣;既已能步趋于庭除之间,则不必更使之扶墙傍壁而学起立移步,而起立移步自无弗能矣。然学起立移步,便是学步趋庭除之始,学步趋庭除,便是学奔走往来于数千里之基,固非有二事。但其功夫之难易则相去悬绝矣。心也,性也,天也,一也,故及其知之成功则一,然而三者人品力量自有阶级,不可躐等而能也②。

【注释】

①庭除:庭院的台阶。指庭院。

②躐(liè)等:逾越等级。

【译文】

如果用行路作比喻,尽心、知天的人,就像年轻力壮的人,能够在几千里的路上来回奔走;存心、事天的人,就像儿童,让他在院子里教他走路。夭寿不贰、修身以俟的人,就像襁褓中的婴儿,只能使他扶着墙壁慢慢学习站立移步。已经能来回奔走几千里的人,就没必要再让他在庭院里学习走路,因为在庭院里走路自然不存在问题;已经能在庭院里走路,就不必再让他扶着墙学习站立移步,因为他自然能够站立移步。但是学习站立移步,是在庭院里学习走路的开始,在庭院里学习走路,是来回奔走几千里的基础,这本来并不是两件事。但是功夫的难易程度相差悬殊。心、性、天,三者本质是一样的,所以等到这三种人都能够通晓天理、成功行道了,效果就都是相同的,但是这三种人的人品、才能存在高低差别,不可能超越各自的等级去做事。

　　细观文蔚之论,其意以恐尽心、知天者废却存心、修身之功,而反为尽心知天之病。是盖为圣人忧功夫之或间断,而不知为自己忧功夫之未真切也。吾侪用功,却须专心致志在"夭寿不贰、修身以俟"上做,只此便是做尽心、知天功夫之始。正如学起立移步,便是学奔走千里之始。吾方自虑其不能起立移步,而岂遽其不能奔走千里?又况为奔走千里者而虑其或遗忘于起立移步之习哉?

【译文】

　　我认真看了你的观点,你的意思是害怕尽心、知天的人,废弃了存心、修身的功夫,反而成了尽心、知天的妨碍。这大概是为圣人担心功夫会有中断,却不知道为自己担心功夫尚不真切。我们这种人用功,必须专心致志、全心全意地在"夭寿不贰、修身以俟"上下功夫,这样做就是尽心、知天功夫的开始。这正像学习站立移步,就是学习奔走千里的开始。我正担心不能站立移步,又怎么会去忧虑不能奔走千里呢?更何况为能奔走千里的人去担心他忘了站立移步的本领呢?

　　文蔚识见,本自超绝迈往,而所论云然者,亦是未能脱去旧时解说文义之习,是为此三段书分疏比合,以求融会贯通,而自添许多意见缠绕,反使用功不专一也。近时悬空去做"勿忘勿助"者,其意见正有此病,最能担误人,不可不涤除耳。

【译文】

文蔚你的见识原本超凡绝俗,不过从你所说的话来看,也是没能摒除从前解读文义的习惯,所以你才把知天、事天、夭寿不贰当作三件事,进行分析综合比较,以求融会贯通,结果是自己增添了许多纠缠不清的意见,反而使自己的用功不够专一。近来,凭空去做"勿忘勿助"功夫的人正是犯了这个错误,害人最深,不能不彻底铲除。

八

【题解】

本条以对"尊德性"与"道问学"的关系阐释致良知的功夫。在阳明心学,"尊德性"与"道问学"是致良知功夫的一体之两面,二者在格物致知的层面是统一的。识得此,则是功夫之莹透处;反之,则是功夫之未莹透,良知有遮蔽。

所谓"尊德性而道问学"一节,至当归一,更无可疑。此便是文蔚曾着实用工,然后能为此言。此本不是险僻难见的道理,人或意见不同者,还是良知尚有纤翳潜伏[1]。若除去此纤翳,即自无不洞然矣。

【注释】

①纤翳(yì):微小的障碍物。

【译文】

所谓"尊德性和道问学"一节,应该统一,这不必怀疑。这就是文蔚你曾踏实用功,然后才能说出的话。这本来不是生僻难懂的道理,人们却有不同意见,这还是良知中潜伏有纤细的灰尘。如果除去这些灰尘,就自然没有不洞彻明亮的了。

九

【题解】

本条为信末之谦语和所嘱之事,与义理相涉不多。

已作书后,移卧檐间,偶遇无事,遂复答此。文蔚之学既已得其大者,此等处久当释然自解,本不必屑屑如此分疏。但承相爱之厚,千里差人远及,谆谆下问,而竟虚来意,又自不能已于言也。然直戆烦缕已甚,恃在信爱,当不为罪。惟濬处及谦之、崇一处①,各得转录一通,寄视之,尤承一体之好也。

【注释】

①谦之:邹守益(1491—1562),字谦之,号东廓,吉安府安福(今江西安福)人。正德十四年(1519)师事王阳明。官至南京国子祭酒。著有《东廓集》。崇一:即欧阳德。见前注。

【译文】

信写完后,我到屋檐下躺着,正好没有别的事,就再写了几句。文蔚你的学问已经抓住了关键,这些问题时间久了自然能够释然明白,本来不必这样唠叨地讲解。只是承蒙厚爱,不远千里派人来诚心请教,为了不辜负你的来意，我又自然不能不说。然而我过于坦率啰唆，自恃你对我这样信任厚爱，应该不会怪罪我吧。还请将这封信转录，分别寄给惟濬、谦之、崇一那里，让他们承受你同样的情意。

　　右南大吉录。

【译文】
　　以上为南大吉辑录。

训蒙大意示教读刘伯颂等

【题解】

《训蒙大意示教读刘伯颂等》为王阳明蒙学教育的专文,也是集中论述其心学教育思想的重要篇章之一。其要有三:第一,"教以人伦"的教育指导思想,此乃托古述志;第二,教育方法服务于教育目的。"诱之歌诗""导之习礼""讽之读书"都是为了"顺导其志意",以潜移默化,"不知其故"的方式引导童子"入于中和"。在教育方式上,"顺导""不知其故"体现了"心"(志意)的主体性,强调了依顺心体的重要性,而非强制灌输和规范。这与王阳明一贯的"心"高于"经"、致知不费读书等思想是一致的。第三,"养正"是教育的本质,抑或说王阳明的心学教育思想在本质上就是"养正"教育。所谓"正"就是心体之本然,"养"就是功夫,"养正"就是通过功夫存其正而去其不正(遮蔽)。由此可见,王阳明的心学教育思想仍是传统的德性教育,但其对主体性(心体)的高扬,符合当代人的发展的需要,对审美教育颇有启示。

古之教者,教以人伦。后世记诵词章之习起,而先王之教亡。今教童子,惟当以孝、弟、忠、信、礼、义、廉、耻为专务。其栽培涵养之方,则宜诱之歌诗以发其志意,导之习礼以肃其威仪，讽之读书以开其知觉①。今人往往以歌诗习礼为不切时务，此皆末俗庸鄙之见，乌足以知古人立教之意哉②！

【注释】

①讽：朗诵，读。

②乌：哪里，怎么。

【译文】

古代的教育，教的是人伦纲常。后世记诵词章的风气兴起之后，先王的教化就消亡了。现在教育童子，只应当把孝、悌、忠、信、礼、义、廉、耻作为专门的功课。至于培养的具体办法，则应通过吟咏诗歌来激发他们的志趣，引导他们学习礼仪，来整肃他们的仪表，教诵他们读书，来开发他们的智力。现在的人常常认为唱歌吟诗、学习礼仪不合时务，这都是陋习庸俗的见识，怎么能明白古人设立教育的本意呢！

大抵童子之情，乐嬉游而惮拘检，如草木之始萌芽，舒畅之则条达，摧挠之则衰痿。今教童子，必使其趋向鼓舞，中心喜悦，则其进自不能已。譬之时雨春风，沾被卉木，莫不萌动发越，自然日长月化；若冰霜剥落①，则生意萧索，日就枯槁矣。故凡诱之歌诗者，非但发其志意而已，亦所以泄其跳号呼啸于咏歌，宣其幽抑结滞于音节也。导之习礼者，非但肃其威仪而已，亦所以周旋揖让而动荡其血脉，拜起屈伸而固束其筋骸也；讽之读书者，非但开其知觉而已，亦所以沉潜反复而存其心，抑扬讽诵以宣其志也。凡此皆所以顺导其志意，调理其性情，潜消其鄙吝，默化其粗顽，日使之渐于礼义而不苦其难，入于中和而不知其故。是盖先王立教之微意也。

【注释】

①剥落:侵害,毁坏。

【译文】

大体上,童子的性情是喜欢嬉戏游乐而害怕拘束,这就像草木刚开始发芽,让它舒畅地生长就能枝条发达,如果摧残毁折就会枯萎衰败。现在教育童子,也必须顺着他们的天性不断鼓励,使他们心中欢喜愉快,那么他们自己就会不断进步。就好比时雨春风滋润花木,花木没有不发芽的,自然日新月异生长变化;如果遇到冰霜侵袭,就会生机萧条,一天天接近枯槁。所以通过唱歌吟诗的引导,不仅仅是开发他们的志向和兴趣,也是为了在唱歌吟诗中消耗他们蹿跳呼叫的精力,在音律节拍中抒发他们的抑郁和不快。用习礼开导,不仅可以整肃仪表,还可以在作揖行礼中活动血脉,在叩拜屈伸中强健筋骨;教导他们读书,不仅可以开发他们的智力,也可以在反复研讨中存养心性,在抑扬顿挫地读诵中弘扬志向。所有这一切都是顺着他们的天性,引导他们的意志,调理他们的性情,在潜移默化中,清除鄙陋吝啬和粗劣愚笨。这样,使他们逐渐符合礼仪规范而不感到辛苦,性情在不知不觉中达到中正平和。这大概就是先王创办教育的宗旨。

若近世之训蒙稚者,日惟督以句读课仿①,责其检束,而不知导之以礼;求其聪明,而不知养之以善;鞭挞绳缚,若待拘囚。彼视学舍如囹狱而不肯入,视师长如寇仇而不欲见,窥避掩覆以遂其嬉游,设诈饰诡以肆其顽鄙,偷薄庸劣,日趋下流。是盖驱之于恶而求其为善也,何可得乎?

【注释】

①课仿：考试程式之文。

【译文】

近年来教导童子，每天只知道督促他们的句读课仿，严格要求拘束他们，却不知道用礼仪引导；只求聪明，而不知道用至善来培养他们；鞭打绳捆，像对待囚犯一样对待他们。童子们把学校看成是监狱而不愿意上课，把师长看成是强盗仇人而不愿意见面，于是他们逃避遮掩，去游戏玩耍，作假说谎，肆意顽劣，变得庸俗低下，日趋堕落。这就是驱使他们作恶却又要求他们向善，这怎么可能呢？

凡吾所以教，其意实在于此。恐时俗不察，视以为迂，且吾亦将去，故特叮咛以告。尔诸教读，其务体吾意，永以为训；毋辄因时俗之言，改废其绳墨①，庶成"蒙以养正"之功矣②。念之念之！

【注释】

①绳墨：木匠用来取直的墨线。引申为规矩、准则。

②蒙以养正：语自《周易·蒙卦》："蒙以养正，圣功也。"

【译文】

我的教育主张，本意实际上在这里。恐怕时下世俗不理解，认为我很迂腐，而且我就要离开了，因此特意加以嘱咐。你们这些教师一定要读懂体察我的用意，永远将它当作训条；不要因为世俗的言论，来废除我的规矩，也许能够成就"蒙以养正"的功德吧。一定要记得！一定要记得！

教约

【题解】

《教约》亦是王阳明蒙学教育的文章,再次阐述了其心学教育思想。在本文中,王阳明结合教学方法重点论述了教学过程。所可注意者有二:第一,教学过程第一步"先考德",把德放在第一位,这是古代"学以成人"思想的体现,也是心学为学先"立志"思想的贯彻;第二,教学过程是为了达成教育目的,即"凡习礼歌诗之类,皆所以常存童子之心,使其乐习不倦,而无暇及于邪僻"。存童子之心,无暇于邪僻,就是存天理、去人欲的理学意旨的体现。

每日清晨,诸生参揖毕,教读以次。遍询诸生:在家所以爱亲敬长之心,得无懈忽,未能真切否?温凊定省之仪,得无亏缺,未能实践否?往来街衢,步趋礼节,得无放荡,未能谨饬否①?一应言行心术,得无欺妄非僻,未能忠信笃敬否?诸童子务要各以实对,有则改之,无则加勉。教读复随时就事,曲加诲谕开发,然后各退就席肄业②。

【注释】

①谨饬(chì):谨慎戒惧。

②肄（yì）业：修习学业。

【译文】

　　每日清晨，各位学生参拜行礼之后，教师要按照次序教读。逐个询问学生：在家里热爱父母、尊敬兄长的本心，该不会有所懈怠疏忽，未能真切？温凊定省的礼仪，该不会有所亏缺，未能身体力行？在街上来往行走的礼节，该不会有所放纵，未能小心谨慎？一切言行念头，该不会有所欺骗妄为，未能忠信笃敬？各位童子一定要如实回答，如果有就改正，如果没有就加以自勉。教师也要随时针对具体事物，委婉地教诲开导，然后再让他们各自回到座位上学习。

　　凡歌诗，须要整容定气，清朗其声音，均审其节调；毋躁而急，毋荡而嚣，毋馁而慑。久则精神宣畅，心气和平矣。每学量童生多寡，分为四班，每日轮一班歌诗，其余皆就席，敛容肃听。每五日则总四班递歌于本学。每朔望①，集各学会歌于书院。

【注释】

①朔望：农历每月的初一、十五。

【译文】

　　凡在唱歌吟诗时，必须要整理外表，平定气息，声音清朗，节调均匀；不躁不急，不放纵不得意，不气馁不畏惧。时间长了就能精神通畅，心平气和。每个学校根据童生的多少分成四个班，每日轮流有一个班唱歌吟诗，其他人都入席正坐聆听。每五日就让这四个班一起在学校依次唱歌吟诗。每月初一、十五，聚集各个学校到书院唱歌。

　　凡习礼，须要澄心肃虑，审其仪节，度其容止；毋忽而隋，毋沮而怍，毋径而野，从容而不失之迂缓，修谨而不失之拘局。久则体貌习熟，德性坚定矣。童生班次，皆如歌诗，每间一日，则轮一班习礼，其余皆就席，敛容肃观。习礼之日，免其课仿。每十日则总四班递习于本学。每朔望，则集各学会习于书院。

【译文】

凡是练习礼仪，须要澄清心神，肃清杂念，审度礼仪细节，容貌举止；不能疏忽怠惰，不能沮丧惭怍，不能随意粗野，从容自如而不迂腐缓慢，谨慎周正而不拘束局促。时间长了就能熟悉礼习，坚定德性了。童生的班级排次都与唱歌吟诗一样，每隔一日就轮流有一个班练习礼仪，其他人都入席正坐认真观看。练习礼仪的日子，不需要做其他的功课。每十日就让这四个班一起在学校依次练习礼仪。每月初一、十五，聚集各个学校到书院练习礼仪。

凡授书不在徒多，但贵精熟。量其资禀，能二百字者，止可授以一百字。常使精神力量有余，则无厌苦之患，而有自得之美。讽诵之际，务令专心一志，口诵心惟，字字句句绅绎反复①，抑扬其音节，宽虚其心意，久则义礼浃洽②，聪明日开矣。

【注释】

①绅（chōu）绎：抽出端绪，即辨析阐释的意思。

②浃洽：融会贯通。

【译文】

凡是教书，不在量多，只重视精辟熟练。根据学生的资质秉性，能学习二百个字的只应教给他一百个字。让学生保持精神力量有富余,也就没有厌倦辛苦的担心,而有收获的愉悦。在诵读时,一定要让学生专心致志,口诵心惟,反复辨析体会,音节抑扬,心思宽广,久之就能义、礼融会贯通,日渐聪明了。

　　每日工夫,先考德,次背书诵书,次习礼,或作课仿,次复诵书讲书,次歌诗。凡习礼歌诗之类,皆所以常存童子之心,使其乐习不倦,而无暇及于邪僻。教者知此,则知所施矣。虽然,此其大略也,"神而明之,则存乎其人"①。

【注释】

①"神而"二句:语自《周易·系辞上》:"极天下之赜者存乎卦,鼓天下之动者存乎辞,化而裁之存乎变,推而行之存乎通,神而明之存乎其人,默而成之,不言而信,存乎德行。"

【译文】

　　每日功课,先考察德性,其次背书、诵书,其次是练习礼仪或者研习课业,之后又是读书、讲书,再之后是唱歌吟诗。凡是练习礼仪、唱歌吟诗之类,都是为了让童子的内心常常存养,让他们喜欢学习不感疲倦,而没有时间去做坏事。老师们了解了这一点,就知道该怎样施行教育了。虽然如此,这里说的只是大概情况,"至于其中的神奇精明之处,就在于各人的存养努力了"。

传习录下

陈九川录 凡十四则

【题解】

陈九川,其简介见前注。"陈九川录"在内容上有两点突出特色:第一,对宋明理学的一些范畴进行心学化诠释,凸显朱子学与阳明学之义理之差异,如对"物""静""敬"等的诠释;第二,在日用行常的功夫中凸显心学功夫的实学特质。如从心物关系出发,以饮食养身、读书明理、处朋友等论事上磨炼功夫和依良知而行,不执着的特征。以上两点也是《传习录下》的显著特色。另外,"陈九川录"还有两个方面的重要内容:首先,对良知本体的论述,凸显良知的普遍性、至善性等特征;其次,论述心学即本体即功夫的特质,突出心学心体无内外,功夫亦无内外和本体与功夫合一的特征。此两点内容主旨贯穿整个《传习录》。

一

【题解】

本条重在诠释心学之"物",问题意识在于"物"在外还是在内,要解决的理论问题是"心""物"关系。在论证逻辑上,王阳明首先论证身心一体,心是主宰;其次,心主意,物是意中之物,也就是心中之物。故身、心、意、知、物是一件,心外无物。因此格物即是诚意,如希颜所言;格物即是格心明理,如王阳明认为甘泉随处体认天理,即是体认物。

正德乙亥^①,九川初见先生于龙江^②。先生与甘泉先生论"格物"之说^③,甘泉持旧说。先生曰:"是求之于外了。"甘泉曰:"若以格物理为外,是自小其心也。"九川甚喜旧说之是。先生又论《尽心》一章^④,九川一闻,却遂无疑。

【注释】

①正德乙亥:即正德十年(1515),时王阳明四十四岁。

②龙江:龙江驿,在今江苏南京西北。

③甘泉先生:湛若水,字元明,号甘泉(1466—1560),广州府增城(今广东增城)人。从学于陈献章,弘治十八年(1505)进士,历任南京礼、吏、兵三部尚书。与王阳明相与讲学唱和,主张随处体认天理,与王阳明之"致良知"门户相对,二人弟子及后世学者多有调和者。

④《尽心》一章:即《孟子·尽心上》第一章。

【译文】

正德乙亥年,陈九川在龙江第一次见到先生。当时先生正和甘泉先生讨论"格物"的学说,甘泉先生坚持旧说。先生说:"这是在心外探求了。"甘泉先生说:"如果认为探求事理是外求,那是把心看小了。"陈九川十分赞同旧说。先生又谈到《孟子·尽心》里的章节,陈九川听后,对先生的"格物"学说就没有疑问了。

后家居,复以"格物"遗质。先生答云:"但能实地用功,久当自释。"山间乃自录《大学》旧本读之,觉朱子"格物"之说非是,然亦疑先生以意之所在为物,"物"字未明。

【译文】

后来先生在家闲居，陈九川又向先生请教"格物"的学说。先生回答说："只要你能踏实用功，时间长了自然就明白了。"山中居住期间陈九川抄录了《大学》的旧本阅读，觉得朱子"格物"的学说并不正确，但也怀疑先生把意的所在之处当作物的观点，对于"物"这个字还不明白。

己卯①，归自京师，再见先生于洪都②。先生兵务倥偬③，乘隙讲授。首问："近年用功何如？"九川曰："近年体验得'明明德'功夫只是'诚意'。自'明明德于天下"，步步推入根源，到'诚意'上，再去不得。如何以前又有'格致'工夫？后又体验，觉得意之诚伪，必先知觉乃可，以颜子'有不善未尝知之，知之未尝复行'为证④，豁然若无疑，却又多了'格物'工夫。又思来吾心之灵，何有不知意之善恶，只是物欲蔽了。须格去物欲，始能如颜子未尝不知耳。又自疑功夫颠倒，与'诚意'不成片段。后问希颜⑤，希颜曰：'先生谓格物致知是诚意功夫，极好。'九川曰：'如何是诚意功夫？'希颜令再思体看。九川终不悟，请问。"先生曰："惜哉！此可一言而悟，惟濬所举颜子事便是了。只要知身、心、意、知、物是一件。"

【注释】

①己卯：即正德十四年（1519），时王阳明四十八岁。

②洪都：今江西南昌。

③倥偬（kǒng zǒng）：急迫匆忙。

④颜子"有不善未尝知之，知之未尝复行"：语自《周易·系辞下》：

"子曰：'颜氏之子，其殆庶几乎？有不善未尝不知，知之未尝复行也。'"

⑤希颜：《王文成传本》《阳明弟子名录》《阳明弟子传纂》《儒林宗派》均无此名。陈荣捷先生认为希颜为希渊（蔡宗兖）之误。蔡宗兖，见前注。

【译文】

正德己卯年，陈九川从京师回来，在洪都再次见到先生。当时先生军务繁忙，只能抽空讲授于他。首先问陈九川："近年来用功如何？"陈九川说："近年来，我体会到'明明德'的功夫只是'诚意'。从'明明德于天下'，一步步追根溯源，到'诚意'上就推不下去了。'诚意'之前怎么会有'格致'的功夫呢？经过体验，觉得意是否真诚必须先有知觉才行，颜回的'有不善未尝知之，知之未尝复行'可以为证，于是我豁然开朗，确信无疑，但又多了一个'格物'的功夫。又想凭着我心的灵明，怎么会不知道意的善恶呢，只是因为受到物欲的蒙蔽罢了。必须格除物欲，才能像颜回那样善恶尽知。我又怀疑是功夫用反了，导致'格物'和'诚意'联系不起来。后来问希颜，希颜说：'先生认为格物致知是诚意的功夫，说得好极了。'我又问：'为什么是诚意的功夫？'希颜让我再仔细考虑体察。但是我始终没有体会出来，特此向先生请教。"先生说："可惜啊！这本来是一句话就可以说清楚的，惟濬从你所举的颜回事例中就可以说明了。只要知道身、心、意、知、物是一件事就行了。"

九川疑曰："物在外，如何与身、心、意、知是一件？"

先生曰："耳、目、口、鼻、四肢，身也，非心安能视、听、言、动？心欲视、听、言、动，无耳、目、口、鼻、四肢亦不能，故无心则无身，无身则无心。但指其充塞处言之谓之身，指其主宰处言之谓之心，指心之发动处谓之意，指意之灵明处谓之知,指意之涉着处谓之物:只是一件。意未有悬空的,必着事物。故欲'诚意',则随意所在其事而格之,去其人欲而归于天理,则良知之在此事者无蔽而得致矣。此便是'诚意'的功夫。"

九川乃释然,破数年之疑。

【译文】

陈九川疑惑地问道:"物在心外,怎么能和身、心、意、智是一件事呢?"

先生说:"耳、目、口、鼻、四肢,都是身体的一部分,没有心怎么能视、听、言、动呢?心要视、听、言、动,没有耳、目、口、鼻、四肢也不行,所以没有心就没有身体,没有身体也就没有心。只是就充塞空间而言称为身,就主宰作用而言称为心,就心的发动而言称为意,就意的灵明而言就是知,就意所涉及的而言就是物:都只是一件事。意不能凭空存在,必须附着事物,所以要想'诚意',就要随着意所涉及的事物去格,摒除人欲而恢复天理,那么良知在这件事上就不会受到蒙蔽,就可以致知了。这就是'诚意'的功夫。"

于是陈九川才疑虑顿消,破解了数年的疑问。

又问:"甘泉近亦信用《大学》古本,谓'格物'犹言'造道'①,又谓'穷理'如'穷其巢穴'之'穷',以身至之也。故格物亦只是随处体认天理②,似与先生之说渐同③。"

先生曰:"甘泉用功,所以转得来。当时与说'亲民'字不须改,他亦不信,今论'格物'亦近,但不须换'物'字作'理'字,只还他一'物'字便是。"

【注释】

①造道：语自《二程集·遗书》卷十八："问：'学者不必同，如仁、义、忠、信之类，只于一字上求之，可否？'曰：'且如"六经"，则各自有个蹊辙，及其造道，一也。仁、义、忠、信只是一体事，若于一事上得之，其它皆通也。然仁是本。'"

②格物亦只是随处体认天理：语自《甘泉先生文集》卷七《答陈宗亨》："格物者，至其理也。学、问、思、辨、行，所以至之也。……格物云者，体认天理而存之也。"

③似与先生之说渐同：语自《甘泉先生文集》卷七《答阳明》："格者，至也。'格于文祖''有苗来格'之'格'。物者天理也，即'言有物''舜明于庶物'之'物'，即道也。格，即造诣之义。格物者，即造道也。执行并进，学、问、思、辨、行，皆所以造道也。……居安资深逢源，即修齐治平之谓也。"

【译文】

陈九川又问："甘泉先生近年来也相信《大学》旧版本，认为'格物'如同'造道'，认为'穷理'的'穷'就是'穷其巢穴'的'穷'，要亲自到巢穴里去。所以'格物'也就是随处体察天理，这似乎同先生的学说渐渐一致了。"

先生说："甘泉先生肯用功，所以他能转变过来。当时我对他说'亲民'不用改为'新民'，他也不相信。现在他所讲的'格物'与我的观点却也接近了，只不过不用把'物'字改成'理'字，仍然用'物'字就行了。"

后有人问九川曰："今何不疑'物'字？"曰："《中庸》曰'不诚无物'①，程子曰'物来顺应'，又如'物各付物'、'胸中无物'之类②，皆古人常用字也。"

他日，先生亦云然。

【注释】

①不诚无物：语自《中庸》第二十五章："诚者，物之终始，不诚无物。是故君子诚之为贵。"

②物各付物：语自《二程集·遗书》卷十八程颐语："盖人万物皆备，遇事时各因其心之所重者，更互而出，才见得这事重，便有这事出，若能物各付物，便自不出来也。"胸中无物：语自《二程集·外书》卷十一："尧夫（邵雍）胸中无事如此。"

【译文】

后来有人问陈九川："现在为什么不怀疑'物'字？"陈九川说："《中庸》说'不诚无物'，程子说'物来顺应'，又比如'物各付物'及'胸中无物'等，都是古人常用的字。"

后来，先生也是这样说的。

二

【题解】

本条释"静"。在王阳明看来，静不是息念，不离动静。从本体而言，静就是定，本体岿然不动，无遮无蔽，顺应万变。以定释静，是北宋以来理学家建构儒、佛之别的努力方向之一。

九川问："近年因厌泛滥之学，每要静坐，求屏息念虑。非惟不能，愈觉扰扰，如何？"

先生曰："念如何可息？只是要正。"

曰："当自有无念时否？"

先生曰："实无无念时。"

曰："如此却如何言静？"

曰："静未尝不动,动未尝不静。戒谨恐惧即是念,何分动静?"

曰："周子何以言'定之以中正仁义而主静'?"

曰："'无欲故静',是'静亦定,动亦定'的'定'字,主其本体也。戒惧之念,是活泼泼地,此是天机不息处,所谓'维天之命,於穆不已'①,一息便是死。非本体之念,即是私念。"

【注释】

①"维天"二句:语自《诗经·周颂·维天之命》:"维天之命,於穆不已,於乎不显,文王之德之纯。"於(wū)穆,表美好的赞叹词。

【译文】

陈九川问:"近年来因为讨厌流行的学说,每每要静坐,探求摒弃杂念思虑的时候,不但不能,反而更加感到烦扰,这是为什么呢?"

先生说:"念头怎么能打消?只是应该让它中正而已。"

陈九川问:"那是否存在没有念头的时候呢?"

先生说:"确实不存在没有念头的时候。"

陈九川问:"这样,却怎么能说是静呢?"

先生说:"静未尝不动,动未尝不静。戒谨恐惧就是念头,怎么分动静呢?"

陈九川问:"周子为什么说'定之以中正仁义而主静'呢?"

先生说:"周子'无欲故静'中的'静',是'静亦定,动亦定'的'定'字,'主'是指本体。戒慎恐惧的念头是活泼的,这正是天机永不停息的地方,所谓'天道是深远永恒的',一旦停止就是死亡。不是本体发出的念头就是私念。"

三

【题解】

本条释"敬"。在宋明理学，以敬释静，本亦是理学家建构儒、佛之别的又一努力方向。敬不离动静，敬是功夫，定是状态。作"敬"的功夫不是要屏息闻见去求静，如如此，反而是强意作为，间隔心体，便不是"定"了。故王阳明认为伊川称赞许渤隔窗不闻其子读书为功夫甚敬，实为讽刺之。

又问："用功收心时，有声色在前，如常闻见，恐不是专一？"

曰："如何欲不闻见？除是槁木死灰，耳聋目盲则可。只是虽闻见而不流去，便是。"

曰："昔有人静坐，其子隔壁读书，不知其勤惰，程子称其甚敬①，何如？"

曰："伊川恐亦是讥他②。"

【注释】

①程子称其甚敬：《二程集•遗书》卷三："许渤与其子隔一窗而寝，乃不闻其子读书与不读书，先生谓：'此人持敬如此。'"朱熹《朱子大全》卷五十四《答陈正己》："许渤为人，不可知其详。……隔窗事者，非必有寄寂之意而欲其不闻也。况此条之下，一本注云'曷尝有如此圣人'，则是先生盖亦未之许也。"

②伊川恐亦是讥他：《明儒学案•江右学案二•南野论学书》（欧阳南野语）："先师谓致知存乎心悟，若认知识为良知，正是粗看了，未见所谓不学不虑，不系于人者，然非情无以见性，非知识意念，则亦无以见良知。"按王阳明此处虽分别良知与知识，但并未将二

者对立。

【译文】

陈九川又问："用功收心时，有声、色在面前，还像平常那样去听、去看，恐怕就不是专一了吧？"

先生说："怎么能不闻、不见？除非是身体枯槁、心如死灰，耳聋目盲的人才可以。只要心不随着听到的、看到的一同去就可以了。"

陈九川问："从前有人静坐，他的儿子在隔壁读书，他却不知道儿子是勤劳还是懒惰，程子说他非常持敬，怎么样呢？"

先生说："伊川先生恐怕是在讥笑他。"

四

【题解】

本条论心体无内外，功夫亦无内外。心体无内外，即心体只是一个，正如静坐，只是要收敛此心，而不是别生一个心去摒绝念头，为静而静。功夫无内外，即功夫只是一个。本体为一，功夫只是明心体，故不分内外。把功夫分为内外，则是有了执着，起了念头。如何不起念头，就要在事上磨炼，达到心体中和，依心起念，念而勿念。本条坚持了阳明心学本体与功夫为一的一贯原则。

又问："静坐用功，颇觉此心收敛，遇事又断了。旋起个念头去事上省察，事过又寻旧功，还觉有内外，打不作一片。"

先生曰："此'格物'之说未透。心何尝有内外？即如惟濬今在此讲论，又岂有一心在内照管？这听讲说时专敬，即是那静坐时心。功夫一贯，何须更起念头？人须在事上磨炼，做功夫乃有益。若只好静，遇事便乱，终无长进。那静时功夫亦差,似收敛,而实放溺也。"

【译文】

陈九川又问:"静坐用功,觉得心神颇有收敛,但遇事情就又断了。马上起一个念头到事上省察,事情过后又去寻找以前的功夫,仍然觉得有内外之别,无法打成一片。"

先生说:"这是对'格物'的学说还没有透彻理解。心怎能分成内外呢?就像惟濬你现在在这里讲论,又哪里还有一个心在里面照管?听讲说时的专敬,就是那静坐时的心。功夫是一以贯之的,何必再起一个念头?人需要在具体事情上磨炼,做功夫才是有益。如果只是好静,遇到事情就慌乱,终究还是没有长进。那种静时的功夫也差,似是在收敛,实际上是放纵沉溺。"

后在洪都,复与于中、国裳论内外之说①。渠皆云②:"物自有内外,但要内外并着功夫,不可有间耳!"以质先生。

曰:"功夫不离本体,本体原无内外。只为后来做功夫的分了内外,失其本体了。如今正要讲明功夫不要有内外,乃是本体功夫。"

是日俱有省。

【注释】

①于中:夏良胜(1480—1539),字于中,建昌府南城(今江西南城)人。正德三年(1508)进士,与陈九川关系密切,尝共论内外之说。国裳:舒芬(1484—1527),字国裳,号梓溪,南昌府进贤(今江西进贤)人。正德丁丑年(1517)进士。万潮、舒芬、夏良胜、陈九川合称"江西四谏"。

②渠：他们。

【译文】

后来在洪都，又和夏于中、舒国裳讨论内外的学说。他们都说："事物原本就有内外之分，只要内外一起用功夫，不能有间隔。"陈九川就这件事向先生请教。

先生说："功夫不能离开本体，本体原本不分内外。只因为后来做功夫的人分了内外，也就失去了功夫的本然面貌。现在正要讲明白，功夫不要分内外，才是本体的功夫。"

这一天大家都有所省悟。

五

【题解】

本条借论象山之学粗些，强调本体与功夫合一。关于王阳明所评象山学之粗，历来学者所论不一，或以其本心不够颖彻，还附有朱子学之理的影子；或以其功夫条目不够精细，只是一个立其大者；或以其重知轻行，先知后行，知行不一；或以其体验之不深，等等。综而言之，在于本体与功夫在心与理、心与物两个向度是否都可以臻于合一。显然，在王阳明看来，象山学在本体与功夫合一方面还是不够的。

又问："陆子之学何如？"

先生曰："濂溪、明道之后，还是象山，只是粗些。"

九川曰："看他论学，篇篇说出骨髓，句句似针膏肓，却不见他粗。"

先生曰："然。他心上用过功夫，与揣摹依仿求之文义自不同，但细看有粗处。用功久，当见之。"

【译文】

陈九川又问："陆子的学说怎么样？"

先生说："濂溪先生、明道先生之后，就数象山先生了，只是粗糙一些。"

陈九川说："看他探讨学问，篇篇都能讲出精华，句句都像针对弊病，却看不出他粗糙的地方。"

先生说："是的。他在心上下过功夫，与只是揣摩模仿、追求字义的学问自然不同，只是细看就能发现有粗糙的地方。用功久了，应当就能发现。"

六

【题解】

本条论依良知而行。从本体言，良知自知，依良知行便是存善去恶，便是致知；从功夫言，着实致知，便见本体，无须在心上再寻一个天理。别存一个心去心上求理，即是理障，也是私意，就会遮蔽心体，难以自慊。

庚辰往虔州①，再见先生，问："近来功夫虽若稍知头脑，然难寻个稳当快乐处。"

先生曰："尔却去心上寻个天理，此正所谓'理障'②。此间有个诀窍。"

曰："请问如何？"

曰："只是致知。"

【注释】

①庚辰：即正德十五年（1520），时王阳明四十九岁。

②理障：语自《大正新修大藏经》卷十七《圆觉经·弥勒菩萨章》：
　　"善男子，一切众生，由本贪欲，发挥无明，显出五性，差别不等，
　　依二种障而现深浅。云何二障？一者理障，碍正知见；二者事障，
　　续诸生死。"

【译文】

庚辰年，陈九川到虔州再见先生，问道："近来的功夫虽然稍微能知道些关键，但很难找到一个稳当快乐的地方。"

先生说："你返回到心上寻求天理，这就是所谓的'理障'。这之间有个诀窍。"

陈九川问："请问是什么？"

先生说："就是致知。"

曰："如何致？"

曰："尔那一点良知，是尔自家底准则。尔意念着处，他是便知是，非便知非，更瞒他一些不得。尔只不要欺他，实实落落依着他做去，善便存，恶便去，他这里何等稳当快乐。此便是'格物'的真诀，'致知'的实功。若不靠着这些真机，如何去格物？我亦近年体贴出来如此分明，初犹疑只依他恐有不足，精细看无些小欠阙①。"

【注释】

①阙（quē）：缺陷，缺失。

【译文】

陈九川问："怎样致知？"

先生说："你那一点儿良知，是你自己的准则。你的意念到的地方，对的就是对的，错的就是错，再无法隐瞒一点儿。你只要不欺骗自己的良知，实实落落按照它去做，善就可以存养，恶就可以除去，是多么的

稳当快乐。这就是'格物'的真诀窍,'致知'的实功夫。如果不靠着这些真正的关键,怎么去格物?我也在近年来才体会得这样详细分明,刚开始还怀疑只依靠良知恐怕还不够,仔细体察后,发现没有一点儿缺陷。"

七

【题解】

本条论良知的普遍性。王阳明对良知普遍性的肯定一般都是在本然良知的层面言说的,良知人人本具,其虽然可能会被私欲遮蔽,但不妨其自圆满;同时,王阳明也坚信显在良知的必然性,这里关涉到两种功夫,一种是"觉""看得透彻",即顿悟功夫;一种是久久用功,即渐悟的功夫。经过功夫,方知良知境界之精微。

在虔,与于中、谦之同侍。

先生曰:"人胸中各有个圣人,只自信不及,都自埋倒了。"

因顾于中,曰:"尔胸中原是圣人。"

于中起,不敢当。

先生曰:"此是尔自家有的,如何要推?"

于中又曰:"不敢"。

先生曰:"众人皆有之,况在于中,却何故谦起来?谦亦不得。"

于中乃笑受。

【译文】

在虔州时,陈九川与夏于中、邹谦之一同陪着先生。

先生说:"每人心中都有个圣人,只因自信心不够,都自己把圣人埋没了。"

先生于是看着夏于中,说:"你胸中原本是有个圣人。"

夏于中站起身说不敢当。

先生说:"这是你自己有的,怎么还推辞呢?"

夏于中又说:"不敢。"

先生说:"大家都有,何况于中,却为何谦让起来? 这也是谦让不得的。"

夏于中于是笑着接受了。

又论:"良知在人,随你如何不能泯灭,虽盗贼亦自知不当为盗,唤他作贼,他还扭怩。"

于中曰:"只是物欲遮蔽,良心在内,自不会失,如云自蔽日,日何尝失了!"

先生曰:"于中如此聪明,他人见不及此。"

先生曰:"这些子看得透彻,随他千言万语,是非诚伪,到前便明。合得的便是,合不得的便非,如佛家说'心印'相似①,真是个试金石、指南针。"

先生曰:"人若知这'良知'诀窍,随他多少邪思枉念,这里一觉,都自消融。真个是灵丹一粒,点铁成金②。"

崇一曰③:"先生致知之旨,发尽精蕴,看来这里再去不得。"

先生曰:"何言之易也? 再用功半年,看如何? 又用功一年,看如何? 功夫愈久,愈觉不同,此难口说。"

【注释】

①心印:语自北宋佛学典籍《祖庭事苑》卷五:"达摩西来,不立文

字,单传心印。"

②"灵丹"二句:语自《景德传灯录》卷一《杭州龙华寺真觉大师》:

"还丹一粒,点铁成金;至理一言,点凡成圣。"

③崇一:即欧阳德。见前注。

【译文】

又讨论道:"良知在人心中,不管怎样也不能泯灭,即使是盗贼也知道自己不应该去偷盗,喊他是贼,他也会不好意思。"

夏于中说:"这只是物欲蒙蔽了,良心在内心中,自然不会丧失,就像乌云自己遮蔽太阳,太阳又何曾失去了呢!"

先生说:"于中这样聪明,别人的见识达不到这样的程度。"

先生说:"把良知看得透彻,不管千言万语,是非真假,一看就明白。符合的就对,不符合的就不对,这就如同佛教所说的'心印'一样,真的是试金石、指南针。"

先生说:"人如果知道'良知'这个诀窍,不管有多少邪念私心,良知一旦觉察,都自然会消除。真像一粒灵丹,可以点铁成金。"

欧阳崇一说:"先生把致良知的宗旨阐述得淋漓尽致,看来在这个问题上想再进一步是不可能了。"

先生说:"怎么能轻易这样说?你再用半年功,看看会怎样?又用一年功,看看会怎样?下功夫的时间越长,越能觉得不同,这很难用语言表达出来。"

八

【题解】

本条论致知之实功。阳明心学之功夫是讲求实践亲证的,其结果也是切实实有于己的,这是阳明心学实学的特征之一。

先生问九川："于'致知'之说体验如何？"

九川曰："自觉不同。往时操持常不得个恰好处，此乃是恰好处。"

先生曰："可知是体来与听讲不同。我初与讲时，知尔只是忽易，未有滋味。只这个要妙，再体到深处，日见不同，是无穷尽的。"

【译文】

先生问陈九川："对于'致知'学说，你有什么体验？"

陈九川说："感觉和以前不一样了。从前操持时常常不能恰到好处，现在可以恰到好处。"

先生说："由此可知是体会到的与听讲到的不一样。我当初给你讲的时候，知道你只是糊里糊涂，没有体会到滋味。只要知晓恰到好处这个要义奥妙，再体会到深处，每天都有不同的见识，是没有穷尽的。"

又曰："此'致知'二字，真是个千古圣传之秘。见到这里，'百世以俟圣人而不惑'！"

【译文】

先生又说："这'致知'两个字，真的是千古圣人传承的秘诀。能够懂到这里，就能'百世以俟圣人而不惑'了！"

九

【题解】

本段论致良知的本体与功夫。良知本体人人自具，致知功夫是本体之使然，即本体即功夫，体认得本体即是功夫，着实用功即是依良知行。故本体与功夫显微无间，如日本阳明学者佐藤一斋所云："知来觉来是功夫，无知无觉是本体。"

　　九川问曰："伊川说到'体用一原，显微无间'处，门人已说是'泄天机'①。先生'致知'之说，莫亦泄天机太甚否？"

　　先生曰："圣人已指以示人，只为后人掩匿，我发明耳，何故说泄？此是人人自有的，觉来甚不打紧一般。然与不用实功人说，亦甚轻忽，可惜彼此无益；与实用功而不得其要者提撕之②，甚沛然得力。"

【注释】

①"伊川"二句：《二程集·外书》卷十二《传闻杂记》载，尹和靖尝以《易传序》问曰："'至微者，理也。至著者，象也。体用一源，显微无间'，莫太泄露天机否？"伊川曰："如此分明说破，犹自人不解悟。"

②提撕：开导，启发。

【译文】

　　陈九川问："伊川先生说到'体用一源，显微无间'的时候，门人已经说他是泄露天机。先生的'致知'学说，难道不是也泄露了太多天机吗？"

　　先生说："圣人早已将致知学说指示给了后人，只是因为后人掩藏了，我不过将它重新指明，怎么能说是泄露呢？良知是人人本来就有的，只是人们感觉似乎并不紧要罢了。然而与不用实在功夫的人说，他们也十分轻视，可惜对彼此都没有益处；开导实在用功但不得要领的人，他们会感到大有益处。"

又曰："知来本无知，觉来本无觉，然不知则遂沦埋。"

【译文】

先生又说："认知本来没有认知，明觉本来没有明觉，然而如果不能认知，那么自己的良知就会埋没了。"

十

【题解】

本段论日常功夫。处朋友应无胜心，处病中则常快活，处念虑杂则时时集义，读书则不执于书，在"心""物"关系上，以心为体，以物（事）为用，重在心上做功夫，以心应物。

先生曰："大凡朋友，须箴规指摘处少，诱掖奖劝意多，方是。"后又戒九川云："与朋友论学，须委曲谦下，宽以居之。"

【译文】

先生又说："大凡是朋友，应该少一些指摘批评抨击，多一些开导鼓励劝勉，才是对的。"后来又告诫陈九川说："与朋友谈论学问，应该委婉谦虚，宽容待人。"

九川卧病虔州。

先生云："病物亦难格，觉得如何？"

对曰："功夫甚难。"

先生曰："常快活便是功夫。"

【译文】

陈九川在虔州卧病。

先生说:"病也很难格除,你觉得怎么样?"

陈九川回答说:"这功夫的确很难。"

先生说:"常常保持快活,就是功夫。"

九川问:"自省念虑,或涉邪妄,或预料理天下事,思到极处,井井有味^①,便缱绻难屏^②。觉得早则易,觉迟则难,用力克治,愈觉扞格^③。惟稍迁念他事,则随两忘。如此廓清,亦似无害。"

先生曰:"何须如此! 只要在'良知'上着功夫。"

【注释】

①井井:整齐、有条理的样子。

②缱绻(qiǎn quǎn):缠绕,固结不解。

③扞(hàn)格:抵触。

【译文】

陈九川问:"我反省思虑自己的念头,有时涉及邪妄,有时又去思考治理天下的事,想到极致处,也觉得条理顺畅,便流连难以舍弃。发觉得早还容易克治,发觉得晚就很难克治。用力去克治,越发觉得难以抵挡。只有稍微去想些别的事情,才能随之忘掉。这样清除思虑,好像也没有什么害处。"

先生说:"何必如此! 只要在'良知'上下功夫就可以了。"

九川曰:"正谓那一时不知。"

先生曰:"我这里自有功夫,何缘得他来? 只为尔功夫断了，便蔽其知。既断了，则继续旧功便是，何必如此？”

【译文】

陈九川说："我正是说那一时不知道在哪的良知。"

先生说："我这里自然是有功夫的，为何会有那种情况？只因为你的功夫断了，就掩蔽了良知。既然已经中断了，那么延续旧的功夫就可以了，何必要那样做呢？"

九川曰："真是难鏖①，虽知，丢他不去。"

先生曰："须是勇。用功久，自有勇。故曰'是集义所生者'，胜得容易，便是大贤。"

【注释】

①鏖（áo）：熬。

【译文】

陈九川说："真是难熬，虽然知道了，但就是驱除不掉。"

先生说："这必须要靠勇气。用功久了，自然就有勇气。因此说'是集义所生者'，如果能轻易战胜，就是大贤人了。"

九川问："此功夫却于心上体验明白，只解书不通。"

先生曰："只要解心。心明白，书自然融会。若心上不通，只要书上文义通，却自生意见。"

【译文】

陈九川问："'致良知'这种功夫只能在心中能体验明白，在书义上却解释不通。"

先生说:"只要在心中清楚。内心明白了,书上文义自然能够融会贯通。如果心中不清楚,只追求书上文义的清楚,那么就会自行产生出其他意思来。"

十一

【题解】

本条论事上磨炼功夫。此处王阳明举例"事上为学"阐述了其致良知功夫不离日用常行的实学原则。如孙奇逢云:"六个'不可',正见格物实学。"刘宗周亦有云:"因物付物,便是格物。先生却每事用个克己为善去恶之功,更自切实在。"

有一属官,因久听讲先生之学,曰:"此学甚好,只是簿书讼狱繁难,不得为学。"

先生闻之,曰:"我何尝教尔离了簿书讼狱,悬空去讲学?尔既有官司之事,便从官司的事上为学,才是真格物。如问一词讼,不可因其应对无状,起个怒心;不可因他言语圆转,生个喜心;不可恶其嘱托,加意治之;不可因其请求,屈意从之;不可因自己事务烦冗,随意苟且断之;不可因旁人谮毁罗织①,随人意思处之。这许多意思皆私,只尔自知,须精细省察克治,惟恐此心有一毫偏倚,杜人是非,这便是格物致知。簿书讼狱之间,无非实学②。若离了事物为学,却是着空。"

【注释】

①谮(zèn)毁:诬陷,诽谤。罗织:语自《新唐书·姚崇传》:姚崇

曰:"当是时,以告言为功,故天下号曰罗织。"

②"簿书"二句:语自朱熹《中庸章句》注引程颐语:"其书始言一
理,中散为万事,末复合为一理。放之则弥六合,卷之则退藏于
密,其味无穷。皆实学也。"

【译文】

有一位下属官员长期听先生讲学,说:"这学说非常好,只是平日簿
书讼狱事务繁杂困难,没有办法学习。"

先生听说了,说:"我何曾教你离开簿书讼狱凭空去讲求学习?你既
然有官司事务,就从官司事务上学习,这才是真正的格物。例如审理一
个案件,不能因人应对无理,起了怒心;不能因人言辞圆滑,起了喜心;不
能厌恶他的嘱托,特意惩罚;不能因人请求,就迁就答应他;不能因自己
事务繁杂冗多,就随意断案;不能因旁人诋毁罗织罪名,就随着他们的意
思断案。这些情况都是私欲的表现,只有你自己知道,必须精细地省察克
治,唯恐心中有一点儿偏倚,判定是非,这就是格物,这就是致知。簿书讼
狱的事务之间,都是实在学问。如果离开具体事物学习,却是落空了。"

十二

【题解】

本条论良知性质。良知无善无恶,是为至善,此为超越层面。因其
无待于经验层面的善恶,故能辨别善恶,并做出判断,是善非恶。"好恶
从之"既指善恶无碍于良知,亦指善恶判断于良知。

虔州将归,有诗别先生云:"良知何事系多闻,妙合当时
已种根。好恶从之为圣学,将迎无处是乾元。"

先生曰:"若未来讲此学,不知说'好恶从之'从个甚
么。"

敷英在座①，曰："诚然。尝读先生《大学古本序》，不知所说何事。及来听讲许时，乃稍知大意。"

【注释】

①敷英：情况不详。

【译文】

陈九川将要从虔州回去的时候，写诗向先生告别道："良知何事系多闻，妙合当时已种根。好恶从之为圣学，将迎无处是乾元。"

先生说："你如果没有来这里学习，就不知道说'好恶从之''从'的是个什么？"

敷英当时也在座，说道："的确这样。我曾经读先生的《大学古本序》，不知道所讲的是什么事。等到来听讲一段时间之后，才稍微知道了大概意思。"

十三

【题解】

本条以饮食养身为例，阐释读书明心之理。在王阳明看来，读书要有益于身心修养，如执着于博闻多识，则是逐物，反而惑于此。

于中、国裳辈同侍食。

先生曰："凡饮食只是要养我身，食了要消化；若徒蓄积在肚里，便成痞了①，如何长得肌肤？后世学者博闻多识，留滞胸中，皆伤食之病也。"

【注释】

①痞：腹内结块，肿块。

【译文】

夏于中、舒国裳等人一同侍奉先生进食。

先生说："凡是饮食，只是要存养我们的身体，吃了就要消化；如果仅仅是积蓄在肚子里，就成了肿块，如何能存养肌体呢？后世的学者博闻多识，知识都滞留在胸中，就都是伤食的毛病。"

十四

【题解】

良知具有先验性和普遍性，故圣人与众人皆生而有良知。圣人为学在于保全良知，功夫在于一任良知自然；众人为学在于发明良知，功夫在于去蔽。

先生曰："圣人亦是'学知'，众人亦是'生知'。"

问曰："何如？"

曰："这良知人人皆有，圣人只是保全，无些障蔽，兢兢业业①，亹亹翼翼②，自然不息，便也是学；只是生的分数多，所以谓之'生知安行'。众人自孩提之童，莫不完具此知，只是障蔽多，然本体之知难泯息，虽问学克治，也只凭他，只是学的分数多，所以谓之'学知利行'。"③

【注释】

①兢兢业业：语自《尚书·皋陶谟》："无教逸欲有邦，兢兢业业，一日二日万几，无旷庶官，天工人其代之。"

②亹亹（wěi）：语自《诗经·大雅·文王》："亹亹文王，令闻不已。"强勉貌。翼翼：语自《诗经·大雅·文王》："世之不显，厥犹翼

翼。"勉敬貌。

③此章后，俞、陈、朱本均有"门人陈九川录"六字。

【译文】

先生说："圣人也是'学而知之'，普通人也是'生而知之'。"

陈九川问道："为什么呢？"

先生说："良知是人人都有的，圣人只是保全良知而不蒙蔽它，兢兢业业，勤勤恳恳，自然不会停息，这也是学习；只是天生的成分多，所以说圣人是'生知安行'。普通人从小时候开始，也都完整具有良知，只是遮蔽很多，然而本体的良知却难以自行泯灭，虽然问学克治，也只是依靠良知，只是学的成分多，所以说是'学知利行'。"

黄直录 凡十二则

【题解】

黄直,字以方,抚州府金溪（今江西金溪）人。嘉靖二年（1523）进士,除漳州推官,旋以抗疏论救下狱。赦后贫甚自若。

"黄直录"的篇幅在《传习录》中属于比较短的,但内容丰富,概言之可分为五个方面:第一,对心体的阐释,认为心体本为"一",知一节而知全体;第二,论功夫之"顿"与"渐",为所有人设入圣之途;第三,论善恶只是一物,认为从本体出发,善恶是相对于心体而言的"当"与"不当",由善、恶可见"诚"及其功夫;第四,以功夫为中心论述儒、佛之别,凸显出宋明理学家一贯的判教意识;第五,论日常功夫,认为心学功夫不离日用行常,日用行常亦是用功之地。

一

【题解】

本条论本体为"一"。王阳明以"天"为喻,阐明"一节之知"即全体之知。本体原自圆满自在,去除私欲遮蔽便见全体。王阳明对本体的认知在某种意义上为"渐悟"和"顿悟"功夫把握本体提供了本体论依据。

　　黄以方问:"先生'格致'之说,随时格物以致其知,则'知'是一节之'知',非全体之'知'也。何以到得'溥博如天,渊泉如渊'地位^①?"

【注释】

①溥博如天,渊泉如渊:语自《中庸》第三十一章:"溥博渊泉,而时出之。溥博如天,渊泉如渊。见而民莫不敬,言而民莫不信,行而民莫不说。"溥博,周遍而广大。渊泉,幽静而深邃。

【译文】

　　黄以方问:"先生'格致'的学说,是随时格物来实现良知的,那么'知'就是一部分的'知',而不是全体的'知'了。怎么能到达'广阔如天,深邃如渊'的地步呢?"

　　先生曰:"人心是天、渊。心之本体,无所不该,原是一个天,只为私欲障碍,则天之本体失了。心之理无穷尽,原是一个渊,只为私欲窒塞,则渊之本体失了。如今念念致良知,将此障碍窒塞一齐去尽,则本体已复,便是天、渊了。"乃指天以示之曰:"比如面前见天,是昭昭之天;四外见天,也只是昭昭之天。只为许多房子墙壁遮蔽,便不见天之全体。若撤去房子墙壁,总是一个天矣。不可道眼前天是昭昭之天,外面又不是昭昭之天也。于此便见一节之知,即全体之知;全体之知,即一节之知:总是一个本体。"

【译文】

　　先生说:"人心就是天和渊。心的本体,无所不能,原本就是一个天,只因被私欲障碍,天的本体失去了。心中天理没有穷尽,原本就是一个渊，只因被私欲阻塞，渊的本体失去了。如今念念不忘致良知，将这些障碍阻塞一并驱除，那么本体恢复之后，就是天、渊了。"于是先生指着天开示道："比如面前看到的天，是明亮的天；四下看到的天，也还是明亮的天。只因为有许多房屋墙壁遮挡着，就看不到天的全体。如果撤去这些房屋墙壁，还是这一个天。不能说眼前的天是明亮的天，外面就不是明亮的天。从这里就能知道，部分的良知就是全体的良知，全体的良知就是部分的良知，本体总是一个。"

二

【题解】

本条论圣人之得。圣人循理而为，所得者在于理之自然，故得而似不得。在圣人而言，功业气节、寝食忧乐，都是理之应用，故常人所言之得，圣人则不必得。

先生曰："圣贤非无功业气节，但其循着这天理，则便是道，不可以事功气节名矣。"

【译文】

先生说："圣贤不是没有建立功绩的气节，只是他们遵循着这天理，就是道，不能以事功气节闻名。"

"'发愤忘食'，是圣人之志如此，真无有已时；'乐以忘忧'①，是圣人之道如此，真无有戚时。恐不必云得不得也②。"

【注释】

①发愤忘食、乐以忘忧：语自《论语·述而》："叶公问孔子于子路，

子路不对。子曰：'女（汝）奚不曰：其为人也，发愤忘食，乐以忘忧，不知老之将至云尔。'"

②恐不必云得不得也：语自朱熹《论语集注·述而》："未得，则发愤而忘食；已得，则乐之而忘忧。"得，指得道。

【译文】

先生说："'发愤忘食'，这是圣人的志向如此，真的没有停止的时候；'乐以忘忧'，这是圣人的道行如此，真的没有忧戚的时候。恐怕不必说什么得到或是不得到。"

三

【题解】

本条论渐悟功夫。从主体言，人各有分限，依王阳明天泉证道所论，中人及以下适宜渐修；从功夫进阶言，致知功夫不是一蹴而就的，对于本体的把握（境界的提升）是一个不断的功夫过程。

先生曰："我辈致知，只是各随分限所及。今日良知见在如此，只随今日所知扩充到底，明日良知又有开悟，便从明日所知扩充到底。如此方是精一功夫。与人论学，亦须随人分限所及。如树有这些萌芽，只把这些水去灌溉。萌芽再长，便又加水，自拱把以至合抱，灌溉之功皆是随其分限所及。若些小萌芽，有一桶水在，尽要倾上，便浸坏他了。"

【译文】

先生说："我们这些人致知，只是各自随着自己的天分尽力。今天的良知明白到这个程度，只跟着今天所知的扩充到底，明天良知又有所开悟，就从明天所知的扩充到底。像这样才是精一的功夫。与人论学，也必须随着别人的天分所能达到的地方尽力。例如树木有这些萌芽，只用这些水去灌溉。萌芽继续生长，就继续加水，从拱把粗细到合抱粗细，灌溉的功夫都是随着树芽的天分限制所能达到的地方进行的。如果只是这么小的树芽，却把一桶水全都浇上去，就会浸泡坏它了。"

四

【题解】

　　本条论"知行合一"。王阳明于此更侧重强调意念层面的知行合一，即"一念发动处，便即是行了"。目的在于在意念的层面就实现克除私欲，使意处于诚的状态。当然，一念发动即是行了，亦意味着一念为恶，即是行恶，即有违良知，体现了王阳明之严厉的道德主义立场。梁启超说："《大学》所谓'其严乎'，盖谓此也。"

　　问"知行合一"。

　　先生曰："此须识我立言宗旨。今人学问，只因'知''行'分作两件，故有一念发动，虽是不善，然却未曾行，便不去禁止。我今说个'知行合一'，正要人晓得一念发动处，便即是行了。发动处有不善，就将这不善的念克倒了。须要彻根彻底，不使那一念不善潜伏在胸中。此是我立言宗旨。"

【译文】

　　黄以方向先生请教"知行合一"的问题。

　　先生说："这就一定要知道我立言的宗旨。现在世人的学问，只因为把'知''行'分作两件事，因此有一念头萌动，虽然是不善的，然而还未曾实践，就不去禁止。我现在讲一个'知行合一'，正是要让人明白一念萌生，就是行动了。如果行动处萌生了不善的念头，就要把这不善的念头克治了。一定要彻彻底底地根除，不让那不善的一念潜伏在心中。这是我学问最高的宗旨。"

五

【题解】

本条论为学先明理，明理以知物，这里的"理"是心学之内具之"理"。"先立其大"是心学的一贯原则，也是区别于朱子学在事事物物中求理的功夫原则。此处区分了天理与事物之条理的关系。

"圣人无所不知，只是知个天理；无所不能，只是能个天理。圣人本体明白，故事事知个天理所在，便去尽个天理。不是本体明后，却于天下事物都便知得，便做得来也。天下事物，如名物度数、草木鸟兽之类，不胜其烦。圣人须是本体明了，亦何缘能尽知得？但不必知的，圣人自不消求知；其所当知的，圣人自能问人。如'子入太庙，每事问'之类①，先儒谓'虽知亦问，敬谨之至'②，此说不可通。圣人于礼乐名物不必尽知，然他知得一个天理，便自有许多节文度数出来。不知能问，亦即是天理节文所在。"

【注释】

①子入太庙，每事问：语自《论语·八佾》："或曰：'孰谓鄹人之子知礼乎？入太庙，每事问。'子闻之，曰：'是礼也。'"

②虽知亦问，敬谨之至：语自朱熹《论语集注·八佾》引尹和靖

之语:"礼者,敬而已矣。虽知亦问,谨之至也。其为敬,莫大于此。"

【译文】

"圣人无所不知,只是知道天理;无所不能,只是能为天理。圣人的本体明白,因此事事都知道天理的所在,就去穷尽天理。不是本体明白之后,反过来对天下的事物都能知道,就能做好了。天下事物,像是名物度数、草木鸟兽之类,烦琐得使人受不了。圣人一定明白本体,也怎能什么都知道呢? 只要是不必知道的,圣人自然不必要去求知;应当知道的,圣人自然能向他人询问。像'孔子进太庙,事事请教'之类,朱子引用尹和靖的话说'虽然知道也要问,是恭敬谨慎的极致',这种说法不通。圣人对于礼乐名物,不必全都知道,然而他知道一个天理,也就自然有很多规矩法则引申出来。不知道的能够去问,这也是天理规则所在之处。"

六

【题解】

本条论善恶只是一物。在阳明心学,从本体出发,善恶是相对于心体而言的"当"与"不当",合于心体即是善,不合于心体之过或不及即是恶,故在某种意义上,善恶是本体呈现的两种不同状态,并不具有相互对待的意义。但需要注意的是,王阳明也并不否定道德实践层面有对待的善与恶。

问:"先生尝谓'善、恶只是一物'。善、恶两端,如冰、炭相反,如何谓只一物?"

先生曰:"至善者,心之本体。本体上才过当些子①,便是恶了。不是有一个善,却又有一个恶来相对也。故善恶只是一物。"

　　直因闻先生之说，则知程子所谓"善固性也，恶亦不可不谓之性"②，又曰"善恶皆天理。谓之恶者本非恶，但于本性上过与不及之间耳"③。其说皆无可疑。

【注释】

①过当：失当。些子：一点儿。

②程子所谓"善固性也，恶亦不可不谓之性"：《二程集·遗书》卷一："人生气禀，理有善恶，然不是性中元有此两物相对而生也。有自幼而善，有自幼而恶，是气禀有然也。善固性也，然恶亦不可不谓之性也。"

③"善恶"三句：语自《二程集·遗书》卷二："天下善恶皆天理，谓之恶者非本恶，但或过或不及便如此，如杨、墨之类。"

【译文】

　　黄以方问："先生曾经说'善、恶只是一物'。善、恶的两端，就像冰与炭一样相互对立，怎么说只是一物呢？"

　　先生说："至善，是心的本体。本体上稍有些失当，就是恶了。不是有一个善，却又有一个恶来相对。因此善恶只是一物。"

　　黄以方因为听了先生所说的话，就明白了程子所谓的"善固然是本性，恶也不能不称之为本性"，以及"善恶都是天理。被称为恶的，本来不是恶，只是本性上有些过当或者不及之间而已"。黄以方对这些说法都不再有疑问。

七

【题解】

　　本条以善恶论"诚"。诚者，天之道，诚之者，人之道。存善去恶是良知本体之自然，好善恶恶是人之功夫。圣人之学，依本体做功夫，无有意念间杂，便是至诚。

先生尝谓："人但得好善如好好色，恶恶如恶恶臭，便是圣人。"

直初时闻之觉甚易，后体验得来，此个功夫着实是难。如一念虽知好善恶恶，然不知不觉，又夹杂去了。才有夹杂，便不是好善如好好色，恶恶如恶恶臭的心。善能实实的好，是无念不善矣；恶能实实的恶，是无念及恶矣。如何不是圣人？故圣人之学，只是一"诚"而已。

【译文】

先生曾说过："人只要能喜欢善意像喜好美色一样，厌恶恶意像厌恶恶臭一样，就是圣人。"

黄以方刚开始听说这种说法，觉得非常容易，后来仔细体会才明白，这种功夫实在很难。例如念头虽然能知道喜欢善意、厌恶恶意，然而不知不觉又掺杂进去了。一旦夹杂了别的念头，就不是喜欢善意像喜好美色一样，厌恶恶意像厌恶恶臭一样的心。如果能实实在在地喜欢善意，这就是没有一念不善；如果能实实在在地厌恶恶意，这就是没有一念为恶。这样怎么能不是圣人？因此圣人的学说，只是一个"诚"字而已。

八

【题解】

本条论功夫之"顿"与"渐"。圣人随性而为，然不废修道；贤人以修道为主，然亦有率性；即便众人也能修道，也能率性。从功夫主体而言，率性与修道不可废其一。故功夫虽有"顿""渐"，但在实际功夫过程中需打并为一。

问："《修道说》言'率性之谓道'，属圣上分上事；'修道之谓教'①，属贤人分上事。"

先生曰："众人亦率性也，但率性在圣人分上较多，故'率性之谓道'属圣人事。圣人亦修道也，但修道在贤人分上多，故'修道之谓教'属贤人事。"

【注释】

①率性之谓道、修道之谓教：语自《中庸》首章："天命之谓性，率性之谓道，修道之谓教。"

【译文】

黄以方向先生请教："《修道说》所讲的'率性之谓道'属于圣人分内的事，'修道之谓教'属于贤人分内的事。"

先生说："平常人也能做到率性，只是率性在圣人分内比较多，因此'率性之谓道'属于圣人的事。圣人也修道，只是修道在贤人分内比较多，因此'修道之谓教'属于贤人的事。"

又曰："《中庸》一书，大抵皆是说修道的事。故后面凡说君子，说颜渊，说子路，皆是能修道的；说小人，说贤知愚不肖，说庶民，皆是不能修道的；其他言舜、文、周公、仲尼至诚至圣之类，则又圣人之自能修道者也。"

【译文】

先生又说："《中庸》一书，大体上都是说修道的事。因此后面凡是讲君子，讲颜渊，讲子路，都是讲能修道的人；讲小人，讲贤者智者，讲愚者不肖者,讲庶民,都是不能修道的;其他讲舜、文王、周公、孔子等之类至诚至圣的人,则又是圣人中自然能修道的人。"

九

【题解】

本条论儒、释之静。释氏之静只是一个枯寂。儒家只是一个敬,无间于动静,静时是存天理,动时是循天理,只是一个时时集义,动静合一。儒、释在"静"的状态上有相似处,但儒家之静主于理,释氏之静执于空,二者毫厘之差,决定了功夫方向之不同,谬之千里。

问:"儒者到三更时分,扫荡胸中思虑,空空静静,与释氏之静只一般,两下皆不用①,此时何所分别?"

先生曰:"动静只是一个。那三更时分空空静静的,只是存天理,即是如今应事接物的心。如今应事接物的心,亦是循此天理,便是那三更时分空空静静的心。故动静只是一个,分别不得。知得动静合一,释氏毫厘差处亦自莫掩矣。"

【注释】

①两下:指儒、佛二家。

【译文】

黄以方问:"儒者到三更时分,扫清心中思虑,空荡安静,与佛教的静是一样的,两者都不发挥作用,这时怎样区别它们呢?"

先生说:"动静是一件事。那三更时分,空荡安静的,只是存养天理,也就是现在应事接物的心。现在应事接物的心,也是遵循这个天理,就

是那三更时分空荡安静的心。因此动静是一件事,不能分开。明白了动
静合一,佛教的细微差别也就掩盖不了了。”

十

【题解】

　　本段论日常功夫。心学功夫不离日用行常,日用行常亦是用功之
地,故在阳明心学,日用行常也要依良知而行,不可强意作为,有所执着。
矜持过甚、率直太过、为文滞于胸、强意为文、格物滞物等都是有违致良
知功夫的。

　　门人在座,有动止甚矜持者。
　　先生曰:“人若矜持太过,终是有弊。”
　　曰:“矜持太过,如何有弊?”
　　曰:“人只有许多精神,若专在容貌上用功,则于中心照
管不及者多矣。”

【译文】

　　在座的门人中,有人举止过于矜持。
　　先生说:“人如果矜持太过,终归是有弊病。”
　　黄以方问:“矜持太过,为什么有弊病?”
　　先生说:“人只有这些精神,如果专门在容貌上用功,照顾不到内心
就会多了。”

　　有太直率者。
　　先生曰:“如今讲此学,却外面全不检束,又分心与事为

二矣。”

【译文】

有人过于直率。

先生说：“现在讲求良知的学问，却在外貌上全不检点，又是把心与事分成两件了。”

门人作文送友行，问先生曰：“作文字不免费思，作了后又一二日，常记在怀。”

曰：“文字思索亦无害，但作了常记在怀，则为文所累，心中有一物矣。此则未可也。”

【译文】

门人写文章为朋友送行，问先生说：“写文章不免花费心思，写成之后又在一两天之内常常挂记在心。”

先生说：“写文章思索也没有害处，只是写完了还常记在心里，就会被文章所牵累，心中有一物了。这样就不对了。”

又作诗送人。

先生看诗毕，谓曰：“凡作文字要随我分限所及。若说得太过了，亦非‘修辞立诚’矣①。”

【注释】

①修辞立诚：语自《周易·乾卦·文言》：“君子进德修业。忠信，所以进德也。修辞立其诚，所以居业也。知至至之，可与几也。知终终之，可与存义也。”意谓通过修饰自己的言辞来树立诚实可

靠的形象。

【译文】

又有人写诗送人。

先生看完诗之后,说道:"凡是写作文字要随着自己的天分限制所能达到的地方来。如果说得太过,也就不是'修辞立诚'了。"

"文公'格物'之说,只是少头脑。如所谓'察之于念虑之微',此一句不该与'求之文字之中''验之于事为之著''索之讲论之际'混作一例看①,是无轻重也。"

【注释】

①察之于念虑之微、求之文字之中、验之于事为之著、索之讲论之际:语自朱熹《大学或问》:"昔者圣人盖有忧之,是以于其始教,为之小学,而使之习于诚敬,则所以收其放心、养其德性者,已无所不用其至矣。及其进乎大学,则又使之即夫事物之中,因其所知之理,推而究之,以各致乎其极,则吾之知识,亦得以周遍精切而无不尽也。若其用力之方,则或考之事为之著,或察之念虑之微,或求之文字之中,或索之讲论之际,使于身心性情之德,人伦日用之常,以至天地鬼神之变,鸟兽草木之宜,自其一物之中,莫不有以见其所当然而不容已,与其所以然而不可易者。"

【译文】

"文公'格物'的学说,只是缺少关键之处。比如所谓的'察之于念虑之微',这一句不该与'求之文字之中''验之于事为之著''索之讲论之际'混为一件事来看,是不分轻重了。"

十一

【题解】

本条论心体之正。有所忿懥与应忿懥是不同的,前者是有执,故心体不得其正,后者是心之使然,情顺于物,故心体无碍。

问"有所忿懥"一条。

先生曰:"忿懥几件①,人心怎能无得? 只是不可有耳。凡人忿懥着了一分意思,便怒得过当,非'廓然大公'之体了。故有所忿懥,便不得其正也。如今于凡忿懥等件,只是个'物来顺应',不要着一分意思,便心体'廓然大公',得其本体之正了。且如出外见人相斗,其不是的,我心亦怒。然虽怒,却此心廓然,不曾动些子气。如今怒人,亦得如此,方才是正。"

【注释】

①忿懥(zhì)几件:指忿懥、恐惧、好乐、忧患等几种情绪。

【译文】

黄以方向先生请教《大学》中"有所忿懥"一条。

先生说:"愤怒等几种情绪,人心中怎么会没有呢? 只是不应该长久留驻罢了。凡是人在愤怒时,多一分意思就会过于愤怒,不是'廓然大公'的心体本体了。因此有所愤怒,就不能保持中正。现在对于愤怒等情绪,只是做到'物来顺应',不要有一分刻意,心体才能'廓然大公',才能得到本体的中正。就像外出看到别人相斗,对于错误的一方,我心中也感到愤怒。然而虽然愤怒,却心中廓然,不曾动点儿气。现在对别人发怒时,也应该如此,方才是中正。"

十二

【题解】

本条以"是否着相"区别儒、佛功夫之别。王阳明认为在处理现实生活方面，佛教处于消极、逃避的态度，没有责任和担当。因为怕父子、君臣、夫妇之累，就逃避父子、君臣、夫妇。这种"逃避"表面上看是一种超脱，是"不着相"，实则是一种刻意的摆脱，反倒是"着了相"。与之相对，儒家在处理现实生活方面更重于"因时致治"，或者说经世致用的"下一截"。儒家以"仁"处理父子关系，以"义"处理君臣关系，以"别"处理夫妇关系，表面上看是执着于现实伦理，是"着相"；但实际上这种关系的处理是依良知而发，顺心而为的，是真正的情顺万物而无情的，所以是"不着相"。但实际上，这里也存在着王阳明对儒家责任伦理的片面化理解。佛教之真正的"出家"并不是件轻松简单的事，不是"剃发染衣"就"出家"了，它含有牺牲、责任和理想。王阳明之批佛是基于外在功利价值的判断，"直接攻击的对象绝不是出了家的僧侣，而是士大夫中之在家学禅者"，或者说是"当时士大夫中的禅风"。

先生尝言："佛氏不着相^①，其实着了相。吾儒着相，其实不着相。"

请问。

曰："佛怕父子累，却逃了父子；怕君臣累，却逃了君臣；怕夫妇累，却逃了夫妇：都是为了个君臣、父子、夫妇着了相，便须逃避。如吾儒有个父子，还他以仁^②；有个君臣，还他以义；有个夫妇，还他以别：何曾着父子、君臣、夫妇的相？"

【注释】

① 相：佛教语。指能表现于外，由心识观察描写的各种特征。

②还他以仁:"还"字见《景德传灯录》卷十九:"问生死到来如何排
　遣?　师展手曰:'还我生死来。'"日本阳明学者佐藤一斋于《传习
　录栏外书》说:"仁,疑当作'亲'。"按,"五教"指父子有亲、君臣
　有义、夫妇有别等,故"亲"较"仁"字为切。

【译文】

先生曾经说:"佛教不执着于相,其实是执着于相。我们儒家执着于
相,其实并不执着于相。"

有弟子向先生请教。

先生说:"佛教害怕父子关系牵累,就逃避父子关系;害怕君臣关系
牵累,就逃避君臣关系;害怕夫妇关系牵累,就逃避夫妇关系:都是执着
于君臣、父子、夫妇的相,就一定要逃避。像我们儒家有父子关系,就给
它仁爱;有君臣关系,就给它忠义;有夫妇关系,就给它有别:何曾执着于
父子、君臣、夫妇的相呢?"

黄修易录 凡十一则

【题解】

　　黄修易,本名王修易,"黄"姓为"王"姓误刻,字勉叔,衢州府江山(今浙江江山)人。今从钱德洪、王畿编,胡宗宪于杭州天真书院重刻本其旧。王阳明弟子。

　　"黄修易录"的内容主要包含四个方面:第一,论为学之根本。阳明心学强调先立体后达用,为学之根本在于反求诸己,而非执着于外,否则易于惑于事物,故立志具有非常地重要性;第二,强调功夫之"自然"。依良知而行,即要勿忘勿助,无论善念还是恶念,都不可有执着;第三,以"物、事"喻"理"。通过读书、禾苗有根生长不息等事例论述良知和功夫的特征;第四,以心释《易》,凸显王阳明经学诠释的心学立场。

一

【题解】

　　本条论存善去恶。在阳明心学,心体本然至善,恶念是对心体的遮蔽,摒除恶念,便是善念,不需另立一个心去为善,否则便是有了为善的执念,反而有碍心体之正。

黄勉叔问："心无恶念时，此心空空荡荡的，不知亦须存个善念否？"

先生曰："既去恶念，便是善念，便复心之本体矣。譬如日光，被云来遮蔽，云去，光已复矣。若恶念既去，又要存个善念，即是日光之中添燃一灯。"

【译文】

黄修易问："心中没有恶念时，这心中空空荡荡的，不知道是否也需要存养一个善念？"

先生说："既然驱除了恶念，就是善念，就恢复了心的本体了。譬如日光被云遮住，云走之后，阳光就会重现。如果恶念已经除掉，又要存养善念，就是在日光之中添上一盏灯。"

二

【题解】

本条论"勿忘勿助"的功夫。致良知功夫是要求依良知而行，久久用功，本体自明。但若为求良知明而做功夫，则是做了助长功夫，有碍心体，就不是知行合一了。

问："近来用功，亦颇觉妄念不生，但腔子里黑窣窣的[①]，不知如何打得光明？"

先生曰："初下手用功，如何腔子里便得光明？譬如奔流浊水，才贮在缸里，初然虽定，也只是昏浊的。须俟澄定既久，自然渣滓尽去，复得清来。汝只要在良知上用功，良知存久，黑窣窣自能光明矣。今便要责效，却是助长，不成功夫。"

【注释】
①黑窣窣（sū）：原用来形容很黑，此处谓懵懵懂懂。

【译文】

黄修易问："最近用功，也颇觉得妄念不再产生，只是心中漆黑一片，不知怎样才能获得光明？"

先生说："刚开始下手用功，心里怎么就能得到光明呢？就像奔流的浊水，刚刚倒进缸里，开始虽然已经静止不动，也只是浑浊的。需要等到静止沉淀久了之后，渣滓自然全都不见，又重新变清。你只要在良知上用功，良知存养入心，黑暗自然能光明了。现在你就想要出效果，却是揠苗助长，不是真正的用功。"

三

【题解】

本条论为学之根本。阳明心学之"格物"是致吾心之良知于事事物物，可谓立体而达用。朱子学之"格物"是在事事物物上探求理，并无先立体，故易惑于事物。

先生曰："吾教人'致良知'，在'格物'上用功，却是有根本的学问。日长进一日，愈久愈觉精明。世儒教人事事物物上去寻讨，却是无根本的学问。方其壮时，虽暂能外面修饰，不见有过，老则精神衰迈，终须放倒。譬如无根之树，移栽水边，虽暂时鲜好，终久要憔悴。"

【译文】

先生说："我教人'致良知'，在'格物'上用功，确定是有根本的学问。一天比一天进步，时间越久越觉得精进、明白。后世儒者教人在各种事物上去寻求讨教，却是没有根本的学问。在他正年轻力壮时，虽然能暂时从外修饰，看不到过错，老了之后就精神衰迈，最终一定会倾倒下去。就像无根的树木，移植栽种到水边，虽然暂时鲜活美好，终久会变得憔悴。"

四

【题解】

本条论立志的重要性。本条以"经营区宅"为例对《论语》"志于道"章做了心学化诠释，突出了为学先立志的心学原则。志立，功夫方有头脑，如陶浔霍言："如此说道德仁艺，方成一片，方是合为一事。"

问"志于道"一章①。

先生曰："只'志道'一句，便含下面数句功夫，自住不得。譬如做此屋，'志于道'是念念要去择地鸠材②，经营成个区宅。'据德'却是经画已成，有可据矣。'依仁'却是常常住在区宅内，更不离去。'游艺'却是加些画采，美此区宅。艺者，义也，理之所宜者也，如诵诗、读书、弹琴、习射之类，皆所以调习此心，使之熟于道也。苟不'志道'而'游艺'，却如无状小子，不先去置造区宅，只管要去买画挂做门面，不知将挂在何处？"

【注释】

①志于道：语自《论语·述而》："子曰：'志于道，据于德，依于仁，游

于艺。'"

②鸠:聚集。

【译文】

黄修易向先生请教《论语》"志于道"这一章。

先生说:"只'志于道'一句,就包括下面很多句的功夫,自然不能停留在'志于道'上。譬如建盖这间房子,'志于道'是念念不忘要去选地聚材,经营成房子。'据德'却是房屋已经建成,可以居住了。'依仁'却是常常住在房子内,不再离去。'游艺'却是增加装饰,美化房子。艺,就是义,是天理适宜的地方,例如诵诗、读书、弹琴、习射之类,都是为了调节本心,使它能够在道上熟悉。如果不明白'志道'就去'游艺',就像是一个行为失检的小子,不先去置办房子,只管要买画来装饰门面,不知道要挂在哪里?"

五

【题解】

本条以读书论立志和事上磨炼功夫。读书只是要调摄此心,使之纯乎天理,故王阳明认为致良知不误举业。如读书有"强记""欲速""夸多斗靡"之心等即是偏离了本心,有了逐物之意。故读书需先立志,一心志于天理,则念念不忘存天理、去人欲,志向坚定,则心无旁骛,就不会为声利、得失、亲情牵缠。

问:"读书所以调摄此心,不可缺的。但读之之时,一种科目意思,牵引而来,不知何以免此?"

先生曰:"只要良知真切,虽做举业,不为心累;总有累亦易觉,克之而已。且如读书时,良知知得强记之心不是,即克去之；有欲速之心不是，即克去之；有夸多斗靡之心不是①，即克去之。如此，亦只是终日与圣贤印对，是个纯乎天理之心。任他读书，亦只是调摄此心而已，何累之有？"

【注释】

①夸多斗靡：夸耀，以辞藻华丽竞胜。

【译文】

黄修易问："读书是为了调节此心，不能缺少。只是读书的时候，一种科举成名的念头又被牵引出来，不知道怎么能避免这样？"

先生说："只要良知真实确切，即使追求科举，也不会牵累内心；即使有所牵累，也容易觉察，克除它而已。就像读书时，良知明白强记的心不对，就立即克除掉它；想速成的心不对，就立即克除掉它；有夸耀竞胜之心不对，就立即克除掉它。像这样也只是终日与圣贤相对印证，就是一颗纯粹天理的心。任凭如何读书，也只是调节此心而已，怎么会有牵累呢？"

曰："虽蒙开示，奈资质庸下，实难免累。窃闻穷通有命，上智之人恐不屑此，不肖为声利牵缠，甘心为此，徒自苦耳。欲屏弃之，又制于亲，不能舍去，奈何？"

先生曰："此事归辞于亲者多矣，其实只是无志。志立得时，良知千事万为只是一事。读书作文安能累人？人自累于得失耳！"因叹曰："此学不明，不知此处耽搁了几多英雄汉！"①

【注释】

①此条之后，吕东本多二条如下，今全集本无：一、先生曰："良知犹

主人翁，私欲犹豪奴悍婢。主人翁沉疴在床，奴婢便敢擅作威福，家不可以言齐矣。若主人翁服药治病，渐渐痊可，略知检束，奴婢亦自渐听指挥。及沉疴脱体，起来摆布，谁敢有不受约束者哉！良知昏迷，众欲乱行；良知精明，众欲消化，亦犹是也。"二、先生曰："合着本体的是工夫；做得工夫的，方识本体。"

【译文】

黄修易问："虽然得蒙先生开解教导，奈何我资质平庸低下，实在难以免除牵累。我私下里听说穷困通达有天命注定，非常聪明的人恐怕不屑于此，不肖的人，又被声名利禄牵累，甘心为科举读书，只是自己感到苦恼。想要摒弃这个念头，又被亲人的看法牵制，不能克除掉，怎么办呢？"

先生说："在这件事上归咎于亲人的人多了，其实只是没有志向。志向确立之后，良知之下千事万事都只是同一件事。读书写文章，怎能牵累人呢？人自己在得失之中牵累自己而已！"先生因此又感叹道："这学说不昌明，不知在这里耽搁了多少英雄好汉！"

六

【题解】

本条论"性"。在王阳明看来，心即性，性即理，心性理都是居于内者，属于本体论范畴。然王阳明并不否定气在心学体系中的作用，其主张性、气不离，乃是以心学立场，以心涵摄气，心主气从。从体用关系出发，气是心（性理）的应化和体现。

问："'生之谓性'，告子亦说得是，孟子如何非之？"

先生曰："固是性，但告子认得一边去了，不晓得头脑；若晓得头脑，如此说亦是。孟子亦曰'形色，天性也'[①]，这也是指气说。"

【注释】

①"形色"二句：语自《孟子·尽心上》："孟子曰：'形色，天性也；惟圣人，然后可以践形。'"

【译文】

黄修易问："'生之谓性'，告子也说得很对啊，孟子为什么说他不对？"

先生说："固然是性，只是告子的认知偏离了，不知道问题的关键；如果知道关键的话，像这样说也对。孟子也说'形色，是天性'，这也是针对气说的。"

又曰："凡人信口说，任意行，皆说此是依我心性出来，此是所谓'生之谓性'，然却要有过差。若晓得头脑，依吾良知上说出来，行将去，便自是停当。然良知亦只是这口说，这身行，岂能外得气，别有个去行去说？故曰'论性不论气，不备；论气不论性，不明'。气亦性也，性亦气也，但须认得头脑是当。"

【译文】

先生又说："凡是人信口说话，随意行事，都说这是从我心中的本性出来，这就是所谓的'生之谓性'，然而这就有很多过失差错。如果知道关键性的本质，从我良知上说出来，做出来，就自然正确。然而良知也只是凭口说，凭身体力行，怎能从外获得气，另外有个去做、去说的呢？因此程颐先生说'论性不论气，不备；论气不论性，不明'。气也是性，性也是气，只是前提必须恰当把握为学关键。"

七

【题解】

本条论"勿忘勿助"功夫。在阳明心学，功夫要依良知而行，着实用功，日久自然功成。若有矫强，或执于毁誉，都是违背致良知原则的。

又曰："诸君功夫，最不可助长。上智绝少，学者无超入圣人之理。一起一伏，一进一退，自是功夫节次。不可以我前日用得功夫了，今却不济，便要矫强，做出一个没破绽的模样，这便是助长，连前些子功夫都坏了。此非小过，譬如行路的人，遭一蹶跌，起来便走，不要欺人做那不曾跌倒的样子出来。诸君只要常常怀个'遁世无闷，不见是而无闷'之心①，依此良知，忍耐做去，不管人非笑，不管人毁谤，不管人荣辱，任他功夫有进有退，我只是这致良知的主宰不息，久久自然有得力处，一切外事亦自能不动。"

【注释】

①遁世无闷，不见是而无闷：语自《周易·乾卦·文言》："不易乎世，不成乎名，遁世无闷，不见是而无闷，乐则行之，忧则违之，确乎其不可拔，潜龙也。"

【译文】

先生又说："各位的功夫，最不能揠苗助长。上等智慧的人非常少，学者没有超脱进入圣人境界的道理。在一起一伏，一进一退之间，才是功夫的顺序。不能因为我前些天下了功夫，今天不济，就要勉强装出一副没有破绽的样子来，这就是揠苗助长，连前段时间的功夫都损坏了。这不是小的过错，好比走路的人摔了一跤，爬起来就继续走，不要欺骗别人装出一副没有摔倒的样子出来。各位只要经常怀有‘避世而内心没有忧虑，不被人赏识也不因此烦闷’的内心，依照良知耐心用功，不管别人的非议嘲笑，不管别人的诋毁诽谤，不管别人的荣辱得失，任凭功夫有进有退，我只坚持致良知的念头良久不息，自然有得力的地方，一切外事也都能不再干扰我。”

又曰：“人若着实用功，随人毁谤，随人欺慢，处处得益，处处是进德之资。若不用功，只是魔也，终被累倒。”

【译文】

先生又说：“人如果踏实用功，任凭别人诋毁诽谤，任凭别人欺负轻慢，就处处得益，处处是品德进步的资本。如果不用功，只是入魔，最终会被牵累倒下。”

八

【题解】

本条借禾苗与为学论良知之生生不息。良知是人之天植灵根，此根不断（遮塞），生生不息。

先生一日出游禹穴①，顾田间禾曰：“能几何时，又如此长了。”

范兆期在旁曰②：“此只是有根。学问能自植根，亦不患无长。”

先生曰：“人孰无根？良知即是天植灵根，自生生不息；但着了私累，把此根戕贼蔽塞，不得发生耳。”

【注释】

①禹穴：一说为会稽山小峰之一，位于今浙江绍兴，或云大禹葬于
    此；一说为洞穴，亦位于浙江绍兴，为大禹藏书之处。

②范兆期：范引年，字兆期，号半野。《年谱》嘉靖九年（1530），记门
    人薛侃建精舍于天真山，祀阳明，范兆期等主持其事。

【译文】

先生有一天到禹穴游玩，环顾田间的禾苗说："才过了多长时间，就
又长这么高了！"

范兆期在旁边说："这只是因为有根。学问如果能自己种下根，也就
不用担心不进步了。"

先生说："人们谁没有根呢？良知就是天种下的灵识之根，自然生生
不息；只是被私欲牵累，将这根残害蒙蔽，不能生发出来而已。"

九

【题解】

本条论功夫之内外。为学反己是求之于内，苛责于人是执着于外。
求于内，方能克己之不足；责于外，则是姑息己私。

一友常易动气责人，先生警之曰："学须反己。若徒责
人，只见得人不是，不见自己非。若能反己，方见自己有许
多未尽处，奚暇责人①？舜能化得象的傲②，其机括只是不见
象的不是③。若舜只要正他的奸恶，就见得象的不是矣。象
是傲人，必不肯相下，如何感化得他？"

是友感悔。

曰："你今后只不要去论人之是非，凡当责辩人时，就把

做一件大己私克去方可。"④

【注释】

①奚（xī）：为何，怎么。

②象：传说中舜的异母弟。性倨傲，多次想杀害舜，舜却仍以兄弟相待。

③机括：事物的关键。

④佐藤一斋于《传习录栏外书》据吕东本《遗言录》说："《遗言录》有一条，与此章互发，录如左：先生曰：'朋友相处，常见自家不是，方能求人之不是。若只觉自家为是，便怀轻忽之心，漫然不顾，不知病痛蓄之渐长，害不可言。善者固吾师，不善者亦吾师。且如见人多言，吾便自省亦多言否？见人好高，吾便自省亦好高否？这便是相观而善，处处得益。'"

【译文】

一位朋友常常容易生气责怪旁人，先生警示他说："学习一定要反省自己。如果只是责怪别人，只看到别人的不对，就看不到自己的错误。如果能反省自己，才能看到自己有许多不足之处，怎么还有时间去责怪别人呢？舜之所以能感化象的傲慢，关键在于不去看象的错误。如果舜只是要纠正他的奸恶，就会看到象的错误。象是傲慢的人，一定不肯服气，又怎么能感化他呢？"

这位朋友感慨悔悟。

先生说："你今后就不要去议论别人的对错，要责怪别人的时候，就将它当作一个大的自己的私欲，克除掉才可以。"

十

【题解】

本条论日用常行之功夫。病朋友之病，亦是有了私念。朋友问学，以砥砺本心为重，或有胜心，便是偏了。

先生曰："凡朋友问难，纵有浅近粗疏，或露才扬己，皆是病发。当因其病而药之可也，不可便怀鄙薄之心，非君子与人为善之心矣①。"

【注释】

①与人为善：语自《孟子·公孙丑上》："大舜有大焉，善与人同，舍己从人，乐取于人以为善。自耕稼陶渔以至为帝，无非取于人者。取诸人以为善，是与人为善者也，故君子莫大乎与人为善。"

【译文】

先生说："凡是朋友提问责难，纵使有浅显粗鄙的看法，或者想要表现才干弘扬自己，都是病发。应当因病用药才可以，不能就怀有鄙视看轻的心，这不是君子与人为善的心。"

十一

【题解】

本条以心释《易》，是王阳明"心易"思想的体现。王阳明把卜筮与博学、审问、慎思、明辨、笃行等视为同样的功夫，功夫目的在于明心存理。在具体的功夫过程中，卜筮即是解心中之惑，以理去蔽，而不是去求理，体现了王阳明的心本论立场。

问："《易》，朱子主卜筮①，程《传》主理②，何如？"

先生曰："卜筮是理，理亦是卜筮。天下之理，孰有大于卜筮者乎？只为后世将卜筮专主在占卦上看了，所以看得卜筮似小艺。不知今之师友问答，博学、审问、慎思、明辩、笃行之类，皆是卜筮。卜筮者，不过求决狐疑，神明吾心而已。《易》是问诸天，人有疑，自信不及，故以《易》问天，谓人心尚有所涉，惟天不容伪耳。"

【注释】

①朱子主卜筮：朱熹著《周易本义》十二卷、《易学启蒙》三卷，皆主《周易》本为卜筮而作。

②程《传》主理：程颐著《易传》四卷，目的在说理。《二程集·文集》卷九《答张闳中书》云："有理而后有象，有象而后有数。《易》因象以明理，由象而知数。得其义，则象数在其中矣。"《传》，指程氏《易传》，又称《周易程氏传》。

【译文】

黄修易问："朱子认为《易经》主要在于卜筮，程子的《易传》认为《易经》主要在于说理，怎么样呢？"

先生说："卜筮是天理，天理也是卜筮。天下的理哪有比卜筮还大的呢？只因为后世将卜筮专注在了占卦上看，所以将卜筮看得像是微末工艺一般。不知道现在的师友之间问答，博学、审问、慎思、明辨、笃行之类，都是卜筮。卜筮不过是求问解惑，使人心神妙清明而已。《易经》是向天请教，人有疑问而且不自信，因此用《易经》来向天请教，这就是所谓的人心还有所偏颇，只有天不容虚假。"

黄省曾录 凡十一则

【题解】

黄省曾（1490—1540），字勉之，号五岳山人，苏州府吴县（今江苏苏州）人。从学王阳明于越城。著有《会稽问道录》。

"黄省曾录"的内容主要可分为三个方面：第一，以心释经。通过对《诗经》《论语》等的心学化诠释，凸显心学功夫的一贯性、连续性和顿、渐之别，同时通过对"仁"的诠释，凸显心学的主内立场；第二，从多角度论述为学之方。王阳明明分良知与知识，主张为道日减，而不可为学日繁；为学之关键在于诚于心，不自欺；第三，基于心学的主内立场，强调功夫的无执着，并心学化诠释"静坐"，区分儒、佛之功夫。

一

【题解】

本条论良知功夫之无执着。王阳明主张事上磨炼，但功夫之前要立定良知本体，这样就不会执着于外物，一切依良知而行，物来顺应，一过而不留，无执着，无助忘，无适无莫。

黄勉之问："'无适也，无莫也，义之与比'①，事事要如此否？”

先生曰：“固是事事要如此，须是识得个头脑乃可。义即是良知，晓得良知是个头脑，方无执着。且如受人馈送，也有今日当受的，他日不当受的，也有今日不当受的，他日当受的②。你若执着了今日当受的，便一切受去，执着了今日不当受的，便一切不受去，便是‘适’‘莫’，便不是良知的本体，如何唤得做义？”

【注释】

①“无适（dí）也”三句：语自《论语·里仁》：“子曰：‘君子之于天下也，无适也，无莫也，义之于比。’”意即没有必定要这样做的，也没有必定不这样做的，所做唯求合于义。适，专主。莫，不肯。

②“且如”五句：语自《孟子·公孙丑下》：“陈臻问曰：‘前日于齐，王馈兼金一百而不受；于宋，馈七十镒而受；……前日之不受是，则今日之受非也；今日之受是，则前日之不受非也。夫子必居一于此矣。’孟子曰：‘皆是也。’”

【译文】

黄勉之问：“《论语》中‘无适也，无莫也，义之与比’，事事都要如此吗？”

先生说：“固然是事事要如此，也必须是要先知道一个重点才可以。义，就是‘良知’，知道‘良知’是个重点，才没有执着。就像接受别人的馈赠，有今天应当接受，他日不该接受的，也有今天不该接受，他日应该接受的。你如果执着于今天应该接受的，就接受所有的馈赠，执着于今天不该接受的，就所有馈赠都不接受，这就是‘适’和‘莫’，就不是良知的本体了，怎么能叫做义呢？”

二

【题解】

本条以心解《诗经》。在王阳明看来，"思无邪"是只思一个天理，这正是作为心学功夫总纲的致良知功夫的究竟义，其他所有功夫条目皆如此，体现了心学功夫的一贯性。

问："'思无邪'一言①，如何便盖得三百篇之义？"

先生曰："岂特三百篇，六经只此一言便可该贯，以至穷古今天下圣贤的话，'思无邪'一言也可该贯。此外更有何说？此是一了百当的功夫。"

【注释】

①思无邪：语自《论语·为政》："子曰：'《诗》三百，一言以蔽之，曰思无邪。'"

【译文】

黄勉之问："'思无邪'一句，怎么就能涵盖《诗经》三百篇的涵义呢？"

先生说："何止《诗经》三百篇？'六经'只要这一句话，就可以贯通，以至于穷尽古今天下圣贤的话，都可以用'思无邪'一句来贯通。此外还有什么说法呢？这是一了百了的功夫。"

三

【题解】

本条论道心与人欲。在阳明心学，心只是一个本心，并无道心、人心之分。率性之性亦是心学之性，心即性即理。故率性即是本心的体现，显微无间。人有私欲即是对本心的遮蔽，故是惟危。

　　问道心、人心。

　　先生曰："'率性之谓道'便是道心。但着些人的意思在，便是人心。道心本是无声无臭，故曰'微'；依着人心行去，便有许多不安稳处，故曰'惟危'。"

【译文】

　　黄勉之向先生请教道心和人心。

　　先生说："'率性之谓道'，就是道心。只要附着了一些人的意思在，就是人心。道心本来是无声无味的，因此称为'微'；依照人心去做，就有许多不安稳的地方，因此称为'惟危'。"

四

【题解】

　　本条借释《论语》论心学功夫之"顿"与"渐"。人之资质不同，故有上人与中人及以下之分，与之相应，功夫有顿、渐之分，此亦可谓因人施教。但需注意的是，此处是因人而语，在阳明心学功夫体系中，王阳明是主张顿教、渐教打并为一的。

　　问："'中人以下，不可以语上'①，愚的人与之语上尚且不进，况不与之语，可乎？"

　　先生曰："不是圣人终不与语，圣人的心，忧不得人人都做圣人，只是人的资质不同，施教不可躐等。中人以下的人，便与他说性说命，他也不省得，也须慢慢琢磨他起来。"

【注释】

①"中人"二句:语自《论语·雍也》:"子曰:'中人以上,可以语上也;中人以下,不可以语上也。'"中人,指具有中等才能的人。

【译文】

黄勉之问:"'中人以下,不可以语上',愚钝的人给他讲解上等高深的学问,他尚且无法进步,何况不给他们讲解呢,这样可以吗?"

先生说:"不是圣人始终不给他讲解,圣人心中担忧恨不得人人都成为圣人,只是人的资质不同,进行教导不可以跨过等级。中等程度以下的人,就是给他讲解天性和天命,他也无法理解,也一定要慢慢地开导他。"

五

【题解】

本条论为学之方。记得是记知识,此是执着于外物,与心相去甚远。要晓得之"要"则是强意为之,此是执着于己意,是对心体的遮蔽。在王阳明看来,读书只是一事,事上磨炼之功夫的目的在于明心体,执于外物和执于己意都是对心体的偏离。

一友问:"读书不记得,如何?"

先生曰:"只要晓得,如何要记得? 要晓得已是落第二义了,只要明得自家本体。若徒要记得,便不晓得;若徒要晓得,便明不得自家的本体。"①

【注释】

①此段文意王龙溪于《王龙溪全集》卷十三《三锡篇赠宫保梅林胡公》亦有记载:"先师(王阳明)有云:'学贵有序,先须理会大略,然后精微可得而尽。如孔明读书,先观大旨,未为无见,不然,反

易溺于琐碎，非善学者也。'"

【译文】

一位朋友问："读书记不住，怎么办？"

先生说："只要理解就够了，为什么要记得？要理解已经是落在次要的地位了，只要使自己本体心明朗清楚就够了。如果只是要记得，就无法理解；如果只是要理解，就无法使自己的本体心明朗清楚。"

六

【题解】

本条借释《论语》论致良知功夫无时间断。心学功夫讲求立志、专一、集义等，都强调念念不忘存天理、去人欲。在阳明心学，功夫是本体之使然，功夫不间断在根本上体现了良知之发用无时不息。由此，功夫与本体在"逝者如斯"层面是统一的。

问："'逝者如斯'，是说自家心性活泼泼地否①？"

先生曰："然。须要时时用'致良知'的功夫，方才活泼泼地，方才与比水一般。若须臾间断②，便与天地不相似。此是学问极至处，圣人也只如此。"

【注释】

①逝者如斯：语自《论语·子罕》："子在川上，曰：'逝者如斯夫！不舍昼夜。'"

②须臾（yú）：片刻。

【译文】

黄勉之问："孔子说'逝者如斯'，是说自己心性生动活泼吗？"

先生说："是的。一定要时时刻刻下'致良知'的功夫，才能生动活泼,才能与那河流中的水一样。如果有片刻间断,就与天地不一样了。这是学问极致的地方,圣人也只是如此而已。"

七

【题解】

本条论"仁"。在王阳明看来,仁即是天理,是人之为人的根本。人当依理而行,明心成仁。

问"志士仁人"章①。

先生曰:"只为世上人都把生身命子看得来太重,不问当死不当死,定要宛转委曲保全,以此把天理却丢去了。忍心害理,何者不为? 若违了天理,便与禽兽无异,便偷生在世上百千年,也不过做了千百年的禽兽。学者要于此等处看得明白。比干、龙逢只为他看得分明②,所以能成就得他的仁。"

【注释】

①"志士仁人"章:指《论语·卫灵公》:"子曰:'志士仁人,无求生以害仁,有杀身以成仁。'"

②比干:殷人,商纣王的叔父,因谏纣而死。龙逢(páng):即关龙逢,夏人,因谏桀而死。二人皆古之忠臣。

【译文】

黄勉之向先生请教《论语》中"志士仁人"一节。

先生说:"只是因为世上的人都把身体性命看得太重,不管是否应当赴死,一定要辗转委曲来保全自己的性命,这样把天理都丢弃了。忍心残害天理,还有什么事做不出呢? 如果违背了天理,就与禽兽没有区别, 就苟且偷生在世上千百年,也不过是做了千百年的禽兽而已。学者要在 这些地方看得明白,比干、龙逢,只因为也看得分明,所以能够做到他们 的为人之本。"

八

【题解】

　　本条论自修重内轻外,体现了阳明心学一贯的主内立场。在王阳明 看来,人之为学,修养心性,重在内求良知。良知自明,自己作伪和他人 毁谤可遮蔽良知,但不碍良知之本然。

　　问:"叔孙武叔毁仲尼①,大圣人如何犹不免于毁谤?"

　　先生曰:"毁谤自外来的,虽圣人如何免得? 人只贵于 自修,若自己实实落落是个圣贤,纵然人都毁他,也说他不 着,却若浮云掩日,如何损得日的光明? 若自己是个像恭色 庄、不坚不介的,纵然没一个人说他,他的恶慝终须一日发 露②。所以孟子说'有求全之毁,有不虞之誉'③。毁誉在外 的,安能避得? 只要自修何如尔!"

【注释】

　　①叔孙武叔毁仲尼:《论语•子张》:"叔孙武叔毁仲尼。子贡曰:'无 　　　以为也,仲尼不可毁也。他人之贤者,丘陵也,犹可逾也;仲尼,日 　　　月也,无得而逾焉。人虽欲自绝,其何伤于日月乎? 多见其不知 　　　量也。'"

　　②恶慝(tè):邪恶。

③孟子说"有求全之毁,有不虞之誉":《孟子·离娄上》:"孟子曰:
'有不虞之誉,有求全之毁。'"朱熹注引吕氏曰:"行不足以致誉
而偶得誉,是谓不虞之誉;求免于毁而反致毁,是谓求全之毁。"

【译文】

黄勉之问:"叔孙武叔诋毁孔子,大圣人为什么也不能免于被诽谤
呢?"

先生说:"诽谤是从身外来的,即便是圣人如何能避免得了?人只贵
在自我修养,假若自己实实在在是个圣贤,纵然人们都诽谤他,也不能对
他有所损害,就像浮云遮蔽太阳,怎么能损害太阳的光明呢?如果自己
是个外貌恭谨端庄、内在动摇无德的,纵然没有一个人诽谤他,他的邪恶
终究会有一天生发出来。所以孟子说'有求全之毁,有不虞之誉'。毁
誉在外的,怎能避免呢?只要自我修养就够了!"

九

【题解】

本条论"静坐"。静坐是王阳明为学功夫之一。王阳明主张静处涵
养,此处之静不离外物,更多侧重于心体不动于物。这亦是区别于佛教
之"静"的地方。

刘君亮要在山中静坐①。

先生曰:"汝若以厌外物之心去求之静,是反养成一个
骄惰之气了。汝若不厌外物,复于静处涵养,却好。"

【注释】

①刘君亮:字元道。其余不详。王阳明有《与刘元道》一信。非
《明儒学案》的郡丞刘君亮(名邦采)。

【译文】

刘君亮要在山中静坐修行。

先生说:"你如果用厌弃外物的心去追求清静,这就反而养成一个骄惰之气了。你如果不厌弃外物,又在清静中存养,那是很好的。"

<h1 style="text-align:center">十</h1>

【题解】

本条论圣人气象。人人心中有仲尼,纵心所欲不逾矩。执着于外在规范,便是滞于物,便有碍于心体之自然发用流行。

王汝中、省曾侍坐①。

先生握扇命曰:"你们用扇。"

省曾起对曰:"不敢。"

先生曰:"圣人之学,不是这等捆缚苦楚的,不是装做道学的模样。"

汝中曰:"观'仲尼与曾点言志'一章略见。"

先生曰:"然。以此章观之,圣人何等宽洪包含气象!且为师者问志于群弟子,三子皆整顿以对,至于曾点,飘飘然不看那三子在眼,自去鼓起瑟来,何等狂态! 及至言志,又不对师之问目,都是狂言! 设在伊川,或斥骂起来了②。圣人乃复称许他,何等气象! 圣人教人,不是个束缚他通做一般。只如狂者便从狂处成就他,狷者便从狷处成就他③,人之才气如何同得?"

【注释】

①王汝中：王畿（1498—1583），字汝中，号龙谿，绍兴府山阴（今浙江绍兴）人。嘉靖癸未年（1523）师事王阳明。省曾：即黄省曾。见前注。

②"设在"二句：《二程集·外书》卷十二载："韩持国与伊川善。韩在颍昌，欲屈致伊川、明道，预戒诸子侄，使治一室，至于修治窗户，皆使亲为之，其诚敬如此。二先生到，暇日与持国同游西湖，命诸子侍行。行次，有言貌不庄敬者，伊川回视，厉声叱之曰：'汝辈从长者行，敢笑语如此，韩氏孝谨之风衰矣！'持国遂皆逐去之。"

③狂、狷：语自《论语·子路》："子曰：'不得中行而与之，必也狂狷乎！狂者进取，狷者有所不为也。'"志向高远的人，谓之"狂"；拘谨自守的人，谓之"狷"。

【译文】

王汝中、黄省曾服侍先生坐着。

先生握着扇子，说道："你们用扇。"

黄省曾站起来说道："不敢。"

先生说："圣人之学不是这样拘束痛苦的，不是装成道学的样子。"

王汝中说："从《论语》中'仲尼与曾点言志'一章可以略见这个观点。"

先生说："对。从这章来看，圣人多么宽容，包含万象！老师向各位弟子询问他们的志向，子路、冉有、公西华三个人都庄重认真地回答，只有曾点飘飘然不把其他三人看在眼中，自己去鼓起瑟来，多么狂傲的姿态！等到谈论志向的时候，又不针对老师的提问回答，都是些狂言乱语！假设是伊川先生在，早就责骂他了。圣人却又称赞他，这是什么样的气象！圣人教人，不是把人都拘束成一个样子。像进取的人就从进取的地方成就他，像拘谨的人就从拘谨的地方成就他，人的才能气质怎能一样呢？"

十一

【题解】

本条讲两种为学之方：一则为道日减，而不可为学日繁；一则为学在于诚于心，不自欺。此两种为学之方都体现了阳明学的心本论立场。

先生语陆元静曰："元静少年亦要解'五经'，志亦好博。但圣人教人，只怕人不简易，他说的皆是简易之规。以今人好博之心观之，却似圣人教人差了。"

【译文】

先生对陆元静说："元静少年时期就想要注解'五经'，志气也是喜好博学的。只是圣人教导人，就担心人不能简易，他教导的都是简易的规则。用现在人喜好博学的心来看，却像是圣人教导人教导得不对了。"

先生曰："孔子无不知而作[①]，颜子有不善未尝不知[②]，此是圣学真血脉路。"

【注释】

①孔子无不知而作：《论语·述而》："子曰：'盖有不知而作之者，我无是也。多闻，择其善者而从之，多见而识之，知之次也。'"

②颜子有不善未尝不知：典出《周易·系辞下》："子曰：'颜氏之子，其殆庶几乎？有不善未尝不知，知之未尝复行也。'"颜子，指颜回。见前注。

【译文】

先生说："孔子从来没有对自己不知道的还乱写，颜回对于自己不对的地方也没有不知道的，这是圣学真正的精血脉络。"

钱德洪录 凡四十八则

【题解】

"钱德洪录"的内容体现了钱德洪在"钱德洪跋"中的选录标准和目的,"惟恐传习之不博,而未以重复之为繁也","乃复取逸稿,采其语之不背者"。因此,此"录"的内容相对而言比较繁富,涉及心学的多个方面,大概可分为以下六点:第一,论述阳明心学的相关范畴和命题,如"心即理""心外无物""万物一体""爱有差等""性""未发已发""狂者"等。第二,多角度论述良知本体。如首先良知的普遍性、个体性及二者的统一;其次,良知的内在普遍性决定了良知作为判定异端的标准性,但并不担保其发用(明觉状态)的普遍性;再次,在"心"与"物"的层面,良知本质上不是"物"(知识、见闻、七情等),但其发用不离于"物",从"心外无物"的角度讲,"物"对"心"也是具有规定性的;其四,以"乐""安""诚"论良知的状态;其五,论证良知与传统的理学命题太极、命、性、道等只是一物,其自生生不息,自圆满自在而又自觉明发。第三,对致良知功夫的论述。王阳明特别坚持了功夫的一贯性和无执性,认为功夫不仅要顿、渐统一,而且要内外统一,做到"不动心",无执着。第四,论述了本体、功夫、境界的辩证关系,阳明心学在根本上是即本体即功夫即境界的学问。第五,以心释经,彰显"功夫由己"的心性学立场;第六,从心物关系、境界等角度论述儒、佛、道之别,其中包含着对佛、道的心学化诠释及误读。

一

【题解】

本条论立圣人之志。王阳明龙场悟道后为龙冈书院作的院规《教条示龙场诸生》中之首条即是"立志",这与其处困凝思圣人之道和彻悟心学关系密切。立圣人之志,即是要依良知而行,如心中别有些渣滓,则是志之未坚。

何廷仁、黄正之、李侯璧、汝中、德洪侍坐①。

先生顾而言曰:"汝辈学问不得长进,只是未立志。"

侯璧起而对曰:"珙亦愿立志。"

先生曰:"难说不立,未是'必为圣人之志'耳。"

对曰:"愿立'必为圣人之志'。"

先生曰:"你真有圣人之志,良知上更无不尽。良知上留得些子别念挂带,便非'必为圣人之志'矣。"

洪初闻时,心若未服,听说到不觉悚汗。

【注释】

①何廷仁(1486—1551):初名秦,字性之,号善山,赣州府雩都(今江西于都)人。王阳明高徒之一。黄正之:即黄宏纲。见前注。李侯璧:名珙,金华府永康(今浙江永康)人。余不详。汝中:即王畿。见前注。

【译文】

何廷仁、黄正之、李侯璧、王汝中、钱德洪侍奉先生坐着。

先生环顾大家,说道:"你们的学问没有长进,只是因为没有立志。"

李侯璧站起来说:"我愿意立志。"

先生说："很难说你不立志，但这不是'一定要成为圣人'的志。"

李侯璧回答说："我愿意立'一定要成为圣人'的志向。"

先生说："你要是真的有成为圣人的志向，在良知上就不会不尽。良知上留得一些其他的挂念，就不是'一定要成为圣人'的志向了。"

钱德洪刚听说的时候，心中好像并不服气，听到这里，不觉敬畏地流下汗来。

二

【题解】

本条论良知本体。良知即是太极，生生不息，是为灵明。

先生曰："良知是造化的精灵。这些精灵，生天生地，成鬼成帝①，皆从此出，真是与物无对②。人若复得他完完全全，无少亏欠，自不觉手舞足蹈，不知天地间更有何乐可代。"

【注释】

①成鬼成帝：语自《庄子·大宗师》："夫道有情有信，无为无形，可传而不可受，可得而不可见，自本自根，未有天地，自古以固存。神鬼神帝，生天生地。"

②与物无对：语自《二程集·遗书》卷二程颢语："此道与物无对，大不足以名之，天地之用皆我之用。"

【译文】

先生说："良知是造化的精灵。这些精灵，生出了天和地，化作了鬼神和天帝，一切都是从它们当中出来的，真是没有任何事物能和它们相比。人假若能把良知完全恢复，一点儿亏欠都没有，自然不知不觉就手舞足蹈，不知道天地之间还有什么乐趣可以取代。"

三

【题解】

本条论静坐功夫。静坐功夫是王阳明的教法之一，在王阳明而言，静坐是避免执着于外物的收放心的小学功夫，但也应避免走向为静而静的极端。心学之"静"在于依良知而行，不执于内，情顺万物而无情，也不逐于外，动而无动。

　　一友静坐有见，驰问先生。

　　答曰："吾昔居滁时①，见诸生多务知解，口耳异同，无益于得，姑教之静坐。一时窥见光景，颇收近效。久之，渐有喜静厌动、流入枯槁之病。或务为玄解妙觉，动人听闻，故迩来只说'致良知'。良知明白，随你去静处体悟也好，随你去事上磨炼也好，良知本体原是无动无静的，此便是学问头脑。我这个话头，自滁州到今，亦较过几番，只是'致良知'三字无病。医经折肱②，方能察人病理。"

【注释】

　　①居滁：正德八年（1513），时王阳明四十二岁，于滁州督马政，从游者甚众。滁，滁州，即今安徽滁州。

　　②医经折肱（gōng）：语自《左传·定公十三年》："三折肱，知为良医。"肱，从肘到腕的部分。指胳膊。

【译文】

一位朋友在静坐中有所见解感悟，就跑来请教先生。

先生回答说："我从前住在滁州的时候，看到各位学生多注重知识见解，争辩听说中的异同，在收获上没什么补益，姑且教他们静坐。他们很快就领悟到了一些东西，短时间内收效很好。久而久之，逐渐有喜静厌动、流于枯槁的毛病。有的人只追求玄妙的解读，借此动人听闻，因此近来只说'致良知'。良知清楚明白，那么随你去静处体会感悟也好，或者去事上磨炼行动也好，良知的本体原本是无动无静的，这就是学问的关键之处。我这个问题，从滁州到这里，也反复比较过几次，只是'致良知'三个字没有毛病。这就好比医生要亲自经历骨折，才能明察病人的病理。"

四

【题解】

本条论致良知功夫。良知无内外，即体即用，体用一源，故王阳明主张把致良知和事为见闻知识等统一起来。割裂二者，反而是有了内外之别和执着。

一友问："功夫欲得此知时时接续，一切应感处反觉照管不及，若去事上周旋，又觉不见了。如何则可？"

先生曰："此只认良知未真，尚有内外之间。我这里功夫，不由人急心，认得良知头脑是当，去朴实用功，自会透彻。到此便是内外两忘[①]，又何心事不合一？"

【注释】

①内外两忘：语自《二程集·文集》卷二《答横渠张子厚先生书》程颢语："与其非外而是内，不若内外之两忘也。两忘则澄然无事矣。无事则定，定则明，明则尚何应物之为累哉！"

【译文】

一位朋友问："功夫想让良知时时不断，但在应付整个事物时却又感到照顾不及,如果到事情上去周旋,又觉得良知不见了。应该怎么办才行呢?"

　　先生说:"这只是对良知的认知不真切,还有内外的区别。我这里的功夫不能急于求成,当看清良知的关键,然后去踏实用功,自然能够体会透彻。到这种程度就是内外两忘,又怎么会心与事不合一呢?"

　　又曰:"功夫不是透得这个真机,如何得他充实光辉①?若能透得时,不由你聪明知解接得来。须胸中渣滓浑化,不使有毫发沾带始得②。"

【注释】

　　①充实光辉:语自《孟子·尽心下》:"可欲之谓善,有诸己之谓信,充实之谓美,充实而有光辉之谓大,大而化之之谓圣,圣而不可知之之谓神。"

　　②沾带:附着。

【译文】

　　先生又说:"功夫不能透彻把握这个真谛,如何能让它充实光辉呢?如果能透彻把握的时候,不是靠着你的聪明解读知识就能得到的。一定要融化心中的渣滓,不让它们有一点儿附着才可以得到。"

五

【题解】

　　在阳明心学,命、性、道与良知只是一物,良知圆满自在而又自觉明发,知是知非,依良知而行,便是修身之道。

　　先生曰:"'天命之谓性',命即是性。'率性之谓道',性即是道。'修道之谓教',道即是教。"

问:"如何道即是教?"

曰:"道即是良知。良知原是完完全全,是的还他是,非的还他非,是非只依着他,更无有不是处。这良知还是你的明师。"

【译文】

先生说:"'天命之谓性',天命就是性。'率性之谓道',性就是天道。'修道之谓教',天道就是教化。"

钱德洪问:"为什么天道就是教化?"

先生说:"天道就是良知。良知原本是完完全全,是的就给他个是,非的就给他个非,是非只根据良知来,也就没有其他不对的地方了。这良知还是你的明师。"

六

【题解】

良知不是知识见闻,但亦不离知识见闻。不睹不闻是内遗外,但不否定外,戒慎恐惧是存内不逐外。理解了良知与事事物物的内外主次关系,则本体与功夫合一。

问:"'不睹不闻'是说本体,'戒慎恐惧'是说功夫否?"

先生曰:"此处须信得本体原是'不睹不闻'的,亦原是'戒慎恐惧'的,'戒慎恐惧'不曾在'不睹不闻'上加得些子。见得真时,便谓'戒慎恐惧'是本体,'不睹不闻'是功夫亦得。"

【译文】

钱德洪问："'不睹不闻'是说本体，'戒慎恐惧'是说功夫吗？"

先生说："这里必须坚信本体原本是'不睹不闻'的，也原本是'戒慎恐惧'的，'戒慎恐惧'不曾在'不睹不闻'上增加一点儿东西。如果认知得真切了，就算说'戒慎恐惧'是本体，'不睹不闻'是功夫，也是对的。"

七

【题解】

本条以昼夜论良知之妙用发生和收敛凝一的状态。良知常知，故无论昼夜都是良知发用之时。既是发用状态，便处于心物关系之中。昼时物欲繁杂，良知容易遮蔽，能顺应无滞，便是本体呈现。夜时物欲寡少，良知更易呈现。如能恰当处理好良知与物欲的关系，便是通乎昼夜之道。

问"通乎昼夜之道而知①"。

先生曰："良知原是知昼知夜的。"

又问："人睡熟时，良知亦不知了。"

曰："不知何以一叫便应？"

曰："良知常知，如何有睡熟时？"

曰："向晦宴息②，此亦造化常理。夜来天地混沌，形色俱泯，人亦耳目无所睹闻，众窍俱翕，此即良知收敛凝一时。天地既开，庶物露生，人亦耳目有所睹闻，众窍俱辟，此即良知妙用发生时。可见人心与与天地一体，故'上下与天地同流'③。今人不会宴息，夜来不是昏睡，即是妄思魇寐④。"

曰："睡时功夫如何用？"

先生曰："知昼即知夜矣。日间良知是顺应无滞的，夜间良知即是收敛凝一的,有梦即先兆。"

又曰:"良知在夜气发的⑤,方是本体,以其无物欲之杂也。学者要使事物纷扰之时,常如'夜气'一般,就是'通乎昼夜之道而知'。"

【注释】

①通乎昼夜之道而知:语自《周易·系辞上》:"范围天地之化而不过,曲成万物而不遗,通乎昼夜之道而知,故神无方而易无体。"

②向晦宴息:语自《周易·随卦》:"象曰:'泽中有雷,随。君子以向晦入宴息。'"

③上下与天地同流:语自《孟子·尽心上》:"夫君子所过者化,所存者神,上下与天地同流,岂曰小补之哉!"

④魇(yǎn)寐:梦魇,噩梦。

⑤良知在夜气:语自《孟子·告子上》:"梏之反覆,则其夜气不足以存,夜气不足以存,则其违禽兽不远矣。人见其禽兽也,而以为未尝有才焉者,是岂人之情也哉?故苟得其养,无物不长,苟失其养,无物不消。"

【译文】

钱德洪请教《周易》中"通乎昼夜之道而知"这句话。

先生说:"良知本来是知道昼夜的。"

钱德洪又问:"人睡熟时,良知也就不知道了。"

先生说:"不知道怎么会一叫就答应?"

钱德洪问:"良知既然常常知道,怎么会有睡熟的时候?"

先生说:"夜晚休息,这也是自然常理。夜晚天地一片混沌,事物的形状颜色都消失了,人的眼睛耳朵也没什么可看可听的了,器官都关闭停止了活动,这就是良知收敛凝聚时的情形。白天到来,万物复苏,人的眼睛耳朵也有可看可听的了,所有的器官都打开开始工作,这就是良知发挥奇妙作用的时刻。由此可见，人心与天地是一个整体，所以孟子说'上下与天地同流'。现在的人不会休息，到了晚上不是昏睡就是胡思乱想做噩梦。"

钱德洪问："睡觉时怎么用功呢？"

先生说："知道白天怎么用功，也就知道晚上怎么用功了。白天良知是畅通无阻的，夜晚良知是收敛凝聚的，有梦就是先兆。"

先生又说："良知在'夜气'中生发的是本体，因为它没有掺杂物欲。学者要在事物纷扰纠缠的时候，常常像'夜气'一样，就是'通乎昼夜之道而知'。"

八

【题解】

本条阐释儒、释、道三家"境界"之异，但其中蕴含着王阳明对佛教之境界论的误读。在王阳明看来，仙家执着于养生，佛氏执着于出离生死苦海，这其实都是对本体的障碍，所以仙、佛的境界便是虚、无。仙、佛因为拘于现实的身和生，所以本体不能大化流行，其性命之学便落入"无"的境界。而良知之发用，顺物而不拘于物，上下内外一齐俱尽，无执着将迎意必，所以良知的境界是"有"的境界。可见，在王阳明的佛教图式中，佛氏从实有之肉体生命走向了空无，故其境界不可言说，而良知学从预设的良知本体走向了有，故其境界可以言说。在论证逻辑上，似乎各自都成了一个悖论。那么实际的情况是怎样的呢？在佛教，一切众生皆有佛性，佛性的存在是必然的存在，即是说每一个人都有成佛的根据。而且，这一根据定无疑性，又必然导致禅宗的一切有情皆能成佛。六世有情无论经过多长时间，多少轮回，最终一定会成佛的。也就是说，佛教对于境界的论证是一个必然性的论证。王阳明也说"满街都是圣人"，意指每一个人都有成为圣人的潜在根据，但是否能成为圣人，还要看功夫做得如何,如果一个人不能做致良知的功夫,就不可能成为圣人,反之,则可以成为圣人。可见,王阳明对于境界的论证是一种可能性的论证。何以会如此呢? 佛教着眼于现世,但目标是成佛;儒家着眼于成圣,但对象是现世之人。二者在根本的逻辑向度上是不同的:佛教立足于佛,来普度众生,众生终将成佛。如有一个有情不能成佛,则是对佛之慈悲的质疑,然而从佛教教义看,这种假设是不可能也根本不能成立的。儒家是从现世向上超越,达于圣人,功夫不到,便不能成圣。所以佛教是超脱的,儒家是现世的。

　　先生曰:"仙家说到'虚',圣人岂能'虚'上加得一毫'实'? 佛氏说到'无',圣人岂能'无'上加得一毫'有'? 但仙家说'虚',从养生上来;佛氏说'无',从出离生死苦海上来,却于本体上加却这些子意思在,便不是他'虚''无'的本色了,便于本体有障碍。圣人只是还他良知的本色,更不着些子意在。良知之'虚',便是天之太虚①;良知之'无',便是太虚之无形。日月风雷山川民物,凡有貌象形色,皆在太虚无形中发用流行,未尝作得天的障碍。圣人只是顺其良知之发用,天地万物,俱在我良知的发用流行中,何尝又有一物超于良知之外,能作得障碍?"

【注释】

①"良知"二句:语自张载《张子全书》卷二《正蒙·太和》:"由太虚,有天之名。"

【译文】

　　先生说:"道家讲究'虚',圣人怎能在'虚'上增加一点儿'实'? 佛教讲究'无',圣人怎能在'无'上增加一点儿'有'呢? 只是道家说

‘虚’，是从养生上来的；佛教说‘无’，是从脱离生死苦海上来的，在本体上添加这些意思，就不是‘虚’‘无’的本色了，就妨碍了本体。圣人只是还给良知本色，而不添加其他意思。良知的‘虚’，就是天的太虚；良知的‘无’，就是太虚的无形。日月风雷山川民物，凡是有相貌形状颜色的东西，都是在太虚无形当中生发流行的，从未成为天的障碍。圣人只是顺应良知的生发作用，天地万物，都在良知的生发作用与流行当中，何曾又有事物在良知之外兴起，成为障碍呢？”

九

【题解】

本条从心、物关系论儒、佛之别。在王阳明看来，佛教“不可以治天下”，不能仅理解为它对现世伦理的逃避，而应该从佛教本源上找答案。佛氏养心是守心而养，弃绝了外在的事事物物，把心作为一个孤立的存在。心学则主张即物养心，但又不执着于物，顺其天则自然，所以可以治天下。儒、佛之区别在于，佛教表面上是“尽绝事物”，而不执着于事物，但是实际上，佛教是“务养心”，也就是为了养心而尽绝事物，所以不但执着于事物，同时也执着于心。在王阳明看来，佛氏的心是寂灭的，刻意回避物事的功夫使心不能在现实中呈现，就更显得一团死寂，从而“把心看作幻相，渐入虚寂去了”。心学则相反，表面上不离事物，有所“着相”，但实际上是顺心而为，既无碍于心，也无碍于事事物物，既养心，也可以治天下。

或问：“释氏亦务养心，然要之不可以治天下，何也？”

先生曰：“吾儒养心^①，未尝离却事物，只顺其天则自然就是功夫^②。释氏却要尽绝事物，把心看作幻相^③，渐入虚寂去了，与世间若无些子交涉，所以不可治天下。”

【注释】

①养心：语自《孟子·尽心下》："孟子曰：'养心莫善于寡欲。其为人也寡欲，虽有不存焉者，寡矣；其为人也多欲，虽有存焉者，寡矣。'"

②天则：语自《周易·乾卦·文言》："乾元用九，乃见天则。"

③把心看作幻相：语自《景德传灯录》卷二十八《越州大珠慧海和尚语》："夫法虽无种性，应物俱现，心幻也，一切俱幻，若有一法不是幻者，幻即有定；心空也，一切皆空，若有一法不空，空义不立。迷时人逐法，悟时法由人。"

【译文】

有人问："佛教也追求养心，然而却不能用来治理天下，为什么呢？"

先生说："我们儒家养心，未曾离开事物，只顺应天理法则，自然就是功夫了。佛教却要绝灭抛弃事物，将心看成幻相，渐渐进入虚妄寂静，与世间似乎没有一点儿关系，所以不能治理天下。"

十

【题解】

良知人人具有，至善无恶，愚夫愚妇与圣人同，故从本体层面讲，异于愚夫愚妇，即是异于良知，便是异端。

　　或问"异端"。

　　先生曰："与愚夫愚妇同的，是谓'同德'①；与愚夫愚妇异的，是谓'异端'。"

【注释】

①同德：语自《庄子·马蹄》："彼民有常性，织而衣，耕而食，是谓

同德。"

【译文】

有人向先生请教关于"异端"的问题。

先生说:"与愚夫愚妇相同的,这就叫做'同德';与愚夫愚妇不同的,这就叫做'异端'。"

十一

【题解】

本条以心学解释孟子和告子,论证心学的"不动心"。告子是欲把捉一个心不动,为不动心而做不动心的功夫,反而有了执着,动了心。孟子是集义,念念不忘存天理、去人欲,事为动静皆合于义,顺于理,故良知本体无有牵滞,原自不动。

先生曰:"孟子不动心,告子不动心,所异只在毫厘间。告子只在不动心上着功,孟子便直从此心原不动处分晓。心之本体原是不动的,只为所行有不合义,便动了。孟子不论心之动与不动,只是'集义',所行无不是义,此心自然无可动处。若告子只要此心不动,便是把捉此心,将他生生不息之根反阻挠了,此非徒无益,而又害之。孟子'集义'工夫,自是养得充满,并无馁歉①;自是纵横自在,活泼泼地:此便是浩然之气②。"

【注释】

①馁(něi)歉:意指缺乏、不足。

②浩然之气:语自《孟子·公孙丑上》:"'敢问夫子恶乎长?'曰:

'我知言，我善养吾浩然之气。''敢问何谓浩然之气？'曰：'难言也。'"朱熹注曰："难言者，盖其心所独得，而无形声之验，有未易以言语形容者。故程子曰：'观此一言，则孟子之实有是气可知矣。'"

【译文】

先生说："孟子的不动心和告子的不动心，区别只在毫厘之间。告子只在不动心上用功，孟子就直接从心的原本不动处用功。心的本体原本是不动的，只因为行为不符合义就动了。孟子不论心的动与不动，只说'集义'，所行没有不符合义的，这心自然就不会动了。如果告子只要这心不动，就是抓住这心，把它生生不息的根源反而阻挠住了，这不但徒劳没有益处，反而又损害了它。孟子'集义'的功夫，自然将心存养得充盈饱满，没有一点儿缺憾；自然纵横自在，生气勃勃：这就是浩然正气。"

十二

【题解】

在阳明心学，心即性即理，心外无物，故性无善无恶，无内无外，是为"一"，这是从心学本体的角度论性。告子视心、物为二，故性内物外，性之无善无不善与物之有善有恶便有了对待，是为"二"，这是从理学心物关系角度论。

又曰："告子病源从'性无善无不善'上见来[1]。性无善无不善，虽如此说亦无大差，但告子执定看了，便有个无善无不善的性在内。有善有恶又在物感上看，便有个物在外。却做两边看了，便会差。无善无不善，性原是如此。悟得及时，只此一句便尽了，更无有内外之间。告子见一个性在内,见一个物在外,便见他于性有未透彻处。"

【注释】

①性无善无不善:语自《孟子·告子上》:"孟子曰:'水信无分于东西,无分于上下乎? 人性之善也,犹水之就下也。人无有不善,水无有不下。'"朱熹注曰:"此章言性本善,故顺之而无不善;本无恶,故反之而后为恶,非本无定体,而可以无所不为也。"

【译文】

先生又说:"告子的病根,是从'性无善无不善'上来的。性无善无不善,虽然这样说,也没有什么大的差错,只是告子固执地认知,就有个无善无不善的性在心中。认为性有善有恶是在事物感觉上认知,就有个事物在心外。这就把它们分成两边看了,就会有问题。无善无不善,性原本是这样。领悟到境界时,只要这一句话就说尽了,还没有内外的分别。告子看见一个性在心中,看见一个物在心外,就能看出他对性还没有透彻领悟。"

十三

【题解】

本条论"万物一体"。"万物一体"是阳明心学四个重要命题之一,其哲学基础是良知,体现了传统儒学由仁体到推仁的本体—功夫逻辑,从而实现以心涵摄万物的德性意义世界。

朱本思问①:"人有虚灵,方有良知。若草、木、瓦、石之类,亦有良知否?"

先生曰:"人的良知,就是草、木、瓦、石的良知。若草、木、瓦、石无人的良知,不可以为草木瓦石矣。岂惟草木瓦石为然？天地无人的良知，亦不可为天地矣。盖天地万物与人原是一体，其发窍之最精处，是人心一点灵明。风雨露雷、日月星辰、禽兽草木、山川土石，与人原只一体。故五谷禽兽之类皆可以养人，药石之类，皆可以疗疾，只为同此一气，故能相通耳。"

【注释】

①朱本思：朱得之，字本思，号近斋，常州府靖江（今江苏靖江）人。从学于王阳明。曾为江西新城丞。著有《参元三语》等。

【译文】

朱本思问："人有清净的灵觉，才有良知。像草、木、瓦、石之类，也有良知吗？"

先生说："人的良知，就是草、木、瓦、石的良知。如果草、木、瓦、石没有人的良知关注，就不能称之为草、木、瓦、石了。难道只有草、木、瓦、石是这样吗？天地没有人的良知关注，也就不可为天地了。天地万物与人原本是一体，它最精妙的开窍处是人心的一点儿灵觉清明。风雨露雷、日月星辰、禽兽草木、山川土石，与人原本都是一体的。因此五谷禽兽之类都可以养人，药石之类都可以治疗疾病，只因为它们的气是相同的，因此能够相通。"

十四

【题解】

本条以"南镇看花"的例子论述"心外无物"。理解本条可把握两个关键词，首先是"寂"，其指向"花的存在"。"花的存在"是独立于人的意识之外的客观的自在存在物，属于本然世界。它可以离开人的意识"自开自落"，不会因人的意识活动而生灭，它是心外之物，与主体"同归于寂",这里的"寂"指"寂静",即人与花各自独立,没有沟通,而不是佛教中的"寂灭"的"无"。其次是"明白",其指向"花存在的意义"。"花存在的意义"是主体的意向性指向的结果,它不能离开人的意识而独立存在,它"不在你的心外",而是人的一种本质力量的确证,与主体一样有了情感生命。只有当作为意义存在的花进入主体,其存在的意义被激活而显现时,花的"颜色"才"一时明白起来"。这里的"明白"指花的颜色相对于主体的意识而"明白",即花树在"心"的观照中显现了它的意味,由纯粹的本然世界(寂)进入了意义世界(明白)。在此意义上,我们可以说"看花"的"看"不是纯客观的看,而应该是一种生命体验式的看,它是一种最直接、最亲密的功夫,也是一种唤醒,一种感召,或一种自我验证。所以"明白"二字是以主体的意向性的指向功能为前提的,它暗示了主体和意义客体的同时到场。因此,在王阳明看来,没有进入意义世界的东西的存在与否是无意义的,可有可无的,虽然他不否定"心""物"相感之前"物"的客观存在。但物一旦进入了意义世界,其作为意义客体便与"心"的觉悟有关。"心"与"物"的关系便是其所存在于其中的意义世界存在的根据。

先生游南镇①。

一友指岩中花树问曰:"天下无心外之物,如此花树在深山中自开自落,于我心亦何相关?"

先生曰:"你未看此花时,此花与汝心同归于寂;你来看此花时,则此花颜色一时明白起来,便知此花不在你的心外。"

【注释】

①南镇:会稽山,在今浙江绍兴。南镇为古代四镇之一。《周礼·春官·大司乐》中将"四镇"与"五岳"并举,指可为一方之镇的主山。郑玄注南镇即为会稽山。镇,一方的主要山岳。

【译文】

先生游览南镇。

一位朋友指着岩石中的花树问道:"天下没有心外的事物,像这棵花树,在深山中自开自落,与我的心又有什么关系呢?"

先生说:"你没看到这花时,这花与你的心同归于寂静;你来到这里看见这花时,那么这花的颜色一下就显现清楚起来,就知道这花不在你的心外了。"

十五

【题解】

本条论"爱有差等"。本条是在"万物一体"的命题下谈"爱有差等",体现了儒学"仁民爱物"的基本原则,既坚持了心学良知本体的普遍性、主体性、能动性原则,又在心外无物的原则内回应了社会实存现象,表现出一种实学精神。

问:"大人与物同体,如何《大学》又说个厚薄①?"

先生曰:"惟是道理自有厚薄。比如身是一体,把手足捍头目,岂是偏要薄手足? 其道理合如此。禽兽与草木同是爱的,把草木去养禽兽,心又忍得? 人与禽兽同是爱的,宰禽兽以养亲,与供祭祀,燕宾客②,心又忍得? 至亲与路人同是爱的,如箪食豆羹③,得则生,不得则死,不能两全,宁救至亲,不救路人,心又忍得? 这是道理合该如此。及至吾身与至亲,更不得分别彼此厚薄。盖以仁民爱物④,皆从此出。此处可忍,更无所不忍矣。《大学》所谓厚薄,是良知上自然的条理,不可逾越,此便谓之'义';顺这个条理,便谓之'礼';知此条理,便谓之'智';终始是这个条理,便谓之'信'。"

【注释】

①如何《大学》又说个厚薄:《大学》首章:"自天子以至于庶人,壹是皆以修身为本。其本乱而末治者否矣。其所厚者薄,而其所薄者厚,未之有也。"

②燕:通"宴",宴享。

③箪(dān)食豆羹:语自《孟子·告子上》:"一箪食,一豆羹,得之则生,弗得则死,呼尔而与之,行道之人弗受;蹴尔而与之,乞人不屑也;万钟则不辩礼义而受之,万钟于我何加焉?"

④仁民爱物:语自《孟子·尽心上》:"孟子曰:'君子之于物也,爱之而弗仁;于民也,仁之而弗亲。亲亲而仁民,仁民而爱物。'"

【译文】

钱德洪问:"大人与事物同是一个整体,为什么《大学》却要分个厚薄呢?"

先生说:"只是因为道理本来就有厚薄的区别。比如人的身体是一个整体,用手脚保护头和眼睛,难道是要故意轻视手脚吗?这是道理应当如此。我们对禽兽与草木都是爱的,用草木去喂养禽兽,又怎么忍心呢?我们对人与禽兽都是爱的,宰杀禽兽来奉养亲人,供于祭祀,宴请宾客,又怎么忍心呢?我们对至亲之人与路人都是爱的,如果只有一篮饭一碗汤,得到就生,得不到就死,不能两全,宁愿去救至亲之人而不去救路人,又怎么忍心呢?这是道理本该如此。至于对自己和亲人,更不会分个厚此薄彼。大概因为仁民爱物,都是从这里生发出来的。如果这里能够忍受,也就能无所不忍了。《大学》所谓的厚薄,是良知上自然而然的条理,不能逾越,这就称之为'义';遵循这个条理,就称之为'礼';明白这个条理,就称之为智;始终坚持这个条理,就称之为'信'。"

十六

【题解】

本条从"体用一源"的原则出发论心之体。心体内在,显微无间,但心体之发用无时不息,心之发为意,意必着事物,故物亦是心体之所,感应之是非即是心体感应之机的体现。因此本条是从"用"来论"体"的,在根本上并无违背阳明学一贯的体不离物(用),而又不滞于物(用)的"心""物"关系原则。值得注意的是,本条常受后人责议,如但衡今说:"此节所云,与阳明教言相违。"东正纯亦云:"王子常喜主心提醒,而往往又生着心之弊。"大概是由于王阳明此处"由用论体"的方法不同于其常用的"以心论物"的方法。

又曰:"目无体,以万物之色为体;耳无体,以万物之声为体;鼻无体,以万物之臭为体;口无体,以万物之味为体;心无体,以天地万物感应之是非为体。"

【译文】

先生又说:"眼睛没有本体,以万物的颜色为本体;耳朵没有本体,以万物的声音为本体;鼻子没有本体,以万物的气息为本体;嘴巴没有本体,以万物的味道为本体;心没有本体,以天地万物感到的是非为本体。"

十七

【题解】

本条论功夫之一贯。夭寿不贰,本是困知勉行事,然亦是致良知,及其功成,则本体周流无碍,即是圣人尽性至命之学。

问"夭寿不贰"。

先生曰："学问功夫，于一切声利嗜好俱能脱落殆尽，尚有一种生死念头毫发挂带，便于全体有未融释处。人于生死念头，本从生身命根上带来，故不易去。若于此处见得破，透得过，此心全体方是流行无碍，方是尽性至命之学①。"

【注释】

①尽性至命：语自《周易·说卦》："和顺于道德而理于义，穷理尽性以至于命。"

【译文】

钱德洪向先生请教"夭寿不贰"。

先生说："学问功夫，一切名利嗜好都能摆脱干净，然而还有一丝一毫贪生怕死的念头，就不能与整个本体全部融合开释。人的生死念头，原本是从生命根源上带来的，因此不容易驱除。如果在这里能看破识透，这心的全体才是畅通无碍，才是尽性知命的学问。"

十八

【题解】

阳明心学之"静坐"不是要执着于"为静"，而是要依良知而行，在动静之间达到心体之"定"。去欲是为存理，但如执于"欲去"，则是又添了一个意必的心，反而与心体有隔。

一友问："欲于静坐时将好名、好色、好货等根逐一搜寻，扫除廓清，恐是剜肉做疮否？"

先生正色曰："这是我医人的方子，真是去得人病根。

更有大本事人,过了十数年,亦还用得着①。你如不用,且放起,不要作坏我的方子!"

是友愧谢。

少间,曰:"此量非你事,必吾门稍知意思者为此说以误汝。"

在坐者皆悚然。

【注释】

①亦还用得着:参见佐藤一斋《传习录栏外书》:"此功夫与《中庸》'戒惧'、《大学》'格致'同,戒惧期中和、位育,格致期治国、平天下,所谓'更有大本事也',故阅十数年,亦宜用此工夫,不独在初头入手时事。"

【译文】

一位朋友问:"想在静坐时,把好名、好色、好财等病根,逐一找出来,清除干净,恐怕这是割肉去疮吧?"

先生正色说:"这是我治病救人的药方,真的能驱除人的病根。有再大本事的人过了十几年之后,也还用得着。你要是不用,就放起来,不要糟蹋了我的药方!"

这位朋友惭愧地道歉。

过了一会儿,先生说:"我想这也不是你的问题,一定是我这些稍懂意思的学生们这样说来误导你。"

在座的人都恭敬起来。

十九

【题解】

本条论致良知功夫。在王阳明看来,致良知功夫重在实落用功,求之于己，而不在文字上讲求，否则便是执于文义，隔于心体。"尘尾"之喻，即是表明功夫要不着文字，切记体验。

一友问"功夫不切"。

先生曰："学问功夫，我已曾一句道尽，如何今日转说转远，都不着根？"

对曰："致良知盖闻教矣，然亦须讲明。"

先生曰："既知致良知，又何可讲明？ 良知本是明白，实落用功便是。不肯用功，只在语言上转说转糊涂。"

【译文】

一位朋友向先生请教"功夫不真切"的问题。

先生说："学问功夫，我已经曾用一句话说完了，怎么现在还是越说越远，都抓不住根源呢？"

朋友回答说："致良知的教诲听过了，然而还需要明白讲解。"

先生说："既然知道致良知，又有什么可以讲解明白的呢？ 良知本来是明明白白，踏实用功就行了。不肯用功，只在语言文字上，就愈说愈发糊涂了。"

曰："正求讲明致之之功。"

先生曰："此亦须你自家求，我亦无别法可道。昔有禅师，人来问法，只把麈尾提起。一日，其徒将麈尾藏过，试他如何设法。禅师寻麈尾不见，又只空手提起。我这个良知就是设法的麈尾，舍了这个，有何可提得？"

【译文】

朋友说:"正是要请您讲明致良知的功夫。"

先生说:"这也必须是你自己去寻求,我也没有别的方法可以讲解。从前有位禅师,有人来问法,他只把拂尘提起来。一天,他的徒弟把他的拂尘藏起来,试试他怎样讲法。禅师找不到拂尘,就只空手做个提拂尘的姿势。我这个良知就是讲解佛法的拂尘,除了这个,还有什么可提的呢?"

少间,又有一友请问功夫切要。

先生旁顾曰:"我尘尾安在?"

一时在坐者皆跃然。

【译文】

过了一会儿,又有一位朋友请教做功夫的要领。

先生向旁边看了看说:"我的拂尘在哪?"

一时在座的人都笑了起来。

二十

【题解】

本条论"诚"。诚既是良知的本然状态,亦是其明觉状态,都是指其不杂人伪的状态。从本体发用而言,"至诚"就是要依良知而行,无私意间隔。"前知"之心则是意必固我,便是私。

或问"至诚""前知"①。

先生曰:"诚是实理,只是一个良知。实理之妙用流行就是神，其萌动处就是几，'诚、神、几，曰圣人'②。圣人不贵前知，祸福之来，虽圣人有所不免。圣人只是知几，遇变而通耳。良知无前后，只知得见在的几，便是一了百了。若有个前知的心，就是私心，就有趋避利害的意。邵子必于前知③，终是利害心未尽处。"

【注释】

①至诚、前知：出自《中庸》第二十四章："至诚之道，可以前知。国家将兴，必有祯祥；国家将亡，必有妖孽。见乎蓍龟，动乎四体。祸福将至，善，必先知之；不善，必先知之。故至诚如神。"

②诚、神、几，曰圣人：语自周敦颐《通书·圣蕴》："寂然不动者，诚也；感而遂通者，神也；动而未形，有无之间者，几也；诚精故明，神应故妙，几微故幽。诚、神、几，曰圣人。"

③邵子必于前知：邵雍主象数，以为人能前知。邵子，即邵雍（1011—1077），字尧夫，自号安乐先生，卒谥康节，祖籍范阳（今河北涿州）。北宋理学家。著有《皇极经世》等。

【译文】

有人请教《中庸》里的"至诚""前知"。

先生说："诚是实在的道理，只是一个良知。实在道理奇妙作用流行起来就是神，它的萌动处就是几，就像周敦颐说的'具备诚、神、几的就是圣人'。圣人并不贵在能够先知，祸福的发生，即使是圣人也无法免除。圣人只是明白事物发展的规律，遇到变化能够随机应变而已。良知不分前后，只要明白现在的规律，就能解决所有问题了。假若有想要事先知道的心，就是私心，就有趋利避害的心意。邵子一定要追求先知，终究是利害私心没有完全驱除。"

二十一

【题解】

本条论"良知"之"知"的个体性。良知好善如好好色,恶恶如恶恶臭,其知善知恶、知是知非,皆是良知本然所发,如日无心照物,却无物不照。良知本自圆满,故要自信良知,既不怀疑良知,也不做助忘之功。

先生曰:"无知无不知,本体原是如此。譬如日未尝有心照物,而自无物不照。无照无不照,原是日的本体。良知本无知,今却要有知;本无不知,今却疑有不知,只是信不及耳!"①

【注释】

①此章参见《明儒学案》卷三十二《泰州学案一》之《波石语录》徐樾语:"阳明先生曰:'致良知者,此知即一,此知本神,知之不昧,是曰致矣。'"

【译文】

先生说:"无知无不知,本体原来就是这样的。譬如太阳从未有心去照耀万物,而自然没有事物不在它的照耀之下。无照无不照,原本就是太阳的本体。良知本来无知,现在却要有知;本来无不知,现在却怀疑有不知,这只是不够相信罢了!"

二十二

【题解】

本然良知人人自有,但能否发用良知,则有圣、凡之别。圣人良知常知常明,凡人则不能,其关键在于是否做致良知功夫。由此可见,功夫之于明本体的重要性。

先生曰："'惟天下至圣，为能聪明睿知'^①，旧看何等玄妙，今看来原是人人自有的。耳原是聪，目原是明，心思原是睿知，圣人只是一能之尔，能处正是良知。众人不能，只是个不致知。何等明白简易！"

【注释】

①"惟天下"二句：语自《中庸》第三十一章："惟天下至圣，为能聪明睿知，足以有临也；宽裕温柔，足以有容也；发强刚毅，足以有执也；齐庄中正，足以有敬也；文理密察，足以有别也。"

【译文】

先生说："《中庸》'惟天下至圣，为能聪明睿知'，从前看这句话何等玄妙，现在看来，原本是人人自己有的。耳朵原本就聪闻，眼睛原本就明视，心思原本就睿智，圣人只是具备了一种才能而已，才能的地方就是良知。众人没有这种才能，只是因为不能致良知。多么明白简易！"

二十三

【题解】

本条论致良知功夫。致良知功夫贵在专"一"，念念不忘存天理，以致良知之精明。若用志不专一，执于外物，则是自私用智，将迎意必。以上也成为判断"远虑""夜以继日"等是否为"将迎"的标准。

问："孔子所谓'远虑'^①，周公'夜以继日'^②，与'将迎'不同。何如？"

先生曰:"'远虑'不是茫茫荡荡去思虑,只是要存这天理。天理在人心,亘古亘今,无有终始。天理即是良知,千思万虑,只是要致良知。良知愈思愈精明,若不精思,漫然随事应去,良知便粗了。若只着在事上茫茫荡荡去思,教做'远虑',便不免有毁誉、得丧、人欲搀入其中,就是'将迎'了。周公终夜以思,只是'戒慎不睹''恐惧不闻'的功夫。见得时,其气象与'将迎'自别。"

【注释】

①孔子所谓"远虑":《论语·卫灵公》:"子曰:'人无远虑,必有近忧。'"此处王阳明是就心上论。朱熹于《论语集注》引苏氏语说:"故虑不在千里之外,则患在几席之下矣。"此为就事上说。

②周公"夜以继日":《孟子·离娄下》:"周公思兼三王,以施四事,其有不合者,仰而思之,夜以继日;幸而得之,坐以待旦。"

【译文】

钱德洪问:"孔子所谓的'远虑',周公的'夜以继日',与'将迎'有什么不同?"

先生说:"'远虑'不是空空荡荡去思考,只是要存养天理。天理在人心,从古至今,没有始终。天理是良知,千思万虑,只是要致良知。良知越思考越精明,如果不精细思考,随便依事应付,良知就粗糙了。如果只在具体事物上空空荡荡地去思考,教人'远虑',就不免会有毁誉、得失、私欲掺杂进去,就是'将迎'了。周公整夜思考,只是'戒慎不睹''恐惧不闻'的功夫。明白了这一点,就能明白周公将他的气象与'将迎'自然区别开了。"

二十四

【题解】

本条论功夫与境界。为己之学是真实切己的学问，为己方能成己、成物、成圣，达到万物一体的境界，这是一个功夫过程的结果，而不是外在的效验。说效验，则是以"外"说"内"，就不真切了。

　　问："'一日克己复礼，天下归仁'①，朱子作效验说②，如何？"

　　先生曰："圣贤只是为己之学③，重功夫不重效验。仁者以万物为体，不能一体，只是己私未忘。全得仁体，则天下皆归于吾，仁就是'八荒皆在我闼'意④。天下皆与，其仁亦在其中。如'在邦无怨，在家无怨'⑤，亦只是自家不怨，如'不怨天，不尤人'之意。然家邦无怨，于我亦在其中，但所重不在此。"

【注释】

①"一日"二句：语自《论语·颜渊》："颜渊问仁。子曰：'克己复礼为仁。一日克己复礼，天下归仁焉！为仁由己，而由人乎哉？'"

②朱子作效验说：朱熹注"一日克己复礼，天下归仁"曰："极言其效之甚速而至大也。"

③圣贤只是为己之学：语自《论语·宪问》："子曰：'古之学者为己，今之学者为人。'"

④八荒皆在我闼（tà）：语自《宋元学案》卷三十一之吕大临《克己铭》。八荒，八方荒远之地。闼，门。

⑤在邦无怨，在家无怨：语自《论语·颜渊》："仲弓问仁。子曰：'出

门如见大宾,使民如承大祭。己所不欲,勿施于人。在邦无怨,在
家无怨。'"

【译文】

钱德洪问:"对于孔子的'一日克己复礼,天下归仁',朱子认为是效
验,怎么样呢?"

先生说:"圣贤只是为自己的学问,重视功夫而不是效验。仁以万物
为本体,不能融为一体的,只是自己的私欲没有忘记。如果能恢复仁的
本体,那么天下就都归顺于仁,就是'八荒皆在我门内'的意思。天下都
归于仁,他们的仁也在其中。就像'在邦无怨,在家无怨',也只是在自
己家没有什么不怨的,就像'不怨天,不尤人'的意思。然而既然在家、
在邦都没有怨恨,我自然也在其中,只是重点不在于效验而已。"

二十五

【题解】

本条论心学功夫与本体的关系。王阳明以心学解释《孟子·万章》
篇,巧力是功夫,功夫不同,目标则一。圣知是本体,识得本体,则功夫方
始有头脑,归于一。显然,王阳明的解释是有选择性和取舍的。体现了
其以心释经的特点。

问:"孟子'巧、力、圣、智'之说①,朱子云:'三子力有
余而巧不足②。'何如?"

先生曰:"三子固有力,亦有巧。'巧''力'实非两事。
'巧'亦只在用力处,力而不巧,亦是徒力。三子譬如射:一
能步箭,一能马箭,一能远箭。他射得到,俱谓之力,中处
俱可谓之巧。但步不能马,马不能远,各有所长,便是才力

分限有不同处。孔子则三者皆长。然孔子之'和',只到得柳下惠而极③,'清',只到得伯夷而极;'任',只到得伊尹而极,何曾加得些子? 若谓'三子力有余而巧不足',则其力反过孔子了。'巧''力'只是发明'圣''知'之义,若识得'圣''知'本体是何物,便自了然。"

【注释】

①孟子"巧、力、圣、智"之说:《孟子·万章下》孟子曰:"伯夷,圣之清者也;伊尹,圣之任者也;柳下惠,圣之和者也;孔子,圣之时者也。孔子之谓集大成。集大成也者,金声而玉振之也。金声也者,始条理也;玉振之也者,终条理也。始条理者,智之事也;终条理者,圣之事也。智,譬则巧也;圣,譬则力也。由射于百步之外也,其至,尔力也;其中,非尔力也。"

②三子力有余而巧不足:语自朱熹《孟子集注·万章下》:"此复以射之巧力,发明'智''圣'二字之义,见孔子巧力俱全而圣智兼备,三子则力有余而巧不足,是以一节虽至于圣,而智不足以及乎时中也。"三子,即指伯夷、伊尹、柳下惠。

③柳下惠:展禽,一作展获。食邑柳下,故名柳下惠。春秋时鲁国大夫。

【译文】

钱德洪问:"孟子'巧、力、圣、智'的说法,朱子说:'三子力有余而巧不足',怎么样呢?"

先生说:"这三个人固然有力,也有巧。'巧'和'力'并不是两件事。巧也只在用力的地方,有力而没有巧,也只是徒劳费力。这三个人就好比射箭:一个能步射,一个能骑射,一个能远射。他们能射到靶子都称为力,能射中靶子都可以称为巧。只是步射的不能骑射,骑射的不能远射,各有长处,这就是才力局限的不同之处。孔子就兼有他们三人的长处。

然而孔子的'和'最多只能达到柳下惠的极致,'清'只能达到伯夷的极致,'任'只能达到伊尹的极致,哪曾再增添半点儿呢?如果说'三子力有余而巧不足',那么他们的力反而超过孔子了。'巧'和'力'只是用来说明'圣'和'知'的含义的,如果能够明白'圣'和'知'的本意是什么,就自然能够了解了。"

二十六

【题解】

良知具有天理的普遍性和本体的明觉性,良知知善知恶、知是知非,在功夫过程中,不离事事为为。

先生曰:"'先天而天弗违',天即良知也;'后天而奉天时',良知即天也①。"

【注释】

①先天而天弗违、后天而奉天时:语自《周易·乾卦·文言》:"夫大人者,与天地合其德,与日月合其明,与四时合其序,与鬼神合其吉凶。先天而天弗违,后天而奉天时,天且弗违,而况于人乎,况于鬼神乎?"天即良知、良知即天:参见《明儒学案》卷十《姚江学案》黄宗羲语:"先生言致良知以格物,便是先天而天弗违;先生言格物以致其良知,便是后天而奉天时。"

【译文】

先生说:"'先天而天弗违',天就是良知;'后天而奉天时',良知就是天。"

"良知只是个是非之心,是非只是个好恶,只好恶就尽了是非，只是非就尽了万事万变。"

【译文】

"良知只是个辨别是非的心，是非只是喜欢厌恶，明白喜欢厌恶就能完全明白是非，只要明白是非就能明白所有万物变化。"

又曰："'是非'两字，是个大规矩，巧处则存乎其人。"

【译文】

先生又说："但'是非'两个字是大规矩，具体细处则因人而异。"

"圣人之知如青天之日，贤人如浮云天日，愚人如阴霾天日，虽有昏明不同，其能辨黑白则一。虽昏黑夜里，亦影影见得黑白，就是日之余光未尽处。困学功夫①，亦是从这点明处精察去耳！"

【注释】

①困学：语自《论语·季氏》："孔子曰：'生而知之者，上也；学而知之者，次也；困而学之，又其次也；困而不学，民斯为下矣。'"

【译文】

"圣人的良知，就像青天上的太阳，贤人就像多云天空中的太阳，愚人就像阴霾天空中的太阳，虽然有昏聩明亮的不同，它们能辨别黑白的地方是相同的。即使是昏暗的黑夜里，也能隐约看到黑白，那就是太阳的余光没有完全消失的地方。困境中学习功夫，也只能从这点儿光明的地方去精确体察。"

二十七

【题解】

本条论良知与"七情"的关系。在王阳明看来,"七情"是依良知自然之流行,是良知之用,在根本上并无善恶之别,也不会遮蔽良知。故从体用关系出发,良知不是"七情",但又不离于"七情"。但人如果执着于"七情",则是有了执念,便是欲,便有碍于良知本体。此条仍是坚持了良知之行的自然特质。

问:"知譬日,欲譬云,云虽能蔽日,亦是天之一气合有的,欲亦莫非人心合有否?"

先生曰:"喜、怒、哀、惧、爱、恶、欲,谓之'七情',七者俱是人心合有的,但要认得良知明白。比如日光,亦不可指着方所,一隙通明,皆是日光所在。虽云雾四塞,太虚中色象可辨,亦是日光不灭处,不可以云能蔽日,教天不要生云。'七情'顺其自然之流行,皆是良知之用,不可分别善恶,但不可有所着;'七情'有着,俱谓之欲,俱为良知之蔽。然才有着时,良知亦自会觉,觉即蔽去,复其体矣!此处能勘得破,方是简易透彻功夫。"

【译文】

钱德洪问:"良知可比为太阳,私欲可比为浮云,云虽然能遮蔽太阳,但也是天气中本来应有的,私欲也莫非是人心中本来应有的吗?"

先生说:"喜、怒、哀、惧、爱、恶、欲,叫做'七情',七种都是人心中本来应有的,只是要把良知认得清楚明白。比如日光,也不能只照一个地方,只要有一线明亮,都是日光所在。即使云雾四处阻塞,天空中只要还能辨认出颜色形象,也是日光没有消融的地方,不能因为浮云能够蔽日,就让天不要生出浮云来。'七情'顺其自然地生发流行,这都是良知的运用,不能分出善恶来,只是不能执着;'七情'执着了,都称为私欲,都是良知的蒙蔽之物。然而刚刚有所执着的时候,良知也会自己觉察,觉察就去掉这蒙蔽,恢复它的本体! 这个地方如果能看破,才是简单透彻的功夫。"

二十八

【题解】

本条论知行功夫。无论圣、凡,做功夫都是要依良知而行,这是致良知功夫的基本原则。圣、凡功夫之别,在于对良知的体知上,也就是本然良知向明觉良知呈现的过程。故明体和依体而行是一个功夫之两面,二者是统一的,不能割裂来看。

问:"圣人'生知安行'是自然的,如何有甚功夫?"

先生曰:"'知行'二字,即是功夫,但有浅深难易之殊耳。良知原是精精明明的,如欲孝亲,生知安行的,只是依此良知,实落尽孝而已;学知利行者,只是时时省觉,务要依此良知尽孝而已;至于困知勉行者,蔽锢已深,虽要依此良知去孝,又为私欲所阻,是以不能,必须加人一己百、人十己千之功,方能依此良知以尽其孝。圣人虽是'生知安行',然其心不敢自是,肯做'困知勉行'的功夫。'困知勉行'的,却要思量做'生知安行'的事,怎生成得!"

【译文】

钱德洪问:"圣人'生知安行'是自然的,怎么有功夫呢?"

先生说:"'知行'二字,就是功夫,只是有深浅难易的区别而已。良知原本是精明的,比如要孝敬父母,生知安行的,就是依照良知落实尽孝而已;学知利行的,就是时刻醒觉,务必要按照良知尽孝而已;至于困知勉行的,良知被遮蔽禁锢得已经很深,即使要依照良知去孝顺,又被私欲阻碍,因此不能,一定要用上百倍千倍于旁人的功夫,才能依照良知来尽孝。圣人虽然是'生知安行',然而他们心里也不敢自以为是,愿意做'困知勉行'的功夫。'困知勉行'的人却想去做'生知安行'的事,怎么能行呢?"

二十九

【题解】

乐即是安也。安是心体之本然,心安即是事事为为依心而行,本体肖然不动,自足自慊,即是乐也。此处之"乐"为"大乐",而非经验层面之"乐"。当哭则哭,即是顺心而为,故无碍于心体之乐。

问:"乐是心之本体,不知遇大故,于哀哭时,此乐还在否?"

先生曰:"须是大哭一番了方乐,不哭便不乐矣。虽哭,此心安处,即是乐也,本体未尝有动。"

【译文】

钱德洪问:"乐是心的本体,不知道遇到大的变故,哀哭的时候,这个乐还在吗?"

先生说:"一定要大哭一场之后才能快乐,不哭就不快乐了。即使哭,这心中得到安慰了就是乐,本体未曾变动。"

三十

【题解】

本条论良知之体用。体同用异，故理一分殊，月映万川。良知为一，但体认良知的途径很多。故从本源上讲，是由体到用，从功夫上讲，是由用到体。

问："良知一而已，文王作彖，周公系爻，孔子赞《易》^①，何以各自看理不同？"

先生曰："圣人何能拘得死格？大要出于良知同，便各为说何害？且如一园竹，只要同此枝节，便是大同。若拘定枝枝节节，都要高下大小一样，便非造化妙手矣。汝辈只要去培养良知，良知同，更不妨有异处。汝辈若不肯用功，连笋也不曾抽得，何处去论枝节？"

【注释】

①文王作彖，周公系爻，孔子赞《易》：周文王演八卦而成六十四卦，又系彖辞。周公系爻辞。孔子解说《易》，作《象传》上下、《彖传》上下、《系辞传》上下、《文言》《说卦》《序卦》《杂卦》，称"十翼"。

【译文】

钱德洪问："良知只有一个，可周文王作卦辞，周公写爻辞，孔子作'十翼'，为什么他们各自的看法不同？"

先生说："圣人怎能拘泥于死板条文呢？只要从大的方面出自同一个良知，即使各自为说又有什么妨害呢？就像一院竹子，只要长着竹子的枝节相同，就是大同了。如果拘泥于枝枝节节都要高低大小一模一样，那就不是自然造化的奇妙了。你们只要去培养良知，良知相同了，就不妨有其他区别。你们如果不肯用功，就像连笋都长不出来，到哪里去谈论枝节呢？"

三十一

【题解】

　　本条论良知普遍本具。舜是发用良知，瞽瞍是遮蔽良知，二人从正、反两面正好证明了良知本具。讼狱之人恸哭自省，再次证明之。

　　乡人有父子讼狱，请诉于先生。侍者欲阻之，先生听之，言不终辞，其父子相抱恸哭而去。

　　柴鸣治入问曰①："先生何言，致伊感悔之速②？"

　　先生说："我言舜是世间大不孝的子，瞽瞍是世间大慈的父③。"

　　鸣治愕然请问。

　　先生曰："舜常自以为大不孝，所以能孝；瞽瞍常自以为大慈，所以不能慈。瞽瞍只记得舜是我提孩长的，今何不曾豫悦我④，不知自心已为后妻所移了，尚谓自家能慈，所以愈不能慈。舜只思父提孩我时如何爱我，今日不爱，只是我不能尽孝，日思所以不能尽孝处，所以愈能孝。及至瞽瞍厎豫时⑤，又不过复得此心原慈的本体。所以后世称舜是个古今大孝的子，瞽瞍亦做成个慈父。"

【注释】

　　①柴鸣治：里籍不详。

②伊：他们。

③瞽瞍（gǔ sǒu）：舜的父亲。其人愚顽，听从后妻的话，多次想谋害舜。事见《孟子·万章上》。

④豫悦：安逸快乐。

⑤瞽瞍底（zhǐ）豫：语自《孟子·离娄上》："舜尽事亲之道而瞽瞍底豫，瞽瞍底豫而天下化，瞽瞍底豫而天下之为父子者定，此之谓大孝。"朱熹注云："子孝父慈，各止其所，而无不安其位之意，所谓定也。为法于天下，可传于后世，非止一身一家之孝而已，此所以为大孝也。"底豫，得以欢乐。底，致。豫，乐。

【译文】

乡下有父子打官司，向先生投诉。侍从想要阻拦他们，先生听了他们诉说，劝解的话还没说完，这父子俩就相拥着痛哭而去。

柴鸣治进来问道："先生说了什么，能让他们这么快就感悟后悔了？"

先生说："我说舜是世间最不孝的儿子，瞽瞍是世间最慈祥的父亲。"

柴鸣治很惊愕，向先生请教。

先生说："舜常常认为自己大不孝，所以能做到孝顺；瞽瞍常常认为自己最慈祥，因此不能做到慈祥。瞽瞍只记得舜是自己从小养大的，现在为什么不让自己愉悦，却不知道自己的心已经被后妻改变，还认为自己很慈祥，所以越发不能慈祥。舜只想着父亲在我小时候怎样爱我，现在不爱，只是因为我不能尽孝，每天想着自己不能尽孝的地方，所以就更孝顺。等到瞽瞍高兴的时候，只不过是恢复了他心中原本慈祥的本体。所以后世说舜是古今大孝的儿子，瞽瞍也就做成了慈父。"

三十二

【题解】

本条论良知与知识的关系。良知只是个是非，知是知非是良知的能力,故在是非上更易把握良知。良知不是知识,知识有时反而是对良知的遮蔽。这在王阳明的经学观中可见出。

　　先生曰:"孔子有鄙夫来问①,未尝先有知识以应之,其心只空空而已。但叩他自知的是非两端②,与之一剖决,鄙夫之心便已了然。鄙夫自知的是非,便是他本来天则,虽圣人聪明,如何可与增减得一毫? 他只不能自信,夫子与之一剖决,便已竭尽无余了。若夫子与鄙夫言时,留得些子知识在,便是不能竭他的良知,道体即有二了。"

【注释】

①孔子有鄙夫来问:《论语·子罕》:"子曰:'吾有知乎哉? 无知也。有鄙夫问于我,空空如也,我叩其两端而竭焉。'"

②叩他自知的是非两端:语自《论语·子罕》"子曰:'吾有知乎哉? 无知也。有鄙夫问于我,空空如也,我叩其两端而竭焉。'"

【译文】

先生说:"有农夫来请教孔子,孔子未曾有现成的知识来应答他,他的心中空空的。孔子只是从农夫所问中来判断是非两端,帮他分析,农夫心中就明白了。农夫自己知道的是非,就是他本来的天理规则,即使圣人再聪明,如何能为他增减一分一毫? 他只是不自信,孔子给他一解释,就已经十分清楚了。如果孔子与农夫说话时,给他灌输一些知识,就不能开悟他的良知,反而使道和体就分成两个了。"

三十三

【题解】

本条以心释经(《尚书》)。王阳明训"炁"为"薰炁",从而将功夫的主体由象变为舜,体现出"功夫由己"的心性学立场。

　　先生曰:"'烝烝乂,不格奸'①,本注说象已进于乂,不至大为奸恶。舜征庸后②,象犹日以杀舜为事,何大奸恶如之? 舜只是自进于乂,以乂薰烝,不去正他奸恶。凡文过掩慝,此是恶人常态,若要指摘他是非,反去激他恶性。舜初时致得象要杀己,亦是要象好的心太急,此就是舜之过处。经过来,乃知功夫只在自己,不去责人,所以致得'克谐',此是舜'动心忍性,增益不能'处。古人言语,俱是自家经历过来,所以说得亲切,遗之后世,曲当人情。若非自家经过,如何得他许多苦心处?"

【注释】

①"烝烝乂"二句:语自《尚书·尧典》:四岳言舜"父顽、母嚚、象傲,克谐以孝,烝烝乂,不格奸"。蔡沈注云:"谐,和。烝,进也。言舜不幸遭此,而能和以孝,使之进进以善自治,而不至于大为奸恶也。"王阳明不同意此注所言象"进进以善",而以"烝"为"薰烝",指舜而言。

②征庸:语自《尚书·舜典》:"舜生三十征庸,三十在位。"

【译文】

先生说:"《尚书》说'烝烝乂,不格奸',旧注说象已经上进到乂,不至于做大奸大恶的事。但舜被尧征召为官后,象仍旧每天想着要杀舜,为什么大奸大恶的事和以前一样呢? 舜只是自觉地进行安抚,采用安抚的方法来熏陶感化象,而不是直接纠正他的奸恶。凡是过分掩盖奸恶,这是恶人的常态,如果去指摘他的对错,反而刺激他的恶性。舜开始时使得象要杀自己,也是希望象变好的心太急,这就是舜过错的地方。有了这件事，才知道功夫只在自己，不去责怪旁人，所以才能'克谐'，这是舜'动心忍性，增益不能'的地方。古人的话，都是自己经历，所以说得很亲切，流传到后世，经过变通还能适合。如果不是自己经历过，怎能明白他这些苦心呢?"

三十四

【题解】

王阳明从"心即理"出发，在心物关系上采取了重内轻外或是内非外的立场。由此出发，古乐之本在于其善，戏子之表演是呈现善的途径而已；求元声在于先求心体之中和，候灰管只是验证气和而已。

先生曰："古乐不作久矣。今之戏子，尚与古乐意思相近。"

未达，请问。

先生曰："《韶》之九成①，便是舜的一本戏子；《武》之九变②，便是武王的一本戏子。圣人一生实事，俱播在乐中，所以有德者闻之，便知他尽善尽美，与尽美未尽善处③。若后世作乐，只是做些词调，于民俗风化绝无关涉，何以化民善俗？今要民俗反朴还淳，取今之戏子，将妖淫词调俱去了，只取忠臣孝子故事，使愚俗百姓人人易晓，无意中感激他良知起来，却于风化有益。然后古乐渐次可复矣。"

【注释】

①《韶》之九成：语自《尚书·益稷》："箫韶九成，凤凰来仪。"《韶》，传说中舜时的乐曲名。九成，乐曲终止叫"成"，"九成"即指多次

演奏。

②《武》之九变:《武》,传说中周武王时的乐曲。九变,多次演奏。

③尽善尽美、尽美未尽善:语自《论语·八佾》:"子谓《韶》,'尽美矣,又尽善也'。谓《武》,'尽美矣,未尽善也'。"

【译文】

先生说:"古乐已很长时间未演奏了。今天的唱戏与古乐的韵味还比较相似。"

钱德洪不理解,于是就这句话请教于先生。

先生说:"《韶》的九章,是虞舜时的乐曲;《武》的九章,是周武王时的乐曲。圣人平生的事迹,都蕴涵在乐曲中,因此有德之人听后,就能了解其中的尽善尽美和尽美不尽善之处。假若后世作乐,只是谱写一些词调,和民风教化绝无关系,岂能用来教化风俗教民向善呢?如今要求民风返璞归真,把今天的戏曲拿来,将乐曲中所有的妖淫词调都删除掉,只保留忠臣、孝子的故事,使世俗百姓都容易理解,在无知觉中激发他们的良知,如此,对移风易俗会有所帮助,然后古乐也就逐渐恢复本来面貌了。"

曰:"洪要求元声不可得①,恐于古乐亦难复。"

先生曰:"你说元声在何处求?"

对曰:"古人制管候气,恐是求元声之法。"

先生曰:"若要去葭灰黍粒中求元声②,却如水底捞月,如何可得?元声只在你心上求。"

【注释】

①元声:指基本音。

②葭(jiā)灰:葭莩之灰。古人烧苇膜成灰,放于律管中,置于密室内,某一节候到,某律管中的葭灰就会飞出,提示某节候已到。葭

莩，为芦苇里的薄膜。

【译文】

钱德洪说："我连元声都找不到，只怕要恢复古乐十分困难。"

先生问："你认为元声该到哪里去寻找？"

钱德洪答道："古人制造律管来候气，这也许是寻求元声的办法。"

先生说："若要从葭灰稻谷中寻找元声，就如同水底捞月，岂能找到？元声只能从心上找。"

曰："心如何求？"

先生曰："古人为治，先养得人心和平，然后作乐。比如在此歌诗，你的心气和平，听者自然悦怿兴起①，只此便是元声之始。《书》云'诗言志'，志便是乐的本；'歌永言'，歌便是作乐的本；'声依永，律和声'，律只要和声，和声便是制律的本；何尝求之于外？"

【注释】

①悦怿（yì）：愉快。

【译文】

钱德洪问："在心上如何找呢？"

先生说："古人治理天下，首先把人培养得心平气和，而后才作乐。例如在这里吟诗，你心平气和，听的人自然会感到愉悦满意，这就是元声的起始处。《尚书·尧典》中说'诗言志'，志就是乐之根本；'歌永言'，歌就是作乐之根本；'声依永，律和声'，音律只要与声音和谐一致，声音和谐就是制定音律之根本；所以怎能到心外去寻找呢？"

曰："古人制候气法，是意何取？"

先生曰:"古人具中和之体以作乐。我的中和,原与天地之气相应;候天地之气,协凤凰之音,不过去验我的气果和否。此是成律已后事,非必待此以成律也。今要候灰管,先须定至日,然至日子时,恐又不准,又何处取得准来?"

【译文】

钱德洪又问:"古人以律管候气的办法,又是以什么为依据?"

先生说:"古人当具备中和的心体后才作乐。我中正平和的心体本来就与天地之气相应;测定天地之气,与凤凰的鸣叫相和谐,只不过是来验证我的气是否真的中正平和。这是制成音律之后的事,并不是非要以此为依据才能制成音律。如今要通过律管来候气,必须先确定在冬至这天,但是当到了冬至子时,又怕时间不准确,这又要到哪里去找标准呢?"

三十五

【题解】

本条论为学之方,强调在心上做功夫。做学问,朋友点化不如自家解化;不重内在修养功夫,徒学外在格局气魄是无益的。

先生曰:"学问也要点化①,但不如自家解化者②,自一了百当。不然,亦点化许多不得。"

【注释】

①点化:指师友劝导而化。

②解化:指良知自知。

【译文】

先生说:"学问也要经过别人的开导点化,只是不如自己所省悟理解的那样，自己一通全通。否则，开导点化也没有多大用处。"

　　"孔子气魄极大，凡帝王事业，无不一一理会，也只从那心上来。譬如大树，有多少枝叶，也只是根本上用得培养功夫①，故自然能如此，非是从枝叶上用功做得根本也。学者学孔子，不在心上用功，汲汲然去学那气魄②，却倒做了。"

【注释】

①根、本：二词同义，此处指树根。

②汲汲然：急切、匆忙的样子。

【译文】

先生说："孔子的气魄宏伟，只要是帝王的事业，没有不从心上一一加以体会。譬如一棵大树，无论有多少枝叶，也只是从根上用培养的功夫，因此枝繁叶茂，并不是从枝叶上用功夫去培养根。学者向孔子学习，若不在心上用功，只匆匆忙忙地学那气魄，如此，只是将功夫做颠倒了。"

三十六

【题解】

此处论心学日常诸功夫，强调收敛此心，克己向善，勿逐于外物。

　　"人有过，多于过上用功，就是补甑①，其流必归于文过②。"

【注释】

①补甑（zèng）：东汉孟敏荷甑坠地，不顾而去，曰："已破矣，视之何益。"典出《后汉书·郭符许列传》。

②文过：文过饰非，掩饰错误和过失。

【译文】

"当人犯了错误，若过多地在错误上用功夫，就好像修补破旧的甑，时间一长必定有文过饰非的毛病。"

"今人于吃饭时，虽无一事在前，其心常役役不宁，只缘此心忙惯了，所以收摄不住。"

【译文】

"现在，有些人在吃饭时，即使无事在前，他的心经常忙乱而不安定，只因此心忙惯了，所以收摄不住。"

"琴瑟简编，学者不可无。盖有业以居之①，心就不放。"

【注释】

①有业以居之：语自《周易·乾卦·文言》："修辞立其诚，所以居业也。"

【译文】

"琴瑟与书籍，学者不能或缺。大概有这些事情来安定内心，心就不会放纵。"

先生叹曰："世间知学的人，只有这些病痛打不破，就不是'善与人同'①。"

崇一曰："这病痛只是个好高不能忘己尔。"

【注释】

①善与人同：语自《孟子·公孙丑上》："大舜有大焉，善与人同。舍

己从人,乐取于人以为善。"

【译文】

先生感叹地说:"世间知学的人,只要这些毛病不能纠正,就不是'善与人同'。"

欧阳崇一接着说:"所谓的毛病,也就是因为好高骛远而不能舍己从人。"

三十七

【题解】

良知无过无不及,良知自知之。刘宗周云:"良知无过不及。知得过不及的是良知,"

问:"良知原是中和的,如何却有过不及①?"

先生曰:"知得过、不及处,就是中和。"

【注释】

①过不及:语自《论语·先进》:"子贡问:'师与商也孰贤?'子曰:'师也过,商也不及。'曰:'然则师愈与?'子曰:'过犹不及。'"

【译文】

钱德洪问:"良知本来就是中和的,如何会有过与不及呢?"

先生说:"清楚了过与不及,也就是中和。"

三十八

【题解】

本条以心学解《大学》。所恶于上,即以良知为标准;毋以使下,即依良知而行。上与下，虽对象不同，但所体现知行合一则一。

　　"'所恶于上'，是良知；'毋以使下'，即是致知。"①

【注释】

①所恶于上、毋以使下：语自《大学》第十章："所恶于上，毋以使下，所恶于下，毋以事上；所恶于前，毋以先后；所恶于后，毋以从前；所恶于右，毋以交于左；所恶于左，毋以交于右：此之谓絜矩之道。"

【译文】

　　"'所恶于上'，就是良知；'毋以使下'，就是致知。"

三十九

【题解】

　　本条借苏、张之智论良知与良知之用。在致良知功夫研究中，素有依良知行和行良知的区别，前者契于良知主旨，而后者则有人伪之意。苏、张以良知体察人情，无不中人肯綮，然不免机巧，而非真正致良知。关于此条，黄宗羲认为采之《问道录》，"以情识为良知，其失阳明之旨甚矣"。日本学者佐藤一斋认为："良知是本然之知；私智，是形气之知。苏、张之智，即是私智，然原亦出于良知。"进而不同意黄宗羲之论。其实，关于此条之出处，并无所据，此且不论。从义理而言，良知非私智，言私智已有自私用智之意，已失良知之旨。故黄宗羲之义理分析更切于阳明本旨。

　　先生曰："苏秦、张仪之智，也是圣人之资。后世事业文章，许多豪杰名家，只是学得仪、秦故智。仪、秦学术善揣摸人情，无一些不中人肯綮①，故其说不能穷。仪、秦亦是窥见得良知妙用处，但用之于不善尔。"

【注释】

①中人肯綮（qìng）：语自《庄子·养生主》："因其固然，技经肯綮之未尝，而况大軱乎！"肯綮，筋骨的结合之处，比喻要害或最关键之处。

【译文】

先生说："苏秦、张仪的谋略，也是圣人的资质。后代的诸多事业文章，诸多的豪杰名家，只是学到了张仪、苏秦使用过的方法。张仪、苏秦的学问很会揣摩人情，没有哪一点儿不是切中要害的，因此他们的学说不能穷尽。张仪、苏秦已窥到了良知的妙用处，只是没有把它用在点子上。"

四十

【题解】

本条论"未发""已发"。在王阳明看来，未发中蕴育着已发，已发中包含着未发，正如良知中蕴含着致良知功夫的能力和要求，致良知功夫中包含着良知的动力。

或问"未发""已发"。

先生曰："只缘后儒将'未发''已发'分说了，只得劈头说个无'未发''已发'，使人自思得之。若说有个'已发''未发'，听者依旧落在后儒见解；若真见得无'未发''已发'，说个有'未发''已发'，原不妨，原有个'未发''已发'在。"

【译文】

有人就"未发""已发"的问题请教于先生。

先生说:"只因后世儒者将'未发''已发'分开来讲了,所以我只能直接说一个没有'未发''已发',让世人自己思考而有所得。若说有一个'已发''未发',听讲的人依然回到后世儒者的见解上;若能真正认识到没有'未发''已发',即使讲有'未发''已发'也没事,本来就存在'未发''已发'。"

问曰:"'未发'未尝不和,'已发'未尝不中;譬如钟声,未扣不可谓无,既扣不可谓有,毕竟有个扣与不扣,何如?"

先生曰:"未扣时原是惊天动地,既扣时也只寂天寞地。"

【译文】

有人问:"'未发'并非不和,'已发'也并非不中;就比如钟声,没敲不能说无声,敲了也不能说有声,它到底有敲和不敲的分别,是这样的吗?"

先生说:"没敲时原本就是惊天动地的,敲了之后也只是寂静无声。"

四十一

【题解】

本条论"性"。在阳明心学,心即性,性即理。良知无善无恶,故性亦无善无恶。性之发用,即良知之发用。性与良知皆不离日用行常和见闻。故从性到用而言,性只是一个"一",无善无恶;从用见性而言,则性之呈现纷繁多样,体现了理一分殊的宋明理学基本原则。

问:"古人论性,各有异同,何者乃为定论?"

先生曰："性无定体，论亦无定体，有自本体上说者，有自发用上说者，有自源头上说者，有自流弊处说者。总而言之，只是这个性，但所见有浅深尔。若执定一边，便不是了。性之本体原是无善无恶的，发用上也原是可以为善可以为不善的，其流弊也原是一定善一定恶的①。譬如眼，有喜时的眼，有怒时的眼，直视就是看的眼，微视就是觑的眼。总而言之，只是这个眼，若见得怒时眼，就说未尝有喜的眼，见得看时眼，就说未尝有觑的眼，皆是执定，就知是错。孟子说性，直从源头上说来，亦是说个大概如此。荀子性恶之说，是从流弊上说来，也未可尽说他不是，只是见得未精耳。众人则失了心之本体。"

【注释】

①其流弊也原是一定善一定恶的：日本学者佐藤一斋于《传习录栏外书》说："此句义不可解，疑必有误脱。似当作：'其源头也，原是一定善的；其流弊也，原是一定恶的。'"

【译文】

钱德洪问："古人谈论人性，各有异同，到底谁家的可作为定论呢？"

先生说："性无固定的体，论也无固定的体，有就本体而言的，有就发用而言的，有就源头而言的，有就流弊而言的。总而言之，说的只是这个性，只是看法有深浅罢了。假若偏执一方，就是错误的了。性的本体原本无善无不善，性的发用也原本是可以为善可以为不善的；性的流弊也原本是有的一定为善有的一定为恶的。比如人的眼睛，有喜悦时的眼，有愤怒时的眼，直视时就是正面看的眼，偷看时就是窥视的眼。总而言之，只是这个眼睛，若看到愤怒时的眼，就说未尝没有喜悦时的眼；看到正面看的眼，就说未尝没有窥视的眼，这都是偏执一方，就知是过错。孟子谈性,他是直接从源头上讲的,也是说大概如此。荀子主张性恶,他是从流弊上说的,也不能说完全错误,只是认识的还不够精密。然而,平常人则是丧失了心的本体。"

问:"孟子从源头上说性,要人用功在源头上明彻;荀子从流弊说性,功夫只在末流上救正,便费力了。"

先生曰:"然。"

【译文】

钱德洪问:"孟子从源头上说性,要求人在源头上用功使性明净清澈;荀子从流弊上说性,仅在末流上用功救正,如此就耗费精力了。"

先生说:"正是这样。"

四十二

【题解】

本条论功夫之不执着。用功深处即精微,但不可执于精微;慈湖论一,但又执于一。功夫有执着,既是对本体的遮蔽。这些正是王阳明所反对的。

先生曰:"用功到精处,愈着不得言语,说理愈难。若着意在精微上,全体功夫反蔽泥了。"

【译文】

先生说:"用功到了精微的地步,越发不能用言语来表达,说理也越难。若在精微处过分在意,整体的功夫反会受到蒙蔽、妨碍了。"

"杨慈湖不为无见①,又着在无声无臭上见了②。"

【注释】

①杨慈湖:杨简(1141—1226),字敬仲,曾居慈湖(在今浙江宁波西北),故号慈湖。乾道五年(1169)进士,陆象山门人。卒谥文元,学者称慈湖先生。著有《甲乙稿》《杨氏易传》《五诰解》《慈湖诗传》《冠记》《昏记》等。

②又着在无声无臭上见了:参见《王龙溪先生全集》卷五《慈湖精舍会语》:"先师(王守仁)谓慈湖已悟无声无臭之旨,未能忘见。象山谓'予不说一,敬仲常说一',此便是一障。"

【译文】

"杨慈湖并不是没有见解,他只是执着在无声无息方面理解认识问题。"

四十三

【题解】

本条论良知之本然。良知本体自清明,然常为气构物蔽,故人所呈现出来的气象时有不同。然只要人自信良知,时时做去蔽功夫,便是自得无不入的境界。

"人一日间,古今世界都经过一番,只是人不见耳。夜气清明时,无视无听,无思无作,淡然平怀,就是羲皇世界①。平旦时,神清气朗,雍雍穆穆②,就是尧、舜世界。日中以前,礼仪交会,气象秩然,就是三代世界。日中以后,神气渐昏,往来杂扰,就是春秋、战国世界。渐渐昏夜,万物寝息,景象寂廖,就是人消物尽世界。学者信得良知过,不为气所乱,便常做个羲皇已上人。"

【注释】

①羲皇：即伏羲氏。见前注。

②雍雍穆穆：庄严肃穆。

【译文】

"人在一天时间内，把从古至今的世界都游历了一番，只是人自己没有感觉到罢了。当夜气清明时，人无视无听，无思无作，淡泊恬静，这就是羲皇的世界。清早，人的神清气爽，庄严肃穆，这就是尧、舜的世界。中午之前，人们礼仪交会，气象井然，这就是夏、商、周三代的世界。中午之后，人的神气渐昏，往来杂扰，这就是春秋、战国的世界。逐渐天黑，万物安息，景象寂寥，这就是人与物都消失殆尽的世界。学者若能充分信任良知，不被气所扰乱，便能经常做一个羲皇时代的人。"

四十四

【题解】

本条论狂者精神。狂者自信良知，依良知而行，不委曲求全于人情世故，故王阳明自任狂者。同时，王阳明对狂者也有很高的期许，认为其一转念便可成圣人。由此可见，王阳明对良知的持守及心学立场。

薛尚谦、邹谦之、马子莘、王汝止侍坐①，因叹先生自征宁藩已来②，天下谤议益众，请各言其故。有言先生功业势位日隆，天下忌之者日重；有言先生之学日明，故为宋儒争是非者亦日博；有言先生自南都以后③，同志信从者日众，而四方排阻者日益力。

先生曰："诸君之言，信皆有之，但吾一段自知处，诸君俱未道及耳。"

诸友请问。

先生曰:"我在南都以前,尚有些子乡愿的意思在。我今信得这良知真是真非,信手行去,更不着些覆藏。我今才做得个'狂者'的胸次④,使天下之人都说我行不掩言也罢。"

尚谦出,曰:"信得此过,方是圣人的真血脉!"

【注释】

①薛尚谦:即薛侃。见前注。邹谦之:即邹守益。见前注。马子莘:即马明衡。见前注。王汝止:王艮(1483—1540),初名银,号心斋,扬州府泰州(今江苏泰州)人。从师于王阳明,学者称其为心斋先生。著有《王心斋集》。

②征宁藩:1519年,明武宗之叔祖宁王朱宸濠自南昌起兵谋反,时王阳明巡按南赣,举义兵平息叛乱,生擒宁王。此处语录于1523年。

③先生自南都以后:王阳明于正德九年(1514)四月升南京鸿胪寺卿,历时两年多,且讲学不辍。南都,即今江苏南京。

④狂者:语自《论语·子路》:"子曰:'不得中行而与之,必也狂狷乎!狂者进取,狷者有所不为也。'"指有进取心、敢于直言的人。

【译文】

薛侃、邹守益、马子莘、王汝止侍奉先生在座,大家慨叹先生自征讨宁藩以来,天下非议诋毁先生的人与日俱增,先生让各位说说其中的原因。有的讲先生的功业权势日益显赫,因而天下嫉妒的人越来越多;有的讲先生的学说影响力越来越大,因而替宋儒争是非的人也就越来越多;有的说自正德九年先生从南京讲学后,志同道合尊崇先生的人越来越多,因而天下排挤阻挠的人也越来越卖力。

先生说:"各位所言,的确都有可能存在,只是我感觉还有一点,各位都还没有谈及。"

各位都询问于先生。

先生说:"我在南京以前,尚有一些言行不符的表现。如今,我确信良知的真是真非,随手拈来,再也不用隐藏着。现在我终于有了一个'狂者'的胸襟,即便全天下人都讲我言行不符也毫无关系。"

薛侃站出来说:"有这份自信心,才是圣人的真血脉啊!"

四十五

【题解】

本条论良知的普遍性。满街人都是圣人,并不是说满街人都是现实的圣人,而是指满街人都具有成为圣人的潜在本质,这个普遍的潜在本质即是良知。从良知的普遍性出发,讲学者和听讲者在本质上是平等的,讲学觉民重在使人自明、自觉、自信良知,关键在于人自身的觉解。故好高骛远,自以为是便是偏离了良知。

先生锻炼人处,一言之下,感人最深。

一日,王汝止出游归,先生问曰:"游何见?"

对曰:"见满街都是圣人。"

先生曰:"你看满街人是圣人,满街人到看你是圣人在。"

又一日,董萝石出游而归①,见先生曰:"今日见一异事。"

先生曰:"何异?"

对曰:"见满街人都是圣人。"

先生曰:"此亦常事耳,何足为异!"

盖汝止圭角未融②,萝石恍见有悟,故问同答异,皆反其言而进之。

【注释】

①董萝石:董沄(1457—1533),字复宗,一字子涛,号萝石,晚号从
　吾道人,嘉兴府海盐(今浙江海盐)人。嘉靖三年(1524),时六
　十八岁,游会稽,闻王阳明讲学,师事之。

②圭角:指锋芒。

【译文】

先生教育指点人时,一句话就能让人感觉深刻。

有一天,王汝止外出回来,先生问他:"在外面看到了什么?"

王汝止答道:"我看到满街的人都是圣人。"

先生说:"你看到满街人都是圣人,他们看你也是圣人。"

又一天,董萝石外出回来,他对先生说:"今天看到一件稀奇事。"

先生说:"什么稀奇事?"

他答道:"我看到满街人都是圣人。"

先生说:"这件事太平常了,有什么值得惊奇的!"

因为王汝止毕露锋芒,董萝石恍然省悟,因此问题相同答案各异,先
生都是就他们的话而启发他们。

　　洪与黄正之、张叔谦、汝中丙戌会试归①,为先生道途
中讲学,有信有不信。

　　先生曰:"你们拿一个圣人去与人讲学,人见圣人来,都
怕走了,如何讲得行? 须做得个愚夫愚妇,方可与人讲学。"

【注释】

①黄正之:即黄宏纲。见前注。张叔谦:张元冲,字叔谦,号浮峰,绍
　兴府山阴(今浙江绍兴)人。嘉靖十六年(1537)进士,年六十二
　岁拜入王阳明之门。汝中:即王畿。见前注。丙戌:即嘉靖五年,
　1526年。

【译文】

钱德洪、黄正之、张叔谦、王汝中于丙戌年参加会试,在返回的途中,纷纷讲授先生的学说,有的人相信,有的人怀疑。

先生说:"你们端着一个圣人的架子去给别人讲学,人们看见圣人来了,都给吓跑了,怎么能讲得好呢?唯有做一个愚夫愚妇,才能给别人讲学。"

洪又言:"今日要见人品高下最易。"

先生曰:"何以见之?"

对曰:"先生譬如泰山在前,有不知仰者,须是无目人。"

先生曰:"泰山不如平地大,平地有何可见?"

先生一言翦裁,剖破终年为外好高之病,在座者莫不悚惧。

【译文】

钱德洪又谈道:"如今极容易看出人品的高低。"

先生说:"怎么见得?"

钱德洪答道:"先生如同泰山在面前,若有人不知道敬仰的,那一定是有眼无珠的人。"

先生说:"泰山不及平地广阔,在平地上又能看到什么?"

先生这一句话,剔除了我们多年来好高骛远的弊病,在座的诸位无不有所警惧。

四十六

【题解】

本条借邹谦之论为学之态度。

　　癸未春①,邹谦之来越问学。居数日,先生送别于浮峰。是夕,与希渊诸友移舟宿延寿寺,秉烛夜坐。先生慨怅不已,曰:"江涛烟柳,故人倏在百里外矣!"

　　一友问曰:"先生何念谦之之深也?"

　　先生曰:"曾子所谓'以能问于不能,以多问于寡,有若无,实若虚,犯而不校'②,若谦之者,良近之矣!"

【注释】

①癸未:嘉靖二年,即1523年,时王阳明五十二岁。

②"以能问"五句:语自《论语·泰伯》:"曾子曰:'以能问于不能,以多问于寡,有若无,实若虚,犯而不校(校),昔者吾友尝从事于斯矣。'"

【译文】

　　癸未春季,邹谦之来到越地问学。住了几天,先生送行张叔谦。这天晚上,与希渊等几位朋友乘船在延寿寺留宿,大家秉烛夜坐。先生无限感慨,说道:"江水奔腾,烟柳飘飞,谦之顷刻间就在百里之外了!"

　　有位朋友问:"先生为何对谦之挂念如此深刻?"

　　先生说:"曾子曾说过'明明有才能的人却向无才的人请教,明明有学识的人却向无学识的人请教,有才却如同没才一样,有实学却又虚怀若谷,受到冒犯也能够不计较',这样的人,和谦之十分相像啊!"

四十七

【题解】

　　本条所记即"天泉证道"的典故,重在论王阳明之彻上彻下之功夫。王龙溪主"四无"说,钱德洪主"四有"说。王阳明主张二者打并为一,为中人上下皆备入道之途。关于"天泉证道"和功夫之论争,有《传习录》《年谱》和王龙溪记述多个版本,学者考证与研究颇多,兹不赘述。

　　丁亥年九月^①,先生起复征思、田^②,将命行时,德洪与汝中论学。汝中举先生教言曰:"无善无恶是心之体,有善有恶是意之动,知善知恶是良知,为善去恶是格物。"德洪曰:"此意如何?"

　　汝中曰:"此恐未是究竟话头。若说心体是无善无恶,意亦是无善无恶的意,知亦是无善无恶的知,物是无善无恶的物矣。若说意有善恶,毕竟心体还有善恶在。"

　　德洪曰:"心体是天命之性,原是无善无恶的。但人有习心,意念上见有善恶在,格、致、诚、正、修,此正是复那性体功夫。若原无善恶,功夫亦不消说矣。"

【注释】

①丁亥:嘉靖六年,即1527年,时王阳明五十六岁。

②起复:古代官员遇父母丧停职回家守丧,丧期结束重新任职,称"起复"。嘉靖元年(1522),王阳明丁忧家居,至嘉靖六年(1527),起为兼都察院左都御史。思、田:思恩府和田州府。思恩府,治今广西平果东北。辖境相当于今广西武鸣、马山及平果东北等地。田州府,治今广西田阳。当时王阳明受诏,起复征讨思、田一带的匪患。

【译文】

　　丁亥年九月,先生被朝廷起用,第二次讨伐思恩和田州,即将启程时,钱德洪和王汝中探讨学问。王汝中援引先生的话说:"无善无恶是心之体,有善有恶是意之动,知善知恶是良知,为善去恶是格物。"钱德洪说:"你认为这几句话怎样?"

王汝中说:"这几句话恐怕没有说完全。若说心体是无善无恶的,那么意也是无善无恶的意,知也是无善无恶的知,物也是无善无恶的物。若认为意有善恶,在心体上终究还有善恶存在。"

钱德洪说:"心体是天命之性,原本是无善无恶的。只是人有受到沾染的心,在意念上就有善恶,格物、致知、诚意、正心、修身,其正是要恢复那性体的功夫。若意本无善恶,那么功夫也就不要再说了。"

是夕侍坐天泉桥^①,各举请正。

先生曰:"我今将行,正要你们来讲破此意。二君之见正好相资为用,不可各执一边。我这里接人原有此二种:利根之人^②,直从本源上悟入。人心本体原是明莹无滞的,原是个'未发之中'。利根之人一悟本体,即是功夫,人己内外,一齐俱透了。其次不免有习心在,本体受蔽,故且教在意念上实落为善去恶,功夫熟后,渣滓去得尽时,本体亦明尽了。汝中之见,是我这里接利根人的;德洪之见,是我这里为其次立法的。二君相取为用,则中人上下皆可引入于道。若各执一边,眼前便有失人,便于道体各有未尽。"

【注释】

①天泉桥:桥名。位于浙江绍兴阳明府邸。王阳明曾于此答门人
"四句教"之问,称为"天泉证道"。

②利根:佛教语。犹言慧性。

【译文】

这天夜晚,钱德洪和王汝中在天泉桥陪先生坐着,各人谈了自己的见解,特向先生请教。

先生说:"如今我将要远征,正要给你们来说破这一点。两位的见解恰好可以互为补充,不可偏执一方。我这里开导人的技巧原本有两种:资质特高的人,让他直接从本源上体悟。人心本体原本是明彻无滞的,原本是一个'未发之中'。资质特高的人,只要体悟本体,也就是功夫了,他的人和自我、内和外一切都透彻了。另外一种人,资质较差,心不免受到沾染,本体遭蒙蔽,因此姑且教导他从意念上实实在在为善除恶,待功夫纯熟后,污秽彻底荡涤,本体也就明净了。汝中的见解,是我这里用来开导资质特高的人;德洪的见解,是我这里用来教导资质较差的人使用的方法。两位若互为补充借用,那么无论什么资质的人都可被导入坦途。若两位各执一词,在你们眼前就会有人不能步入正轨,就不能穷尽道体。"

既而曰:"已后与朋友讲学,切不可失了我的宗旨。'无善无恶是心之体,有善有恶是意之动,知善知恶的是良知,为善去恶是格物',只依我这话头随人指点,自没病痛,此原是彻上彻下功夫。利根之人,世亦难遇,本体功夫,一悟尽透。此颜子、明道所不敢承当,岂可轻易望人!人有习心,不教他在良知上实用为善去恶功夫,只去悬空想个本体,一切事为俱不着实,不过养成一个虚寂。此个病痛不是小小,不可不早说破。"

是日德洪、汝中俱有省。

【译文】

先生之后说:"今后和朋友讲学,千万不可抛弃了我的宗旨。'无善无恶是心之体,有善有恶是意之动,知善知恶的是良知,为善去恶的是格物',只要根据我的话随人施教,自然不会出问题,这原本是上下贯通的功夫。资质特高的人,世上也难遇到,对本体功夫一领悟就能全都能明白,就是颜子、明道先生这样的人也不敢妄自尊大,岂敢随便指望他人!人有受到沾染的心,若不教导他在良知上切实用为善除恶的功夫,只去悬空思索一个本体,所有事都不切实加以处理,这只不过是修养成了一个虚空静寂的坏毛病。这个毛病不是小事情,所以我不能不提前向你们讲清楚。"

这一天,钱德洪和王汝中都有所得。

四十八

【题解】

此为钱德洪所写的"序",记述了王阳明晚年居越讲学的盛况。嘉靖元年(1522)至六年(1527),王阳明闲居于越,授徒讲学,成就和发展了浙中王学、泰州王学、江右王学、南中王学等学派,掀起了心学讲学的高潮,在中晚明讲学史上具有重要地位。

先生初归越时,朋友踪迹尚廖落。既后四方来游者日进。癸未年已后,环先生而居者比屋,如天妃、光相诸刹,每当一室,常合食者数十人,夜无卧处,更相就席,歌声彻昏旦。南镇、禹穴、阳明洞诸山,远近寺刹,徙足所到,无非同志游寓所在。先生每临讲座,前后左右环坐而听者常不下数百人,送往迎来,月无虚日;至有在侍更岁,不能遍记其姓名者。

【译文】

先生初回越地时,来拜访的朋友还不多。后来,四方来问学的人与日俱增。癸未年以后,在先生周围居住的人更多,像在天妃、光相等寺庙中,每间屋子经常是几十人在一块吃饭,夜晚没地方睡觉,大家就轮流着就寝,歌声通宵达旦。在南镇、禹穴、阳明洞等山中,远近的寺庙里,只要人能到达的地方,无不是志同道合的求学者的居住之处。先生每次讲学,前后左右环坐的听众,经常不少于几百人,一个月中没有一天不迎来送往的;甚至于有人在这里听讲达一年之多,先生也不能完全记住他们的姓名。

　　每临别,先生常叹曰:"君等虽别,不出在天地间。苟同此志,吾亦可以忘形似矣①!"

【注释】

①忘形似:语自《庄子·让王》:"故养志者忘形,养形者忘利,致道者忘心矣。"

【译文】

　　每当告别时,先生常感叹地说:"虽然你们与我分别了,也不会超出天地之间。若我们有着共同的志向,我也可以忘掉你们的容貌了!"

　　诸生每听讲,出门未尝不跳跃称快。

【译文】

　　学生们每次听讲出门时,无不欢呼雀跃称快。

　　尝闻之同门先辈曰:"南都以前,朋友从游者虽众,未有如在越之盛者。此虽讲学日久,孚信渐博,要亦先生之学日进,感召之机、申变无方,亦自有不同也。"

【译文】

曾听同门长辈说：“在南京之前，问学的朋友虽不少，但比不上在浙江绍兴的多。其中固然因为先生讲学的时间久，获得的信任也就多了，但关键的也是先生的学问与日精进，感召学生的机会和开导学生的技巧，自然各有不同。”

黄以方录 凡二十五则

【题解】

　　黄以方,即黄直,其简介见前注。"黄以方录"的内容可概括地分为以下六个方面:第一,以心释经。如对《论语》《大学》的心学化诠释,重点在于对"格物""知行合一"等心学功夫的阐释;第二,对"心即理"的论述。"心即理"体现在"心"与"理"(心理合一)和"心"与"物"(心物合一)两个层面,由此出发"尊德性"与"道问学"、"尽精微"与"致广大"理应是统一的;第三,论心学之性。《传习录》对"性"的论述虽不如对"良知""致良知"的论述那么多,但也贯穿语录始终,凸显了心学与理学之"性"的差异。对于"性"的理解,也是正确理解心学义理的关键;第四,论述心学功夫的实学特征,反对认为心学为空疏之学。心学功夫具有"重行"的特征,良知境界的呈现要建基于实地功夫,方有生机。这种实学性质也体现在修身、问学等日用行常的功夫中。第五,论良知的多样统一。王阳明认为良知是未发与已发、简易与精微的统一;第六,论本体与功夫的合一。在阳明心学,心是功夫的本源、动力和目标,心的呈现是在功夫中实现的,致良知功夫要依良知而行,不可自私用智,否则便是对心体的遮蔽。

一

【题解】

本条以心学释《论语》，是王阳明心学经学观的体现。"六经"原只是阶梯，经以含道，学者学存此天理也。学与思在内容上是一致的，"思是良知之发用。若是良知发用之思，则所思莫非天理矣"。只是"自思得之，更觉意味深长"。

黄以方问："'博学于文'①，为随事学存此天理，然则谓'行有余力，则以学文'②，其说似不相合。"

先生曰："《诗》《书》'六艺'皆是天理之发见，文字都包在其中。考之《诗》《书》'六艺'，皆所以学存此天理也，不特发见于事为者方为文耳。'余力学文'亦只'博学于文'中事。"

【注释】

①博学于文：语自《论语·雍也》："子曰：'君子博学于文，约之以礼，亦可以弗畔矣夫。'"

②行有余力，则以学文：语自《论语·学而》："子曰：'弟子入则孝，出则弟，谨而信，泛爱众而亲仁。行有余力，则以学文。'"

【译文】

黄以方问："先生主张'博学于文'，是依事去学存此天理，然而孔子讲的'行有余力，则以学文'，与先生的见解好像不一致。"

先生说："《诗》《书》等'六艺'均是天理的显现，文字都包含在其中了。对《诗》《书》等'六艺'进行研究，均是为了学会存此天理，不仅是表现在事上才为'文'。'有多余的精力去学文'，也只是包含在'博学于文'中间了。"

或问"学而不思"二句①。

曰:"此亦有为而言。其实思即学也,学有所疑,便须思之。'思而不学'者,盖有此等人,只悬空去思,要想出一个道理,却不在身心上实用其力,以学存此天理。'思'与'学'作两事做,故有'罔'与'殆'之病。其实思只是思其所学,原非两事也。"

【注释】

①"学而"二句:语自《论语·为政》:"子曰:'学而不思则罔,思而不学则殆。'"

【译文】

有人就"学而不思则罔,思而不学则殆"二句请教先生。

先生说:"这两句话也是有针对性而说的。其实,所说的思就是学,学习有了疑问,就要去思考。'思而不学',大有人在,他们只是漫无边际凭空地思考,希望思索出一个道理来,而并非在身心上着实用功,以存此天理。把'思'和'学'当两件事来做,就存在'罔'和'殆'的弊端。说穿了,思也仅是思他所学的,并非两回事。"

二

【题解】

本条论"格物"。"格物"是《大学》"八目"之首,释"格物"之不同是朱、王具体功夫条目解释的最大差异。王阳明从"心即理"出发,为了弥合心、物二分,在心与物一的视域内训"格"为"正",训"物"为"事";进而以心为身之主宰的立场,论证了"正心"在"诚意","诚意"在"致知","致知"在"格物",故"格物"即是"正心",从而把朱子学的外向性功夫成功诠释为内向性功夫。

　　先生曰："先儒解'格物'为格天下之物^①，天下之物如何格得？且谓'一草一木亦皆有理'^②，今如何去格？纵格得草木来，如何反来'诚'得自家意？我解'格'作'正'字义，'物'作'事'字义。《大学》之所谓'身'，即耳、目、口、鼻、四肢是也。欲修身，便是要目非礼勿视，耳非礼勿听，口非礼勿言，四肢非礼勿动。要修这个身，身上如何用得工夫？心者身之主宰，目虽视而所以视者心也，耳虽听而所以听者心也，口与四肢虽言动而所以言动者心也。故欲修身在于体当自家心体，常令廓然大公，无有些子不正处。主宰一正，则发窍于目，自无非礼之视；发窍于耳，自无非礼之听；发窍于口与四肢，自无非礼之言动：此便是'修身在正其心'。然至善者，心之本体也。心之本体，那有不善？如今要正心，本体上何处用得功？必就心之发动处才可着力也。心之发动不能无不善，故须就此处着力，便是在诚意。如一念发在好善上，便实实落落去好善；一念发在恶恶上，便实实落落去恶恶。意之所发，既无不诚，则其本体如何有不正的？故欲正其心在诚意。工夫到诚意，始有着落处。然诚意之本，又在于致知也。所谓'人虽不知而己所独知'者^③，此正是吾心良知处。然知得善，却不依这个良知便做去，知得不善，却不依这个良知便不去做，则这个良知便遮蔽了，是不能致知也。吾心良知既不得扩充到底，则善虽知好，不能着实好了；恶虽知恶，不能着实恶了，如何得意诚？故致知者，意诚之本也。然亦不是悬空的致知，致知在实事上格。如意在于为善，便就这件事上去为；意在于去恶，便就这件事上去不为。去恶固是格不正以归于正；为善则不善正了，亦是格不正以归于正也。如此，则吾心良知无私欲蔽了，得以致其极，而意之所发，好善去恶，无有不诚矣！诚意工夫，实下手处在格物也。若如此格物，人人便做得，'人皆可以为尧、舜'④，正在此也。"

【注释】

①先儒解"格物"为格天下之物：朱熹《大学章句集注章句·格物致知章补传》："是以《大学》始教，必使学者即凡天下之物，莫不因其已知之理而益穷之，以求致乎其极。"

②一草一木亦皆有理：语自《二程集·遗书》卷十八程颐语："求之性情，固是切于身，然一草一木皆有理，须是察。"

③人虽不知而己所独知：语自朱熹《大学章句·诚意章注》："独者，人所不知而己所独知之地也，言欲自修者知为善以去其恶，则当实用其力，而禁止其自欺。"

④人皆可以为尧、舜：语自《孟子·告子下》："曹交问曰：'人皆可以为尧、舜，有诸？'孟子曰：'然。'"朱熹注云："人皆可以为尧、舜，疑古语，或孟子所尝言也。"

【译文】

先生说："程、朱主张'格物'就是格尽天下的事物，天下的事物如何能格尽？况且'一草一木也都有理'，如今你如何去格？草木纵然能格，又怎样让它来'诚'自我的意呢？我解释'格'的意思为'正'，'物'作'事'讲。《大学》中所谓的'身'，就是指人的耳、目、口、鼻及四肢。若想修身，就是要做到眼非礼勿视，耳非礼勿听，口非礼勿言，四肢非礼勿动。要修养这个身，功夫怎么能用在身上呢？心是身的主宰，眼睛虽然能看，但让眼睛能看到的是心；耳朵虽然能听，但让耳朵能听到的是心；口与四肢虽然能言能动，但让口与四肢能言能动的是心。所以要修身，就需到自己心体上去领悟，常保心体的廓然大公，没有丝毫不中正之处。身的主宰中正了，表现在眼睛上，自会不合于礼的不看；表现在耳朵上，自会不合于礼的不听；表现在口和四肢上，自会不合于礼的不言不行：这就是《大学》中的'修身在正其心'。但是至善是心的本体。心的本体如何会有不善？现在要正心，岂能在本体上用功呢？因此就必须在心的发动处用功。心的发动，不可能无不善，所以必须在此处用力，这就在于诚意。若一念发动在好善上，就切实地去好善；一念发动在憎恶上，就切实地去憎恶。意所产生处既然无不诚，那么本体如何会有不正的？所以要正心就在于诚意。功夫在诚意上方有落实处。但是诚意的根本表现在致知上。'人虽不知而己所独知'这句话，这正是我心的良知所在。然而如果知道善，但不遵从这个良知去做，知道不善，但不遵从这个良知不去做，那么这个良知就被蒙蔽了，就不能致知了。我心的良知既然不能完全扩充，即便知道好善，也不能切实地去钟爱；即便知道憎恶，也不能切实地去憎恨，又怎能使意诚呢？所以致知是诚意的根本所在。但是并非无依靠的致知，它要在实事上格。例如，意在行善上，就在这件事上做；意在除恶上，就在这件事上不去做。除恶，固然是格去不正以归于正；从善，就是不善的得到纠正了，也是格去不正以归于正。如此，我心的良知就不被私欲蒙蔽，能够扩充到极致，而意的产生，好善除恶，没有不诚的了！格物就是诚意功夫切实的下手处。格物若能如此，则人人都可为，《孟子》上所谓的'人皆可以为尧、舜'，正是这个原因。"

三

【题解】

本条亦论"格物"，与上条不同者在于，前者做义理论证，此条做事例论证，但主旨相同，即皆强调做内向性功夫，格物要在身心上做。

先生曰:"众人只说格物要依晦翁,何曾把他的说去用? 我着实曾用来。初年与钱友同论做圣贤要格天下之物,如今安得这等大的力量? 因指亭前竹子,令去格看。钱子早夜去穷格竹子的道理①,竭其心思,至于三日,便致劳神成疾。当初说他这是精力不足,某因自去穷格。早夜不得其理,到七日,亦以劳思致疾。遂相与叹圣贤是做不得的,无他大力量去格物了。及在夷中三年,颇见得此意思,乃知天下之物本无可格者,其格物之功,只在身心上做。决然以圣人为人人可到,便自有担当了。这里意思,却要说与诸公知道。"

【注释】

①钱子:情况不详,但非钱德洪。据《年谱》格竹事在1492年,钱德洪从学在1521年。

【译文】

先生说:"世人总认为对格物的阐释要以朱子的观点为标准,他们又何尝切实运用了朱子的观点? 我确实真正地引用过。早些年时,我和一位姓钱的朋友探讨做圣贤要格天下之物,现在怎么会有这样大的力量? 于是我指着亭前的竹子,让他去格。钱友自早到晚去穷格竹子的道理,竭尽心力,到第三天时,竟过度劳累卧床不起。当时,我认为他这是精力不足,于是自己去格竹。从早到晚仍不能理解竹子的理,到了第七天,竟与钱友一样劳累过度卧床不起。于是我们共同慨叹圣贤是做不成的,主要是没有如圣贤般的大力量去格物。等到后来我在贵州龙场待了三年,深有体会,才明白天下之物本无什么可格的,格物的功夫只能在自身心上做。我坚信人人都可做圣人,于是就有了一种担当。此番道理,应该让各位知晓。"

四

【题解】

　　本条论童子格物。童子格物与圣人同，在根本上都是依良知而行。"童子良知只到此"，并非指童子良知不圆满，有亏缺，而是指在"行"上有能力的局限，所以说"童子自有童子的格物致知"。从心物关系看，童子格物也是事上磨炼的功夫。

　　门人有言邵端峰论童子不能格物①，只教以洒扫应对之说。

　　先生曰："洒扫应对就是一件物，童子良知只到此，便教去洒扫应对，就是致他这一点良知了。又如童子知畏先生长者，此亦是他良知处，故虽嬉戏中，见了先生长者，便去作揖恭敬，是他能格物以致敬师长之良知了。童子自有童子的格物致知。"又曰："我这里言格物，自童子以至圣人，皆是此等工夫。但圣人格物，便更熟得些子，不消费力。如此格物，虽卖柴人亦是做得，虽公卿大夫以至天子，皆是如此做。"

【注释】

　　①邵端峰：情况不详。

【译文】

　　弟子中有人说，邵端峰主张小孩子不能格物，只能教导他们洒扫应对的道理。

　　先生说："洒扫应对本身就是一个物，由于小孩的良知只能到这个程度，就教他洒扫应对，也就是实现他的这一点儿良知了。又例如，小孩敬畏师长，这也是他的良知所在，因此即使在嬉闹时看到了先生长者，他就会作揖以表恭敬,这就是他能格物以致他尊敬师长的良知了。小孩子自然有他们的格物与良知。"先生又说:"我这里所谓的格物,自小孩子到大圣人,都是这样的功夫。只是圣人格物就更为纯熟一些,不用费力。如此格物,即使是卖柴的人也能做到,即使自公卿大夫到皇上,也都是这样做。"

五

【题解】

本条以心释经,论知行合一。王阳明通过对《中庸》《周易》《论语》中三句话的诠释,以天理为头脑,将"知(学)"与"行"在内涵上统一起来,从而实现知行合一的论证。

或疑知行不合一,以"知之匪艰"二句为问①。

先生曰:"良知自知,原是容易的。只是不能致那良知,便是'知之匪艰,行之惟艰'。"

【注释】

①"知之匪艰"二句:指《尚书·说命中》"非知之艰,行之惟艰"二句。匪,同"非"。

【译文】

有人疑惑知行不能合一,向先生请教《尚书》中的"非知之艰,行之惟艰"二句。

先生说:"良知自然能知,本来很简单。只是不能致这个良知,因而就有了'知之匪艰,行之惟艰'的说法。"

门人问曰:"'知''行'如何得合一?且如《中庸》言'博学之',又说个'笃行之',分明'知''行'是两件。"

先生曰："博学只是事事学存此天理，笃行只是学之不已之意。"

【译文】

弟子问道："'知''行'怎么能合一？且如《中庸》中说'博学之'，又说'笃行之'，'知''行'分明是两件事。"

先生说："博学只是在每件事上学习存养天理，'笃行'就是学不停止的意思。"

又问："《易》'学以聚之'，又言'仁以行之'[①]，此是如何？"

先生曰："也是如此。事事去学存此天理，则此心更无放失时，故曰'学以聚之'。然常常学存此天理，更无私欲间断，此即是此心不息处，故曰'仁以行之'。"

【注释】

①学以聚之、仁以行之：语自《周易·乾卦·文言》："君子学以聚之，问以辩之，宽以居之，仁以行之。"

【译文】

弟子又问道："《周易》中不仅说'学以聚之'，而且说'仁以行之'，这是怎么回事？"

先生说："也是这样。若每件事都去学习存养天理，那么此心就没有放纵失效的时候，因此说'学以聚之'。然而时常存养天理，又无任何私欲使它中断，这就是心体生生不息之处，所以说'仁以行之'。"

又问："孔子言'知及之，仁不能守之'[①]，'知''行'却是两个了。"

先生曰："说'及之'已是行了，但不能常常行，已为私欲间断，便是'仁不能守'。"

【注释】

①孔子言"知及之，仁不能守之"：《论语·卫灵公》："子曰：'知及之，仁不能守之，虽得之，必失之。知及之，仁能守之，不庄以莅之，则民不敬。知及之，仁能守之，庄以莅之，动之不以礼，未善也。'"

【译文】

弟子又问："《论语》中孔子曾说'知及之，仁不能守之'，这样'知'和'行'就成了两件事。"

先生说："谈到'及之'，就已经是行了，只是不能常行不止，被私欲阻断了，也就是'仁不能守'。"

六

【题解】

本条论心即理。王阳明通过释"在物为理"为"此心在物则为理"，将"物理"转化为"心之条理"，从而实现理的内化和心对物的涵摄，在"心"与"理"（心理合一）和"心"与"物"（心物合一）两个层面实现对"心即理"的论证。

又问："心即理之说，程子云'在物为理'①，如何谓心即理？"

先生曰："在物为理，'在'字上当添一'心'字。此心在物则为理。如此心在事父则为孝,在事君则为忠之类。"

先生因谓之曰:"诸君要识得我立言宗旨。我如今说个'心即理'是如何,只为世人分'心'与'理'为二,故便有许多病痛。如五伯攘夷狄^②,尊周室,都是一个私心,便不当理。人却说他做得当理,只心有未纯,往往悦慕其所为,要来外面做得好看,却与心全不相干。分心与理为二,其流至于伯道之伪而不自知。故我说个'心即理',要使知'心''理'是一个,便来心上做工夫,不去袭义于外,便是王道之真,此我立言宗旨。"

【注释】

①在物为理:语自《二程集·遗书》卷十八程颐语:"在天为命,在义为理,在人为性,主于身为心,其实一也。"

②攘(rǎng):驱逐,抵御。

【译文】

弟子又问:"先生主张'心就是理',程子说'在物为理',如何理解'心就是理'呢?"

先生说:"在物为理,'在'字前面应添加一个'心'字。这心在物上就是理。就如这个心在侍父上就是孝,在事君上就是忠之类。"

先生继而又说:"各位要知道我立论的宗旨。我现在说'心就是理'其用意是什么,只因世人将'心'和'理'一分为二,所以就会出现许多弊病。比如五霸抵御夷狄,尊崇周王室,都是为了一个私心,因此就不合乎理。但人们却说他们做得十分合理,这只是世人的心不够明净,往往会羡慕他们的事功,并且只求外表做得好看,却与心毫无关系。把'心'和'理'分开为二,它的结局是,自己已陷入霸道虚伪还没觉察到。所以我认为'心就是理',就是要让人们明白'心'和'理'只是一个,仅在心上做功夫,而不到心外去寻求,这才是王道的真谛,也是我立论的宗旨。"

又问:"圣贤言语许多,如何却要打做一个?"

曰:"我不是要打做一个,如曰'夫道,一而已矣',又曰'其为物不二,则其生物不测'①,天地圣人皆是一个,如何二得?"

【注释】

①"其为物"二句:语自《中庸》第二十六章:"天地之道,可一言而尽也,其为物不贰,则其生物不测。"

【译文】

弟子又问:"圣人的言论许多,却要说它只有一个,这是为什么呢?"

先生说:"并非我把它说成一个,比如《孟子》上说'夫道,一而已矣',《中庸》中也说'其为物不二,则其生物不测',天地圣人都是一个,如何能分开为二呢?"

七

【题解】

本条论心之本体。本心是身之主宰,是灵明知觉处。

"心不是一块血肉,凡知觉处便是心。如耳目之知视听,手足之知痛痒,此知觉便是心也。"

【译文】

"心并不是只指一块血肉,凡是有知觉处就是心。例如耳目知道听与看,手脚知道痛与痒,这个知觉就是心。"

八

【题解】

本条论"格物"。格物即是致良知功夫，由前文所论可知，"慎独""集义""博约"即是念念、时时、事事存天理，其亦是致良知功夫。四者是致良知功夫的具体条目，在根本上是一个功夫。王阳明此处以格物即慎独，以集义、博约为一般功夫，在实际上是从心理关系、心物关系两个层面区别功夫条目，并无否定集义、博约之意。故唐九经见王应昌云："如此则阳明之学又近于晦庵矣。"恐不确切！

以方问曰："先生之说'格物'，凡《中庸》之'慎独'及'集义''博约'等说，皆为格物之事。"

先生曰："非也。'格物'即'慎独'，即'戒惧'。至于'集义''博约'，工夫只一般，不是以那数件都做格物底事。"

【译文】

黄以方问道："先生对于'格物'的观点，是不是把《中庸》中'慎独'及《孟子》中'集义'、《论语》中'博约'等主张，一并看成格物的事了。"

先生说："不是的。'格物'就是'慎独''戒惧'。至于'集义'和'博约'，仅是普通的功夫，不是说那几件都是格物的事情。"

九

【题解】

本条具体论述了"尊德性"与"道问学"合一，"尽精微"与"致广大"的统一，在根本上是要强调"致知"与"格物"的统一，由此坚持了心物合一、知行合一、内外合一的心学基本原则，是对当时分心物为二学风的矫正。

以方问"尊德性"一条。

先生曰："'道问学'即所以'尊德性'也。晦翁言'子静以尊德性诲人，某教人岂不是道问学处多了些子'①，是分'尊德性''道问学'作两件。且如今讲习讨论，下许多工夫，无非只是存此心，不失其德性而已。岂有'尊德性'只空空去尊，更不去问学？问学只是空空去问学，更与德性无关涉？如此，则不知今之所以讲习讨论者，更学何事！"

【注释】

①晦翁言"子静以尊德性诲人，某教人岂不是道问学处多了些子"：《朱子大全·文集》卷五十四《答项平父》朱熹语："大抵子思以来，教人之法，惟以尊德性、道问学两事为用力之要，今子静所说，专是尊德性事，而熹平日所论，却是问学上多了。"子静，即陆九渊。见前注。

【译文】

黄以方就"尊德性"请教先生。

先生说："'道问学'就是为了'尊德性'。朱子说'子静以尊德性教诲人，某教人岂不是道问学处多了一点儿？'，他就是把'尊德性'与'道问学'当两件事看了。况且像现在我们讲习讨论，下了不少功夫，无非是要存养此心，使它不丧失德性罢了。'尊德性'岂能是空洞地尊，而不再去问学呢？'道问学'岂能是空洞地去问，而与德性再无任何关系呢？若真是如此，那么我们今天的讲习讨论就不知道究竟学的是什么东西！"

问"致广大"二句①。

曰:"'尽精微'即所以'致广大'也,'道中庸'即所以'极高明'也。盖心之本体自是广大底,人不能'尽精微',则便为私欲所蔽,有不胜其小者矣。故能细微曲折,无所不尽,则私意不足以蔽之,自无许多障碍遮隔处,如何广大不致?"

【注释】

①"致广大"二句:指《中庸》第二十七章"致广大而尽精微,极高明而道中庸"二句。

【译文】

黄以方又向先生请教"致广大而尽精微,极高明而道中庸"这两句话。

先生说:"'尽精微'即为了'致广大','道中庸'即为了'极高明'。因为心的本体原本广大,人若不能'尽精微',就会受私欲的蒙蔽,在细小处就战胜不了私欲。因此能在细微曲折的地方穷尽精微,私意就不能蒙蔽心的本体,自然不会有障碍和隔断,心体又怎能不广大呢?"

又问:"精微还是念虑之精微,是事理之精微?"

曰:"念虑之精微即事理之精微也。"

【译文】

黄以方又问:"精微究竟是指念虑的精微,还是指事理的精微?"

先生说:"念虑的精微就是事理的精微。"

十

【题解】

本条论心学之性。在阳明心学,心即性,性即理,性即是良知,即是一，更无异同可论。论性之异同，不免坠入朱子学窠臼。

先生曰：“今之论性者，纷纷异同。皆是说性，非见性也①。见性者无异同之可言矣。”

【注释】

①见性：佛教语。指直接体悟人的本性。

【译文】

先生说：“现在探讨性的人，都纷纷争论着异同。他们全在说性，而并非真正的懂性。如果真正懂性的人根本无异同可言。”

十一

【题解】

本条论致良知功夫。良知不离声、色、货、利，致良知即要事上磨炼，在声、色、货、利上用功，致得心体澄明，则声、色、货、利为良知之用。

问：“声、色、货、利，恐良知亦不能无？”

先生曰：“固然。但初学用功，却须扫除荡涤，勿使留积，则适然来遇，始不为累，自然顺而应之。良知只在声色货利上用功，能致得良知精精明明，毫发无蔽，则声色货利之交，无非天则流行矣。”

【译文】

黄以方又问：“声、色、货、利上，只怕良知也不能没有吧？”

先生说：“当然。只是就初学用功时而言，千万要荡涤干净，不使声、色、货、利丝毫留存心中，这样刚好碰到声、色、货、利，才不会成为负担，自然会去依循良知并对它做出反应。良知仅在声、色、货、利上用功，若能使所致的良知精精明明，毫无一丝蒙蔽，那么即便与声、色、货、利接触，也无不是天理的作用。"

十二

【题解】

本条讲做功夫要切实用功。心学功夫常被批为空疏之学，由此条可见出王阳明对心学实学功夫的要求，体现了心学功夫"重行"的总体特征。

先生曰："吾与诸公讲'致知''格物'，日日是此，讲一二十年，俱是如此。诸君听吾言，实去用功，见吾讲一番，自觉长进一番。否则，只作一场话说，虽听之亦何用！"

【译文】

先生说："我向各位讲论'致知''格物'，天天如此，讲十年二十年，都是如此。各位听我讲后，实实在在地去用功，听我再讲一遍，自我感觉会有一定的进步。不然，只当作一场演说，即便听了又有何益！"

十三

【题解】

"寂然不动"是良知之本然，"感而遂通"是良知之明觉，二者是良知的不同状态，本然即未发，明觉即已发，未发中蕴育着已发，已发中包含着未发。

先生曰:"人之本体,常常是'寂然不动'的,常常是'感而遂通'的。'未应不是先,已应不是后'①。"

【注释】

①"未应"二句:语自《二程集·遗书》卷十五程颐语:"冲漠无朕,万象森然已具,未应不是先,已应不是后。"

【译文】

先生说:"人之本体,经常是'寂然不动'的,经常是'感而遂通'的。程颐先生说的'未应不是先,已应不是后'正是这个道理。"

十四

【题解】

本条王阳明解此友未明之义,明显地立于良知学的立场。王阳明认为佛教功夫应该重在不执着于外在闻见,或者说超越外在经验,重在见性的功夫,只有学者戒慎恐惧,时时刻刻于不闻不睹上着实用功,才能发显良知。良知发显,故真性不息。王阳明这里解释佛家功夫显然是"致良知"的功夫理路,强调在心体上做功夫,反对滞于物事上的支离功夫。在佛教看来,闻见都是幻相,是不真实的。功夫执着于幻相,必然会离心体越来越远,而且也不会恒久。因此佛教功夫也强调明心见性,摆脱俗见,悟得佛性。如此看来,王阳明对佛教功夫的诠释是深契于佛教的。

一友举:"佛家以手指显出,问曰:'众曾见否?'众曰:'见之。'复以手指入袖,问曰:'众还见否?'众曰:'不见。'佛说还未见性。此义未明。"

先生曰:"手指有见有不见,尔之见性常在。人之心神只在有睹有闻上驰骛,不在不睹不闻上着实用功。盖不睹不闻是良知本体,'戒慎恐惧'是致良知的工夫。学者时时刻刻常睹其所不睹,常闻其所不闻,工夫方有个实落处。久久成熟后,则不须着力,不待防检,而真性自不息矣。岂以在外者之闻见为累哉?"

【译文】

有位朋友举出一个例子说:"一位禅师伸出手指问:'你们看见了没有?'大家都说:'看见了。'禅师又把手指插入袖中,又问:'你们还能看见吗?'大家都说:'看不见了。'禅师于是说众人还未见性。我不理解禅师的意思。"

先生说:"手指有看得见与看不见时,但是你的性却永远存在。人的心神只在能见能闻上驰骋,而不在不见不闻上切实用功。大概不见不闻是良知的本体,'戒慎恐惧'是致良知的功夫。学者唯有时时刻刻常去看他看不见、听他听不到的本体,功夫才有一个着落的地方。时间一长,当功夫纯熟后,就不用费力了,不用提防检点,人的真性也就自然生生不息了。它又岂能被外在的见闻所负累呢?"

十五

【题解】

本条释良知境界与实学功夫的关系。良知大化流行,呈现为显在良知的自足自慊,表现为一种活泼泼的境界。但良知(圣人)境界的呈现要建基于实地功夫,抑或说,境界在功夫中呈现。功夫须有头脑,亦须踏实去做,体究践履,方有生机。

问:"先儒谓'鸢飞鱼跃'与'必有事焉'同一活泼泼地①。"

先生曰:"亦是。天地间活泼泼地,无非此理,便是吾良知的流行不息。致良知便是'必有事'的工夫。此理非惟不可离,实亦不得而离也。无往而非道,无往而非工夫。"

【注释】

①先儒谓"鸢飞鱼跃"与"必有事焉"同一活泼泼地:《二程集·遗书》卷三程颢语:"'鸢飞戾天,鱼跃于渊,言其上下察也。'此一段子思吃紧为人处,与'必有事焉而勿正心'之意同,活泼泼地。会得时,活泼泼地;不会得时,只是弄精神。"

【译文】

有人问:"为什么先儒认为'鸢飞鱼跃'和'必有事焉',都是充满生机的?"

先生说:"也有道理。天地间是充满生机的,都是这个理,也就是我良知的流行不止。致良知就是'必有事'的功夫。这个理不仅不能离,实际也不可能离开。无往而不是道,也就是无往而不是功夫。"

先生曰:"诸公在此,务要立个必为圣人之心。时时刻刻,须是一棒一条痕,一掴一拳血,方能听吾说话句句得力。若茫茫荡荡度日,譬如一块死肉,打也不知得痛痒,恐终不济事。回家只寻得旧时伎俩而已,岂不惜哉!"

【译文】

先生说:"各位在此处,一定要确立一个必做圣人的心。每时每刻都要有如一棒留一条痕迹,一掌掴出一个血印,才能在听我讲学时感到句句铿锵有力。若浑浑噩噩地度日,仿佛一块死肉,打它也不知痛痒,只怕最终于事无补。回家后只寻得以前的老套路,难道不让人可惜吗!"

十六

【题解】

本条论日用功夫。王阳明于此强调了两点:第一,着实用功,力避空说效验,体现了心学功夫的实学特质;第二,一念发动处便即当行,克私存理,体现了知行合一的功夫。

问:"近来妄念也觉少,亦觉不曾着想定要如何用功,不知此是工夫否?"

先生曰:"汝且去着实用功,便多这些着想也不妨,久久自会妥贴。若才下得些功,便说效验,何足为恃?"

【译文】

有弟子问:"最近感觉到妄念减少了,也不曾想一定要如何用功,不知这是不是功夫?"

先生说:"你且去实实在在用功,就是多些这种想法也不要紧,时间一久,自然会妥当的。假若刚开始用了一点儿功夫就要说效果,如此怎能靠得住?"

一友自叹:"私意萌时,分明自心知得,只是不能使他即去。"

先生曰:"你萌时,这一知处便是你的命根。当下即去消磨,便是立命功夫①。"

【注释】

①立命：语自《孟子·尽心上》："孟子曰：'尽其心者，知其性也。知
　　其性，则知天矣。存其心，养其性，所以事天也。夭寿不贰，修身
　　以俟之，所以立命也。'"

【译文】

有位朋友独自叹息："内心萌生了私意，自己分明知晓，只是不能让
它马上剔除。"

先生说："你萌生了私意，这一知就是你的命根子。当时即将之剔
除，它就是立命的功夫。"

十七

【题解】

本条论"性"。阳明心学之性即是良知，即是本体上的至善无恶的
性。在阳明心学，理内化于心，故并无天命之性和气质之性的区别。本
条所讲之性是后天熏染的习性，而非"性相近""性善"的本质之性。

"夫子说'性相近'①，即孟子说'性善'，不可专在气
质上说。若说气质，如刚与柔对，如何相近得？惟性善则同
耳。人生初时，善原是同的，但刚的习于善则为刚善，习于
恶则为刚恶；柔的习于善则为柔善，习于恶则为柔恶②，便日
相远了。"

【注释】

①夫子说"性相近"：《论语·阳货》："子曰：'性相近也，习相远也。'"
②"刚的"四句：语自《周子通书·师》："刚，善为义，为直，为断，为

严毅,为干固;恶为猛,为隘,为强梁。柔,善为慈,为顺,为巽;恶为懦弱,为无断,为邪佞。惟中也者,和也,中节也,天下之达道也,圣人之事也。故圣人立教,俾人自易其恶,自至其中而止矣。故先觉觉后觉,暗者求于明,而师道立矣。师道立,则善人多。善人多,则朝廷正,而天下治矣。”

【译文】

“孔子主张的‘性相近’,也就是孟子主张的‘性善’,不能仅从气质上说性。若从气质上说,比如刚与柔相对立,岂能相近?唯性善是相同的。人刚出生时,善原本是相同的,只是气质刚的人受善的影响就成为刚善,受恶的影响就成为刚恶;同理,气质柔的人受善的影响就成为柔善,受恶的影响就成为柔恶,这样,性的分离就会越来越远了。”

十八

【题解】

本条有两种不同的诠释向度:第一,本体向度。良知本体原是虚明的,因其“虚”,故能“明”,物来而照,物过而化;因其“虚”,故不执一物而容天下万物;因其“虚”,故不滞于前见,可知是知非、判断是非。无论尘沙还是金玉屑,一旦留滞心体,便是“实”,便会“塞”,便“昏天黑地”,心体便不可明。第二,功夫向度。致良知功夫本是顺良知而为,自自然然的,没有“意”“必”“故”“我”,念头无论善恶,一旦具有,便是强意所为,便不是心体的自然发用,就具有了具体功利性,不是致良知了。这两种诠释向度都可以在良知的先验“至善”性上找到形上依据。

先生尝语学者曰:“心体上着不得一念留滞,就如眼着不得些子尘沙。些子能得几多?满眼便昏天黑地了。”

【译文】

先生曾经这样对修习的人说："在心体上不能留着一个念头,就如眼中不能吹进一丁点儿灰尘。一丁点儿能有多少呢? 它能使人满眼天昏地暗了。"

又曰:"这一念不但是私念,便好的念头亦着不得些子。如眼中放些金玉屑,眼亦开不得了①。"

【注释】

①眼中放些金玉屑,眼亦开不得了:语自《镇国临济禅师语录》卷二十二:"今宵虽贵,落眼成医,又作怎生?"

【译文】

先生又说:"这个念头不仅是指私念,即便美好的念头也不能有一点儿。就如眼中放入一些金玉屑,眼睛也不能睁开。"

十九

【题解】

本条重在阐述"人心与物同体"。王阳明主要是从两个方面展开论证的:第一,传统儒家的认知逻辑——人心是天地间一点儿灵明,此可谓正面论证;第二,人心的知觉作用——离缺人心灵明,万物便无所谓存在的意义,此可谓反面论证。王阳明此处便已体现出《大学问》中的"万物一体"的思想。需要注意的是,第一个方面的论证是中国传统哲学惯常的设定式论证,第二个方面的论证规定了心学意义上的万物一体是意义与价值层面的一体。

问:"人心与物同体,如吾身原是血气流通的,所以谓之同体。若于人便异体了,禽兽草木益远矣。而何谓之同体?"

先生曰:"你只在感应之兆上看,岂但禽兽草木,虽天地也与我同体的,鬼神也与我同体的。"

【译文】

有人问:"人心与物同体,例如,我的身体原本血气畅通,所以称同体。如果我和别人,就为异体了,与禽兽草木就差得更远了。但是,为何又称为同体呢?"

先生说:"你只要在感应的征兆上看,岂止禽兽草木,即便天地也是与我同体的,鬼神也是与我同体的。"

请问。

先生曰:"你看这个天地中间,甚么是天地的心?"

对曰:"尝闻人是天地的心①。"

曰:"人又甚么教做心?"

对曰:"只是一个灵明。"

"可知充天塞地中间,只有这个灵明。人只为形体自间隔了。我的灵明,便是天地鬼神的主宰。天没有我的灵明,谁去仰他高?地没有我的灵明,谁去俯他深?鬼神没有我的灵明,谁去辨他吉凶灾祥?天地鬼神万物离却我的灵明,便没有天地鬼神万物了。我的灵明离却天地鬼神万物,亦没有我的灵明。如此,便是一气流通的,如何与他间隔得!"

【注释】

①尝闻人是天地的心:语自《礼记·礼运》:"故人者,天地之心也,

五行之端也,食味、别声,被色而生者也。"

【译文】

那人请教这番话当如何理解。

先生说:"你看看在这个天地中间,什么东西是天地的心?"

回答说:"曾听说人是天地的心。"

先生说:"人又把什么东西称为心?"

回答说:"唯个灵明。"

先生说:"由此可知,充塞天地之间的,唯有这个灵明。人只是为了形体,从而把自己与其他一切隔离开了。我的灵明就是天地鬼神的主宰。天若没有我的灵明,谁去仰望它的高大?地若没有我的灵明,谁去俯视它的深厚?鬼神若没有我的灵明,谁去分辨它的吉凶福祸?天地鬼神万物,若离开了我的灵明,也就不存在天地鬼神万物了。我的灵明若离开了天地鬼神万物,也就不存在我的灵明了。如此这些,都是一气贯通的,岂能把它们隔离开来!"

又问:"天地鬼神万物,千古见在,何没了我的灵明,便俱无了?"

曰:"今看死的人,他这些精灵游散了,他的天地万物尚在何处?"

【译文】

那人又问:"天地鬼神万物是亘古不变的,为何认为没有我的灵明它们就都不存在了?"

先生说:"如今,看那些死去的人,他们的灵魂都游散了,他们的天地鬼神万物又在何处?"

二十

【题解】

　　本条记述为"严滩问答"，借禅宗实相、幻相之说论本体功夫合一。在阳明心学，心是功夫的本源、动力和目标，心的呈现是在功夫中实现的，致良知功夫要依良知而行，不可自私用智，否则便是对心体的遮蔽。

　　先生起行征思、田，德洪与汝中追送严滩①，汝中举佛家实相、幻相之说②。

　　先生曰："有心俱是实，无心俱是幻；无心俱是实，有心俱是幻。"

　　汝中曰："有心俱是实，无心俱是幻，是本体上说功夫；无心俱是实，有心俱是幻，是功夫上说本体。"

　　先生然其言。洪于是时尚未了达，数年用功，始信本体功夫合一。但先生是时因问偶谈，若吾儒指点人处，不必借此立言耳！

【注释】

①严滩：即严陵濑，在今浙江桐庐南。相传为西汉末年严光（严子陵）隐居于浙江桐庐富春江边的垂钓处，故称严陵濑、严子陵钓台、严滩、子陵滩。

②实相幻相：语自《金刚经·应化非真分》："一切有为法，如梦幻泡影，如露亦如电，应作如是观。"

【译文】

　　先生启程去征讨思恩、田州，钱德洪和王汝中把先生送到严滩，王汝中举佛教实相和幻相的问题请教于先生。

先生说:"有心均为实,无心均为幻;无心均为实,有心均为幻。"

王汝中说:"有心均为实,无心均为幻,是从本体上来说功夫;无心均为实,有心均为幻,是从功夫上来说本体。"

先生表示赞同王汝中的见解。当时,钱德洪还不甚明白,经过数年用功,他才相信本体功夫为一体。只是这种观点是先生当时因为王汝中的问题偶然论及的,若我们开导别人,不一定非要引用它!

二十一

【题解】

本条讲阳明心学与朱子学之间的对立,反映了王阳明对心学跻身正统的忧虑和其时的学术生态。故许舜屏说:"当时盖亦有不信先生之说者。"

尝见先生送二三耆宿出门^①,退坐于中轩,若有忧色。德洪趋进请问。

先生曰:"顷与诸老论及此学,真圆凿方枘。此道坦如道路,世儒往往自加荒塞,终身陷荆棘之场而不悔,吾不知其何说也!"

德洪退,谓朋友曰:"先生诲人,不择衰朽,仁人悯物之心也!"

【注释】

①耆(qí)宿:年高有德望的人。

【译文】

曾看见过一次,先生送两三位老人出门,回来坐在走廊上,似乎面带愁容。钱德洪走上前去询问情况。

先生说:"方才和几位老人谈及我的良知学说,真有如圆凿、方枘一般,彼此间格格不入。这条道平坦得如同大路,世上儒者常常是自己让它荒芜阻塞了,他们终生陷入荆棘丛中还不知悔改,我真不知该讲些什么!"

钱德洪退下,对朋友们说:"先生教诲他人,不区别衰老年迈,的确是仁人悯物的心啊!"

二十二

【题解】

本条以"无我"释"傲"。良知精明自然,廓然大公,无私无欲。"无我"乃无私我,有私我则是对良知的遮蔽,是以己意为主,是为傲。

先生曰:"人生大病,只是一'傲'字。为子而傲,必不孝;为臣而傲,必不忠;为父而傲,必不慈;为友而傲,必不信。故象与丹朱俱不肖[1],亦只一'傲'字,便结果了此生。诸君常要体此。人心本是天然之理,精精明明,无纤介染着,只是一'无我'而已。胸中切不可有,有即'傲'也。古先圣人许多好处,也只是'无我'而已。'无我'自能谦。谦者众善之基,傲者众恶之魁[2]。"

【注释】

①象:舜的弟弟。见前注。丹朱:尧的儿子,傲慢荒淫,尧将王位禅让给了舜而不传丹朱。

②魁:头部。引申为居第一位。

【译文】

先生说:"一个'傲'字,是人生最大的毛病。身为子女的傲慢,必然不孝顺；身为人臣的傲慢，必然不忠诚；身为父母的傲慢，必然不慈爱；身为朋友的傲慢，必然不守信。因此象与丹朱都没出息，也只因一个'傲'字而了结了自己的一生。各位要经常领会这一点。人心原本就是天然的理，天然的理精明纯净，没有纤毫沾染，只是有一个'无我'罢了。胸中千万不可'有我'，'有我'就是'傲'了。古代圣贤的诸多优点，也只是'无我'罢了。'无我'自然会谦谨。谦谨是一切善的基础，傲慢是一切恶的源泉。"

二十三

【题解】

本条论良知的存在形态。良知简易而精微，如掌于人，日日可见；然良知又是变动不居的，其发用无常形。前者侧重言体，后者侧重言用。

又曰："此道至简至易的，亦至精至微的。孔子曰：'其如示诸掌乎①！'且人于掌，何日不见？及至问他掌中多少文理，却便不知。即如我'良知'二字，一讲便明，谁不知得？若欲的见良知，却谁能见得？"

【注释】

①其如示诸掌乎：语自《中庸》第十九章："郊社之礼，所以事上帝也。宗庙之理，所以祀乎其先也。明乎郊社之礼，禘尝之义，治国其如示诸掌乎。"

【译文】

先生又说："这个道是十分简单易行的，也是十分精细微妙的。孔夫子说：'其如示诸掌乎！'人的手掌，哪一天不见呢？但是当问他手掌上有多少条纹理，他就不知道了。即如同我说的'良知'二字，一讲就能明白,谁不知道呢? 若要他真正理解良知,谁又能理解呢?"

问曰:"此知恐是无方体的①,最难捉摸。"

先生曰:"良知即是《易》'其为道也屡迁,变动不居,周流六虚,上下无常,刚柔相易,不可为典要,惟变所适'②。此知如何捉摸得? 见得透时便是圣人。"

【注释】

①此知恐是无方体的:语自《周易·系辞上》:"故神无方而易无体。"

②"其为道也"七句:语自《周易·系辞下》:"《易》之为书也不可远,为道也屡迁,变动不居,周流六虚,上下无常,刚柔相易,不可为典要,唯变所适。"

【译文】

有人问:"这个良知只怕是无方位、无形体,所以令人难以捉摸。"

先生说:"良知也就是《周易》中所说的'这道理不断变动,变动不固定于一个位置上,循环往复在六爻之间,或上或下没有常规可循,刚与柔也相互变化,不能视为典常纲要,只在变动中求得合宜的方法'。由此可知,这个良知岂能捉摸得到? 把良知理解透彻了,也就成为圣人了。"

二十四

【题解】

本条论学问之道。大道至微,只有在师友相互问学中才能充分发明,这也是王阳明一向主张和赞成交游问学的原因。本条从增益良知的角度指出了师友问学的价值。

问:"孔子曰:'回也,非助我者也①。'是圣人果以相助望门弟子否？"

先生曰："亦是实话。此道本无穷尽，问难愈多，则精微愈显。圣人之言，本自周遍，但有问难的人胸中窒碍，圣人被他一难，发挥得愈加精神。若颜子闻一知十^②，胸中了然，如何得问难？故圣人亦'寂然不动'，无所发挥，故曰'非助'。"

【注释】

①"回也"二句：语自《论语·先进》："子曰：'回也，非助我者也，于吾言无所不说。'"朱熹注曰："'助我'，若子夏之起予，因疑问而有以相长也。颜子于圣人之言，默识心通，无所疑问。故夫子云然，其辞若有憾焉，其实乃深喜之。"

②颜子闻一知十：《论语·公冶长》："子谓子贡曰：'女与回也孰愈？'对曰：'赐也，何敢望回？回也，闻一以知十；赐也，闻一以知二。'"颜子，指颜回。

【译文】

有人问："孔子说：'回也，非助我者也。'圣人是真的希望他的弟子帮助他吗？"

先生说："这也是实话。这个道原本无穷尽，问难越多，精微处就越能显现出来。圣人的言论，原本很周全，只有问难的人胸中堆积疑虑，圣人被他一问，也就发挥得更加畅快神妙。然而像颜子那样听闻一件事可以推知十件事，胸中什么都知晓，又如何能发问呢？因此圣人只好'寂然不动'，无任何发挥，因此说'非助'。"

二十五

【题解】

本条论"修身"。在阳明心学，良知之发显是一个无止境的过程，一方面是因为良知之精微，另一方面是因为人之私意不绝，是以"道心惟微，人心惟危"，故致良知功夫不是一蹴而就的，而是一个持续不断的日用行常的功夫。本条舒国裳请书，王阳明之警言即是此意。

邹谦之尝语德洪曰："舒国裳曾持一张纸①，请先生写'拱把之桐梓'一章②。先生悬笔为书，到'至于身而不知所以养之者'，顾而笑曰：'国裳读书，中过状元来，岂诚不知身之所以当养？还须诵此以求警？'一时在侍诸友皆惕然。"

【注释】

①舒国裳：即舒芬，见前注。

②"拱把之桐梓"一章：即《孟子·告子上》："孟子曰：'拱把之桐梓，人苟欲生之，皆知所以养之者。至于身，而不知所以养之者，岂爱身不若桐梓哉？弗思甚也。'"

【译文】

邹谦之曾对钱德洪这样说："舒国裳曾经拿一张纸，请先生书写《孟子》中'拱把之桐梓'那一章。先生提笔写到'至于身而不知所以养之者'，回过头笑着说：'国裳读书中过状元，他岂是真的不知应该养身吗？他仍是要背诵这一章来警醒自己吗？'这时，在座的诸位朋友无不警醒起来。"

钱德洪跋

【题解】

此为钱德洪辑录《传习录》的后记,详细记录了《传习录》辑录与刊刻的过程。其要点有三:第一,不同版本的刊刻情况;第二,选录的标准;第三,辑录《传习录》的目的等。此跋对《传习录》版本考证具有重要的价值。

嘉靖戊子冬①,德洪与王汝中奔师丧,至广信②,讣告同门,约三年收录遗言。

【注释】

①嘉靖戊子:嘉靖七年,即1528年,时王阳明五十七岁。

②广信:治今江西上饶。

【译文】

嘉靖戊子年冬天,我和王汝中奔赴广信处理先生的丧事,向同门发出讣告,约定以三年为期收录先生的遗言。

继后同门各以所记见遗①,洪择其切于问正者,合所私录,得若干条。居吴时②,将与《文录》并刻矣,适以忧去,未

遂。当是时也,四方讲学日众,师门宗旨既明,若无事于赘
刻者,故不复萦念。

【注释】
①所记:不包含《传习录》上卷各条,因其时上卷已刊行。

②吴:今江苏苏州。嘉靖十四年(1535),钱德洪于此为官。

【译文】

之后同门将各自记录的遗言寄了过来,我选取了其中能够切中先生
思想的,加上自己私下里所记录的内容,得到了若干条先生的遗言。在
吴居住时,我曾想将《文录》一并刻印出来,但却刚好赶上自己需要回家
守丧,便未达成所愿。当时,四面八方讲授先生学说日盛,既然先生的学
说已经昌明于天下,似乎也没有再刊印出版的必要了,于是便打消了这
个念头。

去年,同门曾子才汉得洪手抄①,复傍为采辑,名曰《遗
言》,以刻行于荆②。洪读之,觉当时采录未精,乃为删其重
复,削去芜蔓,存其三分之一,名曰《传习续录》,复刻于宁
国之水西精舍③。

【注释】

①曾才汉:具体不详。

②荆:今湖北江陵。

③宁国:在今安徽境内。精舍:原为佛教法师居所之名,后儒家以为
　讲学之地。

【译文】

去年,同门的朋友曾才汉拿到了我的手抄本,又通过大量地搜集,取

名为《遗言》，在江陵刊刻出版。我读了以后，觉得自己之前搜集得不够精细，于是就删去其中重复的，削去芜杂的内容，只保留了《遗言》的三分之一，取名为《传习续录》，在安徽宁国的水西精舍刊刻印行。

今年夏，洪来游蕲①，沈君思畏曰②："师门之教久行于四方，而独未及于蕲。蕲之士得读《遗言》，若亲炙夫子之教；指见良知，若重睹日月之光。惟恐传习之不博，而未以重复之为繁也。请裒其所逸者增刻之③，若何？"洪曰然。师门"致知格物"之旨，开示来学，学者躬修默悟，不敢以知解承，而惟以实体得，故吾师终日言是，而不惮其烦；学者终日听是，而不厌其数。盖指示专一，则体悟日精，几迎于言前，神发于言外，感遇之诚也。

【注释】

①蕲（qí）：今湖北蕲春。

②沈思畏：沈宠，字思畏，号古林，宁国府宣城（今安徽宣城）人。嘉靖十六年（1537）举人。始受学于贡安国，后师事欧阳德与王畿。嘉靖三十五年（1556）任湖广兵备佥事，在蕲黄建崇正书院。

③裒（póu）：搜集。

【译文】

今年夏天，我到湖北蕲春游学，沈思畏说："先生的学说在四面八方传播了很久，却唯独没有传到蕲春。蕲春的有识之士在读到先生的《遗言》之后，就好像亲身听到了老师的熏陶；明白了良知，就好像重新看见了日月之光。他们唯恐传习得不够广博，也并没有因为其中重复的内容而觉得繁复。请您将搜集到的散佚的内容增刻出来，怎么样？"我答应了他。先生以"致知格物"的宗旨，开导后学，学习的人躬身修炼，默默领悟,不敢用已有的知识来继承先生的学问,而是通过亲身的实践领悟来获得,所以先生能整日开展讲学而不怕厌烦;学生们整日听讲也不嫌重复。大概因为先生的专一,所以学生们的体悟日益精进,几乎达到了话未说出口就能理解,话语不待解释说明便能领悟的状态,这都是多亏了师生之间真诚交流的缘故。

今吾师之没未及三纪①,而格言微旨渐觉沦晦,岂非吾党身践之不力、多言有以病之耶? 学者之趋不一,师门之教不宣也。乃复取逸稿,采其语之不背者,得一卷。其余影响不真,与《文录》既载者,皆削之。并易中卷为问答语,以付黄梅尹张君增刻之②,庶几读者不以知解承,而惟以实体得,则无疑于是录矣!

嘉靖丙辰夏四月③,门人钱德洪拜书于蕲之崇正书院。

【注释】

① 纪:十二年为一纪。

② 黄梅:今湖北黄梅。张君:情况不详。

③ 嘉靖丙辰:嘉靖三十五年,即1556年。

【译文】

现在距离先生过世还不到三十六年,他格物致知的言论与宗旨就已渐渐沦落、晦暗了,这难道不是我们这些做学生的实践不力、空谈太多导致的吗? 正是因为学者的志向越发的不一致,先生的教诲才不能发扬光大。于是我又搜集了一些散佚的文稿,辑录其中不违背先生志愿的,编成一卷。其他影响不够真切的,以及《文录》中已经记载的内容,全都一并删去了。并把中卷改成了问答形式,交付黄梅县令张君进行增刻,希望读者们不仅要从知识上解读继承先生的学说,而且要以切身的实践体悟来把握先生的学说，这样我才不会怀疑我辑录这本书的意义。

嘉靖丙辰年夏四月，学生钱德洪谨拜写于蕲春崇正书院。

朱子晚年定论

《定论》首刻于南赣。朱子病目静久，忽悟圣学之渊薮，乃大悔中年注述误己误人，遍告同志。师阅之，喜己学与晦翁同，手录一卷，门人刻行之。自是为朱子论异同者寡矣。师曰："无意中得此一助！"

隆庆壬申，虬峰谢君廷杰刻师《全书》，命刻《定论》附《语录》后，见师之学与朱子无相谬戾，则千古正学同一源矣。并师首叙与袁庆麟跋凡若干条，洪僭引其说。

【译文】

《朱子晚年定论》最早刊刻于南安和赣州。朱子的眼睛有疾，久日静处，忽然领悟到圣人之学的精深微妙，于是非常后悔自己中年时的著作误己误人，便通告天下志同道合者。先生读了之后，非常高兴自己的学问和朱子的学问有相似之处，于是亲手誊录了一卷，门人弟子便刊刻印行。从此以后，为朱子争辩异同的人就少了。先生说："不经意间得到这一助力。"

隆庆壬申年，虬峰人谢廷杰刻印先生的《王文成公全书》，在《语录》后附录了《朱子晚年定论》，以体现先生之学与朱子学并无差异，自古圣学同宗同源。同时将先生的序、袁庆麟的跋等若干条合编成册,我则僭越冒昧地写了此文作为开篇。

序

阳明子序曰:

　　洙、泗之传,至孟氏而息。千五百余年,濂溪、明道始复追寻其绪。自后辨析日详,然亦日就支离决裂,旋复湮晦。吾尝深求其故,大抵皆世儒之多言有以乱之。

　　守仁早岁业举,溺志词章之习,既乃稍知从事正学,而苦于众说之纷扰疲迩,茫无可入,因求诸老、释,欣然有会于心,以为圣人之学在此矣!然于孔子之教间相出入,而措之日用,往往缺漏无归,依违往返,且信且疑。其后谪官龙场,居夷处困,动心忍性之余,恍若有悟,体验探求,再更寒暑,证诸"五经""四子",沛然若决江河而放诸海也。然后叹圣人之道坦如大路,而世之儒者妄开窦径,蹈荆棘,堕坑堑,究其为说,反出二氏之下。宜乎世之高明之士厌此而趋彼也!此岂二氏之罪哉!间尝以语同志,而闻者竞相非议,目以为立异好奇。虽每痛反深抑,务自搜剔斑瑕,而愈益精明的确,洞然无复可疑。独于朱子之说有相抵牾,恒疚于心,切疑朱子之贤,而岂其于此尚有未察?及官留都,复取朱子之书而检求之,然后知其晚岁固已大悟旧说之非,痛悔极艾,至以为自诳诳人之罪,不可胜赎。世之所传《集注》《或问》之类,乃其中年未定之说,自咎以为旧本之误,思改正而未及;而其诸《语类》之属,又其门人挟胜心以附己见,固于朱子平日之说犹有大相谬戾者。而世之学者局于见闻，不过持循讲习于此，其于悟后之论，概乎其未有闻。则亦何怪乎予言之不信、而朱子之心无以自暴于后世也乎？

予既自幸其说之不谬于朱子，又喜朱子之先得我心之同然，且慨夫世之学者徒守朱子中年未定之说，而不复知求其晚岁既悟之论，竞相呶呶，以乱正学，不自知其已入于异端，辄采录而裒集之，私以示夫同志，庶几无疑于吾说，而圣学之明可冀矣！

正德乙亥冬十一月朔，后学余姚王守仁序。

【译文】

阳明子序说：

孔子至曾参的圣学传承，到孟子就中断了。经过一千五百多年，周敦颐、程颢等人才开始重新寻找圣学的源头。自此之后对文辞的辨析日益详细，然而圣学也就日益支离破碎，很快就又被湮没了。我曾经深切地寻求其中的缘故，认为这大概都是因为世俗儒者的言论扰乱了圣学吧。

我早年参加科举考试，沉溺于对辞藻文章的学习，后来慢慢了解到从事正道的学问了，却又苦于众说纷纭，窘迫缠身，茫然而找不到入口，于是求之于佛、老之学，感觉欣然有所领悟，认为圣人的学问就在这其中！然而佛、老之学与孔子的学说有所出入，将其用于平常生活，往往有所疏漏而无所归处，这样依附背离几次往返下来，便将信将疑了。后来我被贬谪到龙场，困于蛮夷之地，动心忍性之余，恍然有所领悟，慢慢体会探求，又过了一年，在"五经""四书"中寻找印证，就像江河汇入大海般豁达。然后感叹圣人之道就像是大路一样平坦宽阔，然而世俗的儒者却妄自开辟小路，踏着荆棘，堕入深坑，考究他们的学说，反而在佛、道两家之下。难怪世上高明的人都厌恶儒学而投向佛、老之学了！这难道是佛、道两家的罪责吗！其间我曾经和同道们谈论起这番见解，而那些听到的人都争相非议我的学说，并且认为这是在标新立异。虽然我每次都痛心反省深感痛苦，想要自己剔除自己的不足，但却使得这一观点愈发精确明白，确实没有任何可疑之处。只是与朱子的学说相矛盾，一直心中有愧，一直在思考像朱子这样贤明的人，对此怎么会没有察觉呢？等到我去南京做官的时候，又拿出朱子的书来检验求索，这才知道朱子在晚年的时候本就已经明白自己以前的学说有误，痛苦悔恨到了极点，以至于认为这是自欺欺人的罪过，无法弥补。世间流传的《四书章句集注》《大学或问》等文集，都是朱子中年时还未确定的学说，朱子将其归咎于旧本的失误，想要改正却为时已晚；而朱子的《朱子语类》等著作，又是他的弟子裹挟着争强好胜之心附会自己的意思，所以其中固然有与朱子平日的说法大相径庭的内容。然而世俗的儒者大都局限于自己的见闻，不过是持守遵循讲习朱子这些还未确定的学说，对于朱子悔悟之后的观点，大概从未听闻过。那么我所说的话没有人相信，朱子无法将自己的心迹昭示后世，又有什么奇怪呢？

　　我既为自己的学说不与朱子相矛盾而感到庆幸，又高兴朱子能够在我之前便明白这些道理，然而也感慨世俗的学者只知道守着朱子中年还未确定的学说，而不知道探求他晚年悔悟的学说，争来吵去，扰乱正学，却不自知已堕入异端了，所以我就采录搜集相关的文字，私下里给同道们看，或许就可以不再怀疑我的学问了，那么圣人之学的昌明也就可以期待了吧！

　　正德乙亥年冬季十一月初一，后学余姚王守仁序。

答黄直卿书

　　为学直是先要立本。文义却可且与说出正意，令其宽心玩味，未可便令考校同异，研究纤密，恐其意思促迫，难得长进。将来见得大意，略举一二节目，渐次理会，盖未晚也。

此是向来定本之误，今幸见得，却烦勇革。不可苟避讥笑，却误人也。

【译文】

为学要先确立根本。文义可以在确立正确的意思后，让人慢慢体会其中的奥秘，而不能直接叫人考证校对同异，进行细致的研究，这样恐怕会使心意变得急切紧迫，难以获得长进。将来如果能明白大意，约略举一两个细节逐渐说明，大概也不会太晚。这是我以前定本的错误，如今有幸能发现，却苦于没有勇气改正。不能只为了避免别人讥笑，却耽误了别人。

答吕子约

日用工夫，比复何如？文字虽不可废，然涵养本原而察于天理人欲之判，此是日用动静之间，不可顷刻间断底事。若于此处见得分明，自然不到得流入世俗、功利、权谋里去矣。熹亦近日方实见得向日支离之病，虽与彼中证候不同，然忘己逐物，贪外虚内之失，则一而已。程子说"不得以天下万物扰己，己立后自能了得天下万物"，今自家一个身心不知安顿去处，而谈王说伯，将经世事业别作一个伎俩商量讲究，不亦误乎！相去远，不得面论，书问终说不尽，临风叹息而已。

【译文】

这几天的日用功夫，感觉如何？文字虽然不能荒废，但涵养本原、体察天理与人欲的区别，这才是平常日用动静间片刻也不能间断的事情。如果在此处看得清楚明白,自然就不会流到世俗、功利与权谋中去。我也是近来才切实发现以前学问支离破碎的毛病,虽然与其他毛病的症候有所不同,但与忘却本己、追逐他物,贪慕外物、忽视内心的过失却是一样的。程子说:"不能用天下万物来扰乱自己,本心确立之后自然能够明白天下万物",如今自己的身心不知道何处去安顿,却谈论王侯霸主的事业,将经世的事业另外看作一种伎俩来商讨讲求,不也是错误的吗!我和你相距甚远,不能当面讨论,通过书信交流终究是说不完的,只能临风叹息罢了。

答何叔京

前此僭易拜禀博观之敝,诚不自揆。乃蒙见是,何幸如此!然观来谕,似有未能遽舍之意,何邪?此理甚明,何疑之有?若使道可以多闻博观而得,则世之知道者为不少矣。熹近日因事方有少省发处,如"鸢飞鱼跃",明道以为与"必有事焉勿正"之意同者,乃今晓然无疑。日用之间,观此流行之体,初无间断处,有下功夫处。乃知日前自诳诳人之罪,盖不可胜赎也。此与守书册、泥言语全无交涉,幸于日用间察之,知此则知仁矣。

【译文】

之前我冒昧地向您谈到广泛观览的弊端,自己实在不能揣度。承蒙您的指教,这是何等的幸事!然而看到您的来信,听您的意思是似乎不能立刻舍去,这是为何呢?这个道理如此明白,还有什么疑问吗?如果大道可以通过多见多闻、广泛观览而获得,那么世间懂得大道的人恐怕就不少了。我最近因为一些事才稍微有所反省,比如"鸢飞鱼跃",程颢先生以为这个与"必有事焉勿正"的意思相同,如今我才察觉其中没有任何疑问。在平日里，观察大道流转的本体，本来就没有什么间断之处，是可以下功夫之处。这才知道自己之前自欺欺人的罪过，是无法弥补的。体认大道与固守书本、拘泥言语毫无关系，万幸我能在日常生活中体察到这个道理，明白这个道理就能明白仁了。

答潘叔昌

示喻"天上无不识字底神仙"，此论甚中一偏之弊。然亦恐只学得识字，却不曾学得上天，即不如且学上天耳。上得天了，却旋学上天人，亦不妨也。中年以后，气血精神能有几何？不是记故事时节。熹以目昏，不敢着力读书。闲中静坐，收敛身心，颇觉得力。间起看书，聊复遮眼，遇有会心处，时一喟然耳！

【译文】

以"天上没有不识字的神仙"来比喻做学问，这一说法中有失之偏颇的弊病。恐怕只学习认字，却不曾学习上天，这样就不如只学习上天呢。只要能上得了天，再去向天上的仙人学习也无妨。中年以后，气血精神还能有多少？并不是用来记那些事情与细节的。我的眼睛已经昏花，不敢用力去读书。闲处静坐，收敛身心，觉得颇为有用。偶尔起来看书，姑且遮住眼睛，遇到会心之处，便会有所叹息！

答潘叔度

熹衰病，今岁幸不至剧，但精力益衰，目力全短，看文字不得；冥目静坐，却得收拾放心，决得日前外面走作不少，颇

恨盲废之不早也。看书鲜识之喻，诚然。然严霜大冻之中，
岂无些小风和日暖意思？要是多者胜耳！

【译文】

　　我体衰多病，今年所幸没有加剧，只是精力日益衰竭，视力也愈发退
化，无法阅读文字；闭目静坐，反而能将放纵的心收敛回来，觉得以前在
心外下了不少功夫，颇为盲目荒废了这么多的时间而悔恨。你说只看书
会很少有收获，确实如此。然而在严霜大冻的冬日之中，又怎会没有一
丝风和日暖的感觉呢？只是较强的一方压制了另一方罢了！

与吕子约

　　孟子言"学问之道，惟在求其放心"，而程子亦言"心要
在腔子里"。今一向耽着文字，令此心全体都奔在册子上，
更不知有己，便是个无知觉不识痛痒之人，虽读得书，亦何
益于吾事邪？

【译文】

　　孟子说"学问的道理，只在于收聚散逸的心"，程子也说"心要放在
自己胸中"。如今一直沉溺于文字，使得心体全都放在书册之中，竟然不
知道自己有个本己，这便成了无知无觉、不知痛痒的人，即使读了很多的
书，又有什么益处呢？

与周叔谨

　　应之甚恨未得相见，其为学规模次第如何？近来吕、陆

门人互相排斥，此由各徇所见之偏，而不能公天下之心以观天下之理，甚觉不满人意。应之盖尝学于两家，未知其于此看得果如何，因话扣之，因书谕及为幸也。熹近日亦觉向来说话有大支离处，反身以求，正坐自己用功亦未切耳。因此减去文字工夫，觉得闲中气象甚适。每劝学者且亦看《孟子》"道性善""求放心"两章，着实体察收拾为要，其余文字，且大概讽诵涵养，未须大段着力考索也。

【译文】

　　我非常遗憾没有和应之见面，他现在学习的情况和次序是怎样的呢？近日吕祖谦、陆九渊的门人互相排斥，这正是因为他们各自遵循自己的见解而有所偏颇，不能以公正之心看待天下之理，才会觉得不尽如人意。应之曾学习这两家的学问，不知道他对这件事怎么看，如果能够问问他这件事，写信问问他就好了。我近日也觉得以前说的话有很多漏洞，反身而求，发现正是因为自己的用功不够真切。因此减去文字方面的功夫，觉得闲暇中的境界甚为舒适。每次我都劝学者们看《孟子》的"道性善"和"求放心"两章，着实是因为这两章以体察、收敛本心为要领；其余的文字，大都是在诵读涵养，不需要下大功夫来考察求索。

答陆象山

　　熹衰病日侵，去年灾患亦不少，比来病躯方似略可支吾。然精神耗减，日甚一日，恐终非能久于世者。所幸迩来日用工夫颇觉有力，无复向来支离之病。甚恨未得从容面论。未知异时相见，尚复有异同否耳？

【译文】

我日益体衰病重，去年的病患也不少，近来这病体才稍稍可以支撑。然而精神耗损，一日胜过一日，恐怕将不久于人世了。所幸近来的平日里的功夫觉得颇为有力，不再有过去支离破碎的弊病。只可惜不能和你当面讨论。不知他日相见，你我之间是否还会有同异之争？

答符复仲

闻向道之意甚勤。向所喻义利之间，诚有难择者。但意所疑，以为近利者，即便舍去可也。向后见得亲切，却看旧事，又有见未尽舍未尽者，不解有过当也。见陆丈回书，其言明当，且就此持守，自见功效，不须多疑多问，却转迷惑也。

【译文】

听闻你的向道之心甚是勤恳。我以前所说的义利之辩，实在有难以抉择的地方。只要意念有所怀疑，认为是近利的，就舍去便可。后来我对此理解得更为真切，回顾以前的学问，又有许多未尽之处，恐怕当时的言论也有不当之处。见到陆象山的回书，他的话说得很明白，就此保持遵守，自然能见到功效，不必怀疑，那样反而会招致迷惑。

答吕子约

日用工夫，不敢以老病而自懈。觉得此心"操存舍亡"，只在反掌之间，向来诚是太涉支离。盖无本以自立，则事事皆病耳。又闻讲授亦颇勤劳，此恐或有未便。今日正要清源正本，以察事变之几微，岂可一向汨溺于故纸堆中，使精神昏弊,失后忘前,而可以谓之学乎?

【译文】

　　日用功夫,我不敢因年老病衰而自我松懈。感觉到这个心"把握住就存在,放弃了就失去",易如反掌,以前的功夫恐怕是太支离破碎了。大概没有确立本心,那么任何事都会有弊病。又听闻你讲学颇为勤劳,这恐怕也会遇到不方便之处。如今正是要正本清源,来觉察事情变化的细微之处,怎能一直沉溺于故纸堆中,使得精神昏蔽,失之于后而忘之于前,这样可以称之为学吗?

与吴茂实

　　近来自觉向时工夫,止是讲论文义,以为积集义理,久当自有得力处,却于日用工夫全少检点。诸朋友往往亦只如此做工夫,所以多不得力。今方深省而痛惩之,亦欲与诸同志勉焉。幸老兄遍以告之也。

【译文】

　　最近自己觉得以前的功夫只是在讲论文义,认为这是在义理上慢慢积累,久而久之自然会有所得力,然而却在日用功夫上没有加以检点。诸位朋友往往也都是在这样做功夫的,所以会有许多不得力之处。如今我才深刻反省痛下决心改正,也想与诸位同道共勉。希望老兄你能遍告天下同道。

答张敬夫

　　熹穷居如昨,无足言者。自远去师友之益,兀兀度日。

读书反己，固不无警省处，终是旁无疆辅，因循汩没，寻复失之。近日一种向外走作，心悦之而不能自已者，皆准止酒例，戒而绝之，似觉省事。此前辈所谓"下士晚闻道，聊以拙自修"者，若充扩不已，补复前非，庶其有日。旧读《中庸》"慎独"、《大学》"诚意""毋自欺"处，常苦求之太过，措词烦猥，近日乃觉其非，此正是最切近处，最分明处。乃舍之而谈空于冥漠之间，其亦误矣。方窃以此意痛自检勒，懔然度日，惟恐有怠而失之也。至于文字之间，亦觉向来病痛不少。盖平日解经最为守章句者，然亦多是推衍文义，自做一片文字。非惟屋下架屋，说得意味淡薄，且是使人看者将注与经作两项工夫做了，下梢看得支离，至于本旨全不相照。以此方知汉儒可谓善说经者，不过只说训诂，使人以此训诂玩索经文。训诂、经文不相离异，只做一道看了，直是意味深长也。

【译文】

我还是像从前那样困窘，这没有什么可说的。自从离开师长朋友的帮助，只是在浑沌度日。读书反求于己，固然有警醒之处，终究因为身旁没有强大的辅力，只能因循守旧、埋没学问，便又很快失去。近日又有一种心向外放纵的感觉，感到喜悦而不能自已，就戒了酒来断绝这种感觉，似乎觉得省事。这就是前人苏轼所说的"下士晚闻道，聊以拙自修"，如果能就此扩充而不停止，修补从前的过错，有朝一日还有可能改正。以前读《中庸》"慎独"、《大学》"诚意""毋自欺"等处，时常觉得要苦苦求索，措辞繁杂；近日才觉察到从前的过错，这正是最切近、最分明之处。若要舍去这些切近、分明的道理而进行玄妙莫测的空谈，也是错误的。

这才私下里以这个意念来彻底地检验自己，戒慎恐惧地度日，唯恐因为自己懈怠而导致失误。至于文字方面，也觉得以前有诸多的错误。大概是因为平日里解释经文最执着于固守章句，大都将功夫用在推衍文义上，自己又做出一番文字来。这就像在房屋下面架房屋般多此一举，还将意思说得淡薄了，这是使人将注释与经文分作两项功夫，落了下乘，把意思理解得支离破碎，至于原本的主旨却完全没有谈到。由此才知道汉代的儒者可以说是善于说经的，只不过仅说了训诂，让人用训诂之学来探索经文。实际上训诂与经文是不相离、不相异的，应当一起看，这真是意味深长的道理。

答吕伯恭

　　道间与季通讲论，因悟向来涵养工夫全少，而讲说又多，彊探必取寻流逐末之弊。推类以求，众病非一，而其源皆在此，恍然自失，似有顿进之功。若保此不懈，庶有望于将来。然非如近日诸贤所谓顿悟之机也。向来所闻诲谕诸说之未契者，今日细思，吻合无疑。大抵前日之病，皆是气质躁妄之偏，不曾涵养克治，任意直前之弊耳。

【译文】

　　路上与季通讨论，于是悟到从前涵养的功夫少了，而讲说又多了，强行探求必然导致舍本逐末的弊病。以此类推，许多毛病不同，可源头都在于此，恍然若失，似乎有顿悟精进的效果。如果能保持这个意念不松懈，将来或许有希望成功。不过这并不是近日诸贤所说的顿悟契机。过去听闻的教诲晓谕的诸说中所不能契合的部分，近日想来，也大都吻合无疑。大概前些日子的毛病，都是因为急躁轻率而有失偏颇，自己又不曾涵养克制，任其肆意妄为而导致的。

答周纯仁

闲中无事，固宜谨出，然想亦不能一并读得许多。似此专人来往劳费，亦是未能省事、随寓而安之病。又如多服燥热药，亦使人血气偏胜，不得和平，不但非所以卫生，亦非所以养心。窃恐更须深自思省，收拾身心，渐令向里，令宁静闲退之意胜，而飞扬燥扰之气消，则治心养气、处世接物自然安稳，一时长进，无复前日内外之患矣。

【译文】

闲来无事，固然应当谨而慎行，然而想来也不能一口气读许多的书。像这样专门来往劳碌费神，也是不能省事、不能随遇而安的毛病。我又服了许多燥热的药，使得人血气偏胜，不能平和，不仅不能养身，也不能养心。我私下里以为做学问恐怕更需要深刻反省，收拾身心，渐渐向里探求，使宁静闲居之意取胜，飞扬燥扰之习气消退，只有这样治心养气、待人接物自然能够安稳，每日有所长进，自然不会再有之前对内外的担忧了。

答窦文卿

为学之要，只在着实操存，密切体认，自己身心上理会。切忌轻自表襮，引惹外人辩论，枉费酬应，分却向里工夫。

【译文】

为学的关键，只在于切实地操持存守，仔细真切地进行体认，在自己身心上进行领会。切忌轻浮炫耀，引得外人非议讨论，浪费时间去应酬，分散了许多向内的功夫。

答吕子约

闻欲与二友俱来而复不果，深以为恨。年来觉得日前为学不得要领，自做身主不起，反为文字夺却精神，不是小病。每一念之，惕然自惧，且为朋友忧之。而每得子约书，辄复恍然，尤不知所以为贤者谋也。且如临事迟回，瞻前顾后，只此亦可见得心术影子。当时若得相聚一番，彼此极论，庶几或有剖决之助。今又失此机会，极令人怅恨也！训导后生，若说得是，当极有可自警省处，不会减人气力。若只如此支离，漫无统纪，则虽不教后生，亦只见得展转迷惑，无出头处也。

【译文】

听闻你想要与两位学友一起来却未能达成，深以为是一件憾事。近年来觉得以前为学不得要领，自己不能做自己身体的主宰，反而被文字夺去了精神，这不是小病。每次念及，都会感到恐惧，还会忧心朋友是否也有同样的毛病。而每次定期收到你的书信，就会再次醒悟，尤其不知道你这是在为贤者考虑。这就像遇到事情晚归，瞻前顾后，通过这些也能够看到自己本心的影子。当时如果能够与你相聚，彼此讨论一番，或许会有剖析决断的帮助吧。如今又失去了这次机会，真是令人惆怅悔恨！教导学生，如果说得对，应当有可以自我警醒之处，不会浪费精力。如果只是做这样支离破碎的功夫，漫无纲领，即便不教导后生，也只是自己辗转迷惑，没有出头之日。

答林择之

熹哀苦之余，无他外诱，日用之间，痛自敛饬，乃知"敬"字之功亲切要妙乃如此。而前日不知于此用力，徒以口耳浪费光阴，人欲横流，天理几灭。今而思之，怛然震悚，盖不知所以措其躬也。

【译文】

我除了悲哀痛苦之外，并没有其他外在的欲望可以扰乱本心，平日里，痛苦能自然收敛，这才知道"敬"字的功夫是如此亲切精妙。然而从前并不知道在此用功，只是在口耳的功夫上浪费时间，使得人欲横流，天理几近消亡。如今想来，感到十分惊恐，不知道以前到底在做什么！

又

此中见有朋友数人讲学，其间亦难得朴实头负荷得者。因思日前讲论，只是口说，不曾实体于身，故在己在人，都不得力。今方欲与朋友说日用之间，常切点检气习偏处、意欲萌处，与平日所讲相似与不相似，就此痛着工夫，庶几有益。陆子寿兄弟近日议论，却肯向讲学上理会。其门人有相访者，气象皆好，但其间亦有旧病。此间学者却是与渠相反，初谓只如此讲学，渐涵自能入德，不谓末流之弊只成说话，至于人伦日用最切近处，亦都不得毫毛气力。此不可不深惩而痛警也！

【译文】

此中曾见到几位朋友在讲学，其间也很难有朴实之人。因而思考从前的讲论，只是嘴巴上说说，未曾切身去体悟，所以无论是对自己还是对别人，都没有什么用。如今我想要和朋友们说，在日常用功的时候要经常切实检验习气的偏颇之处、私欲的萌动之处，与平日所讲的内容是否符合，只要在此痛下功夫，或许会对自己十分有益。陆子寿兄弟近日的讨论，倒是肯在讲学上去体会。他们的门人来拜访我，看上去气象也都很好，只是其中还有从前的毛病。这里的学者却与他们正相反，起初认为只要这样讲学，便自然能慢慢涵养、提升德性，却不知道自己已经进入末流的弊端，只是在空谈，至于人伦日用功夫等最为关键的地方，也都不花费丝毫气力。这不能不深切的惩治警醒！

答梁文叔

近看《孟子》见人即道性善，称尧、舜，此是第一义。若于此看得透，信得及，直下便是圣贤，便无一毫人欲之私做得病痛。若信不及孟子，又说个第二节工夫，又只引成覸、颜渊、公明仪三段说话，教人如此发愤勇猛向前，日用之间，不得存留一毫人欲之私在这里，此外更无别法。若于此有个奋迅兴起处，方有田地可下功夫。不然，即是画脂镂冰，无真实得力处也。近日见得如此，自觉颇得力，与前日不同，故此奉报。

【译文】

近来看到《孟子》见人就说性善，说话必举尧、舜，这是第一要义。如果对此能看得透、理解得明白，当下便是圣贤，便没有一丝一毫人欲之私所产生的弊端。如果不理解孟子，又只追求次要的道理，只引用成觊、颜渊、公明仪三段来说话教人，这样发愤勇猛地向前，平日里不留一丝一毫的人欲在其中，此外别无他法。如果在此处能有个奋进兴起之处，才能有可以下功夫的地方。如若不然，就像是在油脂上画画、在冰上雕刻，没有切实所得。最近明白这些道理，自觉颇为得力，与以前不同，所以就写信告诉你。

答潘叔恭

学问根本在日用间，持敬、集义工夫，直是要得念念省察。读书求义，乃其间之一事耳。旧来虽知此意，然于缓急之间，终是不觉有倒置处，误人不少，今方自悔耳！

【译文】

学问的根本在日常生活中，持敬与集义的功夫，真是要念念不忘、时刻省察。读书求义，只是其中的一件事而已。以前虽然知道这个道理，但是碍于轻重缓急之间，仍在不知不觉间将功夫颠倒了，误导了不少人，如今才自觉后悔！

答林充之

充之近读何书？恐更当于日用之间为人之本者深加省察，而去其有害于此者为佳。不然，诵说虽精，而不践其实，君子盖深耻之。此固充之平日所讲闻也。

【译文】

充之你近来在读什么书？恐怕你更应当在平日生活中体会仁的本

质,进行深刻省察,去除那些对此有害的东西为好。如若不然,即使你能将文辞诵说得十分精妙,而不去实践,君子大概也会深以为耻。这本就是你平时所听所讲的学问。

答何叔景

李先生教人,大抵令于静中体认大本,未发时气象分明,即处事应物,自然中节。此乃龟山门下相传指诀。然当时亲炙之时,贪听讲论,又方窃好章句训诂之习,不得尽心于此,至今若存若亡,无一的实见处,辜负教育之意。每一念此,未尝不愧汗沾衣也。

【译文】

李延平先生教人,大都是让人在静中体认本心,情感未发之时,气象是清静分明的,这时的处事应物,自然就是符合中道的。这是杨龟山门人相传的诀窍。然而当时亲身受到先生教诲之时,贪图于听习讲论,又正好私下喜欢章句训诂的学问,没有专心学习先生在静中体认的功夫,至今若有若无,没有一切实的见地,辜负了先生教育之心。每每念及于此,无不惭愧得汗流沾衣。

又

熹近来尤觉昏愦无进步处。盖缘日前偷堕苟简,无深探力行之志,凡所论说,皆出入口耳之馀,以故全不得力。今方觉悟,欲勇革旧习,而血气已衰,心志亦不复强,不知终能有所济否?

【译文】

我近来尤其觉得昏聩，没有进步的地方。这大概是因为之前偷懒堕落苟且，没有深切探求、勉力而行的志向，凡是讲论的，都是嘴上说说、耳朵听听，所以完全没有用。如今才觉悟，想要勇革旧习，然而精力已经衰退，心志也不如以往强健，不知最终能否成功？

又

向来妄论"持敬"之说，亦不自记其云何。但因其良心发现之微，猛省提撕，使心不昧，则是做工夫的本领。本领既立，自然下学而上达矣。若不察良心发现处，即渺渺茫茫，恐无下手处也。中间一书论"必有事焉"之说，却尽有病，殊不蒙辩诘，何邪？所喻多识前言往行，固君子之所急。熹自来所见亦是如此。近因反求未得个安稳处，却始知此未免支离，如所谓因诸公以求程氏，因程氏以求圣人，是隔几重公案，曷若默会诸心，以立其本，而其言之得失，自不能逃吾之鉴邪？钦夫之学所以超脱自在，见得分明，不为言句所桎梏，只为合下入处亲切。今日说话虽未能绝无渗漏，终是本领，是当非吾辈所及，但详观所论，自可见矣。

【译文】

以前胡乱地谈论有关"持敬"的学问，现在却也不记得自己说了些什么。其实只要良心能够发现微妙之处，猛然提醒，使得心不被蒙昧，这就是做功夫的本领。本领既然确立，自然能够通过向下做学问而上通天道。如果不去觉察良知的发用处，就会迷迷糊糊，恐怕没有下功夫的地方。中间有一封书信谈到"必有事焉"之说，然而其中都是毛病，却没有受到质疑，这是为什么呢？所说的都是过去的言行，那些功夫固然也是君子的当务之急。我以前的理解也是如此。近来因为反求于己没有找到安稳之处，才开始知道这样的学问未免支离破碎，如果通过大家的讲解来学习二程，再通过二程的讲解来学习圣人，其中隔了几重公案，何如默会于心、确立本心，那么言语上的得失，自然逃不出本心的鉴别？张栻先生的学问之所以超脱自在，见得明白，不被语句所拘束，只是因为下功夫处十分贴切。如今他说话虽然不能做到毫无纰漏，但这终究是本领，是我等所不能达到的，只要详细观察他的言论，自然就能够看到。

答林择之

所论颜、孟不同处，极善极善！正要见此曲折，始无窒碍耳。比来想亦只如此用功。熹近只就此处见得向来未见底意思，乃知"存久自明，何待穷索"之语，是真实不诳语。今未能久，已有此验，况真能久邪？但当益加勉励，不敢少弛其劳耳。

【译文】

你所说的颜回、孟子的不同之处，说得极好！说得极好！正是要看到这其中的曲折细微之处，才能没有障碍。近来想想也确实应当如此用功。最近我只在这里就看到了以前未能看到的意思，才知道"存养久了自然能够明白，不需要苦心思索"之语，这就是真真切切的话。如今还没有存养长久，就已有这样的效果，何况真的能长久呢？只应当更加勉力，不敢有丝毫的松弛怠慢！

答杨子直

　　学者堕在语言，心实无得，固为大病；然于语言中，罕见有究竟得彻头彻尾者。盖资质已是不及古人，而工夫又草草，所以终身于此，若存若亡，未有卓然可恃之实。近因病后，不敢极力读书，闲中却觉有进步处，大抵孟子所论"求其放心"是要诀尔！

【译文】

　　为学之人沉溺在语言之中，心中没有切实的收获，这固然是做学问的大毛病；然而在言语之中，却很少有能将此彻头彻尾说明白的。这大概是因为资质已经不如古人，功夫又做得十分草率，所以将终生耗费在这里，若有若无，没有切实的学问可以依靠。近来我因为生病后，不敢极力去读书，在闲暇中却觉得有所进步，这大概就是孟子所说的"寻回放纵的心"，是其中的诀窍吧！

与田侍郎子真

　　吾辈今日事事做不得，只有向里存心穷理，外人无交涉。然亦不免违条碍贯，看来无着力处。只有更攒近里面，安身立命尔。不审比日何所用心？因书及之，深所欲闻也。

【译文】

　　如今我们每件事都做不好，只有向内存心、追求天理，与外人没有任何交涉。然而也免不了违背条理、阻碍一贯之道，看起来没有着力之处。只有更深入内心进行探求，才能安身立命。不知以前是如何用心的？因为谈到这个问题了，所以很想听听你的看法。

答陈才卿

　　详来示，知日用工夫精进如此，尤以为喜。若知此心理端的在我，则参前、倚衡自有不容舍者，亦不待求而得，不待操而存矣。格物致知，亦是因其所已知者推之，以及其所未知。只是一本，原无两样工夫也。

【译文】

　　你详细告诉我近况，得知你的日常功夫精进到了这般地步，尤其为你感到高兴。如果能够知道此心、此理确实在自己心中，参前、倚衡，自然有不容舍去的东西，有不待求索便能得到，不待操持就能存有的东西。格物致知，也都是凭借自己已经知道的推求，以获得自己所不知的。其实只有一个根本，原本就不是两件功夫。

与刘子澄

　　"居官无修业之益"，若以俗学言之，诚是如此；若论圣门所谓德业者，却初不在日用之外，只押文字，便是进德修业地头，不必编缀异闻，乃为修业也。近觉向来为学，实有向外浮泛之弊，不惟自误，而误人亦不少。方别寻得一头绪，似差简约端的，始知文字言语之外，真别有用心处，恨未得面论也。浙中后来事体，大段支离乖僻，恐不止似正似邪而已，极令人难说，只得惶恐，痛自警省，恐未可专执旧说以为取舍也。

　　熹近觉向来乖谬处不可缕数，方惕然思所以自新者，而日用之间，悔吝潜积，又已甚多。朝夕惴惧，不知所以为计。若择之能一来辅此不逮，幸甚！然讲学之功，比旧却觉稍有寸进。以此知初学得些静中功夫，亦为助不小。

【译文】

　　"为官对于修养的事业没有益处"，如果以一般的学问而言，确实是如此；如果谈论圣人所说的德业，其本就不是脱离了日常事务而只在文字上下的功夫，为官才是提高德性、修养事业的地方，不必编缀其他不同的学说，这就是修习德业。近来觉得以前做的学问，实在是有向外探求、浮于泛泛的弊病，不仅耽误了自己，也误导了不少别人。我方才从别处寻得一为学的头绪，似乎简约了许多，才知道在文字语言之外，真的还有可以用心的地方，可惜不能和你当面讨论。到浙江以后的事情，大都支离乖僻，恐怕不只是似正似邪而已，让人极难说明，只是感到惶恐，痛切警醒！恐怕不能只执着于旧的学说来进行取舍。

　　我近来觉得以前的谬误之处不可胜数，方才惶恐地思虑要改进自己的想法，然而平日里，错误在不知不觉中积累，已经很多了。从早到晚都惴惴不安，不知如何是好。如果择之你能来帮助我就好了！然而讲学的功夫，却觉得比之前稍有进步。由此可知初学时能够做些静中的功夫，也有不小的帮助。

答吕子约

　　示喻日用工夫如此，甚善！然亦且要见一大头脑分明，便于操舍之间有用力处。如实有一物，把住放行在自家手里，不是谩说"求其放心"，实却茫茫无把捉处也。

子约复书云："某盖尝深体之，此个大头脑本非外面物事，是我元初本有底，其曰'人生而静'，其曰'喜怒哀乐之未发'，其曰'寂然不动'，人汩汩地过了日月，不曾存息，不曾实见此体段，如何会有用力处？程子谓'这个义理，仁者又看做仁了，智者又看做智了，百姓日用而不知，此所以君子之道鲜'。此个亦不少，亦不剩，只是人看他不见，不大段信得此话。及其言于勿忘勿助长间认取者，认乎此也。认得此，则一动一静皆不昧矣！恻隐、羞恶、辞让、是非，四端之著也，操存久则发现多；忿懥、忧患、好乐、恐惧，不得其正也，放舍甚则日滋长。记得南轩先生谓'验厥操舍，乃知出入'，乃是见得主脑，于操舍间有用力处之实话。盖苟知主脑不放下，虽是未能常常操存，然语默应酬间历历能自省验，虽其实有一物在我手里，然可欲者是我的物，不可放失，不可欲者非是我物，不可留藏：虽谓之实有一物在我手里，亦可也。若是谩说，既无归宿，亦无依据，纵使强把捉得住，亦止是'袭取'，夫岂是我元有底邪？愚见如此，敢望指教。"

朱子答书云："此段大概，甚正当亲切。"

【译文】

你告诉我你日常是怎样用功的，这十分好！然而也要看见为学的宗旨，这样就是在收放之间有用力之处。就好像有一个实实在在的东西，握在自己手中收放自如，而不是随口空说"求其放心"这种话，实际上却又很茫然什么也没有把握到。

吕子约回信道："对此我大概也深有体会，这个为学的宗旨本就不是外面所有的东西，是我原本初生时就有了的，所谓'人生而静''喜怒哀乐之未发’‘寂然不动’等等说的就是这个道理。人浑浑噩噩度日，不曾存心养息，不曾切实体会，怎会知道该如何去用功呢？程子说‘这个义理，仁者见仁，智者见智，百姓身处其中却浑然不知，这就是君子之道很难得见的原因’。这个道理并不缺少，也没有多余，只是人们看不见它，也并不真正相信这话。说到要在勿忘、勿助长中体认，便是体认这个道理。认得这个道理，那么无论是动还是静就都不会蒙昧了！恻隐、羞恶、辞让、是非，是四端之心的显现，操持存守得久了就会发现得多；发怒、忧患、好乐、恐惧的感情，就是心不得其正，放纵太过使得私欲日益滋长。记得南轩先生曾说‘能够体验收摄与放松，就能明白心体的出与入了’，这就是看到了为学的宗旨，在收放之间能下功夫的实话。只要能够把握住为学宗旨不放，即便不能时常操持存守，但在说话与静默、与人应酬之间也能时常进行自我反省检验；即便真的有一件东西在我手中，然而如果可以去追求的东西是我自己的，就不能放任丢失，也不能去追求不是我的东西，不能保留收藏；这样说即便是真的有一件东西在我手里，也是可以的。如果只是随便说说，既没有归宿，也没有依据，即使强行把它握住，也只是‘义袭而取’，这难道是我原本就有的吗？这些是我不成熟的见解，还望您指教。”

朱子回信说：“这段话大概，十分恰当确切。”

答吴德夫

承喻“仁”字之说，足见用力之深。熹意不欲如此坐谈，但直以孔子、程子所示求仁之方，择其一二切于吾身者，笃志而力行之，于动静语默间勿令间断，则久久自当知味矣。去人欲，存天理，且据所见去之存之。工夫既深，则所谓似天理而实人欲者次第可见。今大体未正，而便察及细微,恐有放饭流歠而问无齿决之讥也。如何如何?

【译文】

　　承蒙您给我解说"仁"字,由此可见您的用功深厚。我不想就此坐而论道,只是想以孔子、程子所展示的求仁方法,选择其中一两个适合自己的,笃志力行,在动与静、说话与静默之间不令其间断,那么久而久之,自然会有所体悟。去人欲,存天理,姑且依据所见所闻去存守。功夫做到精深之后,那些所谓看似是天理实则为人欲的部分就可以被慢慢看见了。如今学问的大体还没有确立、匡正,便要去观察细微之处,恐怕有大口吃饭喝汤,却不用牙齿咀嚼的毛病。是否可以这么理解呢?

答或人

　　"中和"二字,皆道之体用。旧闻李先生论此最详,后来所见不同,遂不复致思。今乃知其为人深切,然恨已不能尽记其曲折矣。如云"人固有无所喜怒哀乐之时,然谓之未发,则不可言无主也",又如先言"慎独",然后及"中和",此亦尝言之。但当时既不领略,后来又不深思,遂成蹉过,孤负此翁耳!

【译文】

　　"中和"二字,皆是道的本体与发用。曾听闻李先生对这两个字讲解得最为详细,后来自己的见解有所不同,就不再思考了。如今才知道李先生为人真切,可惜自己已经不能完全记起李先生所说的细节了。比如他说"人固然有喜怒哀乐等感情不抒发之时,然而称之为未发,也不能说没有主宰在其中",又比如他先谈"慎独",然后才说"中和",这也是先生曾经说过的。只是当时不得要领，后来又没有深入思考，蹉跎而过，辜负了先生的教诲！

答刘子澄

日前为学，缓于反己，追思凡百，多可悔者。所论注文字，亦坐此病，多无着实处。回首茫然，计非岁月工夫所能救治，以此愈不自快。前时犹得敬夫、伯恭时惠规益，得以自警省；二友云亡，耳中绝不闻此等语。今乃深有望于吾子澄，自此惠书，痛加镌诲，乃君子爱人之意也。

【译文】

以前做学问，不抓紧进行反求诸己的思考，追思很多，多有后悔。所论注的文字，也都犯这个毛病，大多没有切实之处。回首往昔心意茫然，想来这绝非是花时间下功夫就能救治的毛病，因此越来越不快活。前些日子还得到了敬夫、伯恭二人不时地规劝与帮助，让自己得以警醒；现在这二人都已西去，就再也听不到这些话了。如今我寄希望于你，从此以后多写信给我，对我严加教诲，这也是君子爱人的意思。

附吴草庐说

朱子之后，如真西山、许鲁斋、吴草庐亦皆有见于此，而草庐见之尤真，悔之尤切。今不能备录，取草庐一说附于后。

临川吴氏曰："天之所以生人，人之所以为人，以此德性也。然自圣传不嗣，士学靡宗，汉、唐千余年间，董、韩二子依稀数语近之，而原本竟昧昧也。逮夫周、程、张、邵兴，始能上通孟氏而为一。程氏四传而至朱，文义之精密，又孟氏以来所未有者。其学徒往往滞于此而溺其心。夫既以世儒记诵词章为俗学矣，而其为学亦未离乎言语文字之末，此则嘉定以后朱门末学之敝，而未有能救之者也。夫所贵乎圣人之学，以能全天之所以与我者尔。天之与我，德性是也，是为仁义礼智之根株，是为形质血气之主宰。舍此而他求，所学何学哉？假而行如司马文正公，才如诸葛忠武侯，亦不免为习不着，行不察，亦不过为资器之超于人，而谓有得于圣学则未也。况止于训诂之精，讲说之密，如北溪之陈，双峰之饶，则与彼记诵词章之俗学，相去何能以寸哉？圣学大明于宋代，而踵其后者如此，可叹已！澄也钻研于文义，毫分缕析，每以陈为未精，饶为未密也，堕此科臼中垂四十年，而始觉其非。自今以往，一日之内子而亥，一月之内朔而晦，一岁之内春而冬，常见吾德性之昭昭，如天之运转，如日月之往来，不使有须臾之间断，则于尊之之道殆庶几乎？于此有未能，则问于人，学于己，而必欲其至。若其用力之方，非言之可喻，亦昧于《中庸》首章、《订顽》终篇而自悟可也。”

【译文】

　　朱子之后，如真德秀、许衡、吴澄等人也都明白了这一道理，而吴澄的见解尤为真切，悔恨之意尤为痛切。如今不能全部收录，只取他的一篇附于后面。

　　临川吴澄说：“天之所以生人，人之所以为人，是因为这个德性的存在。然而自从圣人之道得不到传承，士大夫做学问没有效法，汉、唐以来的千余年间，只有董仲舒、韩愈二人的寥寥数语接近圣人之道，然而圣人之道的本源竟昏暗不明。等到周敦颐、二程、张载、邵雍的兴起，才能上通至孟子而与圣学为一。程氏之学四传后到朱子，对文义的考究愈发精密，又是孟子以来所没有的。然而朱子的学问只往往滞留于文义，埋没了本心。认为世俗儒者记诵辞章的学问是粗俗之学后，朱子的为学也没有脱离言语文字上的这些末流之学，这就是嘉定年之后朱门末流之学的弊端，然而却没有能救治这一弊病的。圣人之学之所以尊贵，是因为它能将天下万物与我合二为一。上天所赋予我的，是德性，是仁义礼智的根本，是人的形体与血气的主宰。舍弃德性而向他物求索，所学所求的是什么呢？假如有司马光的能力、诸葛亮的才华，也免不了习不着、行不察，这也不过是资质超于常人，而不能说这是有得于圣学。何况止步于训诂上的精确、讲说上的细密，例如陈北溪、饶双峰之徒，他们的学问与记诵词章的俗学，又有什么区别呢？圣学在宋代得到彰显，然而后来的学者竟发展到如此地步，真是可叹啊！我也曾钻研文义，条分缕析，时常认为陈北溪、饶双峰的学问不够精密，堕入此等窠臼四十多年，这才发觉其中的不对。自此以后，一天之内从子时到亥时，一月之内从月初到月末，一年之内从春季到冬季，时常能体会到自己光明的德性，就像天的运转、日月的往来，不让它有一分一秒的间断，这样或许对于尊崇圣人之道就会有所帮助吧？如果自己还不能做到，就向人请教、自己学习，务必要达到。用功的方法，不能用言语说明，应当通过去体会《中庸》首章、《订顽》终篇的意思而自己领悟。"

跋

《朱子晚年定论》，我阳明先生在留都时所采集者也。揭阳薛君尚谦旧录一本，同志见之，至有不及抄写，袖之而去者。众皆惮于翻录，乃谋而寿诸梓，谓："子以齿，当志一言。"

惟朱子一生勤苦，以惠来学，凡一言一字，皆所当守；而独表章是、尊崇乎此者，盖以为朱子之定见也。今学者不求诸此，而犹蹈其所悔，是蹈舛也，岂善学朱子者哉？麟无似，从事于朱子之训余三十年，非不专且笃，而竟亦未有居安资深之地，则犹以为知之未详，而览之未博也。戊寅夏，持所著论若干卷来见先生。闻其言，如日中天，睹之即见；如五谷之艺地，种之即生。不假外求，而真切简易，恍然有悟。退求其故而不合，则又不免迟疑于其间。及读是编，始释然，尽投其所业，假馆而受学，盖三月而若将有闻焉。然后知向之所学，乃朱子中年未定之论，是故三十年而无获；今赖天之灵，始克从事于其所谓定见者，故能三月而若将有闻也。非吾先生，几乎已矣！敢以告夫同志，使无若麟之晚而后悔也。若夫直求本原于言语之外，真有以验其必然而无疑者，则存乎其人之自力，是编特为之指迷耳。

正德戊寅六月望门人雩都袁庆麟谨识。

【译文】

《朱子晚年定论》是阳明先生在南京时所辑录的。揭阳薛尚谦曾抄录一本，同道们见了，有的人还来不及抄写，就带走了。众人都唯恐被盗版，于是考虑将其付诸刊刻，说："你年龄最长，应该写一篇跋。"

朱子一生勤苦，有惠于后学，一言一字，都应当持守，而唯独表彰、尊崇这些文字，大概是因为这些都是朱子的确定之论。如今的学者不去寻求朱子的定见，而追随朱子有所悔悟的学说，这是重蹈旧错，这难道能说是擅长朱子之学吗？我愚笨，从事学习朱子之学三十多年，不仅不专精笃志，而且最后也没有达到安于所学、造诣精深的境界，仍以为是因为自己知道得不够详细,看得不够广博。戊寅年夏天,我拿着所著的若干卷文辞来拜见先生。听闻先生的学说,就好比正午的太阳,一看到就能明白;好比种植五谷的沃土,一种下就能生长。无须向外寻求,真切简单,恍然大悟。回去后与以前的学问进行对比却又不相符,又难免感到困惑怀疑。等读到先生辑录的这些文字时,才真正释然,全身心地投入先生的学问,借了房子来听先生的讲学,三个月后便好像有所明白。然后才知道以前学的学问,是朱子中年之时还未确定的学说,所以我学了三十年也没有收获;如今多仰赖上天的灵力,才能让我学到朱子的确定之论,所以三个月就能有所明白。如果不是先生,我的一生就算完了! 因此我斗胆告诫诸位同道,不要像我这么晚才悔悟。如果想在言语之外直接寻求本原,真正打算验证学问的必然无疑,这就必须靠我们自身的努力,先生编录这些文字就是专门为学者指点迷津的。

正德戊寅年六月十五弟子雩都袁庆麟记。

中华经典名著
全本全注全译丛书
（已出书目）

廉吏传	韩非子
徐霞客游记	山海经
读通鉴论	黄帝内经
宋论	素书
文史通义	新书
鬻子·计倪子·於陵子	淮南子
老子	九章算术（附海岛算经）
道德经	新序
帛书老子	说苑
鹖冠子	列仙传
黄帝四经·关尹子·尸子	盐铁论
孙子兵法	法言
墨子	方言
管子	白虎通义
孔子家语	论衡
曾子·子思子·孔丛子	潜夫论
吴子·司马法	政论·昌言
商君书	风俗通义
慎子·太白阴经	申鉴·中论
列子	太平经
鬼谷子	伤寒论
庄子	周易参同契
公孙龙子（外三种）	人物志
荀子	博物志
六韬	抱朴子内篇
吕氏春秋	抱朴子外篇

西京杂记	折狱龟鉴
神仙传	容斋随笔
搜神记	近思录
拾遗记	洗冤集录
世说新语	传习录
弘明集	焚书
齐民要术	菜根谭
刘子	增广贤文
颜氏家训	呻吟语
中说	了凡四训
群书治要	龙文鞭影
帝范·臣轨·庭训格言	长物志
坛经	智囊全集
大慈恩寺三藏法师传	天工开物
长短经	溪山琴况·琴声十六法
蒙求·童蒙须知	温疫论
茶经·续茶经	明夷待访录·破邪论
玄怪录·续玄怪录	潜书
酉阳杂俎	陶庵梦忆
历代名画记	西湖梦寻
唐摭言	虞初新志
化书·无能子	幼学琼林
梦溪笔谈	笠翁对韵
东坡志林	声律启蒙
唐语林	老老恒言
北山酒经(外二种)	随园食单